FRITZ MERTSCH

Die Aufgaben der Statistik in den verschiedenen Wirtschaftsordnungen

mit einleitenden Ausführungen zum Begriff der Statistik

Wirtschaftswissenschaftliche Abhandlungen

Volks- und betriebswirtschaftliche Schriftenreihe der Wirtschafts- und Sozialwissenschaftlichen Fakultät der Freien Universität Berlin

herausgegeben von

Dipl.-Kfm. Dr. phil. Erich Kosiol
o. Prof. der Betriebswirtschaftslehre

und

Dr. phil. Andreas Paulsen
o. Prof. der Volkswirtschaftslehre

Heft 4

Die Aufgaben der Statistik

in den verschiedenen Wirtschaftsordnungen

mit einleitenden Ausführungen zum Begriff der Statistik

Von

Dr. Fritz Mertsch

Privatdozent an der Freien Universität Berlin

DUNCKER & HUMBLOT / BERLIN

Als Habilitationsschrift auf Vorschlag der Wirtschafts- und Sozialwissenschaftlichen Fakultät der Freien Universität Berlin gedruckt mit Unterstützung der Deutschen Forschungsgemeinschaft

Gedruckt 1954 bei Berliner Buchdruckerei Union GmbH., Berlin SW 29

Inhalt

I. Einleitung

1. Die zu unterscheidenden Wirtschaftsordnungen

Wenn wir in unserer Arbeit die Frage nach den Aufgaben der Statistik in den verschiedenen Wirtschaftsordnungen stellen, greifen wir damit ein Thema auf, das vor einiger Zeit noch nicht hätte behandelt werden können, weil die Wirtschaftstheorie, die der Wirtschaftsstatistik die Richtlinien und Anhaltspunkte für ihre Erhebungen liefert, noch nicht in Wirtschaftsordnungen dachte, sondern nur eine einzige Wirtschaftsordnung in Betracht zog, nämlich die Konkurrenzwirtschaft.

Die Klassiker hielten die Konkurrenzwirtschaft für die beste, glaubten, daß ihr die Zukunft gehöre und stellten daher auch nur die Frage nach den in dieser Wirtschaftsordnung geltenden Gesetzen.

Die Sozialisten propagierten allerdings bald ihre „sozialistische Wirtschaftsordnung“, in der es kein Privateigentum mehr geben sollte. Aber obwohl damit die Verwirklichung einer anderen Wirtschaftsordnung vorgeschlagen war, kam die Diskussion um den Wirtschaftsablauf in dieser anderen Wirtschaftsordnung dennoch nicht richtig in Fluß. Die Sozialisten erschöpften sich in der Hauptsache in der Kritik der Konkurrenzwirtschaft und brachten nur am Rande eine Analyse des Wirtschaftsablaufes im sozialistischen Staat. So blieb es also trotz dieses anderen Vorschlages im großen und ganzen bei der Erörterung des Wirtschaftsablaufes in der Konkurrenzwirtschaft. Es blieb noch lange Zeit dabei, auch als das Monopol in der Wirtschaft immer mehr an Boden gewann.

Wenn man eine Antwort darauf sucht, warum weiterhin allein die Konkurrenzwirtschaft Gegenstand der Betrachtung blieb, das Problem der Wirtschaftsordnungen also nicht aufgeworfen wurde, wird man sagen müssen, daß eine solche Diskussion deswegen nicht aufkommen konnte, weil man der Meinung war, daß mit dem Eindringen des Monopols in die Konkurrenzwirtschaft eine andere Wirtschaftsordnung nicht entstanden wäre und in der mit Monopolen durchsetzten Wirtschaft die gleichen Gesetze wie in der Konkurrenzwirtschaft Gültigkeit hätten, das Monopol also nichts anderes als nur ein Schönheitsfehler der Konkurrenzwirtschaft sei.

Daß das Monopol etwas anderes ist als die Konkurrenz, mußte man wohl sehen und sah es auch; man erkannte, daß der Monopolist nicht wie der in Konkurrenz produzierende Unternehmer den sich auf dem Markt bildenden Preis hinzunehmen habe, sondern auf seine Höhe Einfluß nehmen, mit anderen Worten „Marktstrategie" treiben könne. Aber das sei, so meinte man offenbar, nicht so wesentlich. Abgesehen hiervon gab es doch sonst in dieser Wirtschaft all die Einrichtungen, welche auch die von den Klassikern empfohlene Konkurrenzwirtschaft besaß. Privateigentum bestand; die Produktion wurde nicht von oben herab befohlen, sondern der Unternehmer entschied in der Wirtschaft; sie hatte ihre Geldordnung, Märkte und Preise. Wie sollte man da, zumal die Klassiker mit dieser Entwicklung nicht gerechnet, die Monopolbildungen und die damit verbundenen Veränderungen im Wirtschaftsablauf nicht behandelt hatten, auf den Gedanken kommen, daß es sich um eine ganz andere Wirtschaftsordnung handle.

Man mußte erst Erfahrungen mit dieser „anderen" Wirtschaftsordnung sammeln, bis die Ansicht von ihrer ungleichen Art aufkommen konnte.

Man hatte angenommen, daß in der Wirtschaft stets Gleichgewicht bestehe. Wer seinen alten Arbeitsplatz eingebüßt habe, würde wohl im allgemeinen für einige Zeit arbeitslos; denn es braucht seine Zeit, bis man wieder die passende Beschäftigung am passenden Ort findet, aber von langer Dauer würde diese Arbeitslosigkeit nie sein. Ebenso glaubte man nicht, daß Anlage suchendes Kapital für lange Zeit unbeschäftigt bleiben könne. Wer Arbeit suche, werde sie finden, wer Kapital anlegen wolle, werde dazu auch immer imstande sein.

Die Wirklichkeit war anders. Es gab Zeiten, wo Unternehmer laufend in Konkurs gingen und Geld, das Anlage suchte, keine Anlage finden konnte; außerdem trat in Erscheinung, was man nicht für möglich gehalten hatte: auf der einen Seite großer konsumtiver Bedarf, auf der anderen Seite keine Möglichkeit, die Vorräte abzusetzen. Auf der einen Seite Mangel, auf der anderen Seite Überfluß, Absatzstauungen.

Man hatte an ein Gleichgewicht in der Wirtschaft geglaubt, hatte angenommen, daß der Preis zu aller Zufriedenheit die Lenkung der Wirtschaft übernehmen werde, hatte von „Harmonie" gesprochen, in welcher die Wirtschaft sich entwickeln werde und die Wirklichkeit war nichts wie Disharmonie.

Zunächst versuchte man die kranke Wirtschaft mit alten Rezepten zu heilen, wendete also die von den Klassikern vorgeschlagene Wirtschaftspolitik an; jedoch sie gesundete nicht, die Mißstände wurden vielmehr immer ärger. Auf die Dauer war dies kein haltbarer Zustand, wenn die Ära der Freiheit in der Wirtschaft — und somit die Freiheit überhaupt — weiterbestehen sollte.

Zwei Fragen waren offen: Waren die von den Klassikern aufgestellten Gesetze falsch oder galten diese Gesetze nicht für die mit Monopolen durchsetzte Wirtschaft.

Die Antwort auf diese Fragen hat lange Zeit auf sich warten lassen. Man versuchte zunächst — wie gesagt — mit alten Mitteln der Situation Herr zu werden.

Aber mit dem Auftauchen der Frage, ob nicht eine ganz andere Wirtschaftsordnung bestehe, war vieles gewonnen. Wer zweifelt, der prüft und untersucht. Und so mußte sich — wenn auch lange Zeit verging — allmählich die Überzeugung durchsetzen, daß mit Eindringen des Monopols in die Wirtschaft eine ganz andere Wirtschaft entstanden sei, in welcher verschiedentlich geradezu das Gegenteil von dem, was die Klassiker gesagt hatten, zu geschehen habe, wenn Störungen des Wirtschaftsablaufes vermieden bzw. in ihrem Ausmaß abgeschwächt werden sollten.

Die von Keynes ausgehende „Neue Wirtschaftslehre" hat die „andere Art" dieser Wirtschaft ganz deutlich erkannt. „Die charakteristischen Merkmale des von der klassischen Theorie angenommenen Spezialfalls sind nicht die des wirtschaftlichen Systems, in dem wir gegenwärtig leben, mit dem Ergebnis, daß ihre Lehren irreführend und unheilvoll sind, wenn wir versuchen, sie auf die Erfahrungstatsachen anzuwenden", sagt Keynes.

Mit dem Augenblick, wo man zu dieser Erkenntnis gelangte, trat eine grundlegende Wandlung in der Wirtschaftstheorie ein.

Die Konkurrenzwirtschaft spielt zwar in der Wirtschaftstheorie der Gegenwart auch noch eine bedeutende Rolle, aber man diskutierte fortan auch jene Wirtschaftsordnung, die sich — man kann es fast sagen — unversehens entwickelt hatte. Ja, die Wendung war vollkommen, man ging zur Diskussion der Wirtschaftsordnungen überhaupt über, und das mit gutem Grund; denn nicht nur die sogenannte gemischte Wirtschaftsordnung ist Wirklichkeit geworden, sondern auch die Befehlswirtschaft hat in vielen Ländern in mehr oder weniger starker Ausprägung Realität erlangt. Da ist es für die Wirtschaftstheorie, wenn sie sich nicht dem Vorwurf der Weltfremdheit aussetzen will, ein Gebot der Stunde, die Wirtschaftsordnungen überhaupt in den Kreis der Betrachtungen einzubeziehen. Will man die gegenwärtige Wirtschaftstheorie im Gegensatz zu jener früherer Zeiten charakterisieren, so kann man das nicht besser tun als mit der Feststellung, daß die heutige Wirtschaftstheorie durch ein Denken in Wirtschaftsordnungen gekennzeichnet ist.

Für uns Statistiker, die wir ebenso wie die Wirtschaftstheoretiker der Wirtschaft dienen wollen, erhebt sich nun nach dieser Änderung im wirtschaftstheoretischen Denken die Frage, ob wir das gleiche tun müssen, d. h. ob wir bei Behandlung wirtschaftsstatistischer Probleme nicht immer erst sagen sollten, an welche Wirtschaftsordnung wir denken, für welche Wirtschaftsordnung die behandelte Statistik Bedeutung gewinnt, und von welcher Wichtigkeit sie dort ist. Sollte man nicht überhaupt die grundsätzliche Frage stellen, welche Statistiken den einzelnen Wirtschaftsordnungen adäquat sind.

Wir sind dieser Meinung. Allerdings müssen wir auch — weil eine solche Untersuchung unseres Erachtens bisher nicht vorgenommen worden ist und wir nicht auf frühere Untersuchungen verweisen können — begründen, warum sie angebracht ist, warum es zweckmäßig — oder sagen wir besser — warum es notwendig ist, daß der Wirtschaftsstatistiker in die Fußtapfen des Wirtschaftstheoretikers tritt.

Man könnte vielleicht meinen, daß die Notwendigkeit einer solchen Untersuchung gar nicht der Begründung bedarf. Wer das gleiche Ziel hat, nämlich den Dienst an der Wirtschaft, müsse sich auch der gleichen Mühe unterziehen.

Wenn man die Verschiedenartigkeit der — später noch ausführlich zu behandelnden — Methoden bedenkt, der sich Wirtschaftstheorie und Wirtschaftsstatistik bedienen, ist das aber nicht so selbstverständlich, wie es im ersten Augenblick erscheinen mag. Die Wirtschaftstheorie isoliert, abstrahiert, arbeitet mit Hilfe von Gedankenmodellen; sie muß nicht wie die Statistik am Gegebenen haften, sie kann also Wirtschaftsordnungen in den Kreis ihrer Betrachtungen einbeziehen, die sich nicht real verwirklichen lassen.

Soll die Wirtschaftsstatistik auch solche Wirtschaftsordnungen zugrunde legen? Sind die von der Wirtschaftstheorie unterschiedenen Wirtschaftsordnungen einfach zu übernehmen? Letztlich: Soll die Wirtschaftsstatistik überhaupt in Wirtschaftsordnungen denken?

Wenn wir diese im Hinblick auf unser Thema wichtige Frage entscheiden wollen, dann ist es notwendig, zunächst die von der Wirtschaftstheorie gebrachten Wirtschaftsordnungen zu skizzieren.

Wir werden das an dieser Stelle noch nicht in der erforderlichen Breite tun[1]; in gewissem Umfang müssen wir sie aber schon jetzt charakterisieren, nämlich insoweit, als es die Begründung dieser Untersuchung erfordert.

Mit der Konkurrenzwirtschaft hat man sich bisher am meisten und längsten befaßt. Als die Beschäftigung mit der Wirtschaft zu einer Wissenschaft wurde, war sie es zunächst, der man allein Beachtung schenkte. Aber nicht weil wirtschaftstheoretische Überlegungen mit der Betrachtung der Konkurrenzwirtschaft begannen, soll entscheidend sein, warum wir von ihr ausgehen. Sie ist, wie wir sehen werden, ein

[1] Wenn später die Aufgabe der Statistik in der einzelnen Wirtschaftsordnung zur Debatte steht, wird es ausgiebiger geschehen.

Extremfall und aus diesem Grunde zunächst in Betracht zu ziehen. Die anderen Wirtschaftsordnungen besitzen höchstens zum Teil — jedenfalls nicht in Reinheit — die die Konkurrenzwirtschaft auszeichnenden Merkmale.

Das Kennzeichen der Konkurrenzwirtschaft ist die große Anzahl von Marktteilnehmern auf der Angebots- und Nachfrageseite, und zwar spricht man von Konkurrenz, wenn die Zahl der Marktteilnehmer so groß ist, daß der einzelne keinen Einfluß auf den Preis ausübt.

Streng genommen ist es allerdings gar nicht möglich, daß der einzelne — mag sein Angebot bzw. seine Nachfrage auch noch so unbedeutend sein — keinen Einfluß auf die Entwicklung auf dem Markt hat. Wenn hier als Kennzeichen die Einflußlosigkeit genannt ist, so ist damit gemeint, daß das Erscheinen des einzelnen auf dem Markt nur eine ganz minimale, meistens nicht merkliche Bedeutung auf die Preisgestaltung hat. In der Konkurrenzwirtschaft ist der Preis — so wird es in der Literatur ausgedrückt — für den Unternehmer Datum, nicht Problem. Er nimmt ihn als Fatum hin, ihm gegenüber ist er machtlos.

Wenn der Unternehmer höhere Gewinne erzielen will, kann er es also nicht dadurch erreichen, daß er einen höheren Preis für seine Ware ansetzt — niemand würde seine Ware kaufen — sondern er muß schon neue und billigere, von den anderen Unternehmern noch nicht erkannte Produktionsmethoden einschlagen oder Bedürfnisse befriedigen, die es früher nicht gab.

Auf die Dauer lassen sich höhere Gewinne in der Konkurrenzwirtschaft jedoch nie erzielen. Wie gesagt, nur wenn neue Bedürfnisse zu befriedigen sind, neue Produktionsmethoden zur Anwendung kommen oder sich sonst ein gesamtwirtschaftliches Datum ändert, mag in der Konkurrenzwirtschaft dieser oder jener Unternehmer Sondergewinne haben; die aufkommende Konkurrenz drückt bald den Preis, und zwar bis auf den Kostenpreis.

Weiter wird der Preis allerdings nicht sinken. Noch billiger wird niemand produzieren. Ein Teil der Produzenten wandert, wenn die Preise unter die Kosten sinken, zu anderen Produktionszweigen ab. Die Produktion verringert sich also bei dem betreffenden Wirtschaftszweig, sie schrumpft so lange, bis die Kosten wieder erlöst werden.

Zwei Merkmale sind es demnach, welche die Konkurrenzwirtschaft charakterisieren: die Machtlosigkeit der Unternehmer gegenüber dem sich auf dem Markte bildenden Preis und das immerwährende Streben zum Kostenpreis. Es besteht Gleichgewicht, wenn sich der Kostenpreis eingespielt hat.

Wenn Monopole aufkommen und somit eine neue, nämlich die gemischte Wirtschaftsordnung entsteht, verändern sich die wirtschaftlichen Verhältnisse grundlegend. Soweit Monopole gegeben sind, wird der Kostenpreis außer Wirksamkeit gesetzt, und es tritt an seine Stelle auch nicht ein anderer Preis, zu dem die Wirtschaft tendiert.

Für den Fall, daß der Monopolist den bei den gegebenen Marktverhältnissen höchsten Gewinn erzielen wollte, ließe sich allerdings genau sagen, wie er rechnete. Er würde ermitteln, wo Durchschnittskosten mal Menge und Preis der zu verkaufenden Ware mal umzusetzende Menge das günstigste Ergebnis für ihn liefern, und es bestände, wenn der Monopolist immer auf diesen Preis hinauswollte, zwar nicht die in der Konkurrenzwirtschaft beobachtbare Tendenz zum Kostenpreis, dafür jedoch eine solche zu einem anderen auch genau bestimmbaren Preis, eben dem des Gewinnmaximums.

Aber die Absichten des Monopolisten sind verschieden. Vielleicht will der Monopolist, der noch viele kleine Marktteilnehmer neben sich hat, durch einen besonders niedrigen Preis, einen Preis, der noch unter dem Kostenpreis liegt, die lästige Konkurrenz auf dem Markte ausschalten. Es ist also in solcher Wirtschaftsordnung, die das Monopol kennt, ungewiß, was sich für ein Preis bildet.

„1. Es kommt darauf an, welches Ziel sich der Wirtschaftler gestellt hat, ob Maximierung des Gewinns, ob Marktbeherrschung als Selbstzweck oder Sicherheit des Gewinns, nicht nur auf kurze Zeit, oder schließlich irgendein anderes Ziel, das eine Kombination dieser Zielsetzungen darstellt. Selbst beim Teilmonopol kann das Streben nach Macht, nach Marktbeherrschung, dazu führen, daß der Teilmonopolist ein reines Monopol anstrebt durch ruinöse Konkurrenz, das heißt Vernichtungskampf gegen die in vollkommener Konkurrenz stehenden Konkurrenten bei fühlbaren ökonomischen Opfern, z. B. Preisschleudern, Reklamefeldzüge usw. Das kann unter voller Erkenntnis der Gewinnschmälerung geschehen, die nötig ist, um die Konkurrenten zu ruinieren oder auch, bei freiem Zugang zum Markt, neu auftretende Konkurrenten nicht aufkommen zu lassen. Insbesondere aber für alle Marktformen, bei denen nicht die Bedingung gegeben ist, daß auf einer der beiden Marktseiten nicht Marktparteien stehen, für die der Preis als unabhängige Variable gilt, tritt oft das Ziel Macht an die Stelle des Zieles Gewinnmaximum.

2. Selbst wenn die Ziele aller Marktparteien auch allen Marktparteien bekannt wären, gäbe es für jedes dieser Ziele viele Möglichkeiten der Verwirklichung, eine Mannigfaltigkeit der Marktstrategie. Der Oligopolist kann beispielsweise so handeln, daß er die mögliche Reaktion der anderen Oligopolisten außer acht läßt und gemäß seiner erwarteten Absatzkurve die Menge so gestaltet, daß sich ein Gewinnmaximum ergibt. Die anderen Oligopolisten reagieren darauf in gleicher oder anderer Weise und bestimmen auch damit wiederum die weitere Marktstrategie der Oligopolisten. Es kann aber auch ein Ausschei-

dungskampf durch Preisschleudern, durch im Augenblick unrentable Reklame oder noch andere Methoden erfolgen, oder auch kann die Anpassung an einzelne Große einsetzen. Ganz anders wird wieder das Ergebnis sein bei Koalitionen einzelner Käufer bzw. Verkäufergruppen, sowohl untereinander als auch gegeneinander. Wieder ein anderes Ergebnis wird sich herausstellen, wenn die Oligopolisten an einem Markte gegenseitig die mögliche Reaktion der anderen von vornherein berücksichtigen und dann gleichsam in stillschweigender Übereinkunft die Mengen so gestalten, daß sich schließlich das gleiche Ergebnis herausstellt, wie wenn ein Monopol bestände"[2].

In dieser nicht vom Konkurrenzkampf beherrschten Wirtschaft leitet die Produzenten auch das Rationalprinzip, d. h. das Prinzip, unter Anwendung des geringsten Mittels zum größten Nutzen zu gelangen. Die verfolgten Ziele können jedoch verschieden sein und das birgt die Tendenz zur Störung des Gleichgewichts in sich. Die Stabilität der wirtschaftlichen Verhältnisse wird mit der Bildung von Monopolen beseitigt.

In der Konkurrenzwirtschaft ist ein einheitliches Prinzip verwirklicht: es herrscht der Kostenpreis. Dieses einheitliche Prinzip fehlt in der von Monopolen durchsetzten Wirtschaft.

Aber nicht nur, daß die Tendenz zum Kostenpreis durch das Monopol beseitigt wird, mit ihm ist auch die Machtlosigkeit hinsichtlich der Preisgestaltung, welche die Unternehmer der Konkurrenzwirtschaft kennzeichnet, geschwunden. Wenn der Unternehmer in der Konkurrenzwirtschaft sein Warenangebot verändert, dann mögen ihn hierzu die verschiedensten Gründe veranlassen, auf keinen Fall trifft er jedoch diese Maßnahme in der Absicht einer Einflußnahme auf den Preis.

Im Falle des Monopols ist das anders. Der Monopolist manipuliert das Angebot, um den Preis und damit den Gewinn zu beeinflussen. Für ihn ist der Preis nicht mehr Datum, sondern Problem. Die Produktionsmenge bestimmt nicht mehr ausschließlich der Verbraucher, sondern der Monopolist spricht ein gewichtiges Wort mit. Von der Macht der Produktionslenkung, welche in der Konkurrenzwirtschaft allein der Konsument inne hat, ist ein Teil auf den Produzenten übergegangen. Was der eine, der Monopolist, gewonnen hat, hat ein anderer, der Verbraucher, eingebüßt. Es läßt sich allerdings noch nicht sagen, daß nunmehr das Primäre die Produktion ist und die Konsumtion sich ausschließlich nach ihr zu richten habe, aber der Verbraucher dirigiert nicht mehr allein die Produktion.

Die weitere noch zu charakterisierende Wirtschaftsordnung, die Befehlswirtschaft, ist wie die gemischte Wirtschaftsordnung mit ihren

---

[2] Alfred *Kruse:* Wo steht die Nationalökonomie heute?, München 1951, S. 45/46.

Monopolen gleichfalls durch nichts anderes als durch Machtbesitz auf dem Gebiet der Produktion gekennzeichnet.

Nur insofern besteht ein Unterschied, als in der Befehlswirtschaft wirtschaftliche Macht in potenzierter Form auftritt.

An sich sind nur immer zwei Möglichkeiten gegeben: Entweder der Verbraucher bestimmt, was hergestellt werden soll — so in der Konkurrenzwirtschaft — oder der Produzent gibt den Ton an, eine dritte besteht nicht.

„Die menschliche Gesellschaft setzt sich stets aus Individuen zusammen, die ihrer Natur nach selbständig sind. Sie werden im Wirtschaftsprozeß zu einem Ganzen koordiniert. Es gibt aber nur zwei Wege, auf denen Individuelles zu einer Ganzheit koordiniert werden kann. Die Ordnung muß sich entweder aus dem Zusammenspiel der in den Individuen wirksamen Kräfte von selbst ergeben oder von einer übergeordneten Kraft erzwungen werden. Eine dritte Möglichkeit besteht nicht. Daraus geht mit apodiktischer Gewißheit hervor, daß neben der reinen Verkehrswirtschaft und der reinen Befehlswirtschaft weitere reine Wirtschaftsformen nicht denkbar sind“[3].

Noch eine andere Stimme zur gleichen Frage: „Werden die beiden idealtypischen Wirtschaftsordnungen als Grenztypen angesehen, so daß die realverwirklichten Wirtschaftsordnungen als „Mischformen“ zwischen diesen reinen Verwirklichungen liegen, so müssen auch alle aus der Realität abgeleiteten Wirtschafts**stufen** durch sie begrenzt sein“[4].

Etwas qualitativ anderes als das, was schon das Monopol besitzt, kann in der sogenannten Befehlswirtschaft oder Planwirtschaft, wie man diesen Typus von Wirtschaft auch noch nennt, wie gesagt, nicht hinzukommen. Private Monopole sind Repräsentanten wirtschaftlicher Macht und führen in dem Ausmaß, als sie sich durchsetzen, bereits das „Befehlssystem“ ein. Von welcher Seite schließlich Macht ausgeht, tut nichts zur Sache. Die Befehlswirtschaft enthront den Konsumenten vollends, nimmt ihm seine Macht, um ihre eigene zu vermehren. Aus prinzipiellen Gründen dürfte also der Verfechter der Befehlswirtschaft das Monopol gar nicht ablehnen. Nur daraus ist die Verstimmung verständlich, daß der Monopolist das Gleiche, nämlich Macht, besitzen möchte, was die Befehlswirtchaft auch und sogar in vollem Umfang für sich wünscht, denn „Sachlich . . . ist das Monopol eine Befehlswirtschaft, die . . . den Rahmen der reinen Verkehrswirtschaft an einer bestimmten Stelle sprengt und die Gleichgewichtstendenz in dem Maße außer Kraft

[3] Leonhard *Miksch:* „Zur Theorie des Gleichgewichts“ in Jahrbuch für Ordnung von Wirtschaft und Gesellschaft, Opladen 1948, S. 175/176.

[4] *Paulsen:* Der Verbrauch und die Wirtschaftsordnungen in Jahrbücher für Nationalökonomie und Statistik, 1949, S. 102.

setzt, in dem der Bereich des Monopols sich ausdehnt oder verschiedene Märkte mit Monopolen durchsetzt werden, bis schließlich das universelle Monopol in die reine Verkehrswirtschaft übergeht. . . . Die Verkehrswirtschaft, in der Marktformen der unvollständigen Konkurrenz vertreten sind, ist daher . . . als reine Mischform zwischen den reinen Wirtschaftssystemen anzusehen. Wenn man sich daran erinnert, daß das Ungleichgewicht der Befehlswirtschaft mit dem wirtschaftspolitischen Phänomen der Macht gleichgesetzt worden ist, so wird denn auch ohne weiteres deutlich, warum die wirtschaftliche Macht der Monopole und die wirtschaftliche Macht des Staates so nahe verwandt ist und praktisch zu den gleichen Konsequenzen führen"[5].

„Denkt man sich . . . die Monopolstellung vertikal über die verschiedenen Produktions- und Absatzstufen, horizontal über die verschiedenen Märkte ausgedehnt, so entsteht zuletzt die reine Befehlswirtschaft, also ein völlig gleichgewichtsloser Zustand, bei dem alles vom Willen des Leiters, in diesem Falle also des Monopolisten, abhängt"[6].

Macht herrscht überall dort, wo das Konkurrenzsystem nicht mehr gilt, also bei Bestehen des Monopols oder Regelung der Produktion von staatlicher Seite.

Wenn man die Gleichartigkeit des Monopols und der Befehlswirtschaft bedenkt, können Zweifel aufkommen, ob es denn überhaupt richtig ist, im Falle bestehender Monopole und zentraler Regelung der Wirtschaft von zwei verschiedenen Ordnungen zu sprechen. Macht ist Macht.

Dennoch scheint es — mag es im ersten Moment auch widerspruchsvoll anmuten — durchaus angebracht, drei Typen von Wirtschaftsordnungen zu unterscheiden; auf der einen Seite die Konkurrenzwirtschaft, auf der anderen Seite die Befehlswirtschaft und drittens die dazwischen liegende Wirtschaftsordnung, die sogenannte gemischte Wirtschaftsordnung.

Obwohl die gemischte Wirtschaftsordnung keine ihr allein eigenen Merkmale besitzt, sondern nur solche, welche in den reinen, der Konkurrenzwirtschaft und der Befehlswirtschaft, bereits vorkommen, wäre es doch verkehrt, wenn man ihr die Eigenschaft eines besonderen Typus von Wirtschaftsordnung absprechen wollte. Zur Befehlswirtschaft kann man sie nicht rechnen, denn es sind in ihr Unternehmungen vorhanden, also Institutionen, die in der Befehlswirtschaft fehlen; man kann sie aber auch nicht zur Konkurrenzwirtschaft zählen, denn mit dem Vorhandensein von Monopolen treten Erscheinungen auf, die bei vollständiger

---

[5] Leonhard *Miksch:* „Zur Theorie des Gleichgewichts" in Jahrbuch für die Ordnung von Wirtschaft und Gesellschaft, Opladen 1948, S. 187.

[6] Leonhard *Miksch,* ebenda, S. 186.

Konkurrenz nicht zu erwarten gewesen wären. Die Krisen der Vergangenheit mit ihren Millionen von Arbeitslosen haben ihre andere Art deutlich unterstrichen und die Notwendigkeit erwiesen, daß die Wirtschaftspolitik in dieser Wirtschafsordnung ganz andere Wege gehen muß wie in der Konkurrenzwirtschaft.

Ferner muß man folgendes bedenken: es ist zwar qualitativ Neues in der Befehlswirtschaft im Vergleich zur gemischten Wirtschaftsordnung nicht gegeben, aber die quantitativen Unterschiede im Besitz von Macht sind beträchtlich. Der Monopolist kann nicht uneingeschränkt schalten und walten, wie er will. „In dieser Stellung würde sich der Monopolist nur dann befinden, wenn das Monopolgut seiner ganzen Art nach aus dem Kreise der übrigen Güter herausfiele. Wer die atmoshärische Luft oder das genießbare Wasser monopolisieren würde, der könnte alle anderen Menschen zu allem und jedem zwingen. Einem solchen Monopol gegenüber würde es überhaupt keinen Tauschverkehr und kein Wirtschaften geben. Sein Inhaber würde über allen Besitz seiner Mitmenschen frei verfügen können[7]."

Eine derartige Machtposition besitzt der Monopolist also nicht. Es gibt Substitutionsgüter, zu denen die Käufer übergehen können und auch werden, wenn der Monopolist den Preis zu hoch festsetzt.

In der Befehlswirtschaft hält der Staat die gesamte Produktion in seinen Händen und er kann daher in weit höherem Maße als die Monopole der gemischten Wirtschaftsordnung darüber entscheiden, was produziert wird und damit, welche Bedürfnisse zur Befriedigung gelangen. Es bestehen also graduelle Unterschiede in der „wirtschaftlichen Macht" bei diesen beiden Wirtschaftsordnungen, die wesentlich sind. Deswegen wäre es nicht angebracht, die Wirtschaftsordnung, in der neben der Konkurrenz auch das Monopol besteht, mit der Befehlswirtschaft auf die gleiche Stufe zu stellen.

Die Konkurrenzwirtschaft, die gemischte Wirtschaftsordnung und die Befehlswirtschaft[8] sind daher die von der Wirtschaftstheorie zu Recht unterschiedenen Ordnungen[9] [10].

---

[7] *Mises:* Die Gemeinwirtschaft, Jena 1932, S. 358/359.

[8] Wie die heutigen wirtschaftstheoretischen Untersuchungen zeigen, sind alle Wirtschaftstheoretiker ohne Ausnahme der Ansicht, daß die Konkurrenzwirtschaft und die gemischte Wirtschaftsordnung Gegenstand der Erörterung sein müssen. Nur in Bezug auf die Befehlswirtschaft steht man vereinzelt auf dem Standpunkt, daß sie nicht zu behandeln sei. So kommt z. B. *Ammon* bei Diskussion der Frage, welches eigentlich das „Objekt der Nationalökonomie" sei, zu folgender Feststellung: „Wenn wir auf Grund des tatsächlich gegebenen spezifisch eigenartigen Inhalts der Wissenschaft den Preis als das Grundphänomen und Grundproblem der theoretischen Nationalökonomie ansehen müssen und das Preisproblem, wie es in dieser Wissenschaft auftritt, eben als das spezifisch-nationalökonomische Problem gelten kann, so müssen wir sagen, daß da, wo dieses Preisproblem eben existent ist, Nationalökonomie ist und dort, wo gar keine Beziehung zu diesem Preisproblem vorhanden ist,

auch nicht mehr von Nationalökonomie im strengen methodologischen Sinne gesprochen werden kann." (*Ammon:* Objekt und Grundbegriffe der Theoretischen Nationalökonomie, Wien 1927, S. 188/189.)

Wenn aber nicht von Nationalökonomie im Falle der Befehlswirtschaft gesprochen werden könne, weil angeblich bei Bestehen der Befehlswirtschaft kein wissenschaftliches Problem zu lösen sei, so heißt das doch, daß diese Wirtschaftsordnung außer Betracht zu bleiben habe. Offenbar liegt dieser Äußerung folgende Ansicht zugrunde: Wo befohlen wird, gelten keine wirtschaftlichen Gesetze, d. h. dort ist nichts problematisch. Der Staat stellt den Bestand der Produktivkräfte fest, ordnet an, was die Betriebe zu produzieren haben, bis zu welchem Zeitpunkt es zu geschehen hat und welche Produktionsmenge bis zu einer bestimmten Zeit an einen bestimmten Abnehmer zu liefern ist.

Bei näherer Betrachtung treten jedoch auch bei dieser Wirtschaftsordnung Probleme in Erscheinung. Es gilt beispielsweise die bei den heutigen großen Wirtschaftsräumen schwierige Organisationsfrage zu lösen; ferner muß die Bedeutsamkeit der einzelnen Produktionen abgeschätzt werden, d. h. es taucht das große und viel diskutierte Problem der Bewertung auf.

Man wird also das Argument von Ammon nicht gelten lassen können und auch die Befehlswirtschaft in Betracht zu ziehen haben.

[9] Neben der Einteilung der Wirtschaftsordnungen nach dem Gesichtspunkt der Machtausübung lassen sich noch zwei andere Unterscheidungsmerkmale anführen, die hier gleichfalls vermerkt werden sollen, um das Wesen der Wirtschaftsordnungen möglichst deutlich in Erscheinung treten zu lassen:

1. In der Konkurrenzwirtschaft bestimmt der Konsument die Produktion. Der Produzent richtet sich nach seinen Wünschen. Wie das trotz horizontaler und vertikaler Gliederung der Wirtschaft möglich ist, wird offensichtlich, wenn man den Gesichtspunkt berücksichtigt, von dem sich die Käufer auf den Märkten leiten lassen. Der Käufer einer Ware richtet sich bei seinen Preisangeboten letzlich nach dem Preis, den er von dem nachfolgenden Käufer erhält, bzw. zu erhalten glaubt. Der bei einem späteren Verkauf der Ware erzielbare Preis ist entscheidend. Wenn aber der spätere Abnehmer der Ware festsetzt, was bei Einkauf gezahlt wird, ist es damit am Ende der Konsument, der bestimmt, was produziert wird. „Jeden Tag begeben sich Millionen von Hausfrauen und Verbrauchern auf den Markt, ausgerüstet mit Wahlzetteln in Form von Geldscheinen, orientieren sich an Hand von Preisen und Augenschein über die dargebotenen Güter und treffen die Wahl in Gestalt von Kaufentscheidungen nach Maßgabe ihres Urteils und ihrer Bedürfnisskala. Obwohl sie dabei nicht das Gefühl haben, einen Einfluß auf den Aufbau der Wirtschaft und die Richtung der Produktion auszuüben — denn sie wählen ja nur unter Gütern aus, die bereits produziert sind, und zwar produziert von dem Wirtschaftsapparat, der bereits aufgebaut ist —, so betätigen sie nichts desto weniger diesen Einfluß doch und zwar in sehr entscheidender Weise. ... Die tägliche Abstimmung ... pflanzt sich nach oben hin fort und beeinflußt in den höheren Lagen die Entscheidungen der Produzenten über die Einführung oder Nichteinführung neuer Verfahren, neuer Techniken, neuer Vertriebsmethoden, neuer Unternehmungsformen. ... Die sogenannten Marktgesetze sind also bei Lichte gesehen nichts anderes als eine aufs äußerste getriebene, technisch aufs raffinierteste vervollkommnete tägliche und stündliche plebiszitäre Demokratie, ein das ganze Jahr hindurch vom Morgen bis in die Nacht währendes Volksreferendum, die technisch idealste Erscheinungsform von Demokratie, die überhaupt existiert." (Franz Böhm: Wirtschaftsordnung und Wirtschaftsverfassung, Tübingen 1950, S. 50/51.)

Diese Wünsche der Konsumenten werden in der Konkurrenzwirtschaft bei der gegebenen Kaufkraft unter den denkbar günstigsten Bedingungen befriedigt, nämlich zu den Produktionskosten. Warum sich die Preise in der Konkurrenzwirtschaft auf die Produktionskosten einstellen, bedarf nur kurzer Begründung. Die Preise können auf der einen Seite —

jedenfalls auf die Dauer — nicht weniger als die Produktionskosten betragen; denn die Produktion soll keinen Schaden bringen, sie sind aber auf der anderen Seite auch nicht für längere Zeit höher als die Produktionskosten; denn die Konkurrenz sorgt dafür, daß der Preis bis auf die Produktionskosten sinkt, wenn etwa wegen neuer Bedürfnisse oder Produktionsmethoden an einer Stelle Preise erzielt werden sollten, die mehr als die Kosten betragen.

In der gemischten Wirtschaftsordnung, in welcher der Monopolist um der Erzielung höherer Preise willen die Produktion einschränken kann, erfährt die „beste Güterversorgung", wie sie die Konkurrenzwirtschaft bietet, eine Einbuße. „Die Folge dieser Einschränkung der Erzeugung eines bestimmten wirtschaftlichen Gutes ist nun nicht die, daß der Menge nach weniger erzeugt wird. Kapital und Arbeit, die durch die Einschränkung der Erzeugung frei werden, müssen in anderer Produktion Verwendung finden. ... Der Mindererzeugung des Monopolgutes steht mithin die Mehrerzeugung anderer Güter gegenüber. Nur freilich das sind weniger wichtige Güter, sie würden nicht erzeugt und verwendet worden sein, wenn man das dringendere Bedürfnis nach weiteren Einheiten des Monopolgutes hätte befriedigen können. Die Differenz zwischen den Werten dieser Güter und dem höheren der nicht erzeugten Menge des Monopolgutes stellt die Wohlstandseinbuße dar, die die Volkswirtschaft durch das Monopol erleidet. Hier fallen privatwirtschaftliche Rentabilität und volkswirtschaftliche Produktivität nicht zusammen. (*Mises:* Die Gemeinwirtschaft, Jena 1932, S. 358/359.)

Diese in der Konkurrenzwirtschaft von Seiten der Unternehmer nicht mögliche, in der gemischten Wirtschaftsordnung bereits zu beobachtende Einflußnahme auf die Befriedigung der Bedürfnisse finden wir am stärksten in der Befehlswirtschaft ausgeprägt. In ihr hält der Staat die gesamte Produktion in seinen Händen und er kann daher in weit höherem Maße, als es in der gemischten Wirtschaftsordnung möglich ist, darüber entscheiden, welche Bedürfnisse zur Befriedigung gelangen sollen.

In welchem Maße in der Befehlswirtschaft die Bedürfnisse der Bevölkerung Berücksichtigung finden, ist Tatfrage. Es ist m ö g l i c h, daß die Führerschicht den Menschen nicht nur als Arbeitskraft wertet und mehr für den Arbeiter an Konsumgütern herstellen läßt, als unbedingt für die Erhaltung der Arbeitskraft gebraucht wird, wahrscheinlich ist das aber nicht und es werden aller Voraussicht nach die Wünsche der „Elite", nicht der Masse im Vordergrund stehen.

2. Außer nach dem Grad der Bedürfnisbefriedigung, welche die verschiedenen Wirtschaftsordnungen bieten, kann man diese auch dadurch charakterisieren, daß man die verschiedene Stellung der Wirtschaftenden in den einzelnen Wirtschaftsordnungen zu den „gesamtwirtschaftlichen Daten" beleuchtet. [Gesamtwirtschaftliche Daten sind: „Die Bedürfnisse der Menschen; die Gaben und die Bedingungen der Natur; die Arbeitskräfte; die Gütervorräte aus früherer Produktion; ferner das technische Wissen und schließlich die rechtliche und soziale Ordnung, die den Handlungen der Wirtschaftssubjekte Richtung geben kann und Grenzen setzt." (*Eucken:* Grundsätze der Wirtschaftspolitik, Bern und Tübingen 1952, S. 377) oder noch mit anderen Worten: „Gesamtwirtschaftliche Daten sind diejenigen Tatsachen, die den ökonomischen Kosmos bestimmen, ohne selbst unmittelbar von ökonomischen Tatsachen bestimmt zu sein." (*Eucken:* Grundlagen der Nationalökonomie, 6. Auflage, S. 156.)]

In der Konkurrenzwirtschaft stellen die gesamtwirtschaftlichen Daten etwas Gegebenes dar, d. h. sie sind für den Produzenten unbeeinflußbar und unabänderlich.

Für die gemischte Wirtschaftsordnung trifft das nicht mehr zu. Der alleinige Produzent eines Haarwuchsmittels prüft die Reaktion auf seine Preisangebote und setzt danach die Höhe des Preises fest. Das gesamtwirtschaftliche Datum „Bedürfnisse" ist für ihn also ein Problem, keine hinzunehmende Tatsache mehr. Der Maschinenfabrikant, der allein in einer

Stadt ansässig ist und Schlosser in seinem Betrieb braucht, setzt die Lohnhöhe fest, für welche die einzustellenden Arbeiter von ihm beschäftigt werden; für ihn ist also das gesamtwirtschaftliche Datum Arbeit kein Datum mehr.

Immerhin sind der Macht des Monopolisten über die gesamtwirtschaftlichen Daten aber doch noch mehr oder minder enge Grenzen gesetzt. „Auch der Monopolist kann nicht nach Belieben jeden Preis fordern. Auch die Preisforderungen, mit denen er den Markt betritt, werden von den Nachfragenden durch ein bestimmtes Verhalten erwidert; auch diesem gegenüber sinkt und steigt die Nachfrage und darauf muß der Monopolist Rücksicht nehmen, gerade so wie es andere Käufer beachten müssen. Das Besondere des Monopols ist allein das, daß unter gewissen Voraussetzungen — bei einer bestimmten Gestaltung der Nachfragekurve — das Maximum an Reingewinn bei einem höheren Preis liegt als bei jenem, der sich beim Wettbewerb der Verkäufer herausgebildet hat... Ob der Monopolist seine Stellung überhaupt ausnutzen kann, hängt von der Gestaltung der Nachfragekurve des Monopolgutes und von den Kosten ab, die mit der Erzeugung einer Einheit des Monopolgutes bei dem jeweils in Frage kommenden Umfang der Produktion verbunden sind. Nur wenn diese Bedingungen so gestaltet sind, daß der Absatz eines kleineren Quantums zu höheren Preisen mehr Reingewinn einbringt als der Absatz eines kleineren zu niedrigeren Preisen ist die Möglichkeit der Anwendung des spezifischen Monopolgrundsatzes gegeben." (Ludwig *Mises:* Die Gemeinwirtschaft, 2. Auflage, Jena 1932, S. 357.)

Die gemischte Wirtschaftsordnung nimmt also auch in Bezug auf die Beeinflußbarkeit der gesamtwirtschaftlichen Daten eine mittlere Stellung ein.

Das Kennzeichen der Befehlswirtschaft ist eine — im Gegensatz zu der gemischten Wirtschaftsordnung — graduell höhere, nämlich allumfassende Einflußnahme auf die gesamtwirtschaftlichen Daten. Der Konsument muß die Güter verbrauchen, welche der Staat, der ein totales Monopol hat, produziert. Eine Ausweichmöglichkeit — wie im Falle der gemischten Wirtschaftsordnung — besteht nicht. Der oben erwähnte Schlosser, der in der gemischten Wirtschaftsordnung in eine andere Stadt abwandern oder sich in derselben Stadt eine andere Beschäftigung suchen kann, ist in der Befehlswirtschaft dazu nicht in der Lage. Überhaupt: Die Befehlswirtschaft ist dadurch gekennzeichnet, daß sie andauernd mit gesamtwirtschaftlichen Daten operiert. Der Leiter der Zentralstelle hat Überlegungen anzustellen, wer prinzipiell zur Arbeit heranzuziehen ist, ob also überhaupt die Ehefrauen dienstverpflichtet werden sollen, wer schon bzw. wer noch zur „Arbeitsarmee" gehören soll, was für Arbeit zu leisten ist, welche Bedürfnisse zu befriedigen sind und so fort. Die gesamtwirtschaftlichen Daten sind für die Zentralstelle ein immerwährendes Problem.

Vielleicht läßt gerade dieses Verhältnis der Wirtschafter zu den gesamtwirtschaftlichen Daten die zwischen den einzelnen Wirtschaftsordnungen bestehenden Unterschiede am deutlichsten erkennen.

[10] In seinen Grundlagen der Nationalökonomie führt Eucken (*Eucken:* Die Grundlagen der Nationalökonomie, Godesberg, 1947, S. 126 ff.) noch verschiedene Variationsmöglichkeiten der Befehlswirtschaft an.

1. Die „Einfache zentralgeleitete Wirtschaft". Alles, was die Konsumenten brauchen, produzieren sie in vollem Umfang in eigener Wirtschaft.

Diese Eigenwirtschaft, die verschiedentlich im Mittelalter in Klosterhöfen ihre Verwirklichung gefunden hat, kommt heute wohl kaum noch vor. Auch die Landwirte sind heute nur zum Teil Selbstversorger.

Der Wirtschaftstheoretiker mag dieser Wirtschaft aus methodischen Gründen Beachtung schenken, weil in ihr der Zusammenhang zwischen Produktion und Konsumtion deutlicher als in der arbeitsteiligen Wirtschaft großen Ausmaßes hervortritt. Der Wirtschaftsstatistiker läßt sie jedoch am besten außer Betracht.

2. Die „Total zentralgeleitete Wirtschaft". In dieser Wirtschaft dürfen nicht einmal die Konsumenten eine Auswahl unter den Gütern treffen. Es zirkuliert nirgends Geld, weder auf dem produktiven noch konsumtiven

Sektor der Wirtschaft. Jegliche Austauschmöglichkeit der Güter ist unterbunden.

In Bezug auf diese Wirtschaft ist gleichfalls zu sagen, daß sie keine praktische Bedeutung hat und zwar wird sie wegen der auf dem Gebiete der Konsumtion bestehenden Unzuträglichkeiten nie Wirklichkeit werden. Man mache sich nur die mit der Reglementierung des Verbrauchs verbundenen Konsequenzen klar. „Der Genosse erhält ein Bündel von Anweisungen, die innerhalb einer bestimmten Zeit gegen eine bestimmte Menge verschiedener Güter eingelöst werden. So kann er dann täglich mehrmals speisen, ständig Unterkunft finden, dann und wann Vergnügungen nachgehen, von Zeit zu Zeit ein neues Kleidungsstück empfangen." (*Mises:* Die Gemeinwirtschaft, Jena 1932, S. 133.) Wäre es dem Genossen vorgeschrieben, nichts anderen geben zu dürfen, so müßten die Speisen und Getränke, die er nicht genießen kann oder will, verderben, kurz, alles, was er nicht genießen will, würde — mag es auch für andere noch so wertvoll sein — ungenutzt bleiben.

3. Die „Zentralgeleitete Wirtschaft mit freiem Konsumguttausch". In ihr „ist es ebenfalls die Zentralstelle, welche den Einsatz der produktiven Kräfte, den zeitlichen Aufbau der Produktion, die Verteilung der Produkte auf die Mitglieder des Gemeinwesens, die anzuwendende Technik und den Standort der Produktion bestimmt. Aber — im Gegensatz zur ersten Variante — (gemeint ist die Total zentralgeleitete Wirtschaft) können in der Verteilung der zugewiesenen Güter seitens der Konsumenten durch Tausch Korrekturen vorgenommen werden." In ihr zirkuliert bereits Geld. Es entsteht, wenn es der Staat nicht von sich schaffen sollte, aus der Wirtschaft heraus. Aber nur auf dem Gebiet der Konsumtion hat es ein Betätigungsfeld.

4. Die „Zentralgeleitete Wirtschaft mit freier Konsumwahl". „Die Zentralverwaltung ordnet an, an welchen Arbeitsplätzen der einzelne zu arbeiten hat, wie lange er arbeiten muß, sie bestimmt, welche Erzlagerstätten, Wasserkräfte und Böden zu benutzen sind, wie sie zu benutzen sind und welche ungenützt bleiben sollen, wieviel an Brot, Fleisch, Schuhen, Werkzeugmaschinen und anderen Gütern herzustellen ist. . . . aber es besteht e i n großer Unterschied: die einzelnen Angehörigen des Staates haben hier das Recht freier Konsumwahl. Sie erhalten also Brot, Fleisch, ihre Wohnung und andere Konsumgüter nicht von der Zentralstelle unmittelbar oder durch Karten, sondern sie empfangen Löhne und Gehälter in allgemeinen Anweisungen auf Konsumgüter. (Die Funktion des Geldes ist — wie man sieht — hier eine andere, als in der eben genannten . . . Variante zentralgeleiteter Wirtschaft.) W a s sie kaufen, steht den Angehörigen dieses Staates frei."

Mit diesen beiden letzten Varianten von Wirtschaftsordnungen sind die Befehlswirtschaften genannt, die allein Realität gewinnen können. In beiden Fällen kann jedoch kein Einfluß von Seiten der Konsumenten auf die Produktion ausgehen und wir sehen uns daher nicht zu einer Unterscheidung nach diesen beiden Typen von Ordnungen veranlaßt.

[Der Unterschied zwischen diesen beiden Ordnungen ist gering. Allein daß in der zentralgeleiteten Wirtschaft mit Konsumguttausch für den Staat Veranlassung besteht, die Preise zu beobachten, die sich bei dem Austausch der Konsumgüter bilden.

„Die Austauschverhältnisse, die sich im Verkehr mit den Genossen herausbilden, können von der Leitung der Produktion und Verteilung nicht unbeachtet gelassen werden. Sie muß diese Austauschverhältnisse zugrunde legen, wenn sie bei der Zuweisung der Anteile verschiedene Güter wechselseitig vertretbar machen will. Wenn sich im Tauschverkehr das Verhältnis eine Zigarre = fünf Zigaretten ausgebildet hat, so könnte die Leitung nicht ohne weiteres erklären, eine Zigarre sei gleich drei Zigaretten, um nach diesem Verhältnis den einen nur Zigarren, den anderen nur Zigaretten zuzuweisen. Wenn die Tabakanweisung nicht gleichmäßig für jedermann zu einem Teil in Zigarren und zum anderen in Zigaretten eingelöst werden

Neben der Untersuchung des Wirtschaftsablaufes in diesen Wirtschaftsordnungen wird der Wirtschaftstheoretiker meistens noch zu einer anderen für den Wirtschaftsstatistiker ebenso bedeutungsvollen Frage angeregt, und zwar erörtert er auch die Verwirklichungsmöglichkeit der Konkurrenz- und Befehlswirtschaft.

Damit wird dann untersucht, ob die behandelten Wirtschaftsordnungen auch reale Bedeutung haben können.

Diese Frage liegt für den Wirtschaftstheoretiker sehr nahe, erst recht aber für den Wirtschaftsstatistiker, der klären will, welche Statistiken in den verschiedenen Wirtschaftsordnungen notwendig sind. Offenbar hat der Wirtschaftsstatistiker, der auf Grund der von ihm angewendeten Methode am Konkreten haftet, nur Veranlassung, sich über Erhebungen Gedanken zu machen, die auch praktische Bedeutung haben können.

Um dem etwaigen Einwand zu begegnen, daß wir eine schon im Ansatz falsche Untersuchung durchführen, müssen wir daher der Frage Beachtung schenken, ob und in welchem Maße die Konkurrenz- und Befehlswirtschaft Idealtypen sind[11].

---

soll, wenn, entweder weil sie es so wünschen oder weil die Einlösungsstelle augenblicklich nicht anders kann, die einen nur Zigarren, die anderen nur Zigaretten erhalten sollen, dann müßten dabei die Austauschverhältnisse des Marktes berücksichtigt werden. Sonst würden dabei alle, die Zigaretten empfangen haben, benachteiligt werden. Denn der, der eine Zigarre empfangen hat, kann dafür fünf Zigaretten eintauschen, während ihm die Zigarre nur mit drei Zigaretten angerechnet wird." (*Mises*, aaO., S. 134.)]

Ob der allmächtige Staat, der keine Beeinflussung seiner Produktion von Seiten der Konsumenten zu befürchten hat, sich dieser Mühe der Preisbeobachtung tatsächlich unterziehen wird, wie *Mises* annimmt, dürfte jedoch von vornherein keineswegs feststehen.

5. In den früheren Auflagen seiner Grundlagen glaubte *Eucken* als eine Art der Befehlswirtschaft auch noch die nennen zu müssen, die Freiheit in Bezug auf die Wahl des Berufes und Arbeitsplatzes gestattet.

Bei der Unterscheidung dieses Typus von Wirtschaftsordnung wäre die Befehlswirtschaft dann nicht mehr dadurch gekennzeichnet, daß alle Produktionsfaktoren in der Hand des Staates sind. Es gäbe in dieser Wirtschaftsordnung bereits Arbeitsmärkte und der Staat müßte — wenn er alle gewünschten Produktionen durchführen wollte — Differenzierungen in der Lohnhöhe vornehmen, weil er anders Gefahr liefe, für unliebsame Beschäftigungen keine Arbeitskräfte zu erhalten.

Offenbar würde es doch aber, wenn diese Wirtschaftsordnung irgendwo eingeführt werden sollte, bald zur Beseitigung dieser Freiheiten der Arbeiter kommen; denn es ist nicht anzunehmen, daß der Staat, der außer der Arbeit sonst alle Produktionsfaktoren in seiner Hand hat, sich auf die Dauer diese Behinderungen seiner Produktionsvorhaben gefallen läßt.

[11] Aus der Feststellung, daß es für den Wirtschaftsstatistiker keinen Zweck hat, danach zu fragen, welche Statistiken in Wirtschaftsordnungen in Frage kommen, die nicht zu verwirklichen sind, darf nicht geschlossen werden, daß auch der Wirtschaftstheoretiker zweckmäßigerweise die Betrachtung dieser Idealtypen unterlassen soll.

Zum Kennzeichen der wirtschaftstheoretischen Methode gehört — um hier einen Ausdruck von *Eucken* zu gebrauchen — die „pointierende" Hervorhebung der zu untersuchenden wirtschaftlichen Erscheinungen. Wenn

Die Meinungen darüber, ob sich die Konkurrenzwirtschaft verwirklichen läßt, sind geteilt.

Schmalenbach z. B. gibt der freien Wirtschaft keine Chance mehr. Der viel gepriesene Automatismus der Wirtschaft kann nicht funktionieren; denn der Produzent höre wegen der Verwendung langlebiger Produktionsgüter und der damit gegebenen fixen Kosten bei Preisen, die unter den Produktionskosten liegen, mit der Produktion nicht auf, sondern setze sie fort, wenn nur die fixen Kosten gedeckt werden. Ja wahrscheinlich werde er in der Hoffnung, daß bessere Zeiten kommen und sich dann der Konkurs vermeiden lasse, die Produktion selbst dann nicht abbrechen, wenn durch den Verkauf seiner Produkte nicht einmal mehr die fixen Kosten einkommen.

Im Zusammenhang hiermit wird ferner das Argument angeführt, daß mit der Verwendung fixen Kapitals die Massenproduktion verbunden ist und daß somit an die Stelle vieler Marktteilnehmer wenige treten, vielleicht nur je einer auf Anbieter- und Nachfrageseite.

Je geringer aber die Zahl der Marktteilnehmer ist, um so eher kann sich der stets vorhandene „Hang zur Monopolbildung" durchsetzen. „Anbieter und Nachfrager suchen stets — wo immer es möglich ist — Konkurrenz zu vermeiden und monopolistische Stellungen zu erwerben oder zu behaupten. Ein tiefer Trieb zur Beseitigung von Konkurrenz und zur Erwerbung von Monopolstellungen ist überall und zu allen Zeiten lebendig. Jeder erspäht Möglichkeiten, um Monopolist zu werden. Warum sollen drei Bäcker in einer Stadt des 13. Jahrhunderts konkurrieren? Sie verabreden sich und bilden ein Monopol. Sie versuchen darüber hinaus sich gegen weitere Konkurrenz abzuschirmen. Ähnlich war es vorher, ist es heute und wird es in Zukunft sein. Die Arbeitgeber auf dem Arbeitsmarkt, die Anbieter oder Nachfrager auf den Warenmärkten oder die Arbeiter streben Monopolstellungen an. Universal besteht der „Hang zur Monopolbildung"[12].

Diese hier vorgebrachten Argumente könnten die Ansicht aufkommen lassen, daß es für die freie Verkehrswirtschaft Abend geworden ist und daß man, wie Schmalenbach sich ausdrückt, nur noch „der freien Wirtschaft zum Gedächtnis schreibe".

---

man dies berücksichtigt, hat es doch offenbar für den Wirtschaftstheoretiker Sinn, die Konkurrenz- und Befehlswirtschaft — auch wenn sie als Idealtypen anzusehen sein sollten — zu erörtern. In der gemischten Wirtschaftsordnung gibt es mit den Monopolen Unternehmungen mit wirtschaftlicher Macht und mit den Konkurrenzbetrieben solche, denen sie fehlt. Wir finden also in ihr, was in Reinheit nur in der Konkurrenz- und Befehlswirtschaft besteht. Der Wirtschaftstheoretiker würde also bei einer Betrachtung der Konkurrenz- und Befehlswirtschaft das, was in der gemischten Wirtschaftsordnung vereinigt in Erscheinung tritt, isoliert untersuchen und so zu besserer Einsicht gelangen.

[12] *Eucken:* Grundsätze der Wirtschaftspolitik, Bern, Tübingen 1952, S. 31.

Wenn diese Ansicht zutreffen sollte, hätte die Beschäftigung mit der Konkurrenzwirtschaft doch nur noch aus methodischen Gründen Sinn, eben deswegen, um den Kontrast zu anderen Wirtschaftsordnungen möglichst deutlich hervortreten zu lassen; allenfalls dürfte die Wirtschaftstheorie sie noch in den Kreis ihrer Betrachtungen einbeziehen, für den Statistiker aber, der von der Wirklichkeit ausgehen muß, wäre es zwecklos, die Frage nach den Aufgaben der Statistik in dieser doch nie aktuellen Konkurrenzwirtschaft zu stellen.

Wenn wir, um eine Antwort auf die besonders uns Statistiker interessierende Frage nach der Verwirklichungsmöglichkeit der Konkurrenzwirtschaft zu geben, zunächst in der Geschichte zurückblicken und untersuchen, welche Entwicklung die Wirtschaft dort genommen hat, wo man ernsthaft bemüht war, das Konkurrenzprinzip zu verwirklichen, werden wir feststellen müssen, daß die Verhältnisse sich anders wie erwartet entwickelt haben und das Monopol immer mehr Eingang in diese Wirtschaften gefunden hat. So will es denn vollends scheinen, als ob keine Chancen für die Verwirklichung der Konkurrenzwirtschaft bestünden.

Im allgemeinen herrscht daher auch, was weiter nicht verwunderlich ist, die Meinung vor, daß sich nun einmal die Konkurrenzwirtschaft nicht verwirklichen lasse. Man habe die Konkurrenzwirtschaft verwirklichen wollen, dieser Versuch sei gescheitert, also — so folgert man — könne, wie der mißglückte Versuch zeige, die Konkurrenzwirtschaft auch nicht verwirklicht werden.

Der Schein spricht — wie gesagt — für die Richtigkeit dieser Annahme. Aber der Schein kann trügen.

Zwei Fragen sind offen: Erstens: Hat man seinerzeit auch die richtigen Bedingungen für die Verwirklichung der Konkurrenzwirtschaft gesetzt?, mit anderen Worten: Sind überhaupt die für die Erreichung des angestrebten Zieles tauglichen Mittel zur Anwendung gelangt? Zweitens: Können sich inzwischen nicht vielleicht die Voraussetzungen für die Einführung der Konkurrenzwirtschaft gebessert haben?

Die Frage, ob auch seinerzeit die richtigen Maßnahmen ergriffen worden sind, muß offenbar verneint werden.

Die Forderung der Klassiker hatte folgendermaßen gelautet: Man hebe alle Vorrechte auf, schaffe Gewerbefreiheit, gebe Vertragsfreiheit, lasse freie Wahl des Berufes und Arbeitsplatzes zu, gestatte die Kapitalwanderungen an den Ort ihrer besten Verwendung und die Konkurrenz werde Wirklichkeit. Wenn man diese Voraussetzungen schaffe, so lehrte es Adam Smith, bildeten sich Märkte, auf denen Konkurrenz herrsche, und auch für die Entstehung eines Geldgutes, wie es die Konkurrenzwirtschaft nötig habe, brauche der Staat nicht zu sorgen.

Aber diese von den Klassikern empfohlenen Maßnahmen allein genügten nicht, wie die spätere Zeit gezeigt hat. Eine Geldordnung entstand, die nicht zur Konkurrenzwirtschaft paßte. Monopole bildeten sich auf diesem wichtigen, alle Zweige der Wirtschaft tangierenden Gebiet und mit den Geldschöpfungsmöglichkeiten der Banken war ein immerwährender Unruheherd für die Wirtschaft gegeben. Schon früh traten Unzuträglichkeiten auf dem Gebiet des Geldwesens auf.

Aber nicht nur auf dem Gebiet des Geldwesens nahm die Entwicklung einen anderen als den gewünschten Verlauf. Durch die Rechtsprechung erfuhren die Kartelle, welche die Konkurrenz außer Wirksamkeit setzten, eine tatkräftige Unterstützung. Sie wurden, weil es angeblich die vom Staate garantierte Vertragsfreiheit verlange, für gesetzmäßig erklärt, und zwar geschah dies alles bei Geltung der die Gewerbefreiheit proklamierenden Gewerbeordnung. Auch das geltende Patentrecht wirkte im gleichen Sinne, nämlich Konkurrenz vernichtend.

Man hat die Wettbewerbsordnung gewollt, gleichzeitig aber vieles getan, was ihre Verwirklichung verhindern mußte. Eine andere Gesetzgebung wäre zum Teil notwendig gewesen und dort, wo an sich richtige Vorschriften bestanden, hätte die Rechtsprechung den Willen des Gesetzgebers nicht durchkreuzen sollen.

Hinsichtlich der Technik, die ein gewichtiges Wort in der Frage einer Verwirklichungsmöglichkeit der Konkurrenzwirtschaft mitspricht, muß gesagt werden, daß sie wohl teilweise zu Großbetrieben geführt hat, daß aber die Entwicklung nicht durchweg diesen Weg genommen hat. Von Seiten der Sozialisten glaubte man, daß es überall zum Großbetrieb kommen werde, zur Großschlächterei, Großbäckerei usw. Diese Prognose war zum großen Teil falsch.

Als ein Marx schrieb, so meint Eucken, mögen die technischen Bedingungen in vielen Fällen auf die Beseitigung der Konkurrenz hingewirkt haben. Heute hat sich das wesentlich gewandelt. „Durch die neuere Entwicklung des technischen Wissens hat der moderne Industrieapparat in hohem Maße an Fähigkeit zur Anpassung gewonnen. Die Fähigkeit der Fabriken der weiterverarbeitenden Industrie, rasch von einer Fertigung zur anderen überzugehen, ... ist stark gewachsen.... Sie hat auch Fachkenner überrascht. ... Uhrenfabriken stellten sich auf Zünderfabrikation, Maschinenfabriken auf die Produktion von Granaten und U-Boot-Teilen sehr rasch um.... und umgekehrt in anderer Richtung nach Beendigung der Kriege, wenn sich z. B. Kanonenfabriken auf Maschinen, Fabriken von Panzern auf Lastwagen umstellten[13]."

„'Fixe Kosten' bedeuten nicht 'fixierte Produktion'."[14]

[13] *Eucken:* Grundsätze der Wirtschaftspolitik, Bern Tübingen 1952, S. 229.
[14] *Eucken:* ebenda, S. 231.

Wir wollen nun nicht ins andere Extrem fallen und behaupten, daß es möglich sei, auf allen Gebieten privater Wirtschaft das Konkurrenzprinzip zu verwirklichen. Es ist heute kaum denkbar, daß Gas und Elektrizität in Konkurrenz geboten werden könnten. Aber auf vielen Gebieten der Produktion dürfte die Technik die Verwirklichung des Konkurrenzsystems nicht behindern.

Grundsätzlich muß folgendes festgestellt werden: Die Technik ist an sich eine absolute — oder wie es auch heißen könnte — eine ewige Kategorie, womit gesagt ist, daß immer und überall mit „Zwischenprodukten" gearbeitet worden ist und auch in Zukunft gearbeitet werden wird. Die Technik findet in jeder Wirtschaftsordnung Anwendung. Bei Erörterung der Verwirklichungsmöglichkeit der Konkurrenzwirtschaft wird aber die Technik in ihrer Wandelbarkeit in Betracht gezogen, es wird gefragt, ob sie die Bindung von viel oder wenig Kapital in den Betrieben erfordert. Unter diesem Gesichtswinkel betrachtet ist sie dann eine historische Kategorie. Selbst wenn die technische Entwicklung also zum Großbetrieb tendierte, wäre ihre Betrachtung — wenn auch zur Zeit nicht aktuell — keineswegs abwegig. Ob z. B. die Atomenergie bei ihrer etwaigen Ausnutzung für wirtschaftliche Zwecke den Groß- oder Kleinbetrieb begünstigen wird, weiß man nicht. Falsch ist jedenfalls die Ansicht, die bei den Gegnern der Konkurrenzwirtschaft stets durchklingt, daß die technische Entwicklung unbedingt in Richtung einer Vernichtung des Kleinbetriebes gehen müßte[15].

Eine Gefährdung der Konkurrenzwirtschaft wird ferner noch von seiten der öffentlichen Wirtschaft für möglich gehalten.

Zunächst muß festgestellt werden, daß öffentliche Wirtschaft tatsächlich nicht entbehrt werden kann; denn es gibt Güter, die, wie Wieser sich ausdrückt, „ununterscheidbar jedem zugute kommen" — etwa die staatliche Sicherheit. Güter solcher Art können nicht Objekt des Marktverkehrs sein.

Je mehr der Staat an Produktivkräften für seine Zwecke in Anspruch nimmt, um so mehr engt sich das Betätigungsfeld für die private Wirtschaft ein, d. h. um so weniger besteht bereits aus diesem Grunde die Möglichkeit der Produktion in Konkurrenz. Es trifft also zu, daß von seiten der öffentlichen Wirtschaft eine Gefährdung der Konkurrenz-

---

[15] Weil die Freiheit der Wirtschaft all' die anderen Freiheiten, die des Glaubens, der Meinung, der Rede, der Presse usw. bedingt, könnte erwogen werden, ob um des Prinzipes willen nicht alles darangesetzt werden sollte, um die zum Großbetrieb führende Entwicklung zu verhindern. Die Frage ist sehr schwer zu entscheiden. Wer dies wollte und selbst dort, wo der Großbetrieb lohnender ist, an seine Stelle den mittleren und Kleinbetrieb setzte, dürfte in unserm Urteil jedenfalls nicht schlechter dastehen als der Vertreter der Planwirtschaft, der um der Verwirklichung der Planwirtschaft willen alles tut, um die Konzentration in der Wirtschaft zu fördern.

wirtschaft ausgehen kann, wenn eben der Staat seine Tätigkeit immer mehr ausdehnt, er also auf dem Markt für Güter und Dienstleistungen eine Monopolstellung innehat und in der Privatwirtschaft der Kostenfaktor Staat in hohem Maße ausschlaggebend wird bei der Durchführung von Produktionsvorhaben.

Nicht richtig scheint uns aber, daß geradezu ein Gesetz zunehmender staatlicher Tätigkeit bestünde, daß also die öffentliche Tätigkeit unweigerlich immer mehr zunehmen müßte, wie bekanntlich Adolph Wagner behauptet hat.

Für die Vergangenheit hat Adolph Wagner mit seiner Prognose allerdings Recht gehabt. Die öffentliche Wirtschaft hat sich, wie die Statistiken ganz deutlich zeigen, immer mehr vergrößert. Z. B. auf kulturellem und sozialem Gebiet hat der Staat immer größere Tätigkeit entfaltet.

In der Hauptsache waren es aber die Konjunkturpolitik und die damit im Zusammenhang stehende Sozialpolitik, die immer wieder zu einer Ausdehnung staatlicher Tätigkeit führten, d. h. es waren bei der Ausdehnung der staatlichen Tätigkeit Gründe maßgebend, die nur in der gemischten Wirtschaftsordnung wirken und den Staat zu einer größeren Aktivität veranlassen. In der Konkurrenzwirtschaft ist Konjunkturpolitik aber nicht nötig, wie später noch ausführlich begründet wird. Die staatliche Tätigkeit würde sich automatisch verringern, wenn das Konkurrenzsystem auf dem privaten Sektor der Wirtschaft verwirklicht werden könnte.

Die Zunahme staatlicher Tätigkeit ist also nicht notwendig, ist kein Gesetz, mag in der Vergangenheit auch immer die Entwicklung in Richtung einer Zunahme staatlicher Tätigkeit gegangen sein.

Schon wegen der stets erforderlichen staatlichen Tätigkeit ist, wie wir sehen, die Verwirklichung der Konkurrenzwirtschaft zwar nicht auf allen Gebieten der Wirtschaft denkbar, ihre angenäherte Verwirklichung ist aber möglich und die Untersuchung der Konkurrenzwirtschaft nach ihren statistischen Erfordernissen daher nicht abwegig.

Die große Skepsis, die wir in der Frage einer Verwirklichung der Konkurrenzwirtschaft konstatieren müssen, ist in der allgemeinen öffentlichen Meinung in bezug auf die Befehlswirtschaft nicht vorhanden. Man könnte sie, so meint man, durchaus verwirklichen. Der Staat sei zur Lenkung der einzelnen wie der gesamten Produktionszweige imstande.

In Wirklichkeit sind die Schwierigkeiten riesengroß. „In der neueren Nationalökonomie ist die Frage aufgeworfen, ob die reine zentrale Lenkung eines großen wirtschaftlichen Gemeinwesens überhaupt durchführbar sei. ... In der Tat wird die Steuerung einer großen, Zehntausende oder Millionen von Menschen umfassenden zentralgeleiteten Wirtschaft in völlig reiner Ausprägung auf die Dauer auf größte Schwierigkeiten stoßen, weil eine genaue Wirtschaftsrechnung in ihr unmöglich ist[16]."

„Wir wissen, daß jede Investition komplementäre Investitionen erfordert und daß es auf die richtige Auslese und Proportionierung der unabsehbar mannigfaltigen, möglichen Investitionen ankommt. Die Zentralverwaltungswirtschaft besitzt mit ihren globalen Bewertungen ... kein Lenkungssystem, um die ökonomischen Güter aufeinander abzustimmen. So war z. B. der Umfang der Investitionen im Bau von Autostraßen in der Mitte der dreißiger Jahre viel zu groß und stand in keiner richtigen Proportion zum Ausbau der Benzinerzeugung. Demgegenüber wurden die Investitionen im Bahnbau lange Zeit sehr vernachlässigt und entsprachen nicht den Transportbedürfnissen, die mit den übrigen Investitionen erheblich stiegen[17]."

Die Schwierigkeiten sind also folgende: Wie soll die Bedeutung der einzelnen Produktionen abgeschätzt werden. Über ihren Wert muß entschieden werden, damit die stets knappen Produktivkräfte auch richtig eingesetzt werden. 2. Die in der Produktion zu verwendenden Güter und ihre Quantitäten müssen zur Kenntnis der zentralen Stelle gelangen. Welche und wieviel Schrauben müssen dem einzelnen Werk, das mit der Erstellung von Maschinen betraut wird, geliefert werden. Welches und wieviel Öl brauchen die Werkmaschinen.

Je mehr man sich in die Frage vertieft, wieviel technische Kenntnis bei der Erstellung der Güter verlangt ist, um so deutlicher treten die großen Schwierigkeiten in Erscheinung, welche der Befehlswirtschaft entstehen.

Dennoch sehen wir, daß Befehlswirtschaften verwirklicht werden. Diese Verwirklichung wird nur möglich bei Vereinheitlichung des Verbrauchs — bei Herstellung einheitlicher Kleider, Schuhe, Anzüge usw. — durch immer weiter vorangetragene Konzentration — die selbst in der Landwirtschaft zu Zusammenfassungen größerer Ländereien führt — und schließlich auf Grund „globaler Bewertung" — also einer Bewertung, die nicht den einzelnen Nutzen in Betracht zieht.

Daß in solchen Ländern in der Produktionssphäre noch Geld zirkuliert, was an sich im Widerspruch zur Befehlswirtschaft steht, ist kein Beweis dafür, daß die Verwirklichung der Befehlswirtschaft mißlungen ist. Das Geld hat keine entscheidende Bedeutung mehr und ist nur noch eine unwesentliche Begleiterscheinung der Umsätze. Wenn Investitionen geplant sind, ist die Bewilligung der Planstelle das Wichtigste. Die Finanzierung der Investition kann nicht mehr mißlingen.

---

16 *Eucken:* Die Grundlagen der Nationalökonomie, Godesberg 1947, S. 128.

17 *Eucken:* Die Grundsätze der Wirtschaftspolitik, Bern, Tübingen 1952, S. 89.

Wir ziehen daher in unserer Arbeit auch die Befehlswirtschaft in Betracht und haben demnach folgende Untersuchungen durchzuführen:

Welche Statistiken sind erforderlich 1. in der Wirtschaft, in welcher auf dem privaten Sektor allein Konkurrenz besteht, 2. in der Wirtschaft, bei der neben der Konkurrenz monopolistische Gebilde bestehen, wo also auf seiten der Produktion bereits Machtgebilde gegeben sind, 3. in jener Wirtschaft, bei der auf dem produktiven Sektor der Wirtschaft Befehle erteilt werden, wo also die Macht des Produzenten, und zwar des Staates, die höchste Stufe erreicht hat.

Die Variationen von Befehlswirtschaften, die sich auf die verschiedene Regelung der Konsumtion beziehen, bleiben unberücksichtigt.

Neben der Behandlung der in den Wirtschaftsordnungen durchzuführenden statistischen Erhebungen ist in dieser Arbeit noch eine andere Frage zu stellen, die sich bereits aus unseren früheren Erörterungen ergeben hat.

Obwohl es nicht zum eigentlichen Thema der Arbeit gehört, ist es angebracht, auch dazu Stellung zu nehmen, ob sich durch die Statistik die Betriebsgrößen und Marktzusammenschlüsse ermitteln lassen. Die Statistik würde dann, wenn solche Feststellung möglich wäre, einen wichtigen Beitrag zu der Frage liefern, wieweit man auf dem Wege der Vermachtung ist. Die Vertreter der Konkurrenzwirtschaft wüßten, wenn die Statistik solche Auskunft geben könnte, wie nahe bzw. fern man der Konkurrenzwirtschaft ist, die Sozialisten erführen mit solcher Statistik, wie es mit der gewünschten „Machtübernahme" steht, und die Vertreter der gemischten Wirtschaftsordnung würden bei Wiederholung solcher Statistiken darüber unterrichtet, ob die Hypothese von der Dauerhaftigkeit des Bestandes dieser Wirtschaftsordnung auf Wahrheit beruht oder jene Ansicht Recht hat, die behauptet, daß sie zwangsnotwendig in der Befehlswirtschaft ende, wenn man nicht, wie die Anhänger der Konkurrenzwirtschaft es wünschen, den Weg zur Konkurrenzwirtschaft findet.

Schließlich erscheint noch eine andere über die Diskussion der Wirtschaftsordnungen hinausgehende Erörterung zweckmäßig.

2. Kennzeichnung der statistischen Methode durch vergleichende Betrachtung der strengen Methoden und der wirtschaftstheoretischen Methoden der Ursachenforschung

Eine Beurteilung, was die statistische Methode leisten kann, setzt zunächst einen klaren Begriff der Statistik voraus. Wenn es auch nicht mehr so ist, wie Tschuprow im Jahre 1905 schilderte[18], daß „jeder theo-

[18] *Tschuprow:* Die Aufgaben der Theorie der Statistik, in Schmollers Jahrbuch 1905, S. 421/422.

retisch veranlagte Forscher" sich von der Statistik „abwenden" müsse, so ist auch heute noch einiges zu diesem Begriff zu sagen. Zum mindesten muß entschieden werden, welcher von den vielen gebrachten Begriffen gemeint ist. Außerdem scheint es im Hinblick darauf, daß auch repräsentative Erhebungen zur Statistik gehören, zweckmäßig, die anderen Methoden der Ursachenforschung, insbesondere die gleichfalls im Dienste der Wirtschaft stehenden wirtschaftstheoretischen Methoden, kurz zu skizzieren, weil das Wesen und die Bedeutung der statistischen Methode nur durch einen Vergleich mit den anderen Methoden der Ursachenforschung — vornehmlich mit denen, die auf demselben Gebiet Anwendung finden — richtig verstanden werden kann.

Unsere Arbeit teilt sich demnach in drei Hauptabschnitte, in die Diskussion um 1. den Begriff der Statistik, wobei eine genaue Charakterisierung der statistischen Methode der Ursachenforschung vorgenommen werden muß, 2. die Aufgaben der Statistik in den verschiedenen Wirtschaftsordnungen und 3. die Erfaßbarkeit der Betriebsgrößen und Marktzusammenschlüsse.

Der dritte Abschnitt wird verhältnismäßig wenig Zeit in Anspruch nehmen, dagegen weit mehr der erste und natürlich am meisten der zweite.

II. Der Begriff der Statistik

Zur Statistik gehören Totalmassenerhebungen und die — eine Methode der Ursachenforschung darstellenden — repräsentativen Teilmassenerhebungen

Wenn wir die Lehrbücher der Statistik früherer Zeiten[1] aufschlagen, um uns darüber zu informieren, was sie unter Statistik verstanden, werden wir feststellen müssen, daß Statistik damals etwas ganz anderes bedeutete als heute.

Bis in die ersten Jahrzehnte des vorigen Jahrhunderts hinein war die Statistik, wie man sich auszudrücken pflegte, eine „Staatenkunde"[2], welche die „Staatsmerkwürdigkeiten"[2] der einzelnen Länder aufzuzählen hatte. Unter dem Namen der Statistik charakterisierte man damals beispielsweise den Gewerbefleiß, die militärische Stärke der einzelnen Länder usw., und zwar ohne irgendwelche nennenswerten Zahlenangaben zu machen. Die Statistik sah ihre Aufgabe darin, Urteile abzugeben über die nach ihrer Ansicht bedeutsamen Erscheinungen der einzelnen Länder. Am besten kennzeichnet man vielleicht das Wesen der damaligen Statistik, wenn man sagt, daß sie die Qualität, nicht die Quantität der sozialen Erscheinungen beschrieb.

Der sich dann später vollziehende grundsätzliche Wandel in den Ansichten über den Gegenstand der Statistik wurde letzten Endes durch die falschen Prophezeiungen ausgelöst, welche die Statistiker alten Schlages in bezug auf die Stärke der einzelnen Staaten gemacht hatten. Man wurde auf Grund der erlebten Überraschungen zurückhaltender in seinem Urteil und forderte, daß die Statistik sich jeder Kritik zu enthalten und keine Voraussagen zu machen habe, sondern lediglich klar und nüchtern Zahlenangaben machen solle. Damit schaltete man alles das aus, was einer zahlenmäßigen Erfassung nicht zugänglich war, also gerade das was bisher mit besonderer Vorliebe von den Statistikern behandelt worden war.

Zunächst waren die Vertreter dieser neuen Richtung starken An-

---

[1] Z. B. *Achenwall:* Staatsverfassung der heutigen vornehmsten europäischen Reiche und Völker im Grundrisse, 1768. — L. v. *Schlözer:* Allgemeine Statistik, Göttingen 1804.

[2] Bezeichnungen von *Achenwall.*

griffen ausgesetzt und man bezeichnete sie verächtlich mit dem wenig schmeichelhaften Ausdruck „Tabellenknechte“[3].

Sie gewannen aber doch mehr und mehr an Boden, und nachdem Karl Knies sein damals viel beachtetes, auch heute noch lesenswertes Buch über „Die Statistik als selbständige Wissenschaft“[4] geschrieben hatte, fand die alte Richtung kaum noch Anklang. Bald gehörte sie überhaupt der Vergangenheit an.

So verschieden „Statistik“ heute auch definiert wird, in einer Beziehung gibt es nunmehr, nachdem die alten Staatenkundler ausgestorben sind, fast[5] keine andere Meinung mehr: Ihr Gegenstand ist die Massenfeststellung und demnach die Statistik, wie sie heutzutage an den Hochschulen und den anderen Forschungsinstituten betrieben wird, die Lehre von den Massenerscheinungen[6, 7].

---

[3] Bezeichnend für die Gegensätze der beiden sich befehdenden Richtungen ist folgende Äußerung in den „Göttinger Gelehrtenanzeigen von 1806“ (entnommen *Westergaard-Nybolle* „Grundzüge der Theorie der Statistik“, Jena 1928, S. 18): „Die Tabellen-Methode ist zu bequem und einleuchtend für die große Menge der Geschäftsmänner in hohen und niederen Stellen, als daß sie nicht hätte allgemein Eingang finden sollen. Hat man hier in einigen Columnen die Zahl der Quadratmeilen, der Einkünfte, der Einwohner und des lieben Viehes vor Augen, so hat man auch die Übersicht von den Kräften des Staates; für Nationalgeist, Freyheitsliebe, das Genie und den Charakter großer oder kleiner Männer an der Spitze gibt es keine Columnen.“

[4] *Karl Knies:* Die Statistik als selbständige Wissenschaft, Kassel 1850.

[5] Nur vereinzelt nimmt man noch an, daß auch eine Einzelbetrachtung Statistik darstelle; man verlangt also nicht, daß eine Massenuntersuchung vorliegen müsse, damit Statistik begründet werde. Die Vertreter dieser Ansicht weisen meistens darauf hin, daß es selbst die Mathematik — die gleichfalls eine Methode ist, die Übersicht in Massen bringen will — nicht ausschließlich mit „Zählen“ zu tun habe. Sie sei auch eine Lehre vom „Raum“ und die Kombinatorik, die gleichfalls zur Mathematik gehöre, beschäftige sich mit den verschiedenen Anordnungsmöglichkeiten von Elementen und lasse demnach — jedenfalls vorerst — das Zählen außer Betracht.

Immer handelt es sich aber auch in diesen Fällen um eine Vorbereitung der Zählarbeit, d. h. es läuft letzten Endes doch auf nichts anderes als auf Zählen in der Mathematik hinaus.

Wie dem aber auch sei, man sollte nicht mehr davon abgehen, als erste Voraussetzung für das Vorliegen von Statistik die Untersuchung von Massen zu verlangen. Es bedeutet unseres Erachtens eine Rückkehr zu den Ansichten der „Staatenkundler“, wenn man diese Forderung nicht stellt. Eine Einigung in der Frage, was eigentlich unter Statistik falle, würde so weiter hinausgeschoben.

[6] Verschiedentlich umschreibt man den Begriff der Statistik etwas anders. Man sagt, die Statistik sei die Lehre von den Massenerscheinungen und Wiederholungsvorgängen. Durch den Zusatz „und den Wiederholungsvorgängen“ wollen die Autoren aber keineswegs den Begriff der Statistik erweitern, sondern nur verhindern, daß die falsche Meinung entstehe, als ob nur materielle und nicht etwa auch immaterielle Dinge, wie z. B. die Willensäußerungen bei politischen Wahlen, Gegenstand der Statistik sind. Es soll eben zum Ausdruck gebracht werden, daß sich die Statistik auf alle im sozialen Leben bedeutungsvollen Erscheinungen bezieht.

Nachdem sich die Massenerhebungen in der Statistik das Heimatrecht erworben hatten und die Staatenkundler das Feld hatten räumen müssen, war der Begriff der Statistik aber noch keineswegs geklärt. Die Schwächen, die der Definition der Statistik als Massenfeststellung anhaften, wurden offensichtlich. Nach dieser Definition sind nämlich Mathematik und Statistik identisch. Es fehlt an der Abgrenzung gegenüber der Mathematik.

Wie berechtigt und notwendig es daher ist, an die Stelle dieser Begriffsbestimmung eine bessere zu setzen, zeigt sich ganz deutlich, wenn man bedenkt, daß dann selbst solche Fälle unter den Begriff Statistik fallen würden, wo jemand mit dem Zentimetermaß die Länge einer Strecke mißt; denn er stellt damit die Masse der Zentimeter fest. Offenbar sollen doch aber solche Fälle ausgenommen sein. Ebenso wäre, um noch ein anderes Beispiel zu bringen, der Polizeibeamte, der an einer Straße die vorüberfahrenden Fahrzeuge zählt, zweifellos Statistiker. Grundsätzlich müßte demnach alles, was auf Zählungen hinausläuft, als Statistik gelten. Diese Definition der Statistik ist jedoch zu allgemein; sie muß eine Einschränkung erfahren, wenn sie brauchbar sein soll. Daß dieser weitgefaßte Begriff der Statistik eingeschränkt werden müsse, hat man bald darauf eingesehen, als die Statistik nicht mehr Staatenkunde war, sondern Massenfeststellungen zum Gegenstand der Statistik erhoben worden waren.

Mit der Kritik war man schnell bei der Hand, aber es hat lange gedauert, bis neue Vorschläge kamen, wie man den alten, nicht brauchbaren Begriff der Statistik durch einen anderen und besseren ersetzen könnte. So leicht nämlich die Kritik fiel, so schwer wurde es, einen besseren Vorschlag zu machen. Ja, eigentlich ist die Diskussion um das Erkenntnisobjekt der Statistik heute noch nicht beendet, wie die noch immerwährenden Erörterungen um dieses Thema zeigen.

Einen Versuch, eine Klärung herbeizuführen und somit das Durcheinander zu beseitigen, unternahm Tschuprow im Jahre 1905 in seinem

---

Was alles Erhebungseinheit sein kannn, bringt *Tischer* ausführlich in seinem Buch „Grundlegung der Statistik“, 1928, S. 37 ff.

[7] Mit dem Augenblick, wo die Massenfeststellungen Gegenstand der Statistik wurden, ist aus ihr etwas grundsätzlich anderes geworden. Die heutige Statistik hat mit der früheren eigentlich nur noch eins gemeinsam: die Bezeichnung. Es muß daher sehr zweifelhaft erscheinen, ob man bei einem geschichtlichen Rückblick die früheren Statistiker überhaupt als Vorgänger der heutigen Statistiker bezeichnen darf. Mit viel mehr Berechtigung dürfte man jedenfalls die politischen Arithmetiker erwähnen, denn diese hatten es immerhin mit Zählung zu tun, wenn auch nicht mit all den Zählungen, die heute unter die Statistik fallen. Entscheidend ist nämlich der behandelte Gegenstand, nicht das verwendete Wort. Wer als Statistik nur repräsentative Teilmassenerhebungen ansehen sollte, würde unseres Erachtens geradezu einen Fehler begehen, wenn er bei einem historischen Rückblick noch die alten „Statistiker“ erwähnen würde.

damals sehr beachteten Aufsatz über die Aufgaben der Theorie der Statistik[8].

Nach ihm sollte man nur solche Massenfeststellungen als Statistik betrachten, die nicht Selbstzweck sind, sondern getroffen werden, um mit ihrer Hilfe einen Einblick in größere Massen zu gewinnen, das heißt in dem Falle, in dem es sich also bei der erhobenen Masse nur um eine Teilmasse der wirklich interessierenden Masse handelt. Von einer statistischen Masse hätte man also nach Tschuprow nur dann zu sprechen, wenn beispielsweise Personen, die in ein bestimmtes Alter treten, auf ihr Lebensschicksal in diesem Alter verfolgt würden und man von der Sterblichkeit, die man in dieser erhobenen Masse festgestellt hat, Schlüsse zöge auf die Sterblichkeit derer, die später in dieses Alter kommen. Die in einem Lande durchgeführte Betriebszählung würde also nach dieser Ansicht keine Statistik sein; denn diese Zählung soll — jedenfalls in aller Regel — weder Aufschlüsse geben über die Anzahl der Betriebe in demselben Land zu einem späteren Zeitpunkt noch über die Anzahl der Betriebe in anderen Ländern, sondern das Interesse erstreckt sich hier lediglich auf die wirklich erhobene Masse. Entschlösse man sich dazu, nur bei Teilmassenerhebungen von Statistik zu sprechen, dann würde es endlich vermieden, daß unter dem gleichen Namen die verschiedensten Dinge behandelt würden, und es liefe nicht alles, was man anderswo nicht unterbringen könne, unter dem Namen Statistik.

Nach einem anderen Vorschlag, den Klezl-Norberg macht, soll von Statistik dann gesprochen werden, wenn eine Massenfeststellung eine Unterteilung erfahre, also eine Aufgliederung nach qualitativen oder quantitativen Merkmalen erfolge. — „Nur nach mindestens einem Merkmal gegliederte Massen können ... statistische Massen sein[9].“ Damit hätte man gleichfalls ein Kriterium gewonnen, das Mathematik und Statistik voneinander scheidet. Der eben erwähnte Fall der Messung einer Strecke mit einem Zentimetermaß würde danach nicht unter Statistik fallen, weil eben keine Aufgliederung nach einem qualitativen oder quantitativen Merkmal vorläge. Der Polizeibeamte, der an einer Straßenstelle die passierenden Fahrzeuge zählt, würde erst in dem Moment zum Statistiker, wenn er — um eine Übersicht in die Masse der Fälle zu bringen — dazu überginge, Zeitintervalle zu bilden, für die er dann nur die Anzahl der Vorbeifahrten angäbe.

Warum die üblichen Volkszählungen Statistik sind, wäre dann auch eindeutig gesagt, eben deswegen, weil bei ihnen immer Aufgliederungen nach dem Geschlecht, dem Alter usw. vorgenommen werden. Würde

[8] *Tschuprow:* Die Aufgaben der Theorie der Statistik, Schmollers Jahrbuch, 1905.

[9] *Klezl-Norberg:* Allgemeine Methodenlehre der Statistik, Wien 1946, S. 36.

allerdings lediglich die Zahl der Personen festgestellt, dann läge keine Statistik vor, sondern allein „Zählung“.

Flaskämper geht bei seiner Erörterung des Begriffes der Statistik von der Betrachtung der wirtschaftlichen Wirklichkeit aus und stellt fest, „daß die sozialen Tatsachen ihrer innersten Natur nach nicht ohne weiteres zähl- und meßbar sind, sondern, daß sie erst zähl- und meßbar gemacht werden müssen[10].“

„Und zwar hängt die grundsätzliche Schwierigkeit zusammen mit dem kontinuierlichen Charakter der sozialen Tatsachen und Begriffe. Alles Quantitative ist starr und unelastisch, die Tatsachen des sozialen Lebens aber sind fließend. Die Gesamtheit der einer Sphäre der sozialen Wirklichkeit angehörigen Begriffe bilden immer oder fast immer ein qualitativ abgestuftes Kontinuum, aus dem sich die Teilbegriffe nur gewaltsam herauslösen oder, bildlich gesprochen, herausschneiden lassen. Es besteht die Schwierigkeit, daß, wie Freyer sich ausdrückt, „die gesellschaftlichen Zusammenhänge zum großen Teil keine festbegrenzten, randmäßig abgeschlossenen Gebilde sind.“

Denken wir an die Differenzierung der Erwerbstätigen in die einzelnen Berufsgruppen und Berufsstellungen oder des Wirtschaftslebens in die einzelnen Wirtschaftszweige oder an die Verteilung der Bevölkerung auf die einzelnen sozialen Schichten usw. Nur mit einer gewissen Gewaltsamkeit ist es hier möglich, Trennungslinien zu ziehen. Solche aber sind Voraussetzung für das statistische Arbeiten. Die unscharfen Grenzen, die die mannigfaltigsten, ganz allmählichen Übergänge, Grenz- und Zwischenfälle mit sich bringen, sind ein Hindernis für den Statistiker, das zu beseitigen, ohne die Wirklichkeit allzusehr zu entstellen, die größte Kunst des Statistikers erfordert, der eine „systematische Klassifikation“ aufstellt[11].“

Vielleicht daß das Fehlen „klarer Grenzen“ bewußt oder unbewußt Veranlassung dafür gewesen ist, daß auch bei Behandlung nur einzelner Erscheinungen vereinzelt von Statistik gesprochen wird. In Wirklichkeit bietet diese in den Sozialwissenschaften zu beobachtende Schwierigkeit in der Bestimmung der Erhebungseinheit gerade die Möglichkeit zu einer Abgrenzung der Statistik gegenüber der Mathematik. „Die Begriffe der statistischen Methodenlehre zerfallen in sachlogische und zahlenlogische[12].“

Man kann von Statistik dann sprechen, wenn neben der Zahlenlogik noch sachlogische Probleme zu lösen sind.

---

[10] *Flaskämper:* Die Bedeutung der Zahl für die Sozialwissenschaften, in Allgemeines Statistisches Archiv, Jena 1933/34, S. 65.
[11] *Flaskämper:* ebenda, S. 64.
[12] *Flaskämper:* ebenda, S. 70.

Wenn der „sachliche Sinn durchsichtig" gemacht werden soll, wird es unseres Erachtens in aller Regel erforderlich sein, daß entweder Gruppen zu bilden, Verhältniszahlen oder Mittelwerte zu berechnen sind. Man könnte also, ohne im Prinzip von der Definition Flaskämpers abzuweichen, sagen, daß Statistik dann vorliegt, wenn Massen unterteilt, aus ihnen Mittelwerte bestimmt, oder sie zu anderen Massen in Beziehung gesetzt werden.

Entscheidet man sich für dieses Kriterium, dann kommt man am meisten der Praxis entgegen. Darüber hinaus haben wir eine exakte, auch für die Entscheidung von Zweifelsfällen taugliche Definition des Begriffes der Statistik vorliegen.

Alle anderen, aus der Statistik her bekannten Operationen sind nur Folgewirkungen dieser eben genannten und brauchen daher in die Begriffsbestimmung nicht aufgenommen zu werden. Wenn man z. B. Mittelwerte berechnet, liegt es auch nahe, nach Maßen zu suchen, die angeben, wie sich die individuellen Werte der statistischen Reihe um dieses Mittel verteilen. Wenn ein Mittelwert oder eine Gliederungszahl repräsentativ sein soll für eine größere Masse, muß man sagen, wie die Stichprobe die Verhältnisse der Gesamtmasse repräsentiert. Alle diese Berechnungen folgen aus den zuerst genannten und sind daher in die Definition der Statistik nicht noch ausdrücklich aufzunehmen. Es ist lediglich notwendig zu sagen, daß eine Unterteilung, eine Mittelwertberechnung oder eine Verhältnisberechnung gegeben sein müsse, wenn eine Massenfeststellung zur Statistik werden soll. Eine dieser Forderungen muß erfüllt sein, mehr ist nicht verlangt, wir fordern also nicht wie Tschuprow, daß eine Teilmassenerhebung gegeben sein muß, damit von Statistik gesprochen werden kann.

Damit soll nun keineswegs die verschiedene Bedeutung der Total- und Teilmassenerhebungen in Abrede gestellt werden. Ein grundsätzlicher Unterschied zwischen diesen beiden Erhebungen ist nicht zu leugnen. Bei Totalmassenerhebungen wird lediglich eine bessere Einsicht in die Struktur der erhobenen Masse gegeben, die Teilmassenerhebung dagegen gibt Auskunft über nicht Erhobenes.

Wenn wir dennoch unter Total- und Teilmassenerhebung Statistik verstanden wissen wollen, so deshalb, weil beide Erhebungen bis hinauf zu den Streuungsmaßen die gleichen Probleme enthalten und Gebiete gleicher Problematik nicht mit verschiedenen Namen bezeichnet werden sollen. Wahrscheinlich ist dies auch der Grund, warum sich die Ansicht Tschuprows weder in der Literatur noch in der Praxis hat durchsetzen können.

Ebensowenig wie der Meinung Tschuprows können wir auch der Ansicht Georg von Mayrs zustimmen, die in schroffem Gegensatz zu der Tschuprows steht, weil sie nämlich lediglich Totalmassenerhebungen, die Tschuprow ausschließt, als Statistik angesehen wissen will. Statistik ist nach Mayr „Erforschung der sozialen Masse durch erschöpfende Massenbeobachtung ihrer Elemente in Zahl und Maß“[13]. Der Schluß vom Teil auf das Ganze, so meint Georg von Mayr, wäre zu unbestimmt und hänge zu sehr von der subjektiven Einstellung des einzelnen ab, als daß hierauf eine Wissenschaft, die doch die Statistik sein wolle, aufgebaut werden könne.

Wahrscheinlich würde Georg von Mayr heute selbst nicht mehr diese Ansicht vertreten, denn es gibt durchaus objektive Kriterien, auf Grund deren gesagt werden kann, in welchem Maße die Teilmasse die Gesamtmasse repräsentiert. Der subjektiven und damit willkürlichen Einstellung des einzelnen ist kein Betätigungsfeld gegeben. Es bleibt also dabei, daß unter den Begriff Statistik Total- wie Teilmassenerhebungen fallen[14, 15, 16].

---

[13] G. v. *Mayr:* Gesellschaftslehre, I. Band, Theoretische Statistik, Tübingen 1914, S. 8 (Hervorhebung von uns).

[14] Statistik findet nicht nur in der Wirtschaft Verwendung, sondern auf den verschiedensten Gebieten, etwa auf dem Gebiet der Soziologie, Anthropologie, Biologie, Medizin usw. Sie ist eine von den vielen Methoden, mit deren Hilfe die verschiedenen materiellen Wissenschaften zu Erkenntnissen zu kommen versuchen. Sie hat kein eigenes Erkenntnisobjekt, sondern ist eine Methode.

„Diejenigen Theoretiker, welche die Ansicht von der Statistik als selbständige Wissenschaft vertreten, konnten . . . die Tatsache nicht außer acht lassen, daß die Statistik eigentlich über kein besonderes Gebiet und über keinen besonderen Gegenstand verfügt; daß die statistische Methode nicht nur im Gebiet der Gesellschaftswissenschaften, sondern auch im Gebiet der Wissenschaften von der Natur Anwendung findet.“ (Alfred *Kaufmann:* Theorie und Methoden der Statistik, Tübingen 1913, S. 24.)

Nun wird der Statistiker meistens auch die Ergebnisse, die mittels seiner Methode erzielt werden, auswerten. Hiermit wird der Statistiker Wissenschaftler der betreffenden Fachrichtung, in deren Dienst seine Methode steht, nicht ist die Statistik jedoch selbst eine Wissenschaft. Sie ist und bleibt eine Methode.

Wegen ihrer Eigenschaft als Methode steht die Statistik auf gleicher Stufe wie die Mathematik, die überall dort Anwendung findet, wo gezählt wird, und die Logik, die „Mutter der Wissenschaften“, die uns über die Gesetze unseres Denkens unterrichtet.

Schon wegen dieser Partnerschaft ist die Statistik mit der Einreihung in die Methoden nicht in ihrer Bedeutung herabgesetzt, sie gewinnt damit nur. Wertet man nämlich geistige Beschäftigung danach, in welchem Maße sie Abstraktion verlangt, so müßten gerade die Methodenlehren an erster Stelle stehen, unter ihnen zuerst wieder die Logik, deren Regeln überall, wo wir nur denken, zur Geltung kommen.

[15] Es ist nicht üblich, wäre aber keineswegs abwegig, wenn man die Statistik in die Statistik der Totalmassenerhebungen und die Statistik der Teilmassenerhebungen unterteilte.

Für Statistik der Teilmassenerhebungen könnte man, wie es verschiedentlich vorgeschlagen wird — etwa von *Flaskämper* — auch den Ausdruck „Stochastik“ verwenden. (*Flaskämper:* Die Bedeutung der Zahl für die Sozialwissenschaften, Allg Sta. Archiv, B. 23, 1933, S. 58). Er charakterisiert gut die Teilmassenerhebungen, die uns keine absolute, sondern nur eine annähernd richtige Auskunft über die Verhältnisse in der Gesamt-

Obwohl wir unter Statistik Total- wie Teilmassenerhebungen verstehen, sind diese beiden Massenerhebungen doch von grundsätzlich verschiedener Art. Teilmassenerhebungen weisen eine Problematik auf, die bei Totalmassenerhebungen überhaupt nicht vorhanden ist. Wo Teilmassenerhebungen vorgenommen werden, ist uns sogar ein Blick in die Zukunft gestattet, nämlich dort, wo die Teilmasse erst später eintretende Ereignisse repräsentiert. Je mehr Teilmassenerhebungen auf dem Gebiete der Wirtschaft möglich sein sollten, um so größere Bedeutung hätte die Statistik für die Wirtschaft. Wir werden daher in unserem Bestreben, die Bedeutung der Statistik für die Wirtschaft zu klären, nicht nur nachweisen müssen, in welchem Maße Massenerhebungen auf dem Gebiete der Wirtschaft durchzuführen sind, sondern es wird auch zu zeigen sein, in welchem Maße Total- und in welchem Maße Teilmassenerhebungen Platz greifen.

Wegen der Wichtigkeit, welche den Teilmassenerhebungen zukommt, wird es notwendig sein, sie noch ausführlich zu besprechen. Teilmassenerhebungen sind eine Methode der Ursachenforschung. Wir müssen also, um diesen Zweig der Statistik in seiner Bedeutung zu erkennen, auch grundsätzlich auf die Ursachenforschung eingehen. Um die statistische Methode der Ursachenforschung richtig beurteilen zu können, muß sie in Vergleich zu anderen Methoden gesetzt werden. Diese anderen Methoden wollen wir jedoch nur insoweit behandeln, als es zur Kennzeichnung der statistischen Methode der Ursachenforschung erforderlich ist.

1. Erörterung der strengen Methoden der Ursachenforschung zur Kennzeichnung der statistischen Methode der Ursachenforschung

A. Die Gründe für die Entwicklung von Methoden der Ursachenforschung

Kausalzusammenhänge lassen sich verschiedentlich leicht erkennen. Daß das Anzünden, d. h. die Verbindung des Holzes mit Sauerstoff der Grund für die Verbrennung des Holzes ist, erkennt jeder leicht,

---

masse geben. Dieser Ausdruck leitet sich aus dem griechischen Wort στοχάζεσθαι her und heißt soviel wie vermuten. Bisher hat sich jedoch diese Bezeichnung nicht durchsetzen können.

[16] In manchen Wissenschaften, so etwa in der Biologie, wird die Statistik nur als Teilmassenerhebung gebraucht. Wenn Johannsen (Elemente der exakten Erblichkeitslehre, Jena 1926, S. 11) z. B. eine Erhebung durchführt, wieviel Schwanzflossen die Skagerbutten haben, so natürlich nicht deshalb, weil ihn allein die untersuchten Butten interessierten, sondern weil er die erhobene Masse als repräsentativ betrachtete.

In solchen Wissenschaften ist der Gegenstand der Statistik nicht problematisch — er ist begrenzt auf die Teilmassenerhebung — anders aber in den Wirtschaftswissenschaften, wo auch Totalmassenerhebungen eine Rolle spielen.

ebenso, daß es der Windstoß ist, der die Kerze zum Erlöschen bringt. Daß der Schuß, der einen Soldaten ins Herz trifft, die Ursache seines Todes ist, ist selbstverständlich.

So wenig schwierig wie in diesen eben genannten Beispielen ist die Erkenntnis der Ursache aber keineswegs in allen Fällen. Sie versteckt sich nämlich sehr oft in einem Komplex von Erscheinungen. Wohl wissen wir, daß Luft den Schall überträgt. Welche der verschiedenen Eigenschaften der Luft in Wirklichkeit aber die causa ist, ob eine ihrer chemischen Eigenschaften — der Sauerstoff, der Stickstoff oder der Wasserstoff — oder ihre physikalische Eigenschaft, elastisch zu sein, läßt sich ohne weiteres nicht sagen. Wie oft wir auch die Erscheinung der Schallübertragung durch die Luft beobachteten, daß ihre Elastizität die Ursache der Schallübertragung ist, würden wir nie ermitteln, wenn der menschliche Verstand nicht Methoden zur Anwendung brächte, die unter bestimmten, noch zu nennenden Voraussetzungen, trotz der Verbundenheit der Ursache mit anderen Elementen die causa erkennen läßt[17].

Die Methoden der Ursachenforschung müssen aber noch weit schwierigeren Sachverhalten Rechnung zu tragen versuchen als denen, die in dem eben gebrachten Beispiel bestehen, wo die Ermittlung der causa in bezug auf die Schallübertragung in Frage steht. In diesem Beispiel sind die — im Hinblick auf die Ermittlung der causa zu beseitigenden — Hindernisse noch verhältnismäßig gering, denn hier sind wenigstens alle Elemente bekannt, von denen eins die causa sein muß.

Nun kann sich der Sachverhalt aber doch wesentlich dadurch komplizieren, daß nicht einmal alle vorangehenden Größen, aus denen die causa stammt, bekannt sind. Wir wissen oft kaum, welche Krankheitskeime im menschlichen Körper wirken, und wenn wir sie schon kennen, können wir wenig aussagen über den Grad ihrer Wirksamkeit. Ein

---

[17] Mit dem Augenblick, wo wir die Schallübertragung durch die Luft festgestellt haben, ist ein für alle Mal gesagt, daß Luft Schall überträgt. Dieses ist bereits eine wichtige Feststellung. Wir können uns nunmehr darauf verlassen, daß überall dort, wo das Medium Luft gegeben ist, immer wieder Schall übertragen wird.

Zweifelsfrei ist es aber noch günstiger, wenn wir auch ermitteln, welche der verschiedenen Eigenschaften sie hierzu befähigt.

Solange wir diese Eigenschaft nicht kennen, müssen wir nämlich Kasuistik treiben, wir müssen also alle Objekte daraufhin untersuchen, ob sie Schall übertragen. Wir würden dann feststellen, daß außer Luft die Kohle, das Eisen, das Wasser und noch viele andere Objekte es tun. Alle diese Objekte müßten wir uns als Träger der Schallübertragung merken. Mit dem Augenblick, wo wir wissen, daß es die Elastizität der Körper ist, welche den Schall überträgt, ist unser Wissen aber viel umfassender. Wir wissen damit, daß überall da, wo elastische Körper gegeben sind, auch Schall übertragen wird. Wie allein schon dieses Beispiel zeigt, ist es also von großer Bedeutung, wenn man in Erfahrung bringen kann, welche Eigenschaft der komplexen Erscheinung die causa ist.

anderes Beispiel: Wir wissen, daß Regen und Sonnenwärme einen Einfluß auf das Wachstum der Pflanzen ausüben, wer wollte aber sagen, in welchem Maße Regen und Sonnenwärme auf eine bestimmte Pflanze eingewirkt haben, in welchem Maße also diese Faktoren das Wachstum beeinflußt haben, ganz zu schweigen von den gleichfalls das Wachstum beeinflussenden und uns meistens nicht einmal der Art nach bekannten Nährstoffen des Bodens.

Die Wirklichkeit bietet uns also auch Fälle, wo die vorangehenden Größen — sie werden in der Literatur mit Antecedentien bezeichnet — uns überhaupt — oder nach dem Grade ihrer Wirksamkeit — unbekannt sind.

In bezug auf diese Fälle dürfte im ersten Moment jede Ursachenforschung unmöglich erscheinen, denn wie — so sollte man meinen — kann es möglich sein, die Ursache zu erkennen, wenn die vorangehenden Größen, aus denen die Ursache hervorgeht, nicht einmal bekannt sind. Nun — so sonderbar es im ersten Augenblick klingen mag — auch dieser Sachlage stehen wir nicht gänzlich hilflos gegenüber. Auch in diesen Fällen bringen wir unter noch näher zu besprechenden Voraussetzungen Methoden der Ursachenforschung zur Anwendung, und zwar ist es gerade die statistische Methode, die hier helfen kann.

Unter welchen Voraussetzungen sie es vermag, wollen wir uns klar machen. Das ist letzten Endes das Ziel der hier angeschnittenen Betrachtungen.

Wie wir gesehen haben, sind es sehr schwierige Sachverhalte, welche die Statistik entwirren soll. Wir werden daher auch nicht gleich zu ihrer Betrachtung übergehen, sondern zunächst von einfacheren Verhältnissen ausgehen, also erst einmal die Fälle in Augenschein nehmen, wo die causa nur in Verbindung mit anderen, in vollem Umfang bekannten Antecedentien auftritt.

Von der Betrachtung dieser Fälle müssen wir auch deswegen ausgehen, weil, wie wir sehen werden, die bei ihnen — im Hinblick auf die Ermittlung der causa — zu erfüllenden Voraussetzungen überall vorliegen müssen, also auch dort, wo unbekannte Antecedentien vorhanden sind und somit die Anwendung der statistischen Methode in Frage steht.

B. Isolierung des kausalen Faktors durch gegenüberstellende Betrachtung von Fällen

Vor Erörterung der verhältnismäßig einfachen Fälle sollen noch einige Bemerkungen grundsätzlicher Art, die für alle Methoden der Ursachenforschung gelten, gemacht werden.

Zunächst sei auf folgendes hingewiesen: Um welche Methode es sich auch handeln mag, jede läuft letzten Endes auf die Isolierung des kausalen Faktors heraus, d. h. auf Eliminierung, zu deutsch: auf Ausscheidung der anderen Faktoren. Wie wollten wir, um hier ein einleuchtendes Beispiel zu bringen, den Einfluß der Volumensänderung auf den Druck bei einem in einem Behältnis befindlichen Gase ermitteln, wenn wir nicht nur die Größe des Behältnisses variierten, sondern auch gleichzeitig noch andere Größen, etwa die Gasmenge selbst. Es ließe sich doch dann nicht unterscheiden, in welchem Maße die Druckänderung auf die Änderung der Raumgröße beziehungsweise auf die veränderte Gasmenge zurückzuführen ist. Um den Einfluß der Raumgröße auf die Druckänderung festzustellen, blieb den Physikern Boyle und Mariotte nichts anderes übrig, als immer nur die Raumgröße zu verändern, sonst aber alles konstant zu lassen.

Sie hatten es aber noch immer verhältnismäßig einfach, denn sie konnten die notwendigen Voraussetzungen künstlich schaffen.

Wie können wir aber in solchen Fällen, wo dies nicht möglich ist, die einer Isolierung entgegenstehenden Schwierigkeiten beseitigen? Wie könnte man z. B. die Elastizität als Ursache der Schallübertragung nachweisen?

Offenbar kann die Isolierung nicht dadurch erreicht werden, daß man das Objekt, in welchem der kausale Faktor enthalten ist, zu wiederholten Malen betrachtet. Wie oft wir auch die Tatsache, daß die Luft den Schall überträgt, beobachteten, ihre Ursache würde sich uns nie erschließen.

Hier muß ein grundsätzlich anderer Weg als der einer wiederholten Betrachtung desselben Komplexes gewählt werden. Man muß den Komplex, in dem der kausale Faktor enthalten ist, mit einem Komplex anderer Zusammensetzung vergleichen. Die Gegenüberstellung von Fällen ist der Weg, mit dessen Hilfe wir versuchen müssen das Ziel der Isolierung zu erreichen. Auf diese Gegenüberstellung von Fällen laufen alle Methoden, die wir zu besprechen haben, hinaus.

Bevor wir zur Betrachtung der einzelnen Methoden übergehen, wollten wir hierauf noch ausdrücklich hinweisen; denn so ist es möglich, von vornherein eine Systematik in all' die vielen, in der Literatur unterschiedenen Methoden der Ursachenforschung hineinzubringen.

Wenn die Gegenüberstellung der zur Isolierung führende Weg ist, kann es nur zwei grundverschiedene Fälle der Ursachenforschung geben; denn es lassen sich nur die beiden Fälle denken, daß der auf seine Wirksamkeit zu untersuchende Faktor in dem gegenübergestellten Komplex vorhanden oder nicht vorhanden ist. Anzunehmen, daß man hinter die Ursache durch den Vergleich von Komplexen kommen könnte, in denen dieser Faktor überhaupt nicht erscheint, wäre doch absurd. So verschieden die angewendeten Methoden sein mögen, wie groß auch immer die Zahl der in der Literatur genannten Methoden sein mag, unter eine dieser beiden Methoden müssen sich alle subsumieren lassen.

Es ist daher hier zu untersuchen, welche Voraussetzungen in diesen beiden grundsätzlich zu unterscheidenden Fällen gegeben sein müssen, damit die causa erkannt werde. Zunächst wollen wir diese Untersuchung für den Fall anstellen, daß das untersuchte Merkmal in dem gegenübergestellten Komplex vorhanden ist.

a) Die Methode der Übereinstimmung[18]

A, B, C sollen im ersten Fall die vorangehenden Größen des Komplexes, die sogenannten Antecedentien sein, a, b, c die auf diese Antecedentien folgenden Größen, die Sequentien[19]. Wie muß bei dieser Sachlage der zweite Fall gestaltet sein, damit wir eindeutig erkennen, welche Wirkung A auslöst? Solange wir nur den ersten Fall ins Auge fassen, bleibt es unklar, welche Wirkung A hat. Es ist möglich, daß die Wirkung a ist, ebenso könnte die Wirkung aber b oder c sein. Hier kann uns nur die Gegenüberstellung eines zweiten Falles zur Erkenntnis verhelfen, welches die Wirkung von A ist. In diesem zweiten Fall müssen, wenn in ihm — was wir zunächst annehmen — A wieder vorkommt, alle anderen im ersten Fall gegebenen Antecedentien fehlen[20]. Es müssen also im zweiten Falle beispielsweise die Antecedentien A, D, E gegeben sein. Welche Größen vorausgehen, ist an sich gleichgültig, nur müssen sie bis auf A andere als im ersten Falle sein. Wenn nun als Sequentien a d e erscheinen, ist A eindeutig als Ursache nachgewiesen[21]. Um dies ganz deutlich zu machen, seien die beiden Fälle einmal untereinander geschrieben:

1. Fall: Antecedentien ABC Sequentien abc
2. Fall: Antecedentien ADE Sequentien ade

---

[18] Wie wir früher gesagt haben, sollte erst der Fall erörtert werden, daß die Antecedentien bekannt sind. Die bei dieser Sachlage zur Anwendung kommenden Methoden pflegt man üblicherweise als die strengen Methoden der Ursachenforschung zu bezeichnen. Warum sie so heißen, wird erst später klar werden.

[19] Um die Voraussetzungen, unter denen sich die Isolierung des kausalen Faktors durchführen läßt, so deutlich wie möglich erscheinen zu lassen, ist es seit John Stuart *Mill* (System der deduktiven und induktiven Logik, Leipzig 1885, 2. Bd. S. 86 ff.) üblich, die vorangehenden Größen durch große Buchstaben und die nachfolgenden Größen durch kleine Buchstaben des Alphabets darzustellen. Ebenso wie diese durch Buchstaben erfolgende Darstellungsweise übernehmen wir auch die Ausdrücke Antecedentie für die vorangehende Größe und Sequentie für die nachfolgende Größe von John Stuart Mill.

[20] Bei unseren Deduktionen gehen wir hier vorerst einmal von der Annahme aus, daß ein und dieselbe Wirkung auch nur immer ein und dieselbe Ursache habe. Später werden wir diese Annahme fallen lassen.

[21] Vorausgesetzt, daß die gleiche Wirkung auch immer nur e i n e Causa hat.

BC sind deshalb nicht die Ursache von a, weil im zweiten Fall, wo a auch erscheint, BC fehlen; ebenso fallen aber auch DE als Ursache von a aus; denn im ersten Fall, wo a auch eintritt, fehlen DE. Also bleibt, da jede Erscheinung eine Ursache haben muß, als Ursache von a nur A übrig.

Stimmen die gegenübergestellten Fälle in dem untersuchten Merkmal überein, so kann demnach die causa in ihrer Wirksamkeit nur erkannt werden, wenn die gegenübergestellten Fälle sich sonst in allem unterscheiden.

Läßt sich ein zweiter Fall, in dem alle anderen Antecedentien außer dem untersuchten Merkmal fehlen, nicht finden, wäre also in unserem Buchstabenbeispiel außer A im zweiten Falle gleichfalls noch B vorhanden, so ist natürlich noch nicht ausgeschlossen, daß B als Ursache von a nachgewiesen werden könnte. Es müßte dann solange gesucht werden, bis sich ein dritter Fall, der wieder A aufweist, aber nicht B enthielte, finden ließe. Ist dies möglich, dann ist damit die Isolierung von A doch erreicht, wie die Gegenüberstellung der Fälle zeigt:

1. Fall: Antecedentien ABC Sequentien abc
2. Fall: Antecedentien ABD Sequentien abd
3. Fall: Antecedentien AEF Sequentien aef

Nach den vorherigen Ausführungen wird den Lesern die Begründung nicht schwer fallen, daß A auch in diesem Falle als Ursache von a eindeutig nachgewiesen ist. Es ist also nicht so, daß die Klärung der Kausalität nur nachgewiesen werden könnte, wenn gleich im zweiten Fall außer A alle anderen Antecedentien des ersten Falles fehlen.

Bei unseren Deduktionen sind wir bisher von der Ansicht ausgegangen, daß ein und dieselbe Wirkung nur ein und dieselbe Ursache haben könne.

Damit haben wir eine Unterstellung gemacht, die der Wirklichkeit nicht immer entspricht, denn diese liefert uns Fälle von Wirkungen, die einmal durch diese, ein anderes Mal durch jene Ursache ausgelöst werden. Die Wirkung Tod kann z. B. die verschiedensten Ursachen haben. Es kann, um hier einen von Tschuprow gebrauchten Ausdruck zu verwenden, eine „Pluralität der Ursachen" gegeben sein. Diesen Tatsachen müssen wir bei der Entwicklung der verschiedenen Methoden der Ursachenforschung Rechnung tragen, denn wir wollen ja wissen, wie wir zur Erkenntnis der Ursachen in der Welt, wie sie wirklich ist, kommen können.

Im ersten Moment könnte es so scheinen, als ob die Methode der Übereinstimmung damit völlig wertlos sei und sie somit als Methode der Ursachenforschung überhaupt ausfiele; denn die gleichbleibende Wirkung kann ja immer als von einer der anderen Antecedentien, die in dem gegenübergestellten Fall auftreten, verursacht gedacht werden.

Hier ist aber folgendes zu bedenken: Wenn man unterstellt, daß ein und dieselbe Sequentie von zwei verschiedenen Antecedentien verursacht ist, dann muß man auch annehmen, daß die gleiche Antecedentie gleichzeitig zwei verschiedene Wirkungen zeitigt. Es muß also gleichfalls eine „Pluralität der Wirkungen" gegeben sein[22].

Wir stellen hier zur Verdeutlichung zwei Fälle gegenüber und kennzeichnen durch Pfeile die bei Unterstellung der Pluralität der Ursachen nun einmal gegebenen Verkettungen von Ursache und Wirkung.

1. Fall: ABC abc

2. Fall: ADE ade

Wenn wir unterstellen, daß a zwei verschiedene Ursachen hat, also nach unserer Darstellung hier einmal die Ursache B und das andere Mal die Ursache D, dann muß auch unterstellt werden, daß die gleiche Antecedentie, nämlich A, zwei verschiedene Wirkungen hat, also nach unserer Darstellung einmal die Wirkung b und das andere Mal die Wirkung d. Ein solches Zusammentreffen ist aber unwahrscheinlich und es liegt viel näher, daß die gleichbleibende Antecedentie die Ursache der gleichbleibenden Sequentie ist. Je mehr Fälle wir gegenüberstellen, um so wahrscheinlicher wird dies, schließlich sogar gewiß. Wir würden also fehlgehen, wenn wir der Methode der Übereinstimmung die Anerkennung als Methode der Ursachenforschung versagten.

Mittels der Methode der Übereinstimmung ist — um für diese Methode einen Anwendungsfall zu bringen — die Elastizität der Körper als Ursache der Schallübertragung nachgewiesen, etwa durch vergleichende Betrachtung von Luft und Eisen, also zweier Körper, die kein chemisches Element gemeinsam haben, sondern nur die physikalische Eigenschaft der Elastizität. Bereits die Gegenüberstellung der beiden Körper könnte als genügender Nachweis angesehen werden, daß die Elastizität die Ursache der Schallübertragung ist, die Physiker können uns aber noch viele andere Körper nennen, die gleichfalls untereinander nur die Eigenschaft der Elastizität gemeinsam haben, so daß der Nachweis der Elastizität als Ursache der Schallübertragung mittels der Methode der Übereinstimmung nicht mehr angezweifelt werden kann.

Von dieser hier behandelten Methode grundsätzlich verschieden ist die Differenzmethode. Die „Pluralität der Ursachen", welche die An-

[22] Prinzipiell ist das nicht ausgeschlossen, denn wir erleben ja, daß ein und dieselbe Ursache — etwa eine Erkältung — zwei verschiedene Wirkungen zeitigen kann, einmal nämlich eine fieberhafte Erkrankung, das andere Mal den Tod.

wendung der Methode der Übereinstimmung schwierig gestaltet, erschwert — wie sich zeigen wird — nicht die Erfassung der Ursache, wenn die Differenzmethode angewendet wird.

b) Die Differenzmethode

Wir gehen wieder davon aus, daß die vorangehenden Größen ABC wären und die Sequentien abc. Dieses Mal lautet die Frage, wie der zweite Fall gestaltet sein muß, wenn A, dessen Wirkung festgestellt werden soll, im zweiten Fall nicht vorhanden ist. Hier müssen — gerade anders wie im Falle der Übereinstimmungsmethode — die im ersten Fall gegebenen Antecedentien, natürlich mit Ausnahme der Antecedentie A, auch im zweiten Fall vorhanden sein.

Die Gegenüberstellung der beiden Fälle bestätigt dies auf den ersten Blick.

1. Fall: Antecedentien ABC Sequentien abc
2. Fall: Antecedentien BC Sequentien bc

Im zweiten Fall, wo A fehlt, tritt a nicht ein. Da sonst alles gleich geblieben ist, muß A die Ursache von a sein.

Daß der Schuß die Ursache des Todes ist, wird mittels dieser Methode gefolgert, ebenso, daß sich graue Farbe aus weißer und schwarzer zusammensetzt. Vermischt man nämlich diese beiden Farben miteinander, so ist das Ergebnis graue Farbe. Hier ist nur eins geschehen, man hat der einen Farbe die andere Farbe hinzugefügt, sonst ist alles gleich geblieben. Das ist die allein von dieser Methode verlangte Bedingung.

c) Die Methode der konkurrierenden Veränderungen
(ein spezieller Fall der Differenzmethode)

In dem Falle, wo das untersuchte Merkmal nicht qualitativer, sondern quantitativer Art ist, kann die Differenzmethode nicht in der Weise zur Anwendung gebracht werden, daß einmal das Merkmal vorhanden ist und das andere Mal fehlt, sondern das Merkmal muß in allen Fällen, aber immer in verschiedenen Quantitäten gegeben sein. Das Boyle-Mariottesche Gesetz kann nicht in der Weise abgeleitet werden, daß dem Gase das eine Mal ein Raum zur Verfügung gestellt wird und das andere Mal nicht, sondern Raum muß dem Gase immer zur Verfügung stehen, nur aber in verschiedenen Quantitäten. Abgesehen von diesen Unterschieden müssen alle anderen Voraussetzungen wie bei der Differenzmethode gegeben sein, wenn die Wirkung des quantitativen Merkmals erkannt werden soll. Es ist daher richtig, wenn man die Methode der konkurrierenden Veränderungen nur als einen Spezialfall der Differenzmethode bezeichnet.

Der Sachverhalt bei dieser Methode sei auch hier wieder durch Buchstaben gekennzeichnet.

1. Fall: Antecedentien A, BC Sequentien a, bc
2. Fall: Antecedentien A,, BC Sequentien a,, bc
3. Fall: Antecedentien A,,, BC Sequentien a,,, bc
usw.

Das untersuchte Merkmal ist hier in allen Fällen vorhanden, nur eben in verschiedener Quantität, was die Indices am Fuße von A zum Ausdruck bringen.

Diese sogenannte Methode der konkurrierenden Veränderungen haben wir nur deswegen erwähnt, weil sie in der Wirtschaft vielfach Anwendung findet. Eine prinzipiell neue Methode stellt sie nicht dar.

Die beiden weiteren noch in der Literatur unterschiedenen strengen Methoden der Ursachenforschung — die Methode der Rückstände und der vereinigten Methode der Übereinstimmung und des Unterschiedes[23] — können wir außer Betracht lassen. Sie sind keine neuartigen Typen von Methoden; ihnen kommt in der Wirtschaft auch keine Bedeutung zu.

Worauf es uns bisher ankommt, läßt sich bereits sagen: Wir wollen wissen, unter welchen Bedingungen wir zur Erkenntnis der Ursache kommen können, wenn diese in einem Komplex von Erscheinungen versteckt ist, und wir die Isolierung des kausalen Faktors, weil es anders nicht möglich ist, durch vergleichende Betrachtung von Fällen versuchen müssen.

Es müssen die gegenübergestellten Fälle dann — das haben unsere Betrachtungen ergeben — entweder nur in einem Punkte übereinstimmen und sich sonst in allen anderen unterscheiden oder aber sie dürfen nur in einem Punkte differieren. Auf anderen Wegen können wir zur Erkenntnis der causa nicht gelangen[24].

Um welche in der Literatur unterschiedene Methode der Ursachenforschung es sich auch handeln mag, ihr Ziel ist die Isolierung des kausalen Faktors, und wenn dieser in einem Komplex von Erscheinungen steckt, laufen alle Methoden darauf hinaus, entweder die von der

---

[23] Der Leser, der sich auch über sie informieren will, sei auf John Stuart *Mill:* System der deduktiven und induktiven Logik, Leipzig 1885, 2. Bd. S. 92 ff. und William Stanley *Jevons:* Leitfaden der Logik, Leipzig 1913, S. 251 ff. verwiesen.

[24] Wenn wir uns dies vor Augen halten, ist es nicht weiter verwunderlich, daß die Welt — bei aller Anerkennung der gewonnenen Erkenntnisse — doch noch so wenig enträtselt ist. Man bedenke nur, wie gering die Chancen sind, wenn das auf seine Kausalität zur Untersuchung stehende Element sich aus dem Komplex, in dem es enthalten ist, nicht lösen läßt und damit die Klärung der causa lediglich mit Hilfe der Methode der Übereinstimmung versucht werden kann. Es müssen sich dann schon Fälle finden lassen, die abgesehen von dem zu untersuchenden Element sonst ganz anders zusammengesetzt sind. In dem oben gebrachten Beispiel der Schallübertragung gelingt es, aber diese günstigen Verhältnisse werden in anderen Fällen selten vorhanden sein.

Methode der Übereinstimmung oder von der Differenzmethode verlangten Bedingungen zu schaffen.

Dies ist auch das Ziel der statistischen Methode der Ursachenforschung, die dort Platz greift, wo das untersuchte Material in einem Komplex von Erscheinungen versteckt ist, wo aber erschwerend hinzukommt, daß nicht nur bekannte, sondern auch unbekannte Antecedentien mitwirken.

C. Die strengen Methoden der Ursachenforschung versagen bei Mitwirken unbekannter Antecedentien. Es muß daher mit Hilfe der Statistik die Isolierung des kausalen Faktors versucht werden.

Wenn neben bekannten Antecedentien noch unbekannte vorhanden sind, ist — wenn überhaupt — die Isolierung nur mit Hilfe der statistischen Methode möglich. Die Gegenüberstellung von Einzelfällen kann — diesen Nachweis wollen wir vor eingehender Besprechung der statistischen Methode erbringen — bei solcher Sachlage nicht zu einer einwandfreien Erkenntnis der causa führen.

Diese negative, die Notwendigkeit der statistischen Methode erweisende Feststellung wollen wir auch durch Gegenüberstellung von Fällen treffen, wobei wir — im Gegensatz zu früher — erkennbare und unerkennbare Antecedentien unterscheiden müssen. Als unerkennbare Antecedentien seien der Einfachheit halber nur zwei angenommen und zwar X und Y. Sie werden zur Kennzeichnung ihrer Unerkennbarkeit in Klammern gesetzt.

Wie unsere Ausführungen gezeigt haben, ist dieser hier zu erbringende negative Nachweis in bezug auf die Übereinstimmungs- und Differenzmethode zu führen, denn alle anderen sonst noch in der Literatur unterschiedenen Methoden der Ursachenforschung sind nur Unterarten dieser beiden Methoden.

Bei dem Versuch, mit Hilfe der Übereinstimmungsmethode bei Mitwirken unbekannter Antecedentien zur Isolierung des untersuchten Merkmales zu kommen, können sich folgende Fälle gegenüberstehen:

1. Fall: Antecedentien ABC (X) Sequentien abcx
2. Fall: Antecedentien ADE (X) Sequentien adex

Da die Antecedentie (X) nicht erkennbar ist, hat es den Anschein, als ob die von der Übereinstimmungsmethode verlangten Bedingungen erfüllt seien und A die Sequentien ax herbeigeführt habe. In Wirklichkeit wird aber ax von dem Komplex A (X) und nicht allein von A verursacht. Es ist völlig ungewiß, welche Wirkung A hat. Es könnte x, aber auch a die Wirkung von A sein. Auf jeden Fall ist es falsch, nach dem äußeren Anschein zu entscheiden.

Somit ist erwiesen, daß im Falle der Übereinstimmungsmethode bei Mitwirken unbekannter Antecedentien die Gegenüberstellung von Einzelfällen nicht zum Ziele führt, d. h. die Isolierung nicht möglich ist. An sich lassen sich auch Gegenüberstellungen finden, wo es nicht falsch wäre, wenn wir bei Mitwirken unbekannter Antecedentien im Falle der Übereinstimmungsmethode so entscheiden würden, wie es dem äußeren Anschein entspricht, nämlich bei folgendem Sachverhalt:

1. Fall: Antecedentien ABC (X) Sequentien abcx
2. Fall: Antecedentien ADE (Y) Sequentien adey

Wenn wir bei dieser Sachlage danach entscheiden würden, wie es bei Außerachtlassung der unbekannten Antecedentien zu sein scheint, und a als Wirkung von A erklärten, würden wir offenbar nicht fehlgehen.

Wir haben aber gesehen, daß der Schein trügen kann und müssen daher die Anwendung der Übereinstimmungsmethode bei Mitwirken unbekannter Antecedentien prinzipiell ablehnen.

Ob wir richtig entscheiden, ist vom Zufall abhängig. Da wir uns aber nicht auf den Zufall verlassen wollen, können wir bei Mitwirken unbekannter Antecedentien keinen Schluß auf die causa ziehen.

Daß auch im Falle der Differenzmethode bei Mitwirken unbekannter Antecedentien gleichfalls falsche Schlüsse gezogen werden könnten, bedarf wohl, nachdem es für die Methode der Übereinstimmung gezeigt ist, nicht mehr erläutert zu werden.

2. Die statistische Methode der Ursachenforschung.

Wenn wir bei Vorhandensein unbekannter Antecedentien nicht einen Einzelfall einem anderen Einzelfall gegenüberstellen, sondern an Stelle eines Einzelfalles viele erheben und diese vielen Fälle des einen Komplexes den vielen Fällen des anderen Komplexes gegenüberstellen, kann unter bestimmten Voraussetzungen die durch die unbekannten Antecedentien veranlaßte Behinderung einer Ermittlung der causa beseitigt werden. Wir können unter diesen Voraussetzungen dann die unbekannten Antecedentien ignorieren, vorsichtiger ausgedrückt, fast ignorieren.

Hierzu sind wir aber nicht in jedem Falle, wo unbekannte Antecedentien mitwirken, berechtigt, sondern, wie gesagt, nur unter bestimmten Voraussetzungen. Und nur wenn diese Voraussetzungen erfüllt sind, bewerkstelligt die Massenuntersuchung das, was durch Gegenüberstellung von Einzelfällen nicht erreicht werden kann.

Welches sind aber die Voraussetzungen, unter denen die Massenerhebung die unbekannten Antecedentien neutralisiert? Um diese Voraussetzungen so klar wie möglich erscheinen zu lassen, wollen wir einen aus der Mathematik her gut bekannten Weg wählen und zwar den, daß wir erst einmal das Unbekannte bekannt sein lassen.

Um die mit dem Auftreten unbekannter Antecedentien veränderte Sachlage ganz deutlich in Erscheinung treten zu lassen und um ferner die Erkenntnis zu erleichtern, welche Möglichkeiten die Statistik in der Frage der Ursachenforschung eröffnet, sei einmal folgendes unterstellt: Wir würden die gesundheitliche Konstitution der Menschen kennen, und zwar so, daß wir genau auf Tag und Stunde sagen könnten, wann der einzelne stirbt. Diese Menschen sollen drei verschiedene Kategorien gesundheitlicher Konstitution aufweisen: Eine Kategorie unternormale, die zweite normale und die dritte übernormale Gesundheit. Die nächst gesündere Kategorie sterbe immer fünf Jahre später. Jede der drei Kategorien sei mit 200 000 Personen vertreten, von denen 100 000 den Beruf I, die anderen den Beruf L erwählen.

Zum besseren Verständnis kann bei dem mit I bezeichneten Beruf an Industriearbeiter und bei dem mit L bezeichneten Beruf an Landarbeiter gedacht werden. Das birgt keine Gefahr in sich, wenn wir uns immer klar darüber bleiben, daß die Zahlen, die wir der besseren Übersicht wegen in einer Tabelle zusammengestellt bringen wollen, nicht im entferntesten einen Hinweis auf die in der Wirklichkeit bestehenden Verhältnisse bedeuten. Es ist ein schematisches Beispiel, das allein den Zweck verfolgt, die Voraussetzungen, unter denen die statistische Ursachenforschung möglich ist, so deutlich wie möglich erscheinen zu lassen. Die Verschiedenheit der Berufe soll nun der — unterstellte — Grund sein, warum die einen — und zwar die Angehörigen des Berufes I — jeweils fünf Jahre früher sterben als die Angehörigen des Berufes L.

Es sterben

im Beruf I			im Beruf L		
mit gesundheitlicher Konstitution	im Alter von Jahren	Personen	mit gesundheitlicher Konstitution	im Alter von Jahren	Personen
unternormaler	40	100 000	unternormaler . .	45	100 000
normaler	45	100 000	normaler	50	100 000
übernormaler	50	100 000	übernormaler . .	55	100 000

Wenn wir nun den Einfluß, den der Beruf auf die Sterblichkeit hat, nicht kennen, aber es der einzelnen Person ansehen könnten, zu welcher Kategorie von Personen gesundheitlicher Konstitution sie gehört, dann wäre es nicht schwierig, diesen Einfluß zu ermitteln. Wir hätten nur je eine Person mit dem gleichen Gesundheitszustand aus den beiden Berufsgruppen auf ihr Lebensschicksal zu verfolgen, und der Einfluß der Berufsausübung auf die Sterblichkeit ließe sich erkennen. Wählten wir je eine Person aus der Kategorie mit normaler gesundheitlicher Konstitution aus, so würden wir dann feststellen, daß die eine Person mit 45, die andere mit 50 stürbe. Die Differenz würde dann den Einfluß des Berufes auf die Sterblichkeit darstellen, da die beiden verglichenen Personen sich ja nur in bezug auf den Beruf unterscheiden.

Aber in Wirklichkeit ist es im Gegensatz zu unseren bisherigen Unterstellungen nicht möglich zu erkennen, wie es mit der gesundheitlichen Konstitution der Menschen bestellt ist.

Müssen wir bei einer im Einzelfall bestehenden Unkenntnis mitwirkender Ursachen auf die Klärung der Kausalverhältnisse verzichten? D. h. läßt es sich nicht sagen, welchen Einfluß die Verschiedenheit des Berufes auf die Sterblichkeit bedingt?

Die strengen Methoden der Ursachenforschung versagen in solchem Falle, wie wir gesehen haben, und die Klärung der causa ist — wenn überhaupt — nur mit Hilfe der Statistik möglich.

Bestimmte Voraussetzungen müssen erfüllt sein. Für jede der beiden Gruppen ist eine Massenerhebung durchzuführen und zwar muß die Auswahl der Fälle in beiden unterschiedenen Massen nach dem Prinzip der Regellosigkeit erfolgen.

Was unter dem Prinzip der Regellosigkeit gemeint ist, wird am besten verstanden, wenn man von der Betrachtung von Glücksspielen ausgeht. Es ist befolgt, wenn man aus einer Urne, in der sich eine Anzahl von Kugeln nicht in systematischer Ordnung, sondern willkürlich durcheinander gemischt befindet, ohne Hinzusehen eine Kugel entnimmt und vor der nächsten Ziehung die zuvor gezogene zurücklegt. Der Zufall entscheidet hier; denn es ist gänzlich ungewiß, welche Kugel zur Ziehung gelangt. Auch ist das Ergebnis der nachfolgenden von dem der vorhergehenden Ziehung unabhängig. Unabhängigkeit der Ziehungen voneinander muß bestehen und für jeden Individualfall stets die gleiche Aussicht der Auswahl. In unserem Fall, wo die Angehörigen der verschiedenen Berufe in Betracht gezogen werden, hieße das, daß jede einzelne in den verschiedenen Gesundheitskategorien vorkommende Person die gleiche Chance besitzt, als Repräsentant ihrer Gruppe in Erscheinung zu treten. Wenn die Angehörigen irgendeiner bestimmten Kategorie bei der Auswahl eine Bevorzugung erfahren, ist gegen das Prinzip der Regellosigkeit verstoßen[25].

---

[25] Zu der Frage der Auswahl nach dem Prinzip der Regellosigkeit vgl. Richard v. *Mises:* Wahrscheinlichkeit, Statistik und Wahrheit, Wien 1951, S. 27 ff.

Warum man auf der Forderung solcher Auswahl besteht, hat folgenden Grund: wenn man nach diesem Prinzip vorgeht „(paralysieren sich) bei der Zusammenfassung der Einzelfälle die nach verschiedenen Richtungen gehenden individuellen Ursachen; sie heben sich gegenseitig auf; ihre Wirksamkeit verschwindet[26]".

Wenn diese Paralysierung eine vollständige wäre, bedeutete das in unserem konkreten Fall, daß bei Berechnung des arithmetischen Mittels der beiden Sterbealter sich in der Stichprobe der Industriearbeiter 45 und in jener der Landarbeiter 50 Jahre als mittleres Sterbealter ergäbe. Die Differenz zwischen beiden Zahlen spiegelte dann die Bedeutung des Berufes für die Sterblichkeit wieder und zwar mit der erforderlichen Genauigkeit. Nach unserer Unterstellung ist die Differenz von 5 Jahren der Unterschied, der in der Sterblichkeit durch die Verschiedenheit des Berufes hervorgerufen wird.

Es ist auch durchaus möglich, daß Stichproben die genannten Zahlen für die beiden Massen ergeben.

Aber — und darin ist die Problematik der statistischen Ursachenforschung enthalten —, es muß nicht so sein. Die Ergebnisse können anders lauten. Vielleicht daß sich für die Industriearbeiter als durchschnittliches Sterbealter 44 Jahre ergibt und für die Landarbeiter 51 Jahre. Dann beträgt die Differenz in unserem angenommenen Fall mehr, als der Verschiedenheit des Berufes anzurechnen ist. Aber vielleicht — auch diese Möglichkeit besteht — ist die Differenz zwischen den arithmetischen Mitteln geringer als 5 Jahre.

Mit dieser Feststellung, daß möglicherweise keine Paralysierung erfolgt, ist — wie gesagt — die Problematik der statistischen Ursachenforschung aufgedeckt.

Bei festgestellten Differenzen ist noch nicht gesagt, daß das Merkmal, dessen Kausalität zur Klärung ansteht, auch wirklich einen Unterschied bedingt. Wenn wir in unserem Beispiel um die Verhältnisse in der Gesamtmasse nicht wissen und die Stichprobe eine kleine Differenz im mittleren Sterbealter ergibt, bleibt es offen, ob der Beruf einen Einfluß auf die Sterblichkeit ausübt.

Wann kann man bei ermittelten Differenzen dem untersuchten Merkmal einen Einfluß auf die eingetretenen Wirkungen zuschreiben.

Um diese Frage zu klären, hat man Fälle mit bekannten Verhältnissen in der Gesamtmasse betrachtet und nun die Resultate beobachtet, die sich ergeben, wenn man aus dieser Gesamtmasse Fälle nach dem Prinzip der Regellosigkeit auswählt. Aus Urnen, in denen sich weiße und rote Kugeln befinden, werden Kugeln gezogen. Nachdem diese Kugelentnahme bei einem bestimmten Mischungsverhältnis für Stich-

---

[26] *Zizek:* Grundriß der Statistik, München und Leipzig 1923, S. 160.

proben gleichen Umfanges in genügender Zahl durchgeführt ist, wird zunächst erst das Mischungsverhältnis variiert, später dann auch der Umfang der Stichproben. Auf Grund dieser Experimente erfährt man über die Abweichungen von dem Mischungsverhältnis (dem erwarteten Ergebnis).

Über die Ergebnisse solcher Erhebungen werden wir z. B. bei Westergaard-Nybølle[27] unterrichtet. Auch der Astronom R. Wolf und Marbe haben sich in dieser experimentellen Weise betätigt. Immer wieder also Glücksspielexperimente, um darüber Auskunft zu erhalten, welche Abweichungen vom erwarteten Ergebnis auftreten[28].

---

[27] *Westergaard-Nybølle:* Grundzüge der Statistik, Jena 1928, S. 107 ff.

[28] Es ist, wie gesagt, seit jeher üblich, die Vorgänge bei Glücksspielen zu betrachten, wenn man zeigen will, in welchem Maße Stichprobenerhebungen, die nach dem Prinzip der Regellosigkeit vorgenommen werden, die Verhältnisse in der Gesamtmasse repräsentieren.

Warum man zu diesem Zwecke immer die Glücksspiele heranzog und heranzieht, hat seinen Grund in der Annahme, daß man glaubt, bei ihnen von gleichmöglichen Fällen ausgehen zu können. Jede Kugel in der Urne hat die gleiche Auswahlchance. Bei einem Würfel mit dem Schwerpunkt im Zentrum ist für jede Seite die gleiche Möglichkeit gegeben, beim Würfeln oben zu liegen, desgleichen für Adler und Zahl im Falle des Münzwurfes bei zentraler Lage des Schwerpunktes.

Der Vorteil einer Betrachtung der Glücksspiele ist folgender: Man sieht die allgemein wirkenden Ursachen, die konstanten Ursachen, wie man auch sagt, und gleichzeitig, welches Spiel der Zufall treibt. Mit anderen Worten: man kennt die Verhältnisse in der Gesamtmasse und kann gleichzeitig erkennen, in welchem Maße bei Stichprobenerhebungen Abweichungen von diesen Verhältnissen in der Gesamtmasse auftreten, d. h. wie zufällige Einflüsse von der allgemeinen Richtung ablenken.

Dieser Vorteil, den die Betrachtung der Glücksspiele angeblich gewährt, ist aber nur dann gegeben, wenn man auch tatsächlich in der Lage sein sollte, gleichmögliche Fälle zu setzen. Nur unter diesen Umständen ist offenbar gegen diese Methode — mit der erläutert werden soll, wie durch Stichprobenerhebungen die Verhältnisse in der Gesamtmasse repräsentiert werden — kein Einwand zu erheben.

Aber ist man auch wirklich dazu imstande? An Zweiflern fehlt es keineswegs. „Das (gemeint ist die Gleichmöglichkeit der Einzelfälle) ist natürlich eine Fiktion. Ein wenig Überlegung zeigt, daß die Annahme, alle Würfelflächen seien mit gleicher Wahrscheinlichkeit begabt, gar nicht zutreffen kann. Es gibt keine Fläche. Ein Blick auf ein Mikroskop kann uns das beweisen." So Arnold *Schwarz* (Art. „Philosophie und Statistik" in Allgemeines Statistisches Archiv, 21. Bd.) und in gleicher Weise Richard v. *Mises* (Wahrscheinlichkeit, Statistik und Wahrheit, Wien 1936, S. 92.) Wenn man aber selbst fähig sein sollte, zunächst gleich mögliche Bedingungen zu setzen, wenn man also tatsächlich einen Würfel sollte schaffen können, bei dem jede einzelne Fläche die gleiche Chance hat, beim Würfeln oben zu liegen, so wird doch zum mindesten angenommen werden müssen, daß sich im Laufe des Experiments die Gleichheit der Chance wandelt. Der Würfel verändert, —mag es unseren Sinnesorganen auch entgehen — im Verlaufe der Versuche seine Form (vgl. hierzu Paul *Lorenz:* Der Schluß vom Teil aufs Ganze und der mathematisch statistische Begriff der Wahrscheinlichkeit in Sonderdruck aus Nr. 1 der Veröffentlichungen des Deutschen Aktuarvereins, Berlin 1951, S. 33).

Wer solche Argumente bringt, zweifelt damit an, daß die Bedingungen, die bei den Glücksspielen vorausgesetzt werden, überhaupt vorliegen.

Außer dem experimentellen Nachweis der Abweichungen vom erwarteten Ergebnis gibt es noch die Möglichkeit, sich mit Hilfe der Kombinatorik ein Bild über das Ausmaß der Streuung zu verschaffen.

So lehrreich diese empirischen und theoretischen Ableitungen aber auch sind, so ist die Problematik mit den bisherigen Betrachtungen noch keineswegs erschöpfend behandelt.

Unsere Betrachtungen bezogen sich auf folgenden Fall: Die Verhältnisse in der Gesamtheit sind bekannt. Es werden Stichproben vorgenommen und nunmehr wird festgestellt, in welchem Maße die in

---

Man habe, indem man die üblichen Voraussetzungen der Glücksspiele setzt, keineswegs eine Sachlage mit erkennbaren allgemeinen, wesentlichen, konstanten Ursachen — oder wie man sich noch ausdrücken möge — geschaffen, und es sei daher nicht zulässig, von der Betrachtung der Glücksspiele auszugehen, wenn man erkennen will, wie Stichprobenerhebungen die Verhältnisse in der Gesamtmasse repräsentieren.

Bei einer Stellungnahme zu diesen kritischen Argumenten wird man zunächst feststellen müssen, daß man ihnen z. T. die Zustimmung nicht versagen kann.

Ein idealer Würfel, ein ideales Geldstück läßt sich nicht herstellen und wenn man solche Gegenstände schon schaffen könnte, würden sie auf jeden Fall durch die Benutzung ihre Form verändern.

Dennoch kommt man um eine Feststellung nicht herum: Es ist, um hier eine Formulierung von Paul Lorenz zu gebrauchen, „auf einem neuen Gebiet der Forschung ein weitgehender Parallelismus zwischen gewissen Vorgängen in der Körperwelt und Ergebnissen reinen Denkens entdeckt worden." (Paul *Lorenz*, ebenda, S. 29.) Nimmt man diese Erfahrung zu Hilfe, so wird man trotz der beachtlichen kritischen Bemerkungen die Glücksspiele, wie sie bisher durchgeführt worden sind, — eben deswegen, weil sie immer wieder eine Bestätigung der vorhergehenden Annahmen gebracht haben —, dennoch als einen empirischen Nachweis des Gesetzes der großen Zahl werten können, nach dem die Verhältnisse in der Gesamtmasse immer besser repräsentiert werden, je weiter man den Umfang der Stichprobenerhebung ausdehnt.

Die in der Wirklichkeit nun einmal nicht vermeidbaren Fehlerhaftigkeiten sind, wenn man die nötigen Vorkehrungen vor Durchführung der Glücksspiele trifft und alles Erdenkliche tut, um Ungleichmäßigkeiten zu vermeiden, so gering, daß man sie in Kauf nehmen kann.

Wir können also trotz der vorgebrachten Argumente die Glücksspiele als einen empirischen Nachweis ansehen, wie in der Gesamtmasse gegebene Verhältnisse durch Stichproben ihre Repräsentation erhalten.

Damit soll hier nun nicht dem „Prinzip vom mangelnden Grunde" oder dem „vom zwingenden Grunde" beigepflichtet werden.

Das Ausmaß unseres Nichtwissens — dieser Grundsatz bleibt bestehen und darf nicht angezweifelt werden — kann eine Gleichmöglichkeit nicht begründen. Wenn man nur weiß, daß sich in einer Urne weiße und schwarze Kugeln befinden, ist damit die Gleichmöglichkeit des Erscheinens von weiß und schwarz nicht festgestellt. Wie falsch wäre diese Annahme, wenn sich herausstellte, daß von hundert Kugeln nur eine weiß ist.

Aber dort, wo man Gleichmöglichkeit angenommen hat und die Erfahrung, die spätere Erhebungen gebracht haben, die Richtigkeit der Annahme von der Gleichmöglichkeit immer wieder bestätigt hat, ist man auch für die Zukunft zu der Unterstellung der Gleichmöglichkeit berechtigt.

Man greift, wenn man die Repräsentation der Verhältnisse in der Gesamtmasse verdeutlichen will, also durchaus zu Recht auf die Betrachtung der immer wieder durchgeführten Glücksspiele zurück.

der Gesamtheit bekannten Verhältnisse durch diese Stichproben repräsentiert werden.

Aber in aller Regel ist die Sachlage in der Wirklichkeit eine andere. Die Verhältnisse in der Gesamtheit sind unbekannt. Das „umgekehrte", bereits von Bayes behandelte Problem hat eine viel größere Bedeutung. Das Ergebnis einer Stichprobe liegt vor und es soll von dieser auf die Verhältnisse in der Gesamtheit geschlossen werden. Wir haben beispielsweise je eine Stichprobe in der Gruppe der Industriearbeiter und Landarbeiter durchgeführt und wollen nun, um den Einfluß des Berufes auf die Sterblichkeit zu klären, wissen, wie durch diese Stichproben die Verhältnisse in der Gesamtmasse repräsentiert werden.

Unsere bisherigen Betrachtungen lassen leicht erkennen, was gegeben sein müßte, um diesen Schluß vom „Teil aufs Ganze" ziehen zu können, erstens ein Stichprobenergebnis und zweitens die Streuung in der Gesamtheit. Wenn nur das Stichprobenergebnis vorliegt, ist erst wenig gewonnen. Was nützte es uns z. B., wenn wir in unserem konkreten Fall allein durch eine Stichprobenerhebung für die Gruppe der Industriearbeiter ein durchschnittliches Sterbealter von 44 Jahren ermittelt hätten. In welcher Entfernug von dem Stichprobenergebnis sollten wir dann den Durchschnitt in der Gesamtheit vermuten. Ein Anhaltspunkt für die mögliche Abweichung des durchschnittlichen Sterbealters von diesem Stichprobenergebnis ist verlangt, d. h. die Streuungsangabe der Stichprobe in der Gesamtheit. Wäre die Streuung z. B. mit 1 angegeben, so wäre damit eine Aussage über die Höhe des durchschnittlichen Sterbealters in der Gesamtmasse möglich. Wir könnten dies wohl nicht genau fixieren, aber es ließe sich dann, womit viel gewonnen wäre, sagen, daß es in der Spanne zwischen 43 und 45 Jahren liegen müsse.

Also die Streuung in der Gesamtheit müßte bekannt sein, letztlich der Durchschnitt in der Gesamtheit, d. h. unsere gesuchte Größe.

Das sogenannte Umkehrproblem, der Schluß vom Teil auf das Ganze scheint danach nicht lösbar.

Wenn man die Ergebnisse jener Betrachtungen berücksichtigt, die von einer Kenntnis der Verhältnisse in der Gesamtheit ausgehen und die Streuung von Stichproben zum Gegenstand haben, gibt es aber doch eine Lösung. Man kann nach kleiner Korrektur die Streuung in der Stichprobe an die Stelle der Streuung in der Gesamtmasse setzen. Im Falle alternativer Variabilität darf nicht die Wahrscheinlichkeit des Ereignisses, das zur Untersuchung ansteht, nahezu Null sein[29].

[29] Dieser Nachweis sei hier nicht geführt. Ebenso soll auf die Ableitung der Formeln, die zum Zwecke einer exakten Lösung konkreter Fälle in der Literatur gebracht werden, verzichtet werden. Der interessierte Leser sei hier hinsichtlich des nötigen Formelschatzes auf die einschlägige Literatur verwiesen. Allein die prinzipielle Fähigkeit der Statistik zur Ursachenforschung steht hier zur Debatte.

Damit sind Stichprobe und gleichzeitig auch Streuung gegeben und das Problem ist gelöst, aber wohlgemerkt, nur weil man diesen Ausweg hat, ist es überhaupt lösbar. Man kann auf die Verhältnisse in der Gesamtmasse schließen. In unserem konkreten Fall ließe sich also, wenn eine Kenntnis der gesundheitlichen Verhältnisse in der Gesamtheit fehlt, durch je eine Stichprobenerhebung in den beiden Gruppen der Faktor Beruf isolieren und so sein Einfluß klären.

Mit Hilfe der Statistik sind die zufälligen Einflüsse, die eine Klärung des kausalen Einflusses hinsichtlich des Berufes durch Gegenüberstellung von Einzelfällen behindern, „eliminiert", und es kann jetzt unterstellt werden, daß sich die beiden Massen nur noch in bezug auf den Beruf unterscheiden.

Damit ist die Differenzmethode zur Anwendung gekommen, mit der man immer dann zu einem Ergebnis gelangt, wenn die gegenübergestellten Fälle sich nur in einem Merkmal unterscheiden. Wir sehen: Nur auf Grund von Massenfeststellungen ist es möglich, diese Bedingung im gegebenen Fall zu erfüllen.

Bei Gegenüberstellung von Einzelfällen bestände die Verschiedenheit des Berufes und dazu wahrscheinlich noch die Verschiedenheit in der gesundheitlichen Konstitution. Jedenfalls ist es nicht ausgeschlossen, daß bei Vergleich von Einzelfällen auch noch ein Unterschied in der gesundheitlichen Konstitution besteht. Nach Durchführung von Massenerhebungen ist ein weiteres Merkmal ausgeschieden, nämlich die Verschiedenheit in der gesundheitlichen Konstitution, und es sind somit die Voraussetzungen geschaffen, welche die Differenzmethode verlangt.

Die Statistik erweitert also den Umfang der Ursachenforschung, indem sie sonst nicht gegebene Bedingungen setzt, welche die Methoden der Ursachenforschung verlangen.

Fragen wir uns, welche der oben behandelten, grundsätzlich zu unterscheidenden Methoden der Ursachenforschung auf dem Gebiet der Statistik zur Anwendung kommen, so muß zunächst gesagt werden, daß prinzipiell alle zur Anwendung gelangen könnten, die Methode der Übereinstimmung, die Differenzmethode und ihre Unterart die Methode der konkurrierenden Veränderungen.

Die Methode der Übereinstimmung wird jedoch wohl nie Anwendung finden, da nur in bezug auf den Faktor, der zur Untersuchung steht, Übereinstimmung bestehen darf und diese Voraussetzung kaum jemals auf dem Gebiete der Wirtschaft erfüllt ist.

Daß wir z. B. nicht mit Hilfe der Methode der Übereinstimmung klären können, welchen Einfluß der Außenhandel auf den Wohlstand eines Landes hat, — dieses Beispiel bringt John Stuart Mill — ist, wenn man sich die von dieser Methode verlangten Voraussetzungen vor Augen hält, von vornherein klar. Zwei Länder, die nur darin übereinstimmen, daß sie beide Außenhandel treiben, sonst aber nichts gemeinsam haben, gibt es nicht.

Für die Differenzmethode und ihre Abart — die Methode der konkurrierenden Veränderungen — besteht dagegen die Möglichkeit der Anwendung[30].

Wir wollen an dieser Stelle noch nicht in eine Diskussion über das Ausmaß der Verwendung von Statistik in den verschiedenen Wirtschaftsordnungen eintreten. Soviel kann jedoch bereits gesagt werden: In der Wirtschaft wirken auf Schritt und Tritt unbekannte Antecedentien mit und die Statistik hat daher auf dem Gebiet der Wirtschaft ein reiches Anwendungsfeld. Ein Hinweis möge hier genügen: Die einzelnen Konsumgüter gewähren, um es mit Vershofen[31] auszudrücken, „materiellen, seelischen und geistigen Nutzen". Wer wollte da sagen können, in welchem Maße im Einzelfall jeder dieser Faktoren die Nachfrage beeinflußt. In solchen Fällen können — wenn überhaupt — wertvolle Erkenntnisse nur mit Hilfe der Statistik gewonnen werden[32].

---

[30] Man sollte meinen, daß auch nur immer dann Untersuchungen zwecks Klärung der Kausalität mit Hilfe der Differenzmethode und der Methode der konkurrierenden Veränderungen zur Durchführung gelangen würden, wenn die Voraussetzungen, unter denen sie Anwendung finden, vorliegen. Dennoch sehen wir, daß öfter Untersuchungen vorgenommen werden, wo diese Bedingungen nicht erfüllt sind.

Gegen diese hier angeführten Grundsätze, die bei der Ermittlung der causa beachtet werden müssen, ist z. B. verstoßen, wenn der im Frühjahr niedergehende Regen mit den Ernteerträgen des Sommers verglichen wird, um den Einfluß des Regens auf die Erträge festzustellen. Offenbar stört bei solcher Untersuchung, daß die Temperaturen in den einzelnen Jahren verschieden sind.

Nun mag in diesem Beispiel vielleicht über die Mangelhaftigkeit der gegebenen Voraussetzungen — wegen ihrer Geringfügigkeit — hinweggesehen werden können, in einem anderen, später noch zu nennenden Fall (siehe Anmerkung 39 von S. 68) aus dem Gebiet der Wirtschaft ist es jedoch ein großer Fehler, daß man die hier gebrachten Gesichtspunkte nicht beachtet hat. Es kann daher nicht genug darauf hingewiesen werden, daß die Isolierung des in Frage stehenden Faktors nur möglich ist, wenn die oben genannten Voraussetzungen, unter denen die Ermittlung der causa allein erfolgen kann, Beachtung finden.

[31] *Vershofen:* Artikel: „Verbrauchsforschung in qualitativer Hinsicht" in Festgabe für Franz Zizek, Leipzig 1936, S. 222.

[32] Die prinzipielle Möglichkeit, mit Hilfe der Statistik zur Klärung von Kausalverhältnissen zu kommen, ist mit den vorstehenden Ausführungen dargetan. Zur genauen Kennzeichnung der statistischen Methode der Ursachenforschung seien jedoch noch einige Bemerkungen gemacht:

1. Wenn mit Hilfe der strengen Methoden der Ursachenforschung Differenzen in den Wirkungen festgestellt werden, ist dieser Unterschied in vollem Umfang dem Faktor, dessen Kausalität geprüft werden soll, zuzurechnen. Wird z. B. das Volumen eines Körpers, in dem Gas enthalten ist, verändert, so wird (bei gleich bleibender Gasmenge) die zur Feststellung gelangte Wirkung, die Druckveränderung, der Ursache Volumensänderung ganz zugeschrieben.

Anders im Falle mitwirkender unbekannter Antecedentien, wenn also beispielsweise für zwei verschiedene Bevölkerungsgruppen gleichen Alters — etwa für Männer und Frauen des 60. Lebensjahres — die etwaige Verschiedenheit in der Sterblichkeit geprüft werden soll.

Bei verschiedenen Sterblichkeitsquotienten darf nicht von vorne herein angenommen werden, daß das Geschlecht tatsächlich einen Unterschied in der Sterblichkeit bedingt, erst recht nicht, daß die Differenz zwischen den beiden Sterblichkeitsquotienten den Unterschied in der Sterblichkeit genau ausdrückt. Diese Annahme mag ausnahmsweise richtig sein, sie muß es aber keineswegs.

Wenn mittels der Statistik Ursachenforschung betrieben wird, muß erst immer die Frage gestellt werden, wann die Grenze der noch durch Zufall erklärbaren Abweichungen überschritten ist. Erst nach Überschreitung dieser Grenze ist ein wesensbedingter Unterschied anzunehmen und demzufolge dem untersuchten Faktor, in unserem Falle dem Geschlecht, ein Einfluß auf die Sterblichkeit einzuräumen.

Für den Statistiker besteht also immer die Aufgabe, die Trennungslinie zwischen zufalls- und wesensbedingter Abweichung zu ziehen.

Eine Betrachtung von Ziehungen aus Urnen kann uns die Problematik dieser Grenzziehung wieder verdeutlichen.

Wenn sich in einer Urne 99 schwarze und eine weiße Kugel befinden, ist es bei Unabhängigkeit der nachfolgenden von der vorhergehenden Ziehung und weiter bei Zurücklegen der gezogenen Kugel vor einer neuen Entnahme theoretisch denkbar, daß bei 100 Ziehungen nur weiße Kugeln erscheinen, d. h. daß immer wieder dieselbe weiße Kugel gezogen wird, ebenso wie bei Ziehungen aus einer anderen Urne mit 99 weißen und einer schwarzen Kugel immer wieder die schwarze Kugel ausgewählt werden kann.

Die Tatsache der Unabhängigkeit der Ziehungen voneinander schließt diese Möglichkeit in sich. Wie sollte unter diesen Umständen von der Stichprobe auf die unbekannten Verhältnisse in der Gesamtheit, das heißt auf das Mischungsverhältnis in der Urne geschlossen werden können.

Wenn man trotzdem zu der Unterscheidung zwischen zufalls- und wesensbedingten Differenzen kommen will, dann darf man nicht von dem an sich theoretisch Denkbaren ausgehen — es entfiele sonst die Möglichkeit des Schlusses von der Stichprobe auf das Mischungsverhältnis —; man muß vielmehr jene Fälle, die an sich theoretisch möglich, aber praktisch keine, — sagen wir —, kaum eine Verwirklichungsmöglichkeit besitzen, außer Betracht lassen. Im allgemeinen geht man von der Annahme aus, daß dann, wenn ein Ergebnis nur unter drei von tausend Fällen erscheinen wird, dies praktisch nicht mehr zu erwarten ist, d. h. man nimmt bei Auftreten größerer Differenzen, also wenn die sogenannte 3σ Grenze überschritten ist, einen wesensbedingten Unterschied an.

Ziehungen aus einer Urne mögen 24 % weiße Kugeln ergeben haben. Mit 3 : 1000 sei anzunehmen, daß der Prozentsatz der Gesamtheit nicht mehr als mit 2 % nach oben oder unten davon abweiche. Dann wird der Prozentsatz der Gesamtheit in der Spanne zwischen 22 % und 26 % vermutet. Ergibt eine Stichprobe aus einer anderen Urne 19 % und ist mit 3 : 1000 anzunehmen, daß der Prozentsatz der Gesamtheit gleichfalls nicht mit mehr als 2 % nach oben oder unten abweicht, so ist auf ein unterschiedliches Mischungsverhältnis in beiden Urnen zu schließen. Es widerspräche unseren Annahmen nicht, daß es in der einen 20 % und in der andern 25 % betrüge.

Mit größter Genauigkeit läßt sich der Unterschied im Mischungsverhältnis nie konstatieren. Im gegebenen Fall könnte — mit einer an Sicherheit grenzenden Wahrscheinlichkeit — nur gesagt werden, daß der Unterschied zwischen weiß und schwarz in beiden Urnen zum mindesten 1 % ausmachen wird.

Es ist, wie noch vermerkt werden soll, auch denkbar, daß Stichproben, die aus verschiedenen Urnen vorgenommen werden, keinen Schluß auf wesensbedingte Unterschiede zulassen, obwohl ein unterschiedliches Mischungsverhältnis gegeben ist.

Angenommen in der einen Urne seien 20 %, in der anderen 23 % schwarze Kugeln. Stichprobenerhebungen haben bei der Urne mit 20 % schwarzen Kugeln 21 % schwarze Kugeln ergeben, bei der anderen 22 %. Mit der Wahrscheinlichkeit 3 : 1000 sei in beiden Stichproben zu erwarten, daß die wahren Prozentsätze nicht mehr als mit 2 % von dem Ergebnis der Stichproben abweichen. Auf Grund der Stichprobenerhebungen kann dann auf einen Unterschied im Mischungsverhältnis bei beiden Urnen nicht geschlossen werden, obwohl es gegeben ist.

Unsere Betrachtungen zeigen mit größter Deutlichkeit, die Grenzen der Statistik und gleichfalls, das mit Fug und Recht im Falle der statistischen Ursachenforschung nicht von strengen Methoden gesprochen wird.

2. Die statistische Methode der Ursachenforschung gewinnt nicht nur Bedeutung im Hinblick auf die Isolierung von bekannten Antecedentien (etwa des Berufes in unserm früheren Beispiel), sondern eine Charakterisierung der unbekannten Gesamtverhältnisse allein ist schon von Belang. Die durchschnittliche Größe einer Bevölkerungsgruppe — etwa der Studenten einer Universität — interessiert an sich, ebenso, um noch ein anderes Beispiel zu bringen, die durchschnittliche Geldausgabe einer bestimmten Bevölkerungsgruppe für irgend ein Bedürfnis. Der Bäcker will wissen, wieviel Brot im Durchschnitt gekauft wird, der Besitzer eines Lichtspieltheaters die durchschnittliche Geldausgabe der Bewohner seines Ortes für Kinobesuch. Die Rendite des Unternehmens hängt von der Höhe solcher Ausgaben entscheidend ab.

So wichtig solche Feststellungen aber auch sind, wir müssen vermeiden, diese Durchschnittsgrößen als „Idealtypen“ anzusehen, was man verschiedentlich glaubte annehmen zu müssen.

Der mittlere Mensch ist kein „Idealtypus“ der Natur, und die Abweichungen von ihm sind keine Fehlerhaftigkeiten, wie es *Quetelet*, dessen Annahme längst durch die Biologie widerlegt ist, unterstellte. Bedeutung hat jedoch dieser mittlere Mensch, wie auch der mittlere Verbraucher, der gleichfalls kein Idealtypus ist. Der an einer Nachfrageermittlung interessierte Unternehmer kann bei seinen Kalkulationen davon ausgehen, als ob jeder einzelne Mensch ein solch’ mittlerer Verbraucher sei.

3. Mit Hilfe der strengen Methode der Ursachenforschung werden meistens nicht weiter zerlegbare Faktoren isoliert, etwa die den einzelnen Körpern innewohnende Elastizität. Die Statistik isoliert dagegen in aller Regel nur Ursachenkomplexe, so z. B., wenn sie die Sterbenswahrscheinlichkeit festzustellen versucht. Die Sterblichkeit hängt von den verschiedensten Faktoren ab: „von der gesundheitlichen Konstitution der Bevölkerung, vom Klima, von der Beschaffenheit des Trinkwassers, vom Stand der medizinischen Wissenschaft, von der Tüchtigkeit der Ärzte, von den hygienischen Kenntnissen der Bevölkerung, von den Wohnungs- und Ernährungsverhältnissen der Bevölkerung, von der wirtschaftlichen Lage der Bevölkerung, von der Geburtenhäufigkeit, von der Verbreitung gesundheitsschädlicher Berufe usw. usw. ...“ (*Zizek*, Ursachenbegriffe und Ursachenforschung in der Statistik in Allgemeines Statistisches Archiv, 17. Band, Jena 1928, S. 388/89.) Wir würden geradezu in Verlegenheit kommen, wenn man von uns eine vollzählige Aufstellung aller Faktoren verlangte, die auf die Sterblichkeit Einfluß nehmen.

Vergegenwärtigt man sich diese Eigenart der statistischen Methode, daß sie Ursachenkomplexe und nicht Größen isoliert, die nicht mehr weiter zerlegbar sind, dann ist es ohne weiteres verständlich, daß der Statistiker immer fragen muß, ob die statistische Erhebung, die er vor einiger Zeit durchgeführt hat, auch in der Gegenwart noch als repräsentativ gelten kann. Die für ein Alter festgestellte Sterbenswahrscheinlichkeit hat natürlich nicht mehr Gültigkeit, wenn sich inzwischen die Kunst der Ärzte und die hygienischen Verhältnisse grundlegend geändert haben. Der Statistiker muß also immer darauf achten, ob nicht inzwischen der Komplex, den er mittels der statistischen Methode isoliert hat, eine Veränderung erfahren hat.

Hierin darf man jedoch nicht einen prinzipiellen Nachteil der statistischen Methode sehen. Auch die mittels der strengen Methoden der Ursachenforschung festgestellten Kausalverhältnisse gelten natürlich nur unter den Bedingungen, für die sie ermittelt worden sind. Allerdings eins ist richtig: ob ein Komplex, für den die Statistik ihre Feststellung getroffen hat, sich immer in gleicher Weise zusammensetzt, ist schwieriger zu entscheiden als etwa die Frage, welche chemische Zusammensetzung irgend ein Stoff hat.

Das Problem der Wandelbarkeit bisher gegebener Verhältnisse ist gerade im Hinblick auf unser Thema von größter Bedeutung. Wie es in den einzelnen Wirtschaftsordnungen um die Veränderlichkeit der wirtschaftlichen Daten steht, mit welcher Schnelligkeit in den einzelnen Wirtschaftsordnungen repräsentative Erhebungen ihre Aktualität einbüßen, werden wir ausgiebig erörtern müssen.

4. Weil, wie wir in der vorhergehenden Erörterung gesehen haben, der Statistiker „Komplexe"isoliert und keine nicht weiter zerlegbare Faktoren, muß er stets auf der Hut sein, ob der Faktor, den er isolieren wollte, nicht etwa mit einem anderen Merkmal untrennbar in Verbindung steht.

Wenn man mit Hilfe der Statistik zu klären versucht, ob der Unterschied im Beruf bei Industrie- und Landarbeitern einen Einfluß auf die Sterblichkeit ausübt, dürfte man auf dem richtigen Wege sein; denn man wäre zu der Annahme berechtigt, daß diese beiden Berufsgruppen in den Gesamtmassen hinsichtlich ihrer gesundheitlichen Konstitution keine Verschiedenheit aufweisen. Ständen aber beispielsweise Schneider und Landwirtsberuf zum Vergleich, dann müßte unser Urteil doch wohl anders lauten. Man wäre in diesem Falle schlecht beraten, wenn man den Einfluß der Verschiedenheit des Berufes auf die Sterblichkeit mit Hilfe der Statistik klären wollte. „Wenn wir verschiedene Berufe — etwa hinsichtlich ihrer Sterbenshäufigkeit — vergleichen, so läßt sich manchmal der Faktor Beruf nicht isolieren, weil die Angehörigen der verschiedenen Berufe gesundheitlich nicht gleichwertig sind bzw. in gesundheitlicher Hinsicht nicht das gleiche Mischungsverhältnis aufweisen; der Eintritt in manche Berufe wirkt nämlich wie ein Ausleseprinzip; manchen Berufen wenden sich nur gesunde kräftige Leute zu, anderen überwiegend schwächliche." (*Zizek:* Grundriß der Statistik, München 1923, S. 181.) Man würde also fehlgehen, wenn man in solchen Fällen seine Hoffnung auf die Statistik setzte und den Einfluß des Berufes auf die Sterblichkeit mit ihrer Hilfe zu klären suchte.

5. Der Statistiker muß bei Durchführung einer Statistik nicht nur darauf achten, ob auch seine statistische Feststellung in der Gegenwart noch Geltung hat — wir haben hierüber unter Ziffer 3 gesprochen —, sondern er muß auch immer der Frage Beachtung schenken, ob bei der durchgeführten Teilmassenerhebung das Prinzip der Regellosigkeit gewahrt ist. Nur wenn dieses Prinzip eingehalten ist, kommt auch der Teilmassenerhebung repräsentative Bedeutung zu.

Das Statistische Reichsamt stellte seinerzeit für eine Arbeiterkategorie die Lebenshaltungskosten in der Weise fest, daß es Personen, die dazu bereit waren, über die von ihnen verbrauchten Güterarten und Gütermengen Buch führen ließ. (Die Lebenshaltung von 2000 Arbeiter-, Angestellten und Beamtenhaushaltungen, Erhebungen von Wirtschaftsrechnungen im Deutschen Reich vom Jahre 1927/28 in Einzelschriften der Statistik des Deutschen Reiches Nr. 22, Berlin 1932.)

Der mit Hilfe dieser Unterlagen berechnete Lebenshaltungskostenindex sollte repräsentativ sein für die Arbeiter dieser Lohnschicht überhaupt. Es muß nun bezweifelt werden, ob hier das Prinzip der Regellosigkeit in gebührender Weise beachtet worden ist. Sicher werden die Personen, die sich zur Buchführung bereit erklärten, rationeller über ihren Lohn verfügt

Da die Voraussetzungen, unter denen die statistische Methode Anwendung findet, genannt sind, könnten wir an die Beantwortung der Frage, in welchem Maße Statistik in den einzelnen Wirtschaftsordnungen gebraucht wird, herangehen, wenn außer der statistischen Methode keine anderen Methoden der Ursachenforschung zur Aufklärung von Zusammenhängen in der Wirtschaft zur Anwendung kämen. Man bedarf jedoch noch anderer, und wir müssen daher, um die statistische Methode ins rechte Licht zu rücken, auch sie noch kennzeichnen.

3. Die statistische Methode der Ursachenforschung reicht für die Erforschung vieler Zusammenhänge in der Wirtschaft nicht aus

Mit Hilfe der Statistik sind wir in der Lage, mehr Kausalverhältnisse zu klären, als es nur allein mit den sogenannten strengen Methoden der Ursachenforschung möglich ist. Aber die statistische Methode kann — wie Beispiele zeigen — die Lücke keineswegs vollständig schließen.

---

haben als die Masse der Arbeiter, für die diese Erhebung repräsentativ sein sollte.

Die Schwierigkeiten in der Praxis sind also manchmal so groß, daß man sich dazu verleiten läßt, von diesem Prinzip abzuweichen; es wird dann eine Erhebung unter Verletzung dieses Prinzipes der Regellosigkeit durchgeführt. Bei solchem Beginnen — es soll nicht prinzipiell abgelehnt werden — ist dann immer zu fragen, ob die Abweichung von dem richtigen Prinzip der Auswahl noch verantwortet werden kann, d. h., es muß gefragt werden, ob die Fehlerhaftigkeit wegen Geringfügigkeit in Kauf genommen werden kann.

Die Literatur spricht hier von „bewußter Auswahl", die, wie gesagt, mit Vorsicht zu handhaben ist.

Bei „bewußter Auswahl" wird es immer strittig sein, ob auch von Repräsentation der Gesamtmasse gesprochen werden kann; denn um die Zulässigkeit der bewußten Auswahl im konkreten Fall behaupten zu können, müßten letzten Endes die Verhältnisse in der Gesamtmasse bekannt sein. Diese Verhältnisse der Gesamtmasse sind es aber gerade, welche durch Teilmassenerhebungen festgestellt werden sollen. (Zu den einzelnen Auswahlmöglichkeiten 1. der „reinen Zufallsauswahl", 2. der „bewußten Auswahl" und 3. der „geschichteten Zufallsauswahl", die „eine Kombination der ersten beiden Arten darstellt" siehe ausführlich *Kellerer:* „Neuere Stichprobenverfahren in der amtlichen Statistik" in „Allgemeines Statistisches Archiv, 1949, S. 85 ff.)

Bei Fällen „bewußter Auswahl" handelt es sich jedenfalls aber immer noch um Massenfeststellungen, die zur Durchführung gelangen.

Es werden jedoch zwecks Erkenntnis der Verhältnisse in der Gesamtheit auch Untersuchungen von Einzelfällen als Statistik bezeichnet und man spricht dann von „typischer Auswahl".

Ob diese Einzelfälle die Verhältnisse der Gesamtheit richtig repräsentieren, dürfte u. E. noch fraglicher als bei den Teilmassenerhebungen mit „bewußter Auswahl" sein. Bei „typischer Auswahl" liegt Statistik überhaupt nicht vor, da es sich nach der von uns gebrachten Definition nur bei Massenfeststellungen um Statistik handelt.

Weder mit Hilfe der strengen noch statistischen Methode der konkurrierenden Veränderungen könnte z. B. ermittelt werden, daß Besitzer besseren Bodens eine Qualitätsrente beziehen. Die Qualitätsrente könnte nachgewiesen werden, wenn sich die landwirtschaftlichen Grundstücke nur in bezug auf die Bodenqualität unterscheiden würden. In Wirklichkeit weisen die landwirtschaftlichen Grundstücke aber noch verschiedene andere Unterschiede auf, z. B. in der Größe, der Kapitalausrüstung, der Entfernung zum Markt und wohl auch in der Qualifikation der beschäftigten Arbeiter und Besitzer dieser Böden.

Ebenso wie die Qualitätsrente wäre aber auch die Lagerente nicht nachzuweisen.

Um solche Kausalverhältnisse klären zu können, ist eine anderer Art des Vorgehens angezeigt.

4. Die wirtschaftstheoretischen Methoden der Ursachenforschung im Vergleich zur statistischen Methode der Ursachenforschung

A. Die Deduktion

Die bisher genannten Methoden der Ursachenforschung sind die Methoden des Experimentierens. Durch Experiment gelangen wir in der Physik z. B. zum Boyle-Mariotteschen Gesetz, durch Experiment gelangen wir bei Anwendung von Statistik zu der Erkenntnis, ob die Verschiedenheit in der Berufsausübung einen Einfluß auf die Sterblichkeit hat. Der Unterschied zwischen dem Statistiker und beispielsweise dem Physiker besteht nur darin, daß im Falle von Statistik das Material in Massen beschafft werden muß.

Wenn dagegen das Gesetz der Lage- und Qualitätsrente nachgewiesen werden soll, sind keine Experimente notwendig. Nur gedankliche Arbeit muß geleistet werden. Das erforderliche Tatsachenwissen ergibt sich von selbst.

Durch Beobachtung stellen wir fest, daß sich die Böden in der Qualität unterscheiden, ferner, daß sich auf den Märkten auf Grund des Rentabilitätsstrebens ein einheitlicher Preis bildet[33]. Damit ist alles Erforderliche geleistet und das Bestehen der Qualitätsrente schlüssig nachgewiesen.

[33] Es bildet sich auf dem Markt ein einheitlicher Preis, obwohl die Anbieter und Nachfrager von Waren keineswegs mit gleichen Preisvorschlägen zum Markt kommen. In den meisten Büchern der Volkswirtschaftslehre, beispielsweise bei *Strigl* (Einführung in die Grundlagen der Nationalökonomie, 1937, S. 2) kann nachgelesen werden, wie dieser einheitliche Preis auf dem Markt zustande kommt.

Nehmen wir an, es böten fünf Personen je einen Zentner Getreide an und vier Personen träten als Kaufinteressenten für je einen Zentner Getreide auf. Alle Personen, die zum Markt kommen, haben das Bestreben, zum Tausch zu kommen. Wer aber nun wirklich zum Tausch kommt, das

Diese Methode der Kausalforschung wird in der Literatur mit „Deduktion" bezeichnet. „Das Wort ‚Deduktion' drückt im Wortlaut das Wesen dieses Verfahrens gut aus. Es wird ‚deduziert', d. h. ... h e r a b - geleitet, ohne daß neuer Tatsachenstoff in das Gehirn h e r e i n geleitet worden wäre — wie letztes bei der ‚I n duktion' geschieht[34]."

Man hat gesagt, daß bei der sogenannten Deduktion eine neuartige Methode gar nicht vorliege. Die Deduktion gehe letzten Endes auf Induktion zurück und es lasse sich daher sagen, „daß die sogenannte deduktive Methode überhaupt keine besondere Methode ist, sondern einfach selbst Induktion"[35]. Was allgemein festgestellt ist — in unserem Fall das Erwerbsstreben — wird auf spezielle Fälle — auf die Besitzer von Böden unterschiedlicher Qualität und verschiedener Entfernung vom Markt — übertragen.

Obwohl es an sich richtig ist, daß — wie Jevons feststellt — die Deduktion letzten Endes auf Induktion zurückgeht, scheint es doch angeraten, von zwei verschiedenen Methoden zu sprechen. Die Deduktion, bei der im Gegensatz zu der Induktion keine vorhergehende Material-

---

hängt davon ab, unter welchem Preis die Verkaufsinteressenten nicht verkaufen und über welchem wieder die Kaufinteressenten nicht kaufen wollen. Die einzelnen Preisvorschläge der Käufer bzw. Verkäufer sollen nachfolgend notiert werden:

Es wollen nicht verkaufen		Es wollen nicht kaufen	
Anbieter	unter DM	Nachfrager	über DM
I	11,—	I	10,90
II	10,90	II	10,80
III	10,78	III	10,65
IV	10,70	IV	10,60
V	10,60		

Ein Preis von elf DM wird deshalb nicht zustande kommen, weil zu diesem Preise niemand nachfragt und schließlich Anbieter II bis V, wenn es nicht anders geht, mit weniger zufrieden sind. Beim Preise von 10,90 DM gibt es vier Anbieter und eine Nachfrage. Auch bei diesem Preis kommt es noch nicht zum Tausch, und zwar wird der Preis noch tiefer sinken; denn Anbieter III, IV und V, die gerne zum Tausch kommen möchten, werden Anbieter II unterbieten. Nachfrager I hat es nicht nötig, 10,90 DM zu zahlen; aber auch auf 10,78 DM setzt sich der Preis noch nicht fest; denn zu diesem Preis gibt es drei Anbieter und zwei Nachfrager. Nachfrager I und II können ihn noch tiefer senken; denn Anbieter IV und V sind bereit, damit sie auch wirklich zum Zuge kommen, mit weniger als 10,78 DM zufrieden zu sein. Auf diese Weise wird auch noch Anbieter III vom Tausch ausgeschlossen. Nunmehr kommt es zum Tausch, zu einem zwischen 10,78 DM und 10,70 DM liegenden Preis, und zwar deshalb, weil zu diesem Preis zwei verkaufen und zwei kaufen wollen. Es gibt nun niemand mehr, der unterbietet, und auch niemand, der überbietet. Angebot und Nachfrage kommen zu einem einheitlichen Preis ins Gleichgewicht. Wo der Preis sich — zwischen 10,78 DM und 10,70 — festsetzt, darüber kann eine Aussage nicht gemacht werden. Die Partei, welche am besten feilschen kann, schneidet am vorteilhaftesten ab.

[34] Heinrich *Dietzel:* Theoretische Sozialökonomie, Leipzig 1895, S. 93.

[35] *Jevons:* Die Theorie der politischen Ökonomie, Jena 1924, S. 16.

beschaffung und -verarbeitung notwendig ist, ist eine Methode ausschließlich spekulativen Charakters. Durch Induktion werden neue Feststellungen getroffen, während bei Deduktion bereits bestehende Geschehnisse eine gedankliche Verarbeitung erfahren.

Die Deduktion setzt lediglich die Gabe richtiger Beobachtung voraus[36].

---

[36] Wie schwierig die Feststellung von Gegebenheiten sehr oft ist, zeigt die lebhafte Diskussion um das sogenannte Gesetz von der größeren technischen Produktivität der Produktionsumwege, dessen Gültigkeit man auf induktivem wie deduktivem Wege nachzuweisen versuchte. Diese Erörterungen liefern ein Beispiel für die in methodischer Hinsicht vielfach bestehenden Schwierigkeiten, weswegen auf die Fragen, die bei der Diskussion um dieses Gesetz auftauchten, kurz eingegangen werden soll.

Die Behauptung von der größeren technischen Produktivität der Produktionsumwege stützt sich auf zwei Beobachtungen, die in der Wirtschaft gemacht werden: Die Produktion von Konsumgütern erfolgt nicht auf dem kürzesten Wege, sondern es werden meistens weite Produktionsumwege eingeschlagen; sodann: Der Mensch handelt nach dem Rationalprinzip, d. h. er versucht — ebenso wie auf anderen Gebieten — so auch auf dem der Wirtschaft mit den geringsten Mitteln den höchsten Nutzen zu erreichen.

Die Diskussion um dieses Gesetz hat schon lange bestanden, aber sie kam erst durch *Böhm-Bawerk* richtig in Fluß, nach dessen Ansicht der Hauptgrund der Zinszahlung die größere technische Produktivität der Produktionsumwege sein sollte, welche er zu beweisen hatte.

Bei der Erörterung der hier zur Klärung stehenden Frage gehen wir am besten von Beispielen aus, die Böhm-Bawerk bringt, um die Gültigkeit dieses Gesetzes unter Beweis zu stellen.

1. Beispiel: Man kann Fische mit der Hand fangen. Das ist der denkbar kürzeste Produktionsweg. Offenbar sei es aber ergiebiger, erst Boot und Netz anzufertigen und dann auf Fischfang zu gehen.

2. Beispiel: Wer Holz braucht, kann dieses mit der Hand im Walde auflesen und so seinen Bedarf befriedigen, er kann aber auch eine Steinaxt anfertigen, vielleicht stellt er sogar eine Stahlaxt her. Alle drei Produktionswege sind verschieden lang. Aber offenbar ist doch — immer nach Böhm-Bawerk — der jeweils weitere Produktionsweg technisch lohnender.

Die von Böhm-Bawerk weiter gebrachten Beispiele sind im Prinzip von gleicher Art und der Einwand, der gegen diese beiden angeführt werden kann, ist auch gegen alle anderen möglich.

Wenn bei den beiden Produktionen (Fisch- und Holzproduktion) ein anderer Produktionsweg eingeschlagen wird, gelangen nicht die gleichen Produktivkräfte zum Einsatz wie zuvor, sondern andere. Wenn aber nicht die gleichen Produktivkräfte eingesetzt werden, wenn also der sogenannte weitere Produktionsweg sich vom kürzeren nicht allein dadurch unterscheidet, daß ein Mehr an gleichen Produktivkräften eingesetzt wird, ist nicht zu sagen, in welchem Maße sich der Produktionsweg verlängert hat und es kann dann nicht eine größere Ergiebigkeit behauptet werden.

Es bleibt in keinem der von Böhm-Bawerk gebrachten Beispiele bei dem Einsatz gleicher, nur mengenmäßig zunehmender Produktivkräfte, sondern es kommen neue hinzu.

Lexis, Bortkiewicz, Franz Xaver *Weiss* und andere haben daher auch die Argumentation von Böhm-Bawerk nicht gelten lassen wollen. So sagt z. B. *Weiss:* „Wenn wir das Gesetz von der Mehrergiebigkeit in seinem Wortlaute ... ins Auge fassen, so ergibt sich bei genauer Prüfung, daß das Gesetz in dieser Form eine Unmöglichkeit behauptet. Klug gewählte Produktionsumwege sollen hiernach ‘zu einem technischen Mehrergebnis, das ist zur Erlangung von mehr oder besseren Produkten mit dem gleichen Aufwand an originären Produktivkräften führen‘.

Dies hätte zur Voraussetzung, daß zur Erzeugung irgendeines bestimmten Gutes auf verschieden langen Produktionswegen originäre Produktivkräfte (das sind Arbeitsleistungen und Bodennutzungen) gleicher Art verwendet werden. Denn sonst könnten die Mengen der auf den verschiedenen Produktionswegen aufgewendeten Produktivkräfte nicht miteinander in Vergleich gesetzt werden. Diese Annahme steht aber mit der Wirklichkeit in Widerspruch." (Franz Xaver *Weiss:* „Produktionswege und Kapitalzins" in Zeitschrift für Volkswirtschaft und Sozialpolitik, Wien und Leipzig 1921, S. 565.)

Allerdings ist es nicht in allen Produktionen so, daß immer andere Produktivkräfte bei Erweiterung der Produktion zum Einsatz gelangen. „Vereinzelte Ausnahmen werden durch jene Produktionsmethoden gebildet, bei denen es sich um die Förderung oder das Gewährenlassen organischer Prozesse handelt, so die ... Forstwirtschaft, die Viehzucht, das Liegenlassen von Wein. Hier bedarf es zur Fortführung der längeren Produktionswege, die eine Vermehrung oder Verbesserung eines Produktes mit sich bringt, nicht Arbeits- oder Bodenleistungen von anderer als der auf dem kürzeren Produktionswege verwendeten Art." (*Weiss:* ebenda S. 567.)

Eucken hat das Gesetz von der größeren technischen Produktivität längerer Produktionswege insbesondere für die Forstwirtschaft nachweisen wollen. (*Eucken:* Kapitaltheoretische Untersuchungen, Jena, 1934, S. 72.)

Wie das statistische Material, das Eucken bringt, zeigt, wächst tatsächlich — jedenfalls lange Zeit — der durchschnittliche Zuwachs („Holzmasse, dividiert durch die Zahl der Produktionsjahre"). Gleiche Aufwendungen von Naturgaben liefern also im Laufe der Zeit immer mehr an Holz.

Zunächst stört, daß sich die Qualität des Holzes im Laufe der Zeit ändert. Aber wenn man auch darüber hinweg sehen wollte, so müssen doch offenbar Zweifel deswegen aufkommen, weil der Wald nicht nur seines Holzes wegen nützt. Er bietet auch Erholung, d. h. eine exakte Ermittlung des technischen Nutzens ist schon aus diesem Grunde nicht möglich. Aber wir können es wohl dahingestellt sein lassen, ob wegen dieses doppelten Nutzens, an den Eucken und Weiss nicht denken, die Annahme von der Gültigkeit des Gesetzes für diesen Wirtschaftszweig auch wirklich richtig ist. Die Fälle, wo sein Nachweis gelingt, sind jedenfalls gering, und dort, wo der Schein für seine Geltung spricht, muß man, wie gerade das Beispiel der Holzproduktion zeigt, sehr auf der Hut sein, ob nicht doch irgendwelche berechtigten Bedenken bestehen.

Das Gesetz von der größeren Produktivität der Produktionsumwege, das den Hauptgrund der Zinserklärung bei Böhm-Bawerk abgibt, ist also, — abgesehen von den wenigen Ausnahmen, in denen tatsächlich bei Produktionswegverlängerungen nur immer die gleichen Produktivkräfte eingesetzt werden — auf induktivem Wege nicht nachzuweisen. Weil die Produktionsweglänge nicht zu bestimmen ist, kann es dann gar nicht zu einem Vergleich der Produktionsweglänge mit dem jeweiligen Produktionsergebnis kommen.

Wie kommt es aber, so könnte man fragen, daß doch kaum jeweils die kürzesten Produktionswege gewählt werden, sondern überall — an jedem Ort und zu jeder Zeit — die Tendenz zu erhöhtem Kapitaleinsatz feststellbar ist. Wir würden in Verlegenheit kommen, wenn wir Fälle nennen sollten, in denen der denkbar kürzeste Produktionsweg gewählt ist. Sollte diese nicht abstreitbare Tatsache nicht Beweis genug sein für die Gültigkeit dieses Gesetzes? Mag die Isolierung des kausalen Faktors auch nicht gelingen, aber ist es nicht deduktiv bewiesen, also auf eine Art, welche die Isolierung nicht verlangt, sondern nur eine Beobachtung von Tatsachen, aus denen sich dann — wie etwa in dem Falle des Nachweises der Qualitätsrente — das Bestehen des Gesetzes auf Grund logischer Folgerungen ergibt?

Eucken und mit ihm sehr viele andere nehmen an, daß solche Tatsachen die Gültigkeit dieses Gesetzes hinreichend begründen. „Daß die Regel (gemeint ist das Gesetz von der größeren Produktivität der Produktions-

B. Die Isolierung mit Hilfe von Gedankenmodellen

Wenn man die Eigenart der deduktiven Methode bedenkt und ferner berücksichtigt, daß sich die Wirklichkeit stets in der Entwicklung befindet, muß die Feststellung getroffen werden, daß der Wirtschaftstheoretiker noch einer anderen Methode zur Durchleuchtung der Wirtschaft bedarf.

Wie beispielsweise der Chemiker genau wissen muß, welche Zusammensetzung die Chemikalien haben, die er mit anderen verbindet, wenn er überhaupt zu Aussagen von Wert kommen will, so muß auch der Wirtschaftstheoretiker bei seinen Betrachtungen von genau bestimmten wirtschaftlichen Verhältnissen ausgehen, und zwar von einem

---

umwege) richtig ist", sagt Eucken, „bestätigt die Erfahrung immer wieder. Daß mit ihr eigentlich alle Menschen rechnen, kann jeder feststellen, der zu beobachten versteht — eine Kunst, die allerdings nicht zu sehr verbreitet ist. Die häufige Leugnung ihrer Richtigkeit, die sich noch heute in wissenschaftlichen Arbeiten findet, erinnert an das bekannte Wort Hegels, nach dem die Gewohnheit das unsichtbar macht, worauf unsere Existenz beruht. ... Im alltäglichen Leben war und ist dem Menschen der Vergangenheit und der Gegenwart die Regel wohl bekannt. ... Jedermann weiß, daß bei der Broterzeugung Natur und Arbeit wenige Konsumgüter liefern, wenn wild wachsendes Getreide mit der Hand gepflückt, mit einfachen Holzflegeln gedroschen, mit Steinen zerquetscht und das Brot auf einer Feuerstelle gebacken, wenn also ein außerordentlich kurzer Produktionsweg eingeschlagen wird, ... wenn aber Ackergeräte, Sensen Mühlen, Backöfen hergestellt werden, der Boden bearbeitet und gedüngt wird, so vergrößert sich zwar die mittlere Zeitdistanz, die bis zur Konsumreife verstreicht, erheblich, aber diesem Nachteil steht eine bedeutende Erhöhung der Ergiebigkeit beider Produktionsfaktoren gegenüber." (*Eucken:* Kapitaltheoretische Untersuchungen, Jena 1934, S. 69/70.)

Jeder verführe nach dieser Regel, sagt Eucken. Ist es aber tatsächlich so, daß der Wirtschafter in erster Linie der Technik des Verfahrens Beachtung schenkt oder ist nicht vielmehr der Vergleich Kosten—Ertrag entscheidend? Wie oft stehen der wirtschaftliche und technische Leiter von Betrieben gegeneinander und weitere vom Techniker befürwortete Produktionen können nicht eingeschlagen werden und werden auch zu Recht nicht angewandt, weil die erfolgte Bewertung der Kosten und Ertragsgüter die Anwendung dieser Produktionsmethoden wirtschaftlich nicht ratsam erscheinen läßt. Uns kann also die Argumentation von Eucken nicht überzeugen. Was nicht richtig beobachtet wird, ist folgendes: es entscheidet allein das quantitative Wertverhältnis der Güter, welches technische Verfahren zur Anwendung gelangt.

Ein Gesetz gilt und das ist auch — allerdings unter großen Schwierigkeiten — nachweisbar, aber nicht das von der größeren technischen Produktivität längerer Produktionsumwege, sondern das von der größeren Wertproduktivität des Kapitals.

Wenn man alle Aufwendungen und Erträge durch Bewertung in Geld auf einen Nenner bringt, lassen sich exakte Aussagen über die Rentabilität machen. In diesem Falle besteht eben das Hindernis nicht, das gegeben ist, wenn die größere technische Ergiebigkeit weiterer Produktionsumwege bewiesen werden soll. Es ist jetzt alles, was zum Vergleich ansteht, auf eine Größe bezogen. (vgl. hierzu: *Weiss*, ebenda, S. 570 ff.) Einwendungen von der methodischen Seite her kann es nicht mehr geben.

Ein Gesetz von der größeren technischen Produktivität der Produktionsumwege läßt sich nicht nachweisen.

in Gedanken konstruierten Wirtschaftsmodell mit konstanten Daten, d. h. von einer statischen Wirtschaft.

Offenbar ist die statische Wirtschaft wirklichkeitsfremd und nie in Reinheit, höchstens einmal annähernd verwirklicht. Aus methodischen Gründen bleibt aber nur die Wahl dieses Ausgangspunktes übrig, wenn nicht auf weitere Kenntnisse im Wirtschaftsablauf verzichtet werden soll.

Mit der Einführung der statischen Wirtschaft in die Betrachtung ist die Grundlage für weitergehende Erörterungen gegeben.

Aber auch nach Festlegung dieses irrealen Ausgangspunktes muß der Wirtschaftstheoretiker bei seinem methodischen Vorgehen weiter im Bereich der Abstraktion bleiben, da in der konkreten Wirtschaft in aller Regel gleichzeitig verschiedene Faktoren wirken und infolgedessen nicht in Erfahrung zu bringen ist, was den einzelnen Faktoren zuzurechnen ist.

Im Falle einer Geldvermehrung werden vielleicht — ausgelöst durch die neu bereitgestellten Kapitalien — Erfindungen gemacht, d. h. es ändert sich gleichzeitig — wie es grundsätzlich immer ist — auch noch ein anderes wirtschaftliches Datum.

Wollen wir an Hand eines — von einer statischen Wirtschaft ausgehenden — Gedankenmodells die Wirkung der Geldvermehrung studieren, dann dürfen wir gleichzeitig nicht auch ein anderes wirtschaftliches Datum — das technische Wissen — sich ändern lassen. Wollen wir dagegen die Wirkung kennen lernen, welche bei der Veränderung des technischen Wissens eintritt, dann darf gleichzeitig keine Geldvermehrung erfolgen.

Damit wir die Wirkung eines neu eingeführten Datums in der Wirtschaft erkennen können, müssen wir also den Ausgangspunkt von einer Wirtschaft mit konstanten Daten nehmen und dann ausgehend von dieser Wirtschaft nur e i n neues Datum einführen.

Die von der Wirtschaftstheorie angewendete Methode der Isolierung mit Hilfe von Gedankenmodellen ist, um es mit den Worten Euckens[37] auszudrücken, dadurch gekennzeichnet, „daß ein bestimmter statischer Zustand zugrunde gelegt, ein e i n z i g e s Datum variiert und untersucht wird, wie sich der gesamte wirtschaftliche Kosmos verändert und wie der neue statische Zustand aussieht. Darauf kommt es entscheidend an, daß keine weiteren Datenvariationen im Laufe der Ableitung offen oder versteckt vorgenommen werden. Denn sonst sind die Zusammenhänge nicht mehr klar erkennbar, die Ableitung verliert ihre Schlüssigkeit und die Ergebnisse können keinen Anspruch auf Wahrheitsgehalt erheben. Zwar ist es mühsam, so streng zu verfahren, aber die Mühe lohnt."

---

[37] *Eucken:* Kapitaltheoretische Untersuchungen, Jena 1934, S. 133.

„Wie wird durch Änderung des technischen Wissens, aber bei Konstanz der übrigen Daten, ein gegebener statischer Zustand in einen neuen verwandelt, in dem eine andere Technik zur Anwendung gelangt[38]", ist die Frage, die gestellt werden muß, wenn die Wirkung geprüft werden soll, welche die Änderung des technischen Wissens auslöst[39].

Der Wirtschaftstheoretiker muß mit abstrakten Vorstellungen arbeiten, weil die wirtschaftlichen Erscheinungen nicht isoliert auftreten.

Dies darf dem Wirtschaftstheoretiker nicht den Vorwurf einbringen, daß er wirklichkeitsfremd sei; denn Abstraktion ist erforderlich. Solche Argumentation verriete nur mangelnde Kenntnis von den Notwendigkeiten methodischen Vorgehens[40, 41].

---

38 *Eucken*, ebenda, S. 167.

39 Mit den hier getroffenen Feststellungen haben wir uns das Rüstzeug geschaffen, um zu der viel diskutierten Frage des gesetzmäßigen Ablaufs der Konjunkturen Stellung nehmen zu können.

Damit eine für die Vergangenheit festgestellte wirtschaftliche Erscheinung sich in der Zukunft wiederhole, ist es notwendig, daß in der Zukunft bei gleichem Ausgangspunkt wieder die gleichen Ereignisse eintreten.

Zunächst ist schon mit einem gleichen Ausgangspunkt zu späterer Zeit kaum jemals zu rechnen. In einem späteren Zeitpunkt hat sich die Wirtschaft eventuell weiter zum Industriestaat entwickelt, beherrschen vielleicht in stärkerem Maße Monopole das Feld und das Reservoir an Arbeitskräften ist ein anderes.

Sodann können aber auch die den Konjunkturzyklus auslösenden Faktoren in verschiedenem Grade wirken.

In welchem Grade eine Geldvermehrung die Ausweitung der Produktion veranlaßt, hängt von der im Rahmen der bestehenden Geldordnung möglichen Geldschöpfung ab. Weiter ist es unbestimmt, welche Ereignisse im Verlauf des Konjunkturzyklus eintreten, in welchem Maße z. B. zusätzliche Arbeitskräfte zum Einsatz gelangen können oder ob im Laufe des Konjunkturzyklus gemachte technische Erfindungen einen weiteren Impuls zur Produktionsausweitung geben.

„Es gab und gibt keinen eigengesetzlich-zwangsläufigen Verlauf der Konjunkturen ..., es gibt keinen Normalzyklus der Konjunktur." (*Eucken:* Die Grundlagen der Nationalökonomie, Godesberg 1947, S. 238.)

Es hat daher auch Wagemann nicht Recht, der zunächst zugibt, daß ein „bestimmter Typus des Konjunkturverlaufs nicht ein für alle Mal gegeben ist", dann aber doch die Behauptung aufstellt, „daß ein bestimmter Typus des Konjunkturverlaufs für eine bestimmte Wirtschaftsverfassung gilt". (*Wagemann:* Konjunkturlehre, Berlin 1928, S. 63.) Er gilt auch nicht für eine bestimmte Wirtschaftsverfassung.

Eigentlich beweist die Ungesetzlichkeit der Konjunkturen schon ihre verschiedene Dauer, die in der Vergangenheit zwischen 6 1/2 und 10 1/2 Jahren schwankte (Angaben über die Dauer der beobachteten Zyklen bringt *Wagemann* in seiner Konjunkturlehre", Berlin 1928, S. 82).

Eine Besinnung auf die methodischen Voraussetzungen, unter denen man zu Gesetzen gelangt, hätte den Vertretern der Ansicht von der Gesetzmäßigkeit des Konjunkturverlaufs bereits sagen müssen, daß eine Gesetzmäßigkeit nicht gegeben sein kann.

Damit soll hier — was wir ausdrücklich hervorheben wollen — nichts gegen die Bedeutung konjunktureller Feststellungen gesagt sein; nur das sollte festgestellt werden, daß sie keine Prognose zulassen. In Bezug auf den Konjunkturzyklus ist man „idiographisch" und nicht „nomothetisch".

40 Wie auch diese letzten hier angestellten methodischen Betrachtungen

gezeigt haben, laufen alle Methoden im Prinzip auf das Gleiche hinaus, nämlich auf die Isolierung des in Betracht gezogenen Faktors und damit entweder auf die Anwendung der Übereinstimmungs- oder Differenzmethode.

Wenn wir, um die Ursache der Schallübertragung zu klären, zwei Gegenstände betrachten, die nur die Elastizität gemeinsam haben und sonst nichts, wenden wir die Übereinstimmungsmethode an; wenn wir uns in Gedanken vorstellen, daß sich die landwirtschaftlichen Betriebe nur in Bezug auf die Qualität des Bodens bzw. die Entfernung vom Markt unterscheiden, bringen wir eine Unterart der Differenzmethode, die Methode der konkurrierenden Veränderungen, zur Anwendung. Wenn wir in der statischen Wirtschaft lediglich das Datum „neue technische Erfindungen" wirksam sein lassen, also die Wirksamkeit jedes anderen Datums ausschließen, gelangt die Differenzmethode zur Anwendung. Immer ist das Ziel die Isolierung.

Wer nicht in der Methodenlehre heimisch ist, nimmt meistens an, daß die in der Wirtschaftswissenschaft angewendete Methode etwas ganz anderes sei, daß sie nichts bzw. wenig gemein mit den in den anderen Wissenschaften verwendeten Methoden habe. Wie wir gesehen haben, läuft die mit Hilfe von Gedankenmodellen arbeitende Methode der Wirtschaftswissenschaft auf das Gleiche, nämlich auf die Isolierung des in Betracht gezogenen Faktors hinaus. Weil es keine andere Möglichkeit gibt, vollzieht sich die notwendige Isolierung in der Wirtschaftswissenschaft an Hand von Gedankenmodellen oder auch mit Hilfe der Deduktion. Die Methoden der Ursachenforschung passen sich jeweils den in der Wirklichkeit gegebenen Verhältnissen an.

41 Die Isolierung mit Hilfe von Gedankenmodellen wurde bereits von den Klassikern, ohne daß sie diese als besondere Methode hervorhoben, zur Anwendung gebracht. Erst durch v. Thünen wird diese Methode — wenn auch nur kurz — in seiner Vorrede geradezu mit entschuldigenden Worten ausdrücklich genannt: „Noch bitte ich die Leser, die dieser Schrift ihre Zeit und Aufmerksamkeit schenken wollen, sich durch die im Anfang gemachten, von der Wirklichkeit abweichenden Voraussetzungen nicht abschrecken zu lassen, und diese nicht für willkürlich und zwecklos zu halten. Diese Voraussetzungen sind vielmehr n o t w e n d i g, um die Einwirkung einer bestimmten Potenz — von der wir in der Wirklichkeit nur ein unklares Bild erhalten, weil sie daselbst stets im Konflikt mit andern gleichzeitig wirkenden Potenzen erscheint — für sich darzustellen und zum Erkennen zu bringen.

Diese Form der Anschauung hat mir im Leben über so viele Punkte Licht und Klarheit gegeben und scheint mir einer so ausgedehnten Anwendung fähig, daß ich sie für das Wichtigste in dieser ganzen Schrift halte."

Vielleicht wurde sie von den Klassikern deswegen nicht als Methode der Ursachenforschung erwähnt, weil es ihnen selbstverständlich erschien, daß man nicht anders als in dieser Weise in der Wirtschaftswissenschaft vorgehen könne, vielleicht hatte man aber auch Bedenken, diese Methode spekulativen Charakters überhaupt als Methode der Ursachenforschung anzuerkennen.

Jevons, der in seinem Leitfaden der Logik die Methoden der Ursachenforschung ausdrücklich als einen von der Logik zu behandelnden Gegenstand anerkennt — daß die Methoden der Ursachenforschung ein Forschungsgebiet der Logik sind, ist keineswegs einhellige Meinung der Logiker —, kommt auf diese Methode der Isolierung in seinem Leitfaden der Logik überhaupt nicht zu sprechen. Erst in seiner Theorie der politischen Ökonomie wird sie kurz erwähnt, und zwar soll sie — wie dort aus einer Äußerung auf S. 18 zu schließen ist — Deduktion sein.

In der Zeit des Methodenstreites steht dann diese bisher wenig beachtete Methode im Mittelpunkt der Diskussion.

Ein Vorwurf kann dem Wirtschaftstheoretiker nur gemacht werden, wenn er wirklichkeitsfremde Erscheinungen in sein Gedankenmodell aufnimmt oder das aufgeworfene Problem nicht erschöpfend behandelt.

Ein Beispiel möge zeigen, was er zu beachten hätte, wenn er sich nicht dem Einwand einer unvollständigen Behandlung des interessierenden Gegenstandes aussetzen wollte.

Steht die Frage zur Debatte, welchen Einfluß neue technische Erfindungen für die Wirtschaft haben[42], dann muß der Wirtschaftstheoretiker von folgenden Möglichkeiten ausgehen: einmal davon, daß die neue Produktion im Vergleich zur alten keinen weiteren — vielleicht sogar nur einen kürzeren — Produktionsumweg erforderlich macht. Sodann muß er aber auch den anderen möglichen Fall berücksichtigen, daß die neuen technischen Erfindungen eventuell nur mit Hilfe von weiteren Produktionswegen durchgesetzt werden können. Beide Fälle sind möglich, wie die Beobachtung der wirtschaftlichen Wirklichkeit dem Wirtschaftstheoretiker zeigt. Beide Fälle muß er daher auch beachten.

Die Schwierigkeiten, die neue Technik zur Anwendung zu bringen, werden verhältnismäßig gering sein, wenn die neue Produktionsweise keinen weiteren oder sogar nur einen kürzeren Produktionsumweg

---

Wir haben in unserer Arbeit in dem Fall, wo mit Hilfe von Gedankenmodellen Kausalforschung getrieben wird, die Bezeichnung Deduktion vermieden. Zunächst scheint dies schon der ursprüngliche Sinn des Wortes Deduktion zu verlangen. Wenn eine in der Wirklichkeit nicht vorhandene Erscheinung eine Rolle spielt — die Statik ist höchstens einmal annähernd verwirklicht — wird nichts „deduziert", zu deutsch „herabgeleitet", was irgendwo empirisch beobachtet worden ist.

Auf dieses Argument wollen wir uns jedoch nicht in erster Linie berufen. Wer sich nur etwas mit Sprachlehre befaßt hat, weiß, daß Begriffe sehr oft ihren Inhalt wandeln. Man denke z. B. an das Wort Gesetz, worunter zunächst nur von Menschen „gesetzte" allgemeine Bestimmungen verstanden wurden.

Entscheidend ist, daß hier ein rein gedanklicher Ausgangspunkt gegeben ist, was so wesentlich ist, daß eine Bezeichnung, die dies zum Ausdruck bringt, bei der Namensgebung der Methode angebracht ist. Wer dennoch die Bezeichnung Deduktion beibehalten wollte, müßte sich stets des erweiterten Begriffsinhaltes dieses Wortes bewußt sein.

Die neuere wirtschaftswissenschaftliche Literatur spricht sich nicht ausdrücklich gegen eine Bezeichnung dieser Methode als Deduktion aus, indirekt bringt sie jedoch ihre Ablehnung zum Ausdruck; denn sie gebraucht, wenn sie diese Methode meint, Bezeichnungen wie Variationsmethode, Isoliermethode, Gedankenmodell, vermeidet es also, den Ausdruck Deduktion zu verwenden.

Warum wir nicht die Einteilung der Methoden der Ursachenforschung nach Induktion und Deduktion gewählt haben, dürfte einleuchten. Es gibt eine Methode, die weder unter Deduktion noch Induktion fällt. Am zweckmäßigsten ist es, wie wir gesehen haben, von der Übereinstimmungs- und Differenzmethode auszugehen, weil sich alle anderen Methoden unter diese beiden subsumieren lassen.

[42] Vgl. hierzu *Eucken:* Kapitaltheoretische Untersuchungen, Jena 1934, S. 166 ff.

erfordert. Ist aber ein weiterer Produktionsumweg erforderlich, dann müssen, wenn die neue Produktion überhaupt möglich sein soll, neue Kapitalien beschafft werden. Dabei sind dann aber die zu bewältigenden Schwierigkeiten erheblich größer. Der Wirtschaftstheoretiker würde einen Fehler begehen, wenn er die wirtschaftliche Wirklichkeit nicht beachtete und diese Unterscheidung nicht machte. Er würde die Problematik des Datums „neue technische Erfindung" nur zu einem Teil lösen.

Sodann muß der Wirtschaftstheoretiker aber auch das Datum „neue technische Erfindung" in seiner ganzen Bedeutung behandeln und die verschiedenen Wirtschaftsordnungen sowie die ihnen adäquaten Geldordnungen in Betracht ziehen.

Nur bei steter Beobachtung der wirtschaftlichen Wirklichkeit ist der Wirtschaftstheoretiker also gegen Fehlgriffe gefeit.

Es lassen sich drei Phasen bei wirtschaftstheoretischen Untersuchungen unterscheiden:

1. Die Wirtschaftsbeobachtung, die dem Wirtschaftstheoretiker die Probleme zeigt.

2. Die Modellwahl. Sie ist keine leichte Aufgabe; denn es dürfen auf der einen Seite keine bedeutsamen Erscheinungen außer acht gelassen, auf der anderen Seite aber auch nicht zuviel Erscheinungen in das Modell aufgenommen werden.

Mit Hilfe dieses Wirtschaftsmodelles müssen die Erkenntnisse gewonnen werden, die nicht erlangt werden könnten, wenn man nicht von der Wirklichkeit abstrahierte, sondern bei der Betrachtung der vielfältigen und unübersichtlichen Wirklichkeit bliebe.

3. Schließlich muß „mit Hilfe der Methode der abnehmenden Abstraktion" — eben wegen der abstrakten Darstellung — die Brücke zur Wirklichkeit geschlagen werden.

Zum besseren Verständnis der wirtschaftstheoretischen Methode und um das Verhältnis zwischen Wirtschaftstheorie und Wirtschaftsstatistik ganz deutlich herauszustellen, sei das wirtschaftstheoretische Vorgehen abschließend noch erläutert, indem ein bestimmtes Problem der wirtschaftlichen Wirklichkeit behandelt und die Lösung, die es durch die Wirtschaftstheorie gefunden[43] hat, geschildert wird.

a) Erste Phase der Untersuchung: Beobachtung der wirtschaftlichen Wirklichkeit und Erkenntnis des zu behandelnden Problems

Wie man seit jeher in der Wirtschaft beobachten konnte, sind niemals nur orginäre Produktionsfaktoren — das sind Arbeit und Natur — zum Einsatz gelangt, sondern es wurden und werden erst

[43] Vgl. hierzu: *Böhm-Bawerk:* Positive Theorie des Kapitals. Jena 1921, S. 443 ff, und *Eucken:* Kapitaltheoretische Untersuchungen, Jena 1934, S. 109 ff.

immer Zwischenprodukte geschaffen und mit ihrer Hilfe dann die gewünschten Konsumgüter erstellt. Der Boden wird nicht mit der Hand, sondern mit dem „Zwischenprodukt" Pflug bearbeitet.

Wegen der Herstellung von Konsumgütern mit Hilfe von Zwischenprodukten beansprucht die Produktion Zeit und es müssen daher bereits vorhandene Konsumgüter zur Verfügung gestellt werden, die es den an der Produktion dieser Zwischenprodukte beteiligten Personen ermöglichen, die Zeit zu überdauern, bis aus den Zwischengütern Endgüter oder „Gegenwartsgüter" — wie Böhm-Bawerk sagt — geworden sind.

In der Verkehrswirtschaft sind es an sich nicht Konsumgüter, die der Produzent, der Produktionsvorhaben durchführen will, bei Kreditaufnahme erhält, sondern er empfängt Geld, aber nichtsdestoweniger sind es letzten Endes doch Konsumgüter, die der Kreditgeber bereit stellt; denn der Lohnempfänger kauft mit diesen Geldern, die der Unternehmer auf dem Kreditwege erhält und an ihn auszahlt, Konsumgüter.

Auf Grund dieser beobachteten wirtschaftlichen Vorgänge taucht nun die Frage auf, wovon das Ausmaß der Zwischenproduktion abhängt, mit anderen Worten, wovon die Weite der Produktionswege bestimmt wird.

Hierauf lassen sich zunächst ohne größere Schwierigkeiten einige Antworten geben.

Offenbar werden weitere Produktionsumwege eingeschlagen, weil diese lohnender sind; denn warum sollte der Mensch, wenn es nicht vorteilhafter wäre, die weiteren Produktionswege wählen[44]. Auch liegt im Hinblick auf die überall beobachtbare Zinszahlung die Feststellung nahe, daß der Zins die Kreditnachfrager daran hindert, unermeßliche Kreditforderungen zu stellen.

Zu welchem Produktionsweg und zu welcher Zinszahlung es bei gegebenen wirtschaftlichen Verhältnissen aber kommt und unbedingt kommen muß, läßt sich nicht so schnell erkennen. Nur wenn die Wirtschaftstheorie Abstraktionen vornimmt, nur wenn also ein Modell vom Wirtschaftsablauf entworfen wird, in das nicht alles und jedes, sondern nur das im Hinblick auf das Problem Wesentliche aufgenommen wird, kann eine bessere und tiefere Einsicht in die wirtschaftlichen Zusammenhänge gewonnen werden.

b) Zweite Phase der Untersuchung: Betrachtung des Problems mit Hilfe eines Gedankenmodells

In der Wirtschaft werden die verschiedensten Produktionen durchgeführt. Von dieser Mannigfaltigkeit sehen wir ab und unterstellen,

[44] Vgl. hierzu die Anmerkung 36 von S. 64.

daß nur e i n Konsumgut produziert wird. Für diese Produktion müssen Angaben über die Rentabilität bei verschiedener Länge der Produktionswege gemacht werden.

In der nachfolgenden Tabelle sind angenommene, die größere Wertproduktivität weiterer Produktionswege kennzeichnende Angaben gebracht, wobei unterstellt wird, daß ein Lohn von einer Ertragseinheit oder — wie wir auch sagen könnten — von einer Konsumeinheit pro Produktiveinheit am Tage gezahlt wird.

Kosten und Erträge bei verschieden langen Produktionswegen

Produktionsdauer von . . . Tagen	Einsatz von Produktivkräften	Ertragseinheiten	Zinsfuß pro Tag bei einem Lohn von einer Ertragseinheit pro Produktionseinheit
1	2	3	4
1	100	100	0/0
2	200	210	2,5 %
3	300	500	22,2 %
4	400	900	31,3 %
5	500	1 200	28,0 %
6	600	1 460	23,9 %
7	700	1 500	16,3 %
8	800	1 550	11,7 %
9	900	1 580	8,4 %
10	1 000	1 600	6 %

Es werden pro Tag 100 Produktivkräfte eingesetzt, bei einem zweitägigen Produktionsweg also 200, bei einem dreitägigen 300 usw.

In der Spalte 4 sind die jeweiligen Zinsfüße angegeben. Sie sind der Einfachheit halber nicht nach der Zinseszinsformel, sondern nach der einfachen Zinsformel errechnet[45]. Es ist angenommen, daß der Kredit in vollem Umfang bei Beginn der jeweiligen Produktionsperiode in Anspruch genommen wird. Wie wir sehen, ist der Zinsfuß bei dem 4tägigen Produktionsweg am höchsten.

Ob es zu dem 4tägigen Produktionsweg kommt, steht von vornherein keineswegs fest. Es müssen noch weitere Unterstellungen gemacht werden, um zu einer Antwort auf die Frage der Produktionsweglänge und des Zinsfußes kommen zu können.

Wir teilen die Teilnehmer an der Wirtschaft in Kreditgeber und -nehmer ein. Angenommen das Kapital von 1000 Ertragseinheiten sei

[45] Der Zinsfuß errechnet sich nach folgender Formel:

$$\text{Zinsfuß} = \frac{\text{Differenz zwischen Lohn- und Ertrag gleicher Produktionswege mal 100}}{\text{Tage der Krediterteilung mal Kreditsumme.}}$$

in der Hand von 10 Kapitalisten, von denen jeder 100 Einheiten besitze. Alle anderen an der Produktion beteiligten Personen zählen zu den Kreditnehmern, zunächst einmal die Unternehmer, sodann aber auch die Arbeiter, die mittelbar den Kredit in Anspruch nehmen[46, 47]. Die Zahl der Unternehmer betrage 5, die der Arbeiter 95. Der Einfachheit halber wird unterstellt, daß nur der Produktionsfaktor Arbeit Kostenfaktor ist. Produzierte Produktionsmittel sind also bei Beginn der Produktion nicht vorhanden und der Grund und Boden ist frei. In der Qualität der Arbeitsleistung bestehe zwischen den Arbeitskräften einschließlich Unternehmern kein Unterschied, so daß für alle die gleiche Bezahlung angenommen werden kann.

Weitere Hypothesen sind nicht zu machen, und wir fragen nun, zu welchem Produktionsweg, welcher Zins- und Lohnzahlung es kommen wird, wenn alle Kapitalien angelegt und alle Arbeitskräfte einschließlich Unternehmer beschäftigt sein wollen.

Die Kapitalisten möchten am liebsten ihr Kapital für 31,3 % Zinsen ausleihen. Wenn der viertägige Produktionsweg eingeschlagen und die Arbeiter (worunter wir auch die Unternehmer verstehen) sich mit einem Lohn von einer Ertragseinheit zufrieden geben würden, könnten sie an sich diesen Zins erhalten.

Aber bei Einschlagung des viertägigen Produktionsweges und einem Entgelt von einer Ertragseinheit pro Arbeiter und Unternehmer wäre es doch nur möglich, 400 Kapitaleinheiten auszuleihen, was soviel hieße, daß ein Teil der Kapitalisten nicht zur Ausleihe käme.

Bei dieser Situation setzt ein gegenseitiges Unterbieten der Kapitalisten ein, um wenigstens zu einem niedrigeren Zins zum Zuge zu kommen.

Bei einem niedrigeren Zins und einem Lohn von einer Ertragseinheit bezögen dann die Unternehmer Gewinne, und zwar um so höhere, je mehr Arbeiter sie in ihrem Unternehmen beschäftigten. Sie überbieten sich daher auf dem Arbeitsmarkt, um möglichst viele Arbeiter an sich zu ziehen.

So löst das gegenseitige Unterbieten der Kapitalisten auf dem Kapitalmarkt ein gegenseitiges Überbieten der Unternehmer auf dem Arbeitsmarkt aus.

---

[47] Mittelbar, da der aufgenommene Kredit zu Lohnzahlungen an sie verwendet wird.

[48] Man kann die „wirtschaftlichen Tatbestände" nach „Institutionen" — etwa Unternehmungen und Haushaltungen — oder „Funktionen" — beispielsweise Investieren und Sparen — scheiden. (Vgl. hierzu *Fürst, Bartels:* Grundsätze der systematischen Klassifizierung wirtschaftlicher Tatbestände in Wirtschaft und Statistik, 1952, S. 92.)

Wir machen uns also die funktionale Einteilung zu eigen. In der wirtschaftlichen Wirklichkeit sind Kreditgeber und -nehmer sehr oft ein- und dieselbe Person, in unserm Wirtschaftsmodell jedoch nicht.

In diese Bewegung auf beiden Märkten kommt erst Ruhe, wenn alle Kapitalisten ihr Kapital ausgeliehen haben und die Unternehmer bei einem solchen Lohnangebot angelangt sind, das weder Gewinn noch Schaden für sie darstellt. Diese Situation ist gegeben, wenn der Lohn 2 Ertragseinheiten pro Produktiveinheit und Tag beträgt — auch der Unternehmer bezieht auf Grund unserer obigen Annahme nur so viel — und der fünftägige Produktionsweg eingeschlagen wird.

1000 Konsumeinheiten gelangen dann zur Ausleihe. Der Zins, den die Kapitalisten erhalten, beträgt, wie seine Errechnung nach obiger Formel ergibt, 4 %.

Bei einem Lohn von 2 Konsumeinheiten und einem Zins von 4 % ist das Gleichgewicht auf den Märkten hergestellt.

Wie diese abstrakten Betrachtungen gezeigt haben, besitzt der Zins die Fähigkeit, das Gleichgewicht zwischen Kapitalangebot und Nachfrage herzustellen.

Das Gleichgewicht ist überhaupt auf den Märkten, auch auf dem Arbeitsmarkt, hergestellt und der Ablauf der Wirtschaft ist so lange nicht gestört, als sich kein wirtschaftliches Datum ändert.

Auch die Wirkungen etwaiger Datenänderungen lassen sich an unserm Wirtschaftsmodell feststellen.

Welche Wirkungen treten ein, so könnten wir z. B. fragen, wenn auf der Kapitalseite nicht mehr Konkurrenz herrscht, sondern ein Monopol gegeben ist, wir also von der Konkurrenzwirtschaft zu der gemischten Wirtschaftsordnung gelangt sind.

Das Kapital in Höhe von 1000 Einheiten befindet sich jetzt nicht mehr in 10 Händen, sondern nur noch in einer Hand. Sonst seien die Daten die gleichen geblieben.

Ein Unterbieten findet nunmehr auf der Kapitalseite nicht mehr statt.

Zunächst wird der Kapitalist ausfindig zu machen versuchen, für welchen niedrigsten Lohn die Produktivkräfte zur Arbeit bereit sind.

Eine Antwort auf diese Frage ist nicht gleich gegeben.

Wenn es keinen Kapitalisten gäbe, bliebe den Produktivkräften zwar nichts anderes übrig, als den eintägigen Produktionsweg einzuschlagen, der ihnen eine Ertragseinheit pro Tag einbrächte. Aber aus dieser Tatsache ist nicht etwa zu schließen, daß der Kapitalmonopolist mit einem Lohn von einer Ertragseinheit als einer gegebenen Größe rechnen darf.

Es ist möglich, daß die Arbeiter für eine Ertragseinheit pro Tag nicht arbeiten. Sie können zwar in eigener Produktion nicht mehr als eine Ertragseinheit pro Tag erzielen, wenn sie den eintägigen Produktionsweg wählen. Aber sie ziehen es vor, lieber selbständig zu sein als Lohnempfänger von einer Ertragseinheit pro Tag zu werden. Die Unternehmer müßten den Arbeitern schon mehr als eine Ertragseinheit bieten, um überhaupt unselbständige Arbeitskräfte zu erhalten und der Kapitalist müßte sich mit einem niedrigeren Zins zufrieden geben.

Aber es ist ebenso möglich, daß der Lohn unter eine Ertragseinheit pro Produktiveinheit und Tag gesenkt werden kann.

Wenn sich die für den eintägigen Produktionsprozeß benötigten Arbeitsmittel in der Hand des Kapitalisten befinden, könnte dieser den Lohn doch offenbar noch tiefer als auf eine Ertragseinheit drücken. Wie tief er gesenkt werden könnte, läßt sich ohne weiteres nicht sagen, wahrscheinlich bis auf den Satz, der unbedingt geboten werden muß, wenn der Arbeiter nicht wegen Unterernährung, schlechter Kleidung und Wohnung, kurz gesagt, wenn er nicht wegen eines unter dem Existenzminimum liegenden Lohnsatzes ausfallen soll.

Man muß also, wenn man zu einer eindeutigen Lösung kommen will, schon mehr unterstellen, als im Falle vollständiger Konkurrenz erforderlich ist.

Wir wollen folgendes annehmen: Die Produktivkräfte hätten die Möglichkeit der eintägigen Produktion und der Lohn könne nicht unter eine Ertragseinheit sinken, soll aber auch nicht über eine Ertragseinheit steigen. Die Produktivkräfte stehen, wenn sie sich mit einem Lohn von einer Ertragseinheit zufrieden geben, wohl nicht besser als wie bei selbständiger Tätigkeit; in beiden Fällen ist der Verdienst eine Ertragseinheit. Aber sie erhalten, wenn sie sich in unselbständige Beschäftigung begeben, schon — das soll unterstellt werden — zu Beginn und nicht erst am Ende des ersten Tages ihren Lohn. Dieser Umstand führe dazu — so wollen wir annehmen —, daß sie sich mit einem Lohn von einer Ertragseinheit zufrieden geben.

Danach läßt sich leicht sagen, zu welchem Produktionsprozeß es kommen wird, wenn der Kapitalist ein Gewinnmaximum anstrebt.

Wenn der Kapitalist nur 6 % Zinsen verlangte, könnte der 10tägige Produktionsprozeß eingeschlagen werden. Aber das Wichtigste für ihn ist nicht, alles Geld auszuleihen, sondern möglichst viel Gewinn zu erzielen. Für ihn ist es im gegebenen Fall am zweckmäßigsten, nur 600 Ertragseinheiten zu 23,9 % Zinsen auszuleihen. Es wird also zum 6tägigen Produktionsprozeß kommen.

Dieses Ergebnis mag verwundern. Vorhandene wirtschaftliche Güter werden nicht ausgenutzt. Kapital liegt brach.

Aber solche Verhältnisse sind in der monopolisierten Wirtschaft gar nicht so selten. Kartelle legen Betriebe still, weil sie um des höheren Gewinnes willen nicht so viel, als der Produktionskapazität aller Betriebe entspricht, auf den Markt bringen wollen. Auch bereits hergestellte Produkte werden vernichtet, wenn es sich herausstellt, daß bei geringerem Angebot mehr Gewinn erzielt werden kann.

In unserem Fall ist es vom Standpunkt des Kapitalisten ganz richtig, nicht alles Kapital arbeiten zu lassen. Die Berücksichtigung volkswirtschaftlicher Interessen ist nicht seine Angelegenheit und er sieht diese auch in aller Regel nicht als seine Aufgabe an.

Damit können wir unsere Erörterungen, die zeigen sollten, wie an Hand eines Wirtschaftsmodells die in der Wirtschaft beobachteten Erscheinungen einer näheren Klärung zugeführt werden können, abbrechen. Der Wirtschaftstheoretiker, der das Problem erschöpfend behandeln will, muß allerdings noch mehr untersuchen, etwa wie sich die wirtschaftliche Situation ändern würde, wenn auch auf seiten der Kreditnehmer, zu denen wir Unternehmer und Arbeitnehmer rechneten, Monopole entstünden.

Uns kommt es jedoch nur darauf an zu zeigen, daß die Wirtschaftstheorie mit Hilfe der abstrahierenden Methode dazu in der Lage ist, wirtschaftliche Zusammenhänge kenntlich zu machen, die sonst nicht geklärt werden könnten.

An Hand des Wirtschaftsmodells konnte die Aufgabe des Zinses bei vollständiger Konkurrenz geklärt werden, und zwar in einer Weise, wie es eben nicht möglich wäre, wenn man allein die wirtschaftliche Wirklichkeit betrachtete. Auch wurden die Wirkungen aufgezeigt, die eintreten, wenn auf seiten des Kapitals ein Monopol besteht. Alle Sphären der Wirtschaft werden beeinflußt. Daß das Monopol die Wirtschaftsordnung von Grund auf ändert, konnte mit Hilfe der wirtschaftstheoretischen Methode weitaus besser erkannt werden, als es allein durch Betrachtung der wirtschaftlichen Wirklichkeit möglich ist.

Diese Betrachtungen haben nicht nur gezeigt, was die Wirtschaftstheorie zu leisten vermag, sie zeigen auch die Grenzen der Wirtschaftsstatistik. Weil wichtige Fakten nur an Hand von Gedankenmodellen einer näheren Klärung zugeführt werden können, wird die Wirtschaftsstatistik auf Grund ihrer methodischen Eigenart, nur das konkret Feststellbare erfassen zu können, viele Sachverhalte, deren Klärung mit Hilfe der Statistik wünschenswert ist, einfach nicht klären können.

Das dürfte noch deutlicher in Erscheinung treten, wenn wir auch noch andeuten, welche Aufgabe der Wirtschaftstheoretiker zu lösen hat, wenn er mit Hilfe der Methode der abnehmenden Abstraktion die Brücke zur Wirklichkeit schlagen will.

c) Dritte Phase der Untersuchung: Betrachtung der wirtschaftlichen Wirklichkeit nach erfolgter Anwendung der abstrahierenden Methode

Wir sind in unserm Modell von der Produktion nur eines Konsumgutes ausgegangen, obwohl in Wirklichkeit viele hergestellt werden. Es wurde also auch nicht nach öffentlichen und privaten Bedürfnissen unterschieden.

Ferner sind in der Praxis die Produktionswege verschieden lang, selbst beim gleichen Gut, erst recht bei verschiedenen Gütern, was wir gleichfalls außer acht gelassen haben.

Auch befindet sich im Gegensatz zu unserer Annahme die Produktion nicht von Beginn bis zum Anfall des Konsumgutes in einer Hand. Sie ist horizontal und vertikal gegliedert.

Weil wir nur die Produktion eines Gutes in Betracht zogen, konnte nicht die in der Wirtschaft fehlende Gradlinigkeit der Produktion in Erscheinung treten, worunter verstanden wird, daß der einzelne Unternehmer sich bei seiner Produktion nicht ausschließlich auf ein einziges Konsumgut ausrichtet, sondern der Produktion der verschiedensten Konsumgüter dient.

Wir kannten ferner nur Produktivkräfte gleicher Art. Wieviel Unterschiede gibt es aber tatsächlich bei den Produktivkräften. Welche verschiedenen Naturgaben und Arbeitsleistungen kommen in Wirklichkeit zum Einsatz.

Weiter war unterstellt, daß eine neue Produktion von Konsumgütern erst immer nach Beendigung der alten beginnt. In Wirklichkeit verläuft die Produktion aber simultan, daß heißt, neue Produktionen werden bereits vor Beendigung der alten begonnen.

Schließlich ist der Finanzier nicht immer ein anderer als der Produzent. Die Selbstfinanzierung spielt in der Wirtschaft eine nicht unbedeutende Rolle.

Die vielfältigsten Fragen tauchen auf, wenn man sich wieder von der abstrakten Betrachtungsweise ab- und der Wirklichkeit zuwendet.

Wir hatten von der Ungleichheit der Produktionsweglängen abgesehen. Wie erklärt sie sich bei der Produktion verschiedener Güter — eine Frage, deren Beantwortung nicht viele Schwierigkeiten bereiten wird. Wie erklärt sie sich aber bei der Produktion gleicher Güter? — eine nicht mehr so leicht zu beantwortende Frage.

Wir hatten ferner in unserem Gedankenmodell angenommen, daß bei Beginn der Produktion das gesamte Kapital aufgenommen wird, das für die Durchführung der Produktion von Anfang bis Ende gebraucht wird.

Die Wirklichkeit ist anders. Wieviel Gefahren sind für die Wirtschaft dadurch heraufbeschworen, daß erst spätere Quellen ausgeschöpft werden müssen, um die Produktion zu Ende führen zu können.

Es sollen hier nicht alle überhaupt möglichen Fragen gestellt werden.

Wir wollten allein feststellen, daß wirtschaftstheoretische Arbeit notwendig ist und der Wirtschaftsstatistiker sich bei der Wirtschaftstheorie informieren muß, wenn er ermitteln will, welche Statistiken in den verschiedenen Ordnungen erforderlich sind, ferner, daß für die Wirtschaftsstatistik immer das große Problem besteht, ob und in welchem Maße das, was die Wirtschaftstheorie auf Grund ihrer abstrahierenden Methode für richtig erachtet hat, überhaupt statistisch erfaßt werden kann.

Was wir in unseren nachfolgenden Betrachtungen zu behandeln haben, dürfte nunmehr feststehen.

Wir müssen zunächst fragen, welche Gebiete der Statistik in den einzelnen Wirtschaftsordnungen zu unterscheiden sind — Ausgangspunkt hat dabei die Betrachtung der jeweiligen Wirtschaftsordnung zu sein — weiter, ob das, was auf Grund der wirtschaftstheoretischen Erörterungen erfaßt werden sollte, auch erfaßt werden kann und schließlich — da die Meinung eines Georg v. Mayr, daß nur Totalmassenerhebungen Statistik darstellen, nicht mehr vertreten wird — inwieweit den Erhebungen repräsentative Bedeutung zukommt.

III. Die Statistik in den verschiedenen Wirtschaftsordnungen

1. Die Konkurrenzwirtschaft

A. Ihre bisherige Charakterisierung in der Frage der Datenkonstanz

Wenn wir die Frage stellen, welche Statistiken in der Konkurrenzwirtschaft durchzuführen sind, müssen wir zunächst feststellen, daß die Konkurrenzwirtschaft Gesellschaftswirtschaft ist[1] [2] und daß damit

[1] Zur Gesellschaftswirtschaft in dem hier verstandenen Sinne gehören nicht nur Tauschwirtschaften, sondern auch Befehlswirtschaften, deren Kennzeichen — jedenfalls auf dem Gebiet der Produktionssphäre — der fehlende Marktverkehr ist.

[2] Man hat sich darüber Gedanken gemacht, warum die Wirtschaften alle zur Gesellschaftswirtschaft tendieren, warum nicht jeder allein für sich sorgt, sondern die Menschen in Gemeinschaft für ihre Bedürfnisbefriedigung arbeiten, indem der eine dies, der andere jenes für die Güterversorgung beiträgt.

Adam Smith sprach von einer dem Menschen angeborenen Neigung zum Tausch, womit er wohl zum Ausdruck bringen wollte, daß den Menschen wie allen Lebewesen der Trieb zur Gemeinsamkeit, in bezug auf die Wirtschaft demnach der Trieb zur Arbeitsteilung, innewohne.

Karl Bücher glaubte andere Argumente anführen zu müssen.

1. „Die verschiedenen körperlichen und geistigen Anlagen der Individuen bedingen bedeutende Unterschiede des Arbeitserfolges . . . Der Grundsatz der Wirtschaftlichkeit verlangt, daß jeder in einer seinen Anlagen angemessenen Weise beschäftigt werde; denn nur so kann seine Arbeit die höchste Nutzwirkung ergeben.“ (Karl *Bücher:* Die Entstehung der Volkswirtschaft, Tübingen 1919, S. 318.)

2. „Jede zusammengesetzte Arbeit bedeutet für das Individuum, das sie verrichtet, einen öfteren Wechsel der Bewegungen, jeder derartige Wechsel einen Kraftverlust. . . . Dies läßt es als Gebot der Wirtschaftlichkeit erscheinen, die Arbeitsaufgaben zu verengen, um . . . jeden nutzlosen Kraftverlust vermeiden zu können.“ (Karl *Bücher:* ebenda, S. 318/319.)

3. „Die alte Zeit, welche (die) verschiedenen Arbeitsaufgaben in e i n e Hand legte, trieb eine große Verschwendung mit ihren qualifizierten Arbeitskräften . . . Dadurch, daß die Arbeitsteilung die qualitativ ungleichen Arbeitselemente von einander scheidet, gelingt es ihr, die stärksten wie die schwächsten Arbeitskräfte zu verwenden und zur Ausbildung der höchsten speziellen Arbeitsgeschicklichkeit anzureizen.“ (Karl *Bücher:* ebenda, S. 315/316.)

Unseres Erachtens führen beide Autoren, Adam *Smith* wie Karl *Bücher*, richtige Gesichtspunkte an.

Es plagt den Menschen, wie uns die Philosophie lehrt, entweder die Not oder die Langeweile. [„Der allgemeinste Überblick zeigt uns, als die beiden Feinde des menschlichen Glückes, den Schmerz und die Langeweile. Dazu noch läßt sich bemerken, daß, in dem Maße, als es uns glückt, vom einen

die Grundvoraussetzung für die Anwendung von Statistik, nämlich die Unübersichtlichkeit wegen Massenhaftigkeit, erfüllt ist[3].

Gesellschaftswirtschaften sind unübersichtlich, von welcher Seite wir sie auch immer betrachten, ob vom Konsumenten aus, der nicht erkennen kann, welche Stellen und in welchem Ausmaß diese an der Güterversorgung beteiligt sind, oder vom Produzenten aus, der — gleichfalls nicht — jedenfalls in aller Regel nicht mit der erforderlichen Genauigkeit weiß, in welchem Konsumgut, ganz abgesehen davon, in welcher Menge das von ihm erstellte Zwischenprodukt in den betreffenden Konsumgütern enthalten ist[4].

---

derselben uns zu entfernen, wir dem andern uns nähern, und umgekehrt; so daß unser Leben wirklich eine stärkere, oder schwächere Oscillation zwischen ihnen darstellt. Dies entspringt daraus, daß Beide in einem doppelten Antagonismus zu einander stehen, einem äußeren, oder objektiven, und einem innern, oder subjektiven. Äußerlich nämlich gebiert Noth und Entbehrung den Schmerz; hingegen Sicherheit und Überfluß die Langeweile. Demgemäß sehn wir die niedere Volksklasse in einem beständigen Kampf gegen die Noth, also den Schmerz; die reiche und vornehme Welt hingegen in einem anhaltenden, oft wirklich verzweifelten Kampf gegen die Langeweile.“ (*Schopenhauer:* Aphorismen zur Lebensweisheit in Arthur Schopenhauer Sämtliche Werke, 5 Bd., Leipzig 1938, S. 349.)] Die Not, eine Geißel des Menschen, treibt ihn dazu, nach allen Möglichkeiten einer verbesserten Güterversorgung Ausschau zu halten. Die Motive, die Karl Bücher anführt, sind also im Menschen mächtig.

Aber auch Adam *Smith* hat Recht.

Die zweite Geißel, die Langeweile, würde den Menschen — wenn es für ihn keine Not gäbe — gleichfalls zu gemeinsamer Tätigkeit auch auf dem Gebiet der Wirtschaft führen.

Wir können daher Karl Bücher, der sich Smith's Argumentation verschließt (siehe Karl *Bücher:* ebenda, S. 315/316), nicht zustimmen und erkennen auch das Argument von Smith an.

[3] Wenn jeder allein für sich wirtschaftete und nicht im Zusammenwirken mit anderen, würde es gelegentlich auch vorkommen, daß der Wirtschafter zählte, oder sogar die statistische Methode verwendete, doch, wie gesagt, nur gelegentlich, eigentlich so selten, daß man praktisch von einer übersichtlichen, der Statistik entbehrenden Wirtschaftsordnung sprechen könnte.

In einer Robinsonwirtschaft gäbe es also kaum Statistik. Sie kommt nur in den Gesellschaftswirtschaften vor, die wir im Gegensatz zu *Bücher,* der die „volkswirtschaftliche Arbeitsteilung“ und damit die Gesellschaftswirtschaft für eine „historische Kategorie“ hält, als „ewige Kategorie“ ansehen, die demnach immer gilt, wo Menschen zusammenleben.

[4] Um eine Vorstellung von dem Ausmaß der Unübersichtlichkeit zu gewinnen, muß man sich 1. über die bestehende Arbeitsteilung und 2. über die fehlenden Konsumorientierung informieren.

1. Die Arbeitsteilung spiegelt sich in der Berufsgliederung wieder. Durch ihre Betrachtung lernt man daher am besten ihre Bedeutung kennen.

Die Zahl der Berufe hat immer mehr zugenommen. Immer wieder sind neue Tätigkeiten entstanden und es sieht so aus, als ob diese Entwicklung nicht abbrechen wolle.

Um die vergangene Entwicklung zu verstehen und die Aussichten für die kommende beurteilen zu können, erscheint es zweckmäßig, sich die verschiedenen von der wirtschaftswissenschaftlichen Literatur genannten Arten des Entstehens von Berufen zu vergegenwärtigen.

Früher im Haushalt verrichtete Arbeit, z. B. das Waschen der Wäsche wird Gegenstand gewerblicher Tätigkeit. Es ist also mit dem Ausdruck von

Bücher zur „Berufsbildung“ gekommen und wir glauben, daß auch heute noch Gültigkeit hat, was Bücher von der Berufsbildung vor einigen Jahrzehnten sagte. „Man würde irren, wenn man meinte, dieser Prozeß der Berufsbildung, der bei uns bereits im frühen Mittelalter beginnt, sei längst zum Abschluß gelangt. Noch immer bröckeln Teile der Hauswirtschaft ab, langsam auf dem Lande, schneller in den Städten, und jedes städtische Adreßbuch kann uns eine Reihe selbständiger Gewerbe aufweisen, welche erst im letzten Menschenalter durch Absplitterung früherer hauswirtschaftlicher Tätigkeiten entstanden sind.“ (Karl *Bücher:* ebenda, S. 312.)

Aber nicht nur früher im Haushalt vorgenommene Verrichtungen haben zur Bildung neuer Tätigkeit geführt und somit das Ausmaß der Arbeitsteilung vermehrt.

Erfindungen sind gemacht worden und haben neue Berufe entstehen lassen. Mit der Erfindung der Nähmaschine ist z. B. die Tätigkeit des Nähens zum Teil vorverlegt worden. In vorgelagerten Betrieben wird der Tätigkeit des Nähens vorgearbeitet. „Es ist, wenn wir den ganzen Produktionsprozeß ins Auge fassen, ein Teil der Gesamtarbeit aus einem späteren in ein früheres Stadium zurückverschoben, die Schneiderarbeit ist teilweise aus der Schneiderwerkstätte in die Maschinenfabrik verlegt worden.“ (Karl *Bücher:* ebenda, S. 313.) Der Ausdruck „Arbeitsverschiebung“, den Bücher bringt, kennzeichnet gut, was geschehen ist. Wenn wir diese Art einer Vermehrung der Arbeitsteilung mit den Worten Böhm-Bawerks kennzeichnen wollten, müßten wir sagen, daß auf Grund der „Erweiterung von Produktionsumwegen“ neue Tätigkeiten entstanden sind. Welche große Bedeutung die Arbeitsverschiebung — oder mit dem Wort Böhm-Bawerks — die Produktionswegverlängerung erlangt hat, bedarf keiner näheren Ausführung.

Wenn neue Güter — wie seinerzeit Radio und Auto aufkommen — liegt eine weitere Art der Entstehung von Berufen vor und nicht etwa Arbeitsverschiebung. Nur im erweiterten Sinne des Wortes kann man in diesem Falle überhaupt von Arbeitsteilung sprechen, da neue Leistungen entstehen und nicht alte Leistungen eine Aufteilung erfahren.

Auch der Fall der „Arbeitszerlegung“, an den Smith dachte, wenn er von Arbeitsteilung sprach, ist hier anzuführen. Um diese weitere Art der Berufsentstehung und damit der Arbeitsteilung, eben der Arbeitsteilung durch „Arbeitszerlegung“ zu kennzeichnen, sei *Smiths* berühmtes Beispiel von der Stecknadelmanufaktur erwähnt. „Der eine zieht den Draht aus, der andere streckt ihn, ein Dritter schneidet ihn, ein Vierter spitzt ihn, ein Fünfter schleift das obere Ende für die Aufnahme des Knopfes zu; die Anfertigung des Knopfes erfordert wieder zwei besondere Verrichtungen“ und so weiter fort. Viele neue Berufe sind entstanden, wenn alle diese Tätigkeiten nun nicht mehr von einer, sondern von vielen Personen ausgeführt werden.

Nichts prinzipiell Neues im Vergleich zur Arbeitszerlegung ist mit der von Bücher noch erwähnten „Spezialisation“ oder „Berufsspaltung“ gebracht. Gastwirtschaft und Schlächterei werden fortan von zwei Personen übernommen, während sie solange in einer Hand waren. Nur daß hier vermehrt s e l b ständige Tätigkeiten hinzugekommen sind, ist der alleinige Unterschied zur Arbeitszerlegung.

Man braucht sich nur alle diese Möglichkeiten, die zu neuer oder von zusammengesetzter zu verschiedener Tätigkeit führen können, zu vergegenwärtigen, um das Ausmaß der Arbeitsteilung und damit den Grad der Unübersichtlichkeit in der Wirtschaft zu erkennen.

Wir dürfen allerdings nicht übersehen, daß die Entwicklung auch entgegengesetzt gehen kann, von getrennter zu zusammengesetzter Beschäftigung. Es gibt solche Fälle auch in der Gegenwart. In manchen Gegenden begegnet man z. B. heute in zunehmendem Maße der Verbindung Metzgerei — Gastwirtschaft. Was getrennt war, wird wieder zu einer Tätigkeit vereinigt. Im großen und ganzen ist die Entwicklung jedoch in andere Richtung gegangen, d. h. die Zahl der Berufe ist immer größer geworden.

Natürlich bestehen in den verschiedenen Gegenden und zu verschiedenen Zeiten Unterschiede im Grade der Unübersichtlichkeit. Zu einer Zeit, als man noch mit der Postkutsche fuhr, übersah man die wirtschaftlichen Verhältnisse besser. Der Posthalter ging kein so großes Wagnis ein, wenn er eine neue Verkehrslinie schuf als wir in heutiger Zeit, in der Auto, Flugzeug, Eisenbahn, Fahrrad usw. als Verkehrsmittel dienen und somit der Bedarf schon wegen der reichlichen Zahl der verschiedenen Transportmittel nicht mehr im entferntesten so überschaubar sein kann wie früher. Aber unübersehbar war die Wirtschaft immer und die Produktion, seitdem der Produzent nicht mehr ausschließlich auf Bestellung arbeitete, in jedem Fall ein Risiko.

In diese Unübersichtlichkeit ist der einzelne Produzent hineingestellt und man sollte glauben, daß die Lenkung der Wirtschaft vom Staate auszugehen und dieser Staat, der ja selbst nicht die Wirtschaft über-

---

2. Will man alle zur Unübersichtlichkeit führenden Gründe nennen, so müßte man jedoch noch einen anderen Umstand als den der Arbeitsteilung erwähnen.

Die Unübersichtlichkeit wäre trotz Arbeitsteilung nicht so groß, wenn die Produktion gradlinig verliefe.

Der Urproduzent und auch die nachfolgenden Produzenten richten ihre Produktion nicht auf ein spezielles Konsumgut aus, sondern sie sind an der Produktion der verschiedensten Konsumgüter beteiligt. Der Waldbesitzer pflanzt z. B. nicht nur so viele Bäume an, wie für die Herstellung bestimmter Konsumgüter, etwa von Tischen oder Stühlen notwendig sind, sondern er produziert Holz ohne Ausrichtung auf ein bestimmtes Gut. Er ist „rohstofforientiert“ und hat in der Regel keine Kenntnis davon, in welchem Konsumgut sein Produkt Verwendung findet. Der Rohstoff Holz endet z. B. in Möbeln, weiter in dem Konsumgut Zeitung, unsere Kleidung stammt unter Umständen aus ihm. Nur die am Ende der Produktion stehenden Betriebe sind „konsumorientiert“, die vorgelagerten Betriebe entweder „rohstofforientiert“ oder, wie z. B. die chemische Industrie, „verfahrensorientiert“.

Diese fehlende Konsumorientierung muß gleichfalls in hohem Grade die Übersicht erschweren. In welchem Maße das der Fall ist, ersieht man schon daraus, daß ein großer Apparat in der Wirtschaft nötig ist, um die produzierten Güter zu den nachgeordneten Stellen zu leiten. Man teilt die Wirtschaft geradezu in Produktionsbetriebe (also Betriebe, welche die Umformung der Güter besorgen) und Absatzbetriebe ein, (also Betriebe, die lediglich damit beschäftigt sind, das einzelne Gut an die richtige Stelle zu bringen). (In diesem Zusammenhang sei hier auf Erich *Schäfers* Buch: Die Aufgabe der Absatzwirtschaft, Köln und Opladen 1950, hingewiesen, wo die absatzwirtschaftliche Problematik, die gleichberechtigt neben der produktionswirtschaftlichen steht, herausgestellt wird und die großen, mit der fehlenden Gradlinigkeit der Produktion verbundenen Schwierigkeiten mit größter Deutlichkeit gekennzeichnet werden.)

Die Arbeitsteilung und die fehlende Gradlinigkeit der Produktion, die bei der Weite der heute üblichen Produktionswege besonders stark ins Gewicht fällt, sind also die Gründe für die Unübersichtlichkeit der Wirtschaft.

Diese Gründe wirken, welche Gesellschaftswirtschaft wir auch in Betracht ziehen, in den Verkehrswirtschaften beider Prägung und in der Befehlswirtschaft.

sieht, zu zählen und sich in hohem Maße der Statistik zu bedienen habe, um somit eine Übersicht zu gewinnen und dem einzelnen seine Anordnungen geben zu können.

Lange Zeit hat diese Meinung auch vorgeherrscht und man war von der Notwendigkeit einer Lenkung der Wirtschaft durch den Staat überzeugt, schon bei verhältnismäßig kleinen Volkswirtschaften, erst recht, wenn die wirtschaftliche Zusammenarbeit sich auf weite und damit in erhöhtem Maße unübersichtliche Gebiete erstreckte. Man glaubte, daß obrigkeitliche Reglementierung nicht zu entbehren sei, also Gebote und Verbote festlegen müßten, was im Hinblick auf einen geordneten Wirtschaftsablauf zu geschehen habe.

Allmählich kam aber die Meinung auf, daß eine Wirtschaft auch ohne Befehle möglich sei und der Preis die Lenkung der Wirtschaft übernehmen könne. Es ist das große Verdienst der Physiokraten, die Lenkungsfunktion des Preises in ihrer großen Bedeutung erkannt zu haben. „Man erkennt, daß die Unternehmer und die Besitzer der Produktionsmittel durch das Gesetz des Marktes in den Dienst der Verbraucher gestellt werden, und daß in ihrem Tun und Lassen nicht Willkür, sondern notwendige Anpassung an gegebene Verhältnisse waltet. Wo die älteren Schriftsteller nur Willkür und Zufall sehen, sah man nun Notwendigkeit und Einheit und so konnte man an Stelle der Erörterungen von Polizeivorschriften Wissenschaft und System treten lassen[5]."

Auf Grund dieser Erkenntnis sah man die Möglichkeit, in die Tat umzusetzen, was man früher nicht glaubte verwirklichen zu können.

„Warum, so fragte man, sollte ein Jeder die ihm verliehenen Kräfte nicht brauchen dürfen, wo und wie es ihm am besten schien? Warum sollten ihm verrottete Privilegien eine lohnende Wirksamkeit, die sich ihm darbot und die seinen natürlichen Anlagen entsprach, verschließen? Warum sollte er unter Benutzung aller Vortheile, welche eine verbesserte rationelle Gewerbseinrichtung darbot, den Consumenten nicht die Wohlthat erweisen dürfen, ihnen bessere Waaren und zu einem wohlfeileren Preise zu liefern, als die zünftigen Handwerker dies irgend vermochten? Und warum sollte ein Jeder als Consument nicht das Recht haben, die Waaren zu kaufen, wo er sie gut und billig bekommen konnte? Warum verpflichtet sein, des Zunftszwanges wegen seine Bedürfnisse mangelhaft und theuer zu befriedigen und auf Genüsse, die sich ihm darboten, zu verzichten?[6]"

Ob der Preis die Lenkungsfunktion, die man ihm zusprach und auf die man vertraute, tatsächlich besitzt, ist die Kardinalfrage, die in bezug auf die Konkurrenzwirtschaft gestellt ist und zu der wir auf Grund

[5] *Mises:* Kritik des Interventionismus, Jena 1922, S. 22.
[6] *Mangoldt:* Volkswirtschaftslehre, Stuttgart 1868, S. 93.

unseres Themas Stellung nehmen müssen. Von ihrer Beantwortung hängt der Aufgabenbereich der Statistik ab. Die Freiheit auf dem Gebiet der Wirtschaft wäre gesichert, wenn der Preis tatsächlich die Lenkung übernähme[7]. Nur der sich auf dem Markte bildende Preis wäre der Diktator des Unternehmers.

Nun wird damit, daß der Preis fungiert, keineswegs die Wirtschaft übersichtlich. Die Unübersichtlichkeit ist — wenn man sich verschiedentlich auch über die Gründe und das Ausmaß im Unklaren war — eine in Praxis und Theorie ausgemachte Sache für alle Gesellschaftswirtschaften, auch für die Konkurrenzwirtschaft.

Bedenkt man dies, so ermißt man, wie genial die These der Physiokraten war, aber man wird auch zu der Frage angeregt, wie es um diese Lenkungsfunktion bestellt ist.

Bei der Überlegung, unter welchen Umständen die Regelung des Wirtschaftsablaufes durch den Preis in zufriedenstellender Weise erfolgen kann, wird man bald zu dem Ergebnis gelangen, daß der Preis die Befähigung hierzu nur bei nicht allzu stark schwankenden Preisen besitzen kann. Steigende Preise dürfen nicht mit fallenden abwechseln, sondern sie müssen — wenn schon Veränderungen eintreten — eine stete steigende oder fallende Richtung haben.

Wenn man sich fragt, warum man alle mit der Marktwirtschaft verbundenen Rechte freier Betätigung schaffen zu können glaubte, warum jeder — wenn er nicht die gleichen Rechte anderer verletzte — auf dem Gebiet der Wirtschaft tun und lassen dürfen sollte, was er wollte, so deshalb, weil man der Auffassung war, daß trotz der gegebenen Freiheiten bei bestehender Konkurrenz Konstanz in der Wirtschaft bestehe, wohl nicht absolute, aber zum mindesten solche in der Veränderung. Kann sich der Unternehmer darauf verlassen, daß die Kosten- und Ertragspreise keinen großen Schwankungen unterliegen, dann kommt es im großen und ganzen zu keinen Fehlinvestitionen und wirtschaftliche Zusammenbrüche gehören zur Seltenheit. Die Wirtschaft nimmt einen geregelten, nicht durch Krisen gestörten Verlauf.

Die entscheidende Frage läuft also auf das Vorliegen dieser Konstanz hinaus. Gegebenenfalls kann der Preis der Lenker der Wirtschaft sein;

---

[7] Aber der Vorteil müßte noch viel höher veranschlagt werden, als man zunächst vermutet. Mit der Freiheit auf dem Gebiet der Wirtschaft hängen nämlich alle anderen Freiheiten zusammen. Wie sollen die Glaubens-, Meinungs-, Presse-, Redefreiheit usw. Bestand haben, wenn keine wirtschaftliche Unabhängigkeit besteht. Die Freiheit ist entweder auf allen Gebieten gegeben oder sie fehlt ganz. Wenn der Preis die Lenkung der Wirtschaft übernehmen könnte, wäre damit die Freiheit gerettet. Um so bedeutsamer wird die Frage, ob wirtschaftliche Freiheit möglich ist, ob dieser wichtige Baustein, der bei der Errichtung der Freiheit nicht fehlen darf, auch wirklich vorhanden ist.

wir brauchen keine staatliche Lenkung der Wirtschaft und die Statistiken, die der Wirtschaftspolitiker benötigte, wären entbehrlich.

Um keine falsche Meinung aufkommen zu lassen, sei hier vorsorglich bemerkt, daß bei bestehender Konstanz in der Konkurrenzwirtschaft Statistik nicht vollends überflüssig wird. Dies wäre nur möglich, wenn überall, wo auch immer gewirtschaftet wird, der Preis gelte. Wo das nicht der Fall ist und Unübersichtlichkeit gegeben ist, kann natürlich Statistik nicht entbehrt werden. Wir werden auf diese Gebiete der Wirtschaft, in denen der Preis keine Rolle spielt und Statistik daher auf jeden Fall stattfinden muß, noch zu sprechen kommen.

Hier geht es vorerst darum, ob die sogenannte Volkswirtschaftsstatistik, also die Statistik, die makroökonomische Feststellungen trifft und den Wirtschaftspolitiker über die wirtschaftlichen Gesamtzusammenhänge unterrichten soll, in der Konkurrenzwirtschaft erforderlich ist.

Zur Begründung der Konstanz in der Konkurrenzwirtschaft wird seit jeher zunächst auf die Geltung des Konkurrenzpreises hingewiesen, der die Konstanz wegen seiner Eigenschaft als Kostenpreis verbürge und von dem der Unternehmer einfach nicht abweichen könne; denn verlangte der Unternehmer mehr als den Kostenpreis, dann würde bald niemand von ihm kaufen, ginge er unter den Kostenpreis herunter, dann wäre seine Existenz gefährdet.

Sodann wird wegen der Mitwirkung „unbekannter Antecedentien" auf die Geltung des Gesetzes der großen Zahl hingewiesen und zwar wird angeführt, daß dieses Gesetz in bezug auf den handelnden Menschen überhaupt, also nicht nur im Hinblick auf die wirtschaftliche Tätigkeit des Menschen walte. Es besteht Konstanz, obwohl sich „beim menschlichen Geschehen und menschlichen Wirken der ‚freie Wille', die zweckbewußte Entschließung des einzelnen dazwischenschiebt (und) dieser Willensentschluß etwas ganz Unberechenbares, Unrationales ist[8]."

Die Konstanz in den „scheinbar willkürlichen Handlungen der Menschen" hat die Statistik immer und immer wieder auf den verschiedensten Gebieten festgestellt. Wann der einzelne heiratet, ist unbestimmt; er ist vielleicht überhaupt ein unverbesserlicher Junggeselle. In der Masse der Fälle sind die Heiraten gleicher Altersstufen Jahr für Jahr jedoch verhältnismäßig konstant. Selbst dort herrscht Konstanz, wo man — wenn es die Statistik nicht zeigte — Beständigkeit nicht annehmen zu können glaubte, so etwa Konstanz in bezug auf den Prozentsatz von Heiraten bei großen Altersunterschieden der Eheschließenden (70- und 17jährigen), Konstanz hinsichtlich der Zahl

---

[8] *Eulenburg:* Naturgesetze und soziale Gesetze, in Archiv für Sozialwissenschaft und Sozialpolitik, Tübingen 1911, S. 695.

der ohne Anschrift bei den Postämtern eingelieferten Briefe, in der Begehung von Straftaten usw.

Aber auch auf dem Gebiet der Wirtschaft hält man die Konstanz, wie gesagt, für möglich.

„Unser ganzes persönliches Wirken in allen seinen Sphären ist auf eine nähere oder fernere Zukunft gerichtet. Diese Voraussicht ist aber nur dann möglich, wenn ein ähnliches oder gleichmäßiges Vorkommen des bisherigen Geschehens als wahrscheinlich auch für jene Zukunft zu erwarten steht. Die Bedingung für die Möglichkeit einer solchen Voraussicht ist damit zugleich die Bedingung für die Möglichkeit sozialen Wirkens überhaupt, ist also in dem Bestehen eines gleichmäßigen Ablaufes gegeben.... Das ganze kaufmännische und gewerbliche Leben jeder Art hat ... das Bestehen gesetzmäßiger Zusammenhänge auf dem kulturellen und geistigen, sozialen und wirtschaftlichen Gebiet zur Voraussetzung, so bez. der Preisbildung oder der Nachfragekurve, der Produktivität oder der Gestaltung des Arbeitsmarktes. Schon das Schaffen des Handwerks „auf Vorrat“ war auf dieser Annahme gegründet.... Das ganze soziale Geschehen in allen seinen Betätigungen, wie es in Wirtschaft und Recht, Staatsfinanzen und Schulwesen, in Weltverkehr und Berufsleben, in künstlerischem Sich-Ausleben und Politik sich darstellt, ist möglich, w e i l soziale Gesetze und Regelmäßigkeiten vorhanden sind.... Der Bau eines Krankenhauses, die Berufsvorbereitung auf die Juristenlaufbahn, die Ausgabe von Aktien, die Vorlesung eines Universitätsprofessors, die Etablierung eines Kaufmanns wie das Konzert eines Künstlers wären die aussichtslosesten Unternehmungen, würden gar keinen Erfolg haben können, wenn nicht auch die Gesellschaft als ein Kosmos mit seiner eigentümlichen Ordnung und eigentümlichen Gesetzmäßigkeit sich darstellte[9].“

Und schließlich zur gleichen Frage noch eine heutige Stimme: „Der Mensch bleibt als Untersuchungsobjekt stets in einem gewissen Umfange unberechenbar. Man kann daher im Einzelfall ein bestimmtes Verhalten zwar als wahrscheinlich, aber man kann es nicht als sicher bezeichnen. Das Gesetz der großen Zahl besagt, daß der Wahrscheinlichkeitsgrad mit der Zahl der beteiligten Objekte wächst.... Ist die Zahl der Marktbeteiligten groß, so wird die Wahrscheinlichkeit praktisch zur Gewißheit[10].“

Was letzten Endes in bezug auf die Konkurrenzwirtschaft von den Klassikern behauptet wurde und, wie wir sehen, bis zum heutigen Tag behauptet wird, läßt sich vielleicht am besten durch einen Blick auf

---

[9] Franz *Eulenburg:* Naturgesetze und soziale Gesetze, in Archiv für Sozialwissenschaft und Sozialpolitik, Tübingen 1911, S. 697, 98, 99.

[10] *Miksch:* Zur Theorie des Gleichgewichts, in Jahrbuch für Ordnung von Wirtschaft und Gesellschaft, Opladen 1948, S. 184.

die Glücksspiele verdeutlichen. Alle Käufe, die in der Wirtschaft getätigt werden, stellen sich wie Ziehungen aus einer Urne mit gleichem Mischungsverhältnis dar. Nur zufallsbedingte Schwankungen, die sich in den von der Wahrscheinlichkeitsrechnung angegebenen Grenzen halten, treten auf.

„Der Schluß, daß ... Durchschnittszahlen, die bis jetzt eine faktische Regelmäßigkeit zeigten, auch in Zukunft sich wiederholen und weiter betätigen werden, ist nur unter einer stillschweigenden Voraussetzung berechtigt, nämlich der, daß die Verhältnisse sich nicht ändern, deren Folge die bisherige Regelmäßigkeit war, und die Gesamtheit der Bedingungen, aus denen die einzelnen Fälle mit ihren Variationen hervorgingen, in irgendeiner Weise sich gleich bleiben[11]."

An das Bestehen dieser Voraussetzung glaubten die Klassiker und die Zeit danach noch lange, ohne daß irgendwelche Bedenken aufkamen. Man brauche nur, so hatten die Klassiker gesagt, das Konkurrenzprinzip zu verwirklichen und darauf zu achten, daß niemand die gleichen Rechte der anderen verletze; damit sei für den harmonischen Ablauf der Wirtschaft gesorgt. Selbst ein Geldwesen, auf dem Konkurrenz bestehe, werde sich automatisch einstellen.

Mit diesen Betrachtungen haben wir die im großen und ganzen bisher immer zu der Frage einer Konstanz der wirtschaftlichen Verhältnisse gebrachten Argumente behandelt. Sie sind keineswegs unzutreffend und es ist auch durchaus richtig, daß man sie bringt. Es bleiben aber noch Fragen offen. Will man erschöpfend sein und alle Fragen behandeln, so muß man alle sozialen und objektiven Bedingungen in Betracht ziehen, mit anderen Worten, man muß alle auf den Wirtschaftsablauf Einfluß nehmenden „gesamtwirtschaftlichen Daten" auf ihre Konstanz hin prüfen.

Eine Präzisierung der „gesamtwirtschaftlichen Daten" ist in letzter Zeit von Eucken vorgenommen worden. Mit ihnen sind die Größen genannt, an deren Betrachtung wir anknüpfen müssen. Allein durch ihre Behandlung können wir zu einer Klärung gelangen, ob es mit der Konkurrenzwirtschaft ein Wirtschaftssystem ohne das Erfordernis volkswirtschaftlicher Statistik gibt.

„Die gesamtwirtschaftlichen Daten bilden die Grenze des ökonomischen Kosmos. Sie sind diejenigen Größen, bis zu denen die ökonomische Theorie bei der Lösung ihrer Aufgabe, der Erklärung der wirtschaftlichen Wirklichkeit vorzudringen hat. Die theoretisch-nationalökonomische Forschung muß mit einer Datengrenze arbeiten, wenn sie überhaupt Erfolg haben will[12] [13]."

---

[11] *Sigwart,* Logik, 2. Bd. Die Methodenlehre, S. 704 Tübingen 1911.

[12] *Eucken:* Grundsätze der Wirtschaftspolitik, Bern, Tübingen 1952, S. 377 f.

Bei der Besprechung der gesamtwirtschaftlichen Daten werden wir folgende „Gruppen“ unterscheiden: Die Einzelbedürfnisse, kollektiven Bedürfnisse, Natur, Arbeit, produzierten Produktionsmittel, Technik, Geldordnung, Ersparnisse.

B. Die Frage nach der Notwendigkeit volkswirtschaftlicher Statistik. Die gesamtwirtschaftlichen Daten und ihre Konstanz

a) Die Einzelbedürfnisse

In bezug auf die Bedürfnisse herrschte lange Zeit unbestritten die Meinung vor, daß ihre Konstanz — wenn auch nicht im Einzelfall — so doch in der Gesamtheit gegeben sei.

Die im Einzelfall fehlende Konstanz wird auch heute nicht angezweifelt. Seit der Zeit des Methodenstreites hält man jedoch die Wandelbarkeit der Bedürfnisse in der Gesamtheit verschiedentlich für möglich.

Insbesondere die historische Schule, aber auch Vertreter des modernen Sozialismus, wie etwa Sombart, sind der Ansicht, daß zu manchen Zeiten, z. B. im Mittelalter, das „Bedarfsdeckungsprinzip“, zu anderen Zeiten wieder das „Erwerbsprinzip“ das wirtschaftliche Handeln der Menschen bestimme. Der Mensch besitze also, so glaubte man, in bezug auf das Ausmaß seiner Bedürfnisse in den verschiedenen

[13] Mit den gesamtwirtschaftlichen Daten werden die auf den Wirtschaftsablauf einwirkenden Faktoren gebracht, deren Wirken wir uns einmal dadurch, daß wir beispielsweise das Datum „Natur“ sich ändern lassen, kurz veranschaulichen wollen, wobei wir von den heutigen komplizierten Verhältnissen absehen und ganz einfache Zustände unterstellen.

Angenommen, es gäbe überhaupt nur 4 Produzenten, je zwei, die Fleisch, und je zwei, die Getreide produzieren. Allein die Arbeit soll Kostengut sein. Offenbar würde sich das Austauschverhältnis der beiden Güter ändern, wenn z. B. die Getreideproduktion billiger würde und unsere Getreideproduzenten — weil ihnen fortan ein besserer Boden zur Verfügung steht, sich also das Datum Natur geändert hat — jetzt nicht mehr im Durchschnitt pro Tag nur zwei, sondern vier Ztr. Getreide ernteten. Sollten die Getreideproduzenten nicht bereit sein, unter diesen Umständen für die gleiche Fleischmenge mehr Getreide zu bieten, dann würden die Fleischproduzenten doch sicher selbst zur Getreideproduktion, die jetzt nicht mehr so viel Zeit des Tages beansprucht wie früher, übergehen. Aber wahrscheinlich hätten sie das gar nicht nötig; denn die Getreideproduzenten, die beide ihre Ware absetzen wollen, würden sich gegenseitig überbieten, was eine Preiserhöhung des Fleisches — gemessen in Getreide — bedeutete.

Es ist übrigens durchaus möglich, daß die Fleischproduzenten an Stelle von mehr Getreide ein ganz anderes Gut begehren, d. h., es könnte bei Veränderung des Datums Natur ein ganz anderes Gut einen Preis erlangen.

So erkennen wir bereits an Hand dieses einfachen Falles die sogenannte „Interdependenz der Preise“. Es treten womöglich ganz andere Güter auf den Plan, die früher gar nicht produziert wurden und daher keinen Preis hatten.

Zeiten eine prinzipiell unterschiedliche Einstellung. „Unterschiedlichkeiten ergeben sich . . . durch die verschiedene Zwecksetzung der Wirtschaftssubjekte. Dabei können wir zwei wesentlich verschiedene Arten der Zwecksetzung vor allem unterscheiden. Die Menschen streben nämlich entweder nach der Beschaffung eines nach Umfang und Art festumschriebenen Vorrates von Verbrauchsgütern, d. h., sie suchen ihren naturalen Bedarf zu decken; oder sie streben Gewinn, d. h.: sie suchen eine möglichst große Geldmenge durch ihre wirtschaftliche Tätigkeit zu erwerben. Im ersten Falle, sagen wir, stehen ihre wirtschaftlichen Handlungen im Banne des Bedarfsdeckungsprinzips, im anderen Falle im Banne des Erwerbsprinzips[14]."

Wäre diese Ansicht zutreffend, dann müßte die Theorie beiden Prinzipien Rechnung tragen, d. h. sie müßte einmal nach den Gesetzen des Wirtschaftsablaufes bei Geltung des Bedarfsdeckungsprinzips und zum andern des Erwerbsprinzips fragen. In Wirklichkeit hat jedoch eine solche Divergenz in den Zielsetzungen der Menschen in keiner Zeitepoche bestanden, d. h., was besonders uns Statistiker interessiert, eine Veränderlichkeit in dem Ausmaß der zu befriedigenden Bedürfnisse ist in der Gesamtheit nicht zu erwarten[15].

Wenn die wirtschaftlichen und politischen Verhältnisse nur eine begrenzte Güterversorgung zulassen, findet sich der Mensch damit ab und es hat — obwohl seine unbegrenzte Begehrlichkeit unter der Decke immer fortglimmt — den Anschein, als ob er nicht mehr wünschte und mit dem Gegebenen zufrieden sei. Sobald sich jedoch die Möglichkeiten dazu bieten, strebt er sofort eine bessere Güterversorgung an. Die Meinung, daß der Mensch zeitweilig gar nicht mehr besitzen wolle, als er hat, steht auch im Widerspruch zu den in der Philosophie vertretenen Ansichten[16]. Es plagt den Menschen entweder die Not oder die Langeweile; sie beide sind die Geißel, die ihn dazu treibt, immer mehr zu begehren, immer neuen Bedürfnissen nachzujagen. In seinem Wollen besteht wegen der Unveränderlichkeit des Charakters stets die gleiche Richtung, mag sich die Form, in der sich seine Wünsche ausdrücken, auch verschiedentlich ändern. Das Wollen des Menschen weist — sei es im Einzelfall auch noch so wenig erkennbar — Beharrung auf und so ist es erklärlich, daß die Wirkungen seines Wollens in der Masse der Fälle Regelmäßigkeiten zeigen. „Der Charakter des Menschen ist k o n s t a n t: er bleibt derselbe, das ganze Leben hindurch. Unter der veränderlichen Hülle seiner Jahre, seiner Verhältnisse, selbst seiner Kenntnisse und Ansichten, steckt, wie ein Krebs in seiner

---

[14] *Sombart* zitiert nach *Eucken* „Grundlagen der Nationalökonomie", S. 320/321.

[15] Vgl. hierzu besonders *Eucken;* ebenda, S. 320 ff.

[16] Vgl. hierzu insbesondere: *Schopenhauer:* Aphorismen zur Lebensweisheit, Leipzig 1938, 1. Bd. S. 349 ff.

Schale, der identische und eigentliche Mensch, ganz unveränderlich und immer derselbe. Bloß in der Richtung und dem Stoff erfährt sein Charakter die scheinbaren Modifikationen, welche Folge der Verschiedenheit der Lebensalter und ihrer Bedürfnisse sind. Der Mensch ändert sich nie[17]."

Man kann also davon ausgehen, daß von seiten der privaten Bedürfnisse eine Gefährdung der Konstanz nicht eintritt. In dieser Hinsicht lassen wir uns auch nicht beirren, obwohl bei Betrachtung einer Einzelperson allerdings in bezug auf die Bedürfnisse ein dauernder Wechsel festzustellen ist. Diese in vieler Beziehung festzustellende Veränderung in den Bedürfnissen der einzelnen Menschen ist schon durch das Älterwerden bedingt, sodann ist der einzelne, der die Bedeutung der einzelnen Güter meistens nicht selbst ermessen kann, der wechselnden Beeinflussung durch andere ausgesetzt. All das verursacht einen mehr oder minder großen Wechsel in dem Bedarf von Gütern bei den Einzelpersonen.

Nun stellt der Produzent seine Produktion jedoch nicht auf einzelne, sondern auf viele ab, was, wie wir gesehen haben, letzten Endes auf der Arbeitsteilung beruht. Bei der Masse der Nachfrager ist aber die im Einzelfall gegebene Wandelbarkeit nicht zu beobachten. Dort, wo jemand als Nachfrager ausscheidet, tritt nämlich in aller Regel ein anderer an seine Stelle. Der einzelne weiß heute nicht, ob und wohin er im nächsten Jahr reisen wird, dennoch kann die Eisenbahn mit einer verhältnismäßig gleichen Anzahl von Reisenden rechnen. Es reist nicht etwa in diesem Jahr überhaupt keiner und im anderen Jahr reisen nicht wieder so viele, daß der Reiseverkehr von der Bahn nicht zu bewältigen ist. Was für den einzelnen denkbar ist, nämlich, daß er in einem Jahr überhaupt nicht reist, trifft für die Masse nicht zu.

Für den einzelnen mag es zweifelhaft sein, in welchem Maße er Kuchen, Schokolade, Fleisch usw. in der nächsten Woche kaufen wird. Die Bäcker, Fleischer und Schokoladenverkäufer können aber, weil sie nicht nur mit wenigen Kunden, sondern mit vielen rechnen, einen gleichbleibenden Absatz erwarten; nur zufallsbedingte Schwankungen, die sich im Rahmen der von der Wahrscheinlichkeitsrechnung gezogenen Grenzen halten, werden eintreten. Die an jedem Tag getätigten Käufe stellen Teilmassenerhebungen aus ein- und derselben Gesamtmasse dar und weisen lediglich zufallsbedingte Schwankungen auf, und zwar sind diese Schwankungen solange nicht „wesensbedingt", als die anderen wirtschaftlichen Daten sich nicht ändern. Daß wir nicht den materiellen Nutzen in seinem genauen Ausmaß und erst recht nicht

---

[17] *Schopenhauer:* Preisschrift über die Freiheit des Willens, Leipzig 1938, 1. Bd. S. 50.

den seelischen und geistigen Nutzen, welchen die Güter stiften, im Einzelfall zu erkennen vermögen, tut nichts zur Sache.

Ändern sich die anderen Daten nicht, dann ist in bezug auf die Bedürfnisse, deren Größe wir im Einzelfall wegen der Mitwirkung unbekannter Antecedentien nicht erkennen können, in der Masse der Fälle eine Konstanz zu beobachten, die nur zufallsbedingte Schwankungen aufweist.

b) Die kollektiven Bedürfnisse

In der Konkurrenzwirtschaft sind wie in jeder Gesellschaftswirtschaft nicht nur private, sondern auch öffentliche Bedürfnisse gegeben. Staatliche Sicherheit ist z. B. ein öffentliches, nicht dem Marktverkehr zugängliches Gut.

Auch aus kulturellen, sozialen oder aus Zweckmäßigkeitsgründen werden manche Güter, die an sich Gegenstand des Marktverkehrs sein könnten, diesem entzogen und zu öffentlichen Gütern.

Staatliche Tätigkeit kann in der Konkurrenzwirtschaft ebensowenig wie in den anderen Wirtschaftsordnungen entbehrt werden. Die Mittel für die Erstellung derartiger Güter erhält der Staat durch Kaufkraftübertragung von seiten seiner Bürger, d. h. durch Steuern.

Soweit diese Abgaben für die Besoldung von Beamten, Angestellten und Arbeitern des öffentlichen Dienstes benutzt werden, ändert sich an der „Form“ des Konsums nichts. Benutzt der Staat die Steuergelder zum Bau von Kasernen, Schulen, Krankenhäusern usw., so stellen diese Ausgaben „kollektiven Verbrauch“ dar[18].

So unterschiedlich auch diese beiden Verwendungsarten der Steuern zu beurteilen sind, ohne Einfluß ist der Kaufkraftentzug in keinem Fall; denn selbst dort, wo die Form des Konsums erhalten bleibt, wird eine Änderung der nachgefragten Güter eintreten; denn der Steuerzahler hätte, sofern er nicht zur Steuer herangezogen worden wäre, mit diesen Geldern andere Güter nachgefragt, als sie der aus diesen Steuermitteln besoldete Beamte kauft.

Die staatliche Tätigkeit stellt in jedem Falle ein von der Wirtschaft zu beachtendes Datum dar; seine Bedeutung hängt von dem Grad staatlicher Tätigkeit ab, die — wenn die Konkurrenzwirtschaft nicht in ihrem Kern getroffen werden soll — von geringem Ausmaß sein muß und außerdem — wenn die Konstanz der wirtschaftlichen Verhältnisse nicht gefährdet werden soll — keinen starken Schwankungen unterliegen darf. Wenn fast die Hälfte aller Ausgaben der Privatwirtschaft öffentliche Abgaben sind, dann ist die Steuer der hauptsächlichste Kostenfaktor der Wirtschaft, d. h. die Produktion wird maßgeblich durch sie

[18] Vgl. *Miksch:* Wettbewerb als Aufgabe, Godesberg 1947, S. 188.

bestimmt; der Staat besitzt dann auf vielen Gebieten der Wirtschaft eine monopolistische Stellung[19] und die Konstanz ist gefährdet.

Ebenso wie die Daten private und öffentliche Bedürfnisse[20], müssen auch die wirtschaftlichen Daten „Natur“ und „Arbeit“ Konstanz aufweisen.

c) Die Natur

Wir sehen das Datum „Natur“ sich manchmal ändern. So im Falle von Überschwemmungen, bei großer Dürre, übermäßigem Regen, wodurch Ausfälle in den Ernteerträgen verursacht werden. Eine solche Änderung des Datums „Natur“ tritt aber meistens für die Gesamtheit der Bevölkerung nicht spürbar in Erscheinung, weil entweder das Gebiet, wo diese Veränderung eintritt, verhältnismäßig klein im Vergleich zum Gesamtgebiet ist oder weil ein etwaiger Ausfall durch eine bessere Ernte in anderen Gebieten des Landes wieder ausgeglichen wird. Allgemeine Mißernten sind verhältnismäßig selten. Treten sie ein oder sind dauernde und ins Gewicht fallende Änderungen des Datums „Natur“ gegeben, dann ist allerdings eine Rückwirkung auf das Preisgefüge unvermeidlich.

Für die Dauer ist jedoch mit einer Änderung des Datums Natur nicht zu rechnen.

d) Die Arbeit

Desgleichen darf sich auch das Datum „Arbeit“ nicht sprunghaft ändern. Die Geburtenzahlen des letzten Jahrhunderts haben uns wohl große Veränderungen in der Bevölkerungszahl und damit im Arbeitspotential gebracht, diese Veränderungen gingen aber gleichmäßig vonstatten.

Bevölkerungsverschiebungen, wie sie in den letzten Jahren eintraten, müssen allerdings die Konstanz des Datums „Arbeit“ weitgehend beeinflussen.

e) Die produzierten Produktionsmittel

Die produzierten Produktionsmittel sind gerade in letzter Zeit wegen der Bombardierungen und Demontagen nicht von Bestand gewesen. Solche Veränderungen, sowie Naturkatastrophen, die auch dieses Datum beeinflussen, sind aber nicht die Regel.

---

[19] Die Frage, ob mit einer Zunahme staatlicher Tätigkeit in der Zukunft zu rechnen ist, wird meistens bejaht. „Die Errichtung und Unterhaltung von Schulen, Krankenhäusern und öffentlichen Anstalten aller Art, die Pflege der öffentlichen Verkehrswege, die Ausstattung der Wehrmacht und zahlreiche andere staatliche Aufgaben sind mit einem steigenden Sachaufwand verbunden. Und es ist wahrscheinlich, daß sich diese Entwicklung noch fortsetzen wird.“ (*Miksch:* Wettbewerb als Aufgabe, Godesberg 1947, S. 188.)

Adolph *Wagner* sprach bekanntlich sogar von einem Gesetz der Zunahme staatlicher Tätigkeit.

[20] Auf das spezielle Bedürfnis „Vorsorge für die Zukunft“, d. h. auf das Sparbedürfnis, gehen wir an späterer Stelle noch ein.

f) Die Technik

Zeigten die bisher behandelten Daten, wenn man von den Bedürfnissen absieht, in der Frage ihrer Veränderung noch wenig Problematik, so trifft dies für das Datum „Technik" nicht zu.

Senken sich die Kosten auf Grund technischer Erfindungen, dann muß die alte Produktionsweise unrentabel werden. Die großen technischen Umwälzungen des vorigen Jahrhunderts, z. B. die Erfindung des mechanischen Webstuhls, der Dampfmaschine usw., haben die oben genannten Wirkungen in vielen Wirtschaftszweigen ausgelöst. So muß eine auf Konstanz in den Preisen, zum mindesten aber auf eine Konstanz in den Preisentwicklungen angewiesene Wirtschaft in Gefahr geraten, funktionsunfähig zu werden; denn auf Grund der Preisunterbietungen ist der Unternehmer, der nach den alten Produktionsmethoden arbeitet, nicht dazu in der Lage, erhaltene Kredite zurückzuzahlen, und er wird in bezug auf das eigene Kapital große Verluste erleiden.

Stellen große technische Umwälzungen einen Dauerzustand dar, so könnte man vielleicht meinen, daß dies die Privatinitiative, welche das Fundament der Konkurrenzwirtschaft ist, lähmen müsse.

Dennoch haben wir es im vorigen Jahrhundert erlebt, daß der Preis trotz der vielen technischen Umwälzungen ein geeigneter Lenker der Wirtschaft war.

Dies ist unseres Erachtens darauf zurückzuführen, daß neue Erfindungen in aller Regel nur mit Hilfe zusätzlicher Kapitalien durchzusetzen waren, d. h. es verstrich, bis diese neuen Produktionsmethoden zur Anwendung kommen konnten, eine gewisse Zeit, in der — wenn auch nicht in vollem Umfang — so doch in gewissem Maße eine Abschreibung der alten Produktionseinrichtung erfolgen konnte. Die Preissenkungen, die auf Grund neuer technischer Erfindungen eintraten, erfolgten also nur allmählich.

Neue technische Erfindungen haben das Funktionieren der Konkurrenzwirtschaft nicht in Frage gestellt und dürften es auch in Zukunft nicht tun, allerdings nur dann nicht, wenn ihre Durchführung die Bereitstellung neuer größerer Kapitalien erfordert[21].

g) Die Geldordnung

Wenn wir durch einen geschichtlichen Rückblick die Frage zu klären versuchen, welche Geldordnung dem Konkurrenzsystem angemessen sei und Konstanz gewährleiste, werden wir feststellen müssen, daß die

---

[21] An dieser Stelle ziehen wir noch nicht die mit der Erfindung neuer Techniken möglicherweise verbundene Betriebsvergrößerung und die damit von dieser Seite der Konkurrenzwirtschaft drohende Gefahr ihrer Beseitigung in Betracht.

Vergangenheit — so sonderbar es klingen mag — hierzu verhältnismäßig wenig beigetragen hat.

Nach Ansicht der Klassiker war das Geld ein wirtschaftliches Gut wie jedes andere. Mit der Einführung des Konkurrenzsystems werde automatisch auch eine der Konkurrenzwirtschaft angemessene Geldordnung entstehen. Wie alle anderen Güter würde auch das Geld in Konkurrenz geschaffen werden.

Erst in der ersten Hälfte des vorigen Jahrhunderts entstand die Diskussion um die richtige Geldordnung, und zwar warfen die Currencytheoretiker die Frage auf, ob denn überhaupt Konkurrenz, die an sich gut und richtig sei, auch auf dem Gebiet des Geldwesens verwirklicht werden solle. Es müsse doch in bezug auf das Geld für eine Beschränkung der Umlaufsmenge Sorge getragen werden, anders wie in der sonstigen Gütersphäre, wo es um so günstiger sei, je mehr Güter produziert würden.

Das Ergebnis des Streites zwischen den Currency- und Bankingtheoretikern war dann, daß durch die Robert-Peels-Akte von 1844 in England und später auch auf dem Festlande den Privatbanken das Recht der Notenausgabe genommen wurde.

Nach Beilegung dieses Streites hörte die Diskussion um das Problem der Geldordnung auf. Die Geldschöpfung war jedoch nicht im entferntesten unterbunden. Fragt man sich, wie es kommen konnte, daß das Problem der Geldordnung nicht nur von den Klassikern, sondern auch später noch so wenig diskutiert worden ist, so wird man als Grund hierfür die damals herrschende und uns heute seltsam anmutende Theorie angeben müssen, daß weder durch Geldvermehrung noch -verminderung eine störende Wirkung auf den Wirtschaftsablauf ausgeübt werden könne. Die Ansicht, daß das Geld indifferent in bezug auf das wirtschaftliche Geschehen sei, galt lange unbestritten. Als ganz selbstverständlich stellte 1868 beispielsweise Mangoldt noch folgendes fest: „Wäre z. B. der Werth des Geldes in Folge einer massenhaften Vermehrung desselben auf die Hälfte gesunken, so würde jeder Unternehmer seine Produkte doppelt so theuer verkaufen als früher; ebenso würde er aber auch seine Rohstoffe, seine Arbeiter etc., doppelt so hoch bezahlen müssen. Er bedürfte also an Kapital die doppelte Geldsumme. Diese würde er wegen der größeren Geldmenge ebenso leicht aufbringen, als früher die einfache Summe; dagegen würde er auch seinen Gläubigern die nämlichen Vortheile wie früher zugestehen müssen, und diese würden sich jetzt ebenfalls erst in dem doppelten Geldbetrage, wie zuvor, ausdrücken. Er hätte mithin für das doppelte Geld den doppelten Betrag zu zahlen; die Zinshöhe wäre nach wie vor die nämliche[22].“

[22] *Mangoldt:* Volkswirtschaftslehre, Stuttgart 1868, S. 436.

Treffend bezeichnet man heute diese Theorie als „Indifferenztheorie des Geldes“[23]. Es ist nicht weiter verwunderlich, daß bei Geltung dieser Theorie dem Geldproblem wenig Beachtung geschenkt wurde und es daher in starkem Maße zur Geldschöpfung kommen konnte. Man sah nicht, daß man im Hinblick auf einen ungestörten Ablauf der Wirtschaft Einhalt gebieten mußte.

Die Zentralbanken waren auf Grund ihrer Notenausgabe zur Geldschöpfung befähigt, aber auch für die Kreditbanken bot sich die Möglichkeit hierzu[24].

Diese in der Vergangenheit stattgefundenen Geldschöpfungen haben uns Gelegenheit gegeben, die sogenannte Indifferenztheorie auf ihre Richtigkeit zu prüfen und Anschauungsmaterial geliefert, das uns vom Gegenteil der „Indifferenz“ überzeugen mußte.

So selbstverständlich es seinerzeit erschien, daß das Geld indifferent sei, so selbstverständlich ist es heute, daß Geldschöpfung den Wirtschaftsablauf stärkstens beeinflußt. Die Erfahrungen sprechen eine zu deutliche Sprache. Bei einer Geldvermehrung kommt das zusätzliche Geld nicht gleichzeitig allen zugute, sondern zunächst nur einem Teil von Wirtschaftern. Nur allmählich dringt es weiter in der Wirtschaft vor. Aber nicht einmal im Laufe der Zeit verteilt es sich gleichmäßig unter alle Teilnehmer am Wirtschaftsprozeß.

Damit ist folgendes festgestellt: Wenn keine Regulierung der Geldmenge erfolgt, können einseitig wirkende, den Wirtschaftsablauf beeinflussende Faktoren eintreten, die das wirtschaftliche Gleichgewicht stören.

Wie müßte nun das Geldwesen in der Konkurrenzwirtschaft geordnet werden, damit von dieser Seite die allgemeinen, wesentlichen, konstanten Ursachen — oder wie man sich noch ausdrücken mag — nicht beeinflußt werden? Man darf sich nicht passiv verhalten, wie die Klassiker rieten, und annehmen, daß sich alles bestens von allein regele.

---

[23] So Valentin *Wagner:* Geschichte der Kredittheorien, Wien 1937.

[24] Ein Beispiel möge diese auch für die Kreditbanken bestehende Geldschöpfungsmöglichkeit erläutern: Verschiedentlich hat ein Wirtschaftszweig gerade zu einer Zeit Geldbedarf, in der einem anderen Gelder zufließen. Der Getreidegroßhandel setzt z. B. nach den Einkäufen im Herbst und Winter im Frühjahr und Sommer seine Vorräte allmählich ab und bekommt dann die verausgabten Gelder wieder herein. In dieser Zeit braucht die Landwirtschaft zum Kauf von Düngemitteln usw. Kredit. Zahlt nun der Getreidegroßhandel die ihm im Frühjahr und Sommer zufließenden Gelder nicht bei den Banken ein, sondern behält sie in seinen Kassen, dann können diese nicht an die Landwirtschaft auf dem Wege über die Banken ausgeliehen werden. Anders, wenn der Getreidegroßhandel zur Kassenhaltung bei den Banken übergeht. Das Geld, das solange — also vor Einzahlung bei den Banken — in den Kassen des Großhandels brachlag, versieht in der Zwischenzeit Geldfunktion. Es sind zwar nicht neue Geldscheine geschaffen worden, aber die Umlaufsgeschwindigkeit des Geldes ist größer geworden. Sie hat die gleiche Wirkung wie eine Vermehrung des Geldes. (Vgl. hierzu Valentin *Wagner*, Wien 1937, S. 106 ff.)

Dem Gelde kommt in der Wirtschaft vornehmlich in zwei Beziehungen Bedeutung zu; es bietet uns den Nutzen des indirekten Austausches von Gütern jeder Art und ermöglicht auf diese Weise eine in weit stärkerem Maße mögliche Arbeitsteilung. Von diesen Gütern, die durch das Geld erstanden werden können und mittelbar oder unmittelbar Genüsse schaffen, empfängt es seinen Wert. Je weniger wir kaufen können, um so weniger besitzt es für uns an Wert[25] und umgekehrt.

Aus dieser zweiten Funktion des Geldes erklärt sich das Verhalten der Menschen dem Gelde gegenüber.

Sinkt der Nutzen des Geldgutes auf Grund von Geldschöpfung, dann wird sich der vom Erwerbsstreben geleitete Wirtschafter von ihm zu trennen und dafür andere nicht im Werte fallende Güter einzuhandeln versuchen. Es wird eine „Flucht in die Sachwerte" einsetzen und somit die Wirksamkeit des Gesetzes der großen Zahl beseitigt. Es ist nun nicht mehr so, daß auf der einen Seite genau so viele zu Geldbesitz streben wie auf der anderen Seite sich von ihm zu trennen bemühen, sondern die Tendenz „Fort vom Gelde" herrscht vor. K. F. Meier hat also ganz recht, wenn er feststellt, daß „die Erfindung, Geld fast kostenlos zu produzieren, ein Loch in das Gleichgewichtssystem"[26] reißt.

Ebenso muß es zur Störung des wirtschaftlichen Gleichgewichts bei steigendem Geldnutzen kommen. Es setzt dann eine „Flucht ins Geld" ein. Jeder will des steigenden Geldnutzens teilhaftig werden.

Insbesondere Wertminderungen des Geldes, weniger Wertsteigerungen haben uns in der Vergangenheit Gelegenheit zum Studium der bei Wertänderungen eintretenden Wirkungen gegeben.

Das Geld läuft zunächst Gefahr, die Funktion des Wertmessers einzubüßen. Wie sollte beispielsweise in den Inflationsjahren nach dem ersten Weltkrieg die Mark noch als Wertmesser fungieren. Der Dollar übernahm damals diese Aufgabe.

Sodann verliert möglicherweise das Geld auch die Tauschmittelfunktion.

Wie nicht näher ausgeführt zu werden braucht, büßt das Geld auch die Funktionen des Wertaufbewahrungs- und Kreditmittels ein. Wer sollte, wenn der Wert des Geldes sinkt, noch in Geld thesaurieren oder Kredit geben wollen. Es würde doch nur ein geringerer Wert zurückgezahlt werden[27].

---

[25] Sollte das Geldgut „Eigenwert" besitzen, etwa durch Gold oder Silber repräsentiert werden, dann kann sein Wert natürlich nicht unter seinen Gebrauchswert sinken.

[26] K. F. *Meier:* Gleichgewichtsgedanke und Konjunkturpolitik, Kyklos 1948, Bd. 2, S. 83.

[27] In der Literatur bestehen Meinungsverschiedenheiten darüber, wann überhaupt von Geld gesprochen werden kann. Manche verlangen nur die Eigenschaft des allgemeinen Tauschmittels (so etwa *Menger:* Grundsätze

Es kommt entscheidend darauf an, daß ein Geld kursiert, dessen Grenznutzen im Verhältnis zu den anderen Gütern so wenig wie möglich Schwankungen unterliegt; denn mit den Nutzensschwankungen treten einseitig wirkende, die Geltung des Gesetzes der großen Zahl aufhebende Kräfte in Erscheinung.

Unter diesen Umständen scheint es nicht ratsam, den Vorschlag der Currencytheoretiker zu verwirklichen und das Geldwesen nur in eine Hand zu geben, also zu monopolisieren; denn der Monopolist hat in gewissem Rahmen die Möglichkeit, die Geldmenge zu variieren und somit den Grenznutzen willkürlich zu verändern.

Am zweckmäßigsten ist es, das Geld in Konkurrenz entstehen zu lassen, zunächst des einheitlichen Produktionsprinzipes willen; dann könnten auf diesem Gebiet keine monopolistischen Sondergewinne eingeheimst werden und der Konsument würde ausschließlich die Richtung der Produktion bestimmen.

Besonders fällt jedoch ins Gewicht, daß dann der Automatismus des Marktes für den Ausgleich der Grenznutzen zwischen dem Geld und den anderen Gütern bei etwaigen Divergenzen sorgen würde. Es entfiele jede willkürliche Einflußnahme auf die Umlaufsmenge des Geldes, sie würde nicht „manipuliert“.

„Wie die Wettbewerbsordnung sollte sie (die Währungsverfassung) möglichst automatisch funktionieren; nicht einfach nur deshalb, weil die „Systemgerechtigkeit“ erfordert, Währungsverfassung und allgemeine Wirtschaftsverfassung auf demselben Prinzip aufzubauen, sondern vor allem, weil die Erfahrung lehrt, daß eine Währungsverfassung, die den Leitern der Geldpolitik freie Hand läßt, diesen mehr zutraut, als ihnen im allgemeinen zugetraut werden kann. Unkenntnis, Schwäche gegenüber Interessentengruppen und der öffentlichen Meinung, falsche Theorien, alles das beeinflußt diese Leiter sehr zum Schaden der ihnen anvertrauten Aufgabe. Gerade in der heutigen Situation besteht eine große Gefahr, daß eine nicht automatisch konstruierte Währungsverfassung zur Inflation mißbraucht wird[28].“

„Wenn der Geld- und Gütergrenznutzen gleich bleiben, so geschieht in beiden Sphären nichts Neues. Die Gesamtnachfrage und das Gesamtangebot von Geld und Gütern bleiben in diesem Falle mehr oder weniger konstant. Es herrscht Gleichgewicht in der Volkswirtschaft.

---

der Volkswirtschaftslehre, Wien und Leipzig 1923, S. 315), andere nur die des Wertmessers (beispielsweise *Keynes:* Vom Gelde, München und Leipzig, 1932, S. 1), wieder andere fordern, daß von dem betreffenden Gut, das als Geld fungieren soll, beide Funktionen — also die des allgemeinen Tauschmittels und Wertmessers — erfüllt sein müssen.

Die Funktionen des Wertaufbewahrungs- und Kreditmittels werden allgemein als Konsekutivfunktionen angesehen und brauchen nicht gegeben zu sein, um die Eigenschaft des Geldes zu begründen.

[28] *Eucken:* Grundsätze der Wirtschaftspolitik, Bern, Tübingen 1952, S. 257.

Steigt der Geldgrenznutzen aus irgendwelchen Gründen über den vorhandenen Gütergrenznutzen hinaus, so steigt der Preis des Geldgutes und damit erfolgen automatisch einerseits eine allmähliche Geldvermehrung und andererseits eine Bremsung der Güterproduktion ... solange, bis der Geldgrenznutzen wieder sinkt und an einem neuen Gleichgewichtspunkt den Gütergrenznutzen erreicht.

Sinkt der Geldgrenznutzen aus irgendwelchen Gründen unter den vorhandenen Gütergrenznutzen, so sinkt der Preis des Geldgutes und damit erfolgen automatisch einerseits eine Bremsung in der Geldentstehung und andererseits eine allmähliche Vermehrung der Güterproduktion ... solange, bis der Geldgrenznutzen wieder steigt und an einem neuen Gleichgewichtspunkt den Gütergrenznutzen erreicht[29]."

Mit diesem Automatismus ist viel gewonnen. Die Geldwirtschaft kann nicht von Interessentengruppen mißbraucht werden.

Aber auch dieser Automatismus ist noch nicht das Allheilmittel, das unter allen Umständen und immer ohne große Störungen im Wirtschaftsablauf das Gleichgewicht herstellt.

Wenn ein Sachwert als Geld fungiert, dürfte in aller Regel der Wert des Geldes nicht bis auf nahezu null sinken können wie in dem Falle der Papiergeldzirkulation. Immerhin ist es jedoch möglich, daß die Produktionskosten des Sachgeldes, wie etwa seinerzeit bei den neuen Silberfunden, erheblich fallen. In solchen Fällen werden die Störungen des Wirtschaftsablaufes aber ein Ausmaß annehmen können, daß trotz des geltenden Konkurrenzsystems mit seiner automatischen Anpassung an die neuen Verhältnisse die Wirtschaft bis zur Funktionsunfähigkeit gestört wird. Desgleichen ist eine erhebliche Störung des Wirtschaftsablaufes bei andauernd steigenden Produktionskosten möglich. Wegen der sinkenden Preise muß die Investitionstätigkeit der Unternehmer leiden und vielleicht nimmt die Investitionsunlust ein so großes Ausmaß an, daß es zur Krise kommt.

Es ist also nicht deswegen bereits alles in bester Ordnung, weil in der Konkurrenzwirtschaft der Automatismus des Marktes wirkt, wie man verschiedentlich[30] annehmen zu können glaubt.

---

[29] Angel *Rugina:* Geldtypen und Geldordnungen, Stuttgart und Köln 1949, S. 212.

[30] So z. B. Angel *Rugina,* der zu folgender Feststellung kommt: Wenn bei Konkurrenz auf dem Geldmarkt „aus irgendwelchen Gründen eine Steigerung des Geldgrenznutzens im Verhältnis zu dem vorhandenen Gütergrenznutzen eintritt, so erfolgt automatisch eine Geldvermehrung solange, bis der Geldgrenznutzen sinkt und in einem neuen Punkte mit dem Gütergrenznutzen wieder in Einklang gelangt. In diesem Falle bedeutet die Geldvermehrung nicht nur keine Störung des alltäglichen Wirtschaftsablaufs, sondern ist eine Voraussetzung dafür, daß eine gerade eingetretene Störung beseitigt und damit eine Wiederherstellung des Gleichgewichts ermöglicht wird. Eine von dem Markt verlangte Geldvermehrung

Eine befriedigende Lösung fände dieses Problem nur, wenn ein Geld zirkulierte, das sich kostenmäßig immer in gleicher Weise entwickelte wie das Gros der Güter, zu deren Umsatz es bestimmt ist.

Die Schwierigkeiten sind aber sehr groß, insbesondere wenn man ein einzelnes Gut zum Geldgut machen würde.

Wegen der Geltung des Gesetzes vom abnehmenden Ertragszuwachs bestände z. B. immer die Gefahr deflationistischer Wirkung, wenn man das Gold als Geldgut wählen würde[31]. Man hat zu recht darauf hingewiesen, daß wir in den Zeiten, als das Gold als Geld fungierte, stets unter Deflation zu leiden gehabt hätten, wenn nicht Geldschöpfung von seiten der Banken stattgefunden hätte.

Wahrscheinlich wäre eine Indexwährung unter Einbeziehung mehrerer Güter mit breiter Produktionsbasis in diesen Index und Umlauf hundertprozentig gedeckten Papiergeldes zweckmäßig.

Wenn mehrere Güter die Grundlage der Währung bilden, ist schon wegen der Vielzahl der Güter die Gefahr herabgemindert, daß die Produktionskosten der Geldgutgüter einen anderen Verlauf nehmen als die der anderen Güter.

---

kann also . . . unter keinen Umständen als eine Störung interpretiert werden."

Aber es „erfolgt jedoch automatisch auch ein Verschwinden von Geld, und zwar wenn der Geldgrenznutzen unter den vorhandenen Gütergrenznutzen sinkt. Dieser Vorgang stellt keine Deflation dar, sondern nur eine notwendige deflatorische Wirkung, die die wichtige Funktion hat, eine inzwischen von der Geld- oder von der Güterseite her eingetretene inflatorische Wirkung aufzuheben. Auch hier handelt es sich folglich nicht um die Entstehung einer Störung im Wirtschaftsablauf, sondern um deren automatische Beseitigung."

Wenn wir auch nicht den in der Konkurrenzwirtschaft wirksamen Automatismus und seine guten Wirkungen verkennen, so glauben wir dennoch nicht, daß die Konkurrenz immer und unter allen Umständen imstande ist, wie Angel Rugina sich abschließend äußert, „für eine echte freie Verkehrswirtschaft die zur Erzeugung und Verteilung des Sozialprodukts notwendige Geldmenge zu besorgen, ohne daß dadurch große und langdauernde Störungen entstehen können." (Angel *Rugina:* Geldtypen und Geldordnungen, Stuttgart und Köln 1949, S. 215.)

[31] Zunächst hat man die Geltung dieses Gesetzes in der Landwirtschaft beobachtet. Wenn immer mehr Arbeits- und Kapitalaufwendungen auf ein und denselben Boden gemacht werden, dann müssen, weil immer nur die beiden Produktionsfaktoren Arbeit und Kapital vermehrt werden, die Erträge des Bodens geringer werden, d. h. es werden die Kosten pro Ertragseinheit wachsen.

Dieses Wachsen der Kosten ist aber nicht nur im landwirtschaftlichen Sektor, sondern überall zu beobachten, wenn ein Produktionsfaktor bei Vermehrung der anderen gleich bleibt. Wenn nicht neue Goldläger gefunden werden, müßte zusätzlicher Geldbedarf in der Weise gedeckt werden, daß aus denselben Lägern unter höheren Kosten Gold gefördert würde, d. h. es müßte zu einer deflationistischen Wirkung kommen, da die Kosten der Goldproduktion sich nunmehr höher stellen als die Kosten der anderen Güter.

Im gleichen Sinne würde auch die Einbeziehung von Gütern mit breiter Produktionsbasis wirken. Es wäre dann nicht so leicht möglich, daß das Gesetz vom abnehmenden Ertragszuwachs zur Auswirkung gelangte. Aus diesem Grunde hat man z. B. zur Aufnahme in diesen Index Güter wie etwa Getreide, Kohle, Zement empfohlen.

Einen großen Umfang haben diese Produktionen tatsächlich. Nur sollte man bei Kohle und Zement nicht die Möglichkeit der Monopolbildung außer acht lassen.

Wir wollen auf die Frage, welche Güter zweckmäßigerweise in diesen Index einzubeziehen sind, nicht weiter eingehen. Nur im Prinzip sollte zur Wahl der richtigen Geldordnung Stellung genommen werden.

Unsere Erörterungen dürften gezeigt haben, wie schwierig es ist, der Konkurrenzwirtschaft eine Geldordnung zu geben, bei der die Gefahr einer Störung des Wirtschaftsablaufes vermieden ist, und daß diese Gefahr einigermaßen nur bei Einführung einer Indexwährung gebannt werden kann[32, 33, 34].

---

[32] Vgl. zu der hier angeschnittenen Währungsfrage: *Eucken:* Grundsätze der Währungspolitik, Bern, Tübingen 1952, S. 55 ff.; Angel *Rugina:* Geldtypen und Geldordnungen, Stuttgart und Köln 1949, S. 171 ff.

[33] Solche Indexwährungen haben den Nachteil, daß die in der Zentralbank zur Lagerung kommenden Güter nie dem Konsum zur Verfügung stehen. (Sie werden wohl ausgewechselt, aber ein bestimmter Vorrat lagert immer.) Wenn man jedoch ein einheitliches Prinzip in der Entstehung aller Güter wahren und die Konstanz der wirtschaftlichen Verhältnisse möglichst sichern will, kann dieser Weg nicht gemieden werden.

[34] In der Literatur wird vielfach die Forderung des Umlaufes neutralen Geldes erhoben. Offenbar darf man hierunter nicht ein Geld verstehen, das die Wirtschaft überhaupt nicht tangiere. Bei fehlendem Gelde hätten wir primitive Zustände mit fast gar nicht möglichem Güteraustausch. Eine Wirtschaft mit Geldzirkulation muß stets anders verlaufen als eine ohne Geldumlauf. Mit dem Gelde ist uns erst, wie Friedrich von Wieser sagt, der „Weg von der Barbarei zur Kultur“ eröffnet.

Von neutralem Geld könnte man aber dann sprechen, wenn sich seine Produktionskosten in gleichem Sinne wie die der anderen Güter entwickeln und sein Grenznutzen infolgedessen nicht von dem der anderen Güter abweicht. Wir haben gesehen, wie schwierig es ist, ein solches Geld zu schaffen.

Bei einem so verstandenen neutralen Geld würde die Wirtschaft ohne Störung von der Geldseite her ablaufen. Zur Kennzeichnung solchen Geldes ist noch hervorzuheben, daß ihm keineswegs nur dann diese Bezeichnung zukommt, wenn es mengenmäßig stets gleich bleibt. Zur Neutralität des Geldes gehört geradezu die Veränderungsfähigkeit in der umlaufenden Menge. Wenn die Gütermenge bei gleicher Umlaufsgeschwindigkeit des Geldes zunimmt, muß auch die Geldmenge größer werden, wenn es wirklich neutral sein soll.

Überdies gehört ferner nicht zum Wesen der Neutralität des Geldes, daß es stets die gleiche Kaufkraft besitzen müsse. Wenn die Produktionskosten der Güter allgemein eine Senkung erfahren, bewahrt das Geld nur seine Neutralität, wenn seine Kaufkraft entsprechend gestiegen ist. „Nicht ein wertstabiles Geld, sondern ein neutrales Geld muß den Ausgangspunkt der theoretischen Analyse des Einflusses der Preise auf die Produktion bilden, und die erste Aufgabe der Geldtheoretiker muß daher auch sein, die Bedingungen festzustellen, unter denen das Geld in diesem Sinne als

h) Die Ersparnisse

Wenn wir uns die Aufgabe gestellt haben zu klären, welche Bedingungen bei Konstanz in der Konkurrenzwirtschaft erfüllt sein müssen, dürfen wir nicht das „Kapital“[35] oder wie wir hier, um Mißverständnisse zu vermeiden, sagen wollen, die Ersparnisse außer acht lassen.

Ersparnisse sind notwendig, weil ohne sie zeitraubende Produktionen gar nicht durchzuführen sind. Aber nicht nur, daß sie überhaupt gebildet werden, ist wichtig; sie müssen auch Konstanz aufweisen, da sonst zu weite beziehungsweise zu kurze Produktionswege eingeschlagen werden könnten, d. h. andernfalls weder Krisen noch die auch mögliche Überversorgung mit Ersparnissen zu vermeiden wären.

Es muß stets ein einigermaßen gleicher Verzicht auf Konsumgüter zur „Alimentierung“ der Produktionswege stattfinden[36, 37].

---

neutral betrachtet werden kann. Wir stehen noch völlig am Beginn der Untersuchung in dieser Richtung.“ (*Hayek:* Preise und Produktion, Wien 1931, S. 30.)

Inzwischen (seit dem Jahre 1931) sind wir allerdings über den Ausgangspunkt der Diskussion über dieses Problem hinausgekommen.

[35] Eine große Anzahl von Nationalökonomen würde die für die Durchführung von Produktionen erforderlichen Mittel mit „Kapital“ bezeichnen. Bei Verwendung dieses Wortes entstehen aber begriffliche Schwierigkeiten. Die einen verstehen darunter zinstragende Geldsummen, andere außerdem die Güter, welche durch diese zinstragenden Geldsummen gekauft werden können, wieder andere produzierte Produktionsmittel. Weil der Kapitalbegriff die verschiedensten Inhalte hat, glauben wir daher zweckmäßigerweise einfach von Ersparnissen sprechen zu sollen, um Mißverständnisse zu vermeiden. Zur Diskussion um den Kapitalbegriff vgl. neuerdings *Preiser:* Der Kapitalbegriff und die neuere Theorie in Jahrbücher für Nationalökonomie und Statistik 1953, S. 241 ff.

[36] Soweit man eine Robinsonwirtschaft in Betracht zieht, scheint die Notwendigkeit von Vorräten an Konsumgütern bei Umwegsproduktion eine Selbstverständlichkeit. Der Beobachter der heutigen Wirtschaft ist dagegen meistens skeptisch, ob das, was für eine einfache Wirtschaft selbstverständlich ist, auch auf die Verkehrswirtschaft übertragen werden darf. In der Verkehrswirtschaft ist die Erkenntnis, daß letzten Endes Konsumgüter den Produktionsumweg finanzieren, allein schon dadurch erschwert, daß sich der zu erkennende Sachverhalt hinter dem alles überdeckenden Geldschleier verbirgt. Zudem kann der Kritiker sich aber noch darauf berufen, daß in der Verkehrswirtschaft kaum Konsumgüter bereit liegen, die die weiten Produktionsumwege finanzieren. Um wieviel größer müßten aber diese Vorräte in den Verkehrswirtschaften sein als in der einfachen Wirtschaft eines Robinson.

Dennoch bleibt es richtig, was oben gesagt worden ist, daß hinter dem Kapital — oder wie wir sagen: hinter den Ersparnissen — letzten Endes die den Produktionsumweg alimentierenden Konsumgüter stehen. Warum es in der heutigen Wirtschaft den Anschein hat, als ob Konsumgüter zur Alimentierung des Produktionsumweges nicht notwendig wären, hat seinen Grund darin, daß die Produktion nicht hintereinander, sondern parallel geschaltet verläuft. Wegen dieser Parallelläufigkeit der Produktion oder mit einem anderen Ausdruck „Simultanität der Produktion“ ist es nicht nötig, daß bei Beginn der Produktion Vorräte an Konsumgütern vorhanden sind. Die Konsumgüter liegen zwar nicht auf Vorrat, stehen aber jeweils an dem Zeitpunkt, zu dem sie gebraucht werden, zur Verfügung.

Um jegliche Bedenken zu zerstreuen, wollen wir diesen Sachverhalt der

Parallelläufigkeit der Produktion hier ausführlich besprechen. Zu ihrer Veranschaulichung wählen wir folgende Darstellungsweise: Wir kennzeichnen die Produktionslänge durch gerade Linien und tragen die Zeit, um Überschneidungen zu vermeiden und so die Parallelläufigkeit deutlich erkennen zu lassen, sowohl auf der Abzisse als auch auf der Ordinate ab. Der Produktionsablauf stellt sich demzufolge in folgender Weise dar:

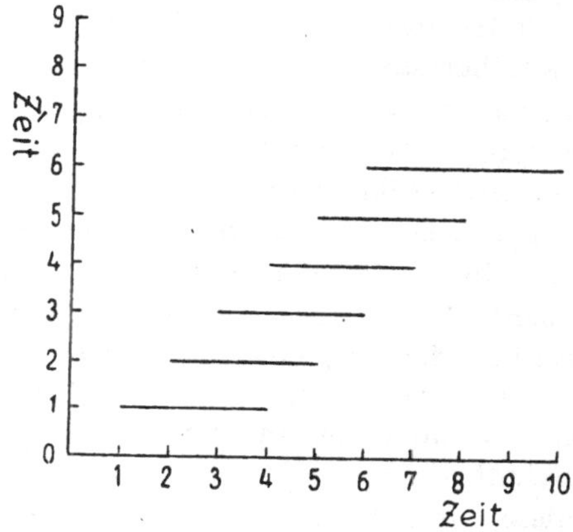

Die Geraden stellen hier also den Produktionsablauf dar, und zwar beträgt die einzelne Produktionsperiode drei bzw. vier Zeiteinheiten.

Weil die Zeit auch auf der y-Achse zur Abtragung gelangt, wird die später beginnende Produktionsperiode nicht durch die vorhergehende verdeckt.

Diese Darstellung, die bei Besprechung von Lebensgesamtheiten in der Bevölkerungsstatistik Verwendung findet, wird auch zur Veranschaulichung unseres Sachverhaltes gebracht.

Daß in dieser Graphik der Produktionsablauf der Wahrheit zuwider eine gradlinige Darstellung erfährt und weiter, daß es sich hier so darstellt, als ob alle Kostengüter in einer Produktionsperiode aufgebraucht würden, es also kein „fixes Kapital" gäbe, bedeutet in diesem Zusammenhang keinen Nachteil.

Was wir hier nachweisen wollen, nämlich, daß bei Beginn der Produktionsperiode kein Konsumgütervorrat für die Alimentierung des gesamten Produktionsumweges vorhanden sein muß, ist hier jedenfalls gut zu erkennen und soll auch nur gezeigt werden. Ein Konsumgütervorrat für die ganze Dauer des Produktionsumweges braucht bei dieser Produktionsweise nicht vorhanden zu sein, weil vor der Beendigung des laufenden Produktionsprozesses Konsumgüter anfallen, die den noch laufenden Produktionsprozeß alimentieren können. So kann der z. B. im Zeitpunkt fünf beginnende Produktionsprozeß alimentiert werden durch die Produktionsprozesse, die im Zeitpunkt fünf, sechs und sieben enden.

Wenn bei Beginn jedes Produktionsprozesses auch nicht die für seine vollständige Alimentierung erforderlichen Konsumgüter vorhanden sind, ist es nichts desto weniger klar, daß auch in der Verkehrswirtschaft zwecks Einschlagung von Produktionsumwegen Konsumgüter benötigt werden und daß diese den Produktionsumweg alimentieren.

Gut erkennen läßt diese Graphik übrigens auch noch, daß mit dem Augenblick, wo eine Erweiterung des Produktionsumweges erfolgt, ein erhöhtes Sparen einsetzen muß. Wenn z. B. ab Zeitpunkt sechs an Stelle eines drei Zeiteinheiten dauernden Produktionsprozesses ein vier Zeiteinheiten währender Produktionsprozeß eingeschlagen wird, dann fallen Konsumgüter nicht schon im Zeitpunkt neun an, sondern erst im Zeitpunkt

Dieser Verzicht auf den Konsum von Teilen des Einkommens ist im Einzelfall alles andere als konstant; der einzelne macht im allgemeinen nur so lange Rücklagen, bis das zu finanzierende Ereignis eintritt; so z. B. der Vater, der für die Aussteuer seiner Tochter spart, weiter derjenige, der sich ein Haus bauen will. In der Masse der Fälle tritt aber an die Stelle dessen, der ausscheidet, wieder ein anderer; in der Masse der Fälle herrscht doch wieder Konstanz.

Wer allein die heutigen Wirtschaften im Auge hat, wird wahrscheinlich Bedenken haben, ob eine Konstanz in den Ersparnissen auch tatsächlich angenommen werden kann. Schon die Krisen, die wir erlebt haben, sind mit ihren enormen Fehlinvestitionen ein Beweis dafür, daß die Ersparnisse in der Vergangenheit nicht konstant waren.

Dieser anscheinende Widerspruch unserer Feststellung zu den wirtschaftlichen Tatsachen der Gegenwart klärt sich aber auf, wenn man sich vergegenwärtigt, daß in der heutigen Wirtschaft ganz andere Verhältnisse gegeben sind als in der von uns zu besprechenden Konkurrenzwirtschaft.

Wenn Ersparnisse nur auf seiten der Einkommensbezieher entstehen und wenn ferner eine der Konkurrenzwirtschaft adäquate Geldordnung gilt, wirkt das Gesetz der großen Zahl. Aber außer den Einkommensbeziehern waren und sind heute meistens noch die Banken, die Zentral- und Kreditbanken, zur Kapitalbildung oder wie wir sagen, zur Ersparnisbildung befähigt. Sie sind nicht nur Kreditvermittler, also Institutionen, die das von den Einkommensbeziehern empfangene Geld weiter verleihen, sondern auf Grund ihrer Fähigkeit zur Kreditschöpfung gleichzeitig Kapitalbildner. Sie nehmen, wenn keine beschränkenden Bestimmungen erlassen sind, die Kreditschöpfung wahr, wenn immer sich die Gelegenheit dazu bietet, und schaffen damit Verhältnisse, durch welche die Konstanz der Ersparnisbildung beseitigt wird.

Der Ersparnisbildung von seiten der Einkommensbezieher geht eine Gütererstellung voraus; denn die Einkommen, aus denen die Ersparnisse stammen, sind durch die Teilnahme an der Produktion entstanden.

---

zehn, d. h. es stehen im Zeitpunkt neun nicht die Konsumgüter zur Verfügung, die in dem Fall der drei Zeiteinheiten dauernden Produktionsperiode zur Verfügung gestanden hätten. Allerdings fallen dann später wegen der größeren Produktivität weiterer Produktionsumwege mehr Konsumgüter an. Weitere Produktionsumwege bedingen also knappere Güterversorgung in der Gegenwart und reichlichere in der Zukunft.

[37] Um keinen Zweifel über den Umfang der Spargüter aufkommen zu lassen, sei erwähnt, daß natürlich nicht alle Konsumgüter zu den Ersparnissen rechnen, so nicht etwa die Kartoffeln, welche der Bauer in seinem Haushalt verbraucht, sondern nur jene, die er dem Deputatempfänger gibt; ebensowenig stellen die in der Geldtasche von Privatpersonen bereit gehaltenen Gelder Ersparnisse dar, sondern nur jene, welche der Alimentierung von Produktionsumwegen dienen.

Soweit die Banken dagegen geldschöpfen, fehlt es an dieser vorangehenden Güterproduktion. Dieses Geld steht zusätzlich zur Verfügung; es kommt, da diesen zusätzlichen Geldern kein zusätzliches Güterreservoir entspricht, zu Preissteigerungen, die Einkommensbezieher können mit ihren weiter in gleicher Höhe gegebenen Einkommen nicht mehr so viel erstehen wie früher, es wird im Ausmaß der Preissteigerung von ihnen Spartätigkeit erzwungen und auf Grund dieses „erzwungenen Sparens" die Konstanz beseitigt.

Dieses erzwungene Sparen kann sogar leicht einen noch größeren Umfang annehmen, als auf Grund der Geldschöpfung zu erwarten ist. Wenn nämlich die Geldbesitzer mit weiterer Preissteigerung rechnen, setzt, wie wir früher bereits feststellten, eine Flucht in die Sachwerte ein. Die Preise werden nun noch von seiten der Geldbesitzer in die Höhe getrieben, d. h. das Zwangssparen wird weiter verstärkt.

Es wird also die Konstanz der Ersparnisbildung auch dadurch beseitigt, daß es „den Bürgern nicht mehr gleichgültig (ist), ob sie ihr Vermögen in Geld oder in Sachgüter anlegen[38]".

Auch im Hinblick auf die Konstanz der Kapitalbildung ist es daher wichtig, ein in unserm Sinne verstandenes „neutrales Geld" zu schaffen und somit zu verhindern, daß Geld- und Gütergrenznutzen auseinanderfallen.

Aber noch ein anderer, nicht von der Geldseite herrührender Umstand hat in der Vergangenheit gleichfalls einseitig die Ersparnisbildung beeinflußt, d. h. also das Gesetz der großen Zahl auf dem „Kapitalsektor" außer Kraft gesetzt, nämlich die entstehenden Monopole, welche die Einkommensverhältnisse und damit die Ersparnisse ändern. Wenn z. B. in einer kleinen Stadt der dortige Metzger ein Monopol erlangt und dadurch mehr für seine Waren erzielt, erhöht sich sein Einkommen in gleichem Umfang wie sich die Einkommen, aus denen diese verteuerten Waren gekauft werden, real mindern. „Erzwungenes Sparen" — richtiger: erzwungener Konsumverzicht — wird nicht allein durch den modernen Kreditapparat erwirkt, sondern auch durch Monopole. Der Konsument wird gezwungen, seinen Konsum einzuschränken, also auch auf den Verbrauch von Produktionsmitteln, die Textilwaren, Wohnungen usw. herstellen, in gewissem Sinne zu verzichten"[39]; d. h. auch die Monopole wirken auf eine Beseitigung der Konstanz bei der Ersparnisbildung.

Also nur wenn die Geldschöpfung entfällt und auch keine Monopolbildung stattfindet, ist Konstanz der Ersparnisbildung möglich, nur

---

[38] Angel *Rugina:* ebenda, S. 211.

[39] *Eucken:* Unser Zeitalter der Mißerfolge, 5 Vorträge zur Wirtschaftspolitik, Tübingen 1951, S. 14.

dann ist das Gesetz der großen Zahl auf diesem wichtigen Gebiet wirksam.

In der wirtschaftlichen Wirklichkeit wirken aber heute stets diese beiden Faktoren: Geldschöpfung und Monopolisierung.

Nur wenn man dazu imstande sein sollte, eine Geldordnung herzustellen, bei der auch das Geld in Konkurrenz entsteht und das Geldvolumen sich stets entsprechend dem anderen Gütervolumen verändert, bei der also das Geld „neutral" ist, kann eine Konstanz in der Sparbildung mit ihrer großen Bedeutung für Investition und Beschäftigung bestehen.

Es wird nicht leicht sein, eine solche Geldordnung zu schaffen, und der Staat müßte, wenn er sie verwirklichen wollte, stets darauf achten, daß sich keine Monopole auf diesem die ganze Wirtschaft tangierenden Gebiet bilden und das Geld seine Neutralität behält. Aber es dürfte keineswegs unmöglich sein, eine solche Geldordnung und damit gleichzeitig die Konstanz der Ersparnisse zu verwirklichen.

Wie unsere Betrachtungen zu den gesamtwirtschaftlichen Daten ergeben haben und wir nunmehr abschließend feststellen können, kann an sich von jedem Datum eine Störung der Konstanz und damit des Gleichgewichts ausgehen, aber die einzelnen Daten gefährden die Konstanz in verschiedenem Maße.

Wenn die anderen Daten sich nicht ändern, werden die privaten Bedürfnisse — wenn auch nicht im einzelnen — so doch aber in der Gesamtheit kaum jemals eine Wandlung erfahren. Ferner wird auch von seiten des Arbeitspotentials und der produzierten Produktionsmittel höchst selten eine Gefährdung der Konstanz ausgehen. Schon eher muß befürchtet werden, daß der Staat seinen Tätigkeitsbereich erweitert und somit das Betätigungsfeld der Privatwirtschaft verengt. Eine ständige Aufmerksamkeit des Staates ist erforderlich, damit durch das Geld keine Störung der wirtschaftlichen Verhältnisse eintritt. Von der Regelung des Geldwesens hängt es ferner auch ab, ob das Datum „Ersparnisse" Konstanz aufweist. Am meisten droht der Konstanz und damit dem Gleichgewicht aber durch die Technik Gefahr. Wegen des stets vorhandenen Gewinnstrebens besteht in der Wirtschaft immer die Tendenz zur Verbesserung der Technik, und es wird bei den Bemühungen der Unternehmer, neue verbesserte Produktionsmethoden zur Anwendung zu bringen, auch tatsächlich zur Beseitigung der Konstanz kommen, wenn es nur geringer Mittel bedarf, um die neuen Produktionsmethoden durchzusetzen, womit dann die Betriebe, welche die alten Investitionsgüter noch nicht in genügendem Maße haben abschreiben können, in wirtschaftliche Schwierigkeiten geraten müssen. In der Konkurrenzwirtschaft ist mit dem Streben nach Verbesserung der Technik ein stets auf Gefährdung der Konstanz wirksames Agens gegeben[40].

Aber dennoch dürfen wir nicht der Meinung sein, daß fehlende Konstanz in der Konkurrenzwirtschaft zur Regel gehört; denn es dürfte nicht anzunehmen sein, daß Erfindungen immer gleich die Produktion vieler oder sogar aller Produktionszweige beeinflussen werden. Überdies ist immer notwendig, daß erst die Kapitalien für die Durchführung der neuen Produktionen beschafft werden, was meistens recht lange dauert, erst recht, wenn viel Kapital benötigt wird.

Wir kommen also zu der Feststellung, daß die Konkurrenzwirtschaft — wenn auch gelegentlich Schwankungen in der Konstanz der gesamtwirtschaftlichen Daten entstehen können — in aller Regel Konstanz aufweist und infolgedessen Volkswirtschaftsstatistik nicht benötigt wird.

Nur in der gemischten Wirtschaftsordnung, wo neben der Konkurrenz auch das Monopol besteht, kann es dazu kommen, daß vorhandenes Kapital von der Wirtschaft nicht angenommen wird, also Investitionen unterbleiben und als Folge davon Arbeitslosigkeit entsteht. Wenn sich dagegen in der Konkurrenzwirtschaft die Preise gleichmäßig und nicht sprunghaft verändern, ist das nicht möglich. Kapital, das Anlage sucht, findet Verwendung und ebenso findet der Arbeiter, der Arbeit sucht, Beschäftigung. Der Preis lenkt die Wirtschaft, und zwar so, daß Gleichgewicht und Vollbeschäftigung herrschen.

Statistiken der Preise finden auch in der Konkurrenzwirtschaft statt. Nur bedarf es nicht ihrer besonderen Durchführung. Der sich auf dem Markt bildende, für eine gewisse Zeitspanne beobachtete Preis stellt eine repräsentative Teilmassenerhebung aus einer größeren Gesamtmasse dar. Die in der Wirtschaft für die einzelnen Produkte festgestellten An- und Verkaufspreise sind in dem gleichen Maße repräsentativ wie Stichprobenerhebungen bei Glücksspielen. Im Rahmen der möglichen zufälligen Abweichungen kehren sie in der Zukunft wieder.

---

[40] Neue Erfindungen führen nicht nur zur Herstellung neuer Produktionsmittel, sondern sie können sogar, wenn die neue Technik die Großbetriebe begünstigt, die Konkurrenzwirtschaft beseitigen. Dieser Fall wird jedoch an dieser Stelle nicht in Betracht gezogen, da die Entwicklung zum Großbetrieb nicht unbedingt mit der Technik verbunden ist und wir hier die Technik wie überhaupt die gesamtwirtschaftlichen Daten in ihrer Eigenschaft als beständige, absolute, ewige Kategorie ins Auge fassen und nicht als historische Kategorie.

Allerdings ist die Frage, ob die Technik zur Beseitigung der Konkurrenzwirtschaft tendiert, heute sehr aktuell und wir werden uns daher mit diesem Problem am Schluß unserer Arbeit noch beschäftigen, einmal deswegen, weil diese Frage sehr diskutiert wird, hauptsächlich aber weil uns als Statistiker interessiert, ob die Betriebsgrößenverhältnisse statistisch erfaßt werden können und somit durch die Statistik eine Auskunft über den Stand der Entwicklung zum Großbetrieb gegeben werden könnte.

Allerdings soll folgendes nicht übersehen werden: Die sich auf das Gesetz der großen Zahl gründende Konstanz hat zur Voraussetzung, daß die positive Größe durch eine gleich große negative Größe ihre Ausgleichung erfährt. Je kleiner der Bereich des Unternehmens, um so eher ist das Fehlen solcher Ausgleichung möglich. Auch können die „konstanten Ursachen" — das sind die gesamtwirtschaftlichen Daten — im kleineren Bereich öfter eine Änderung erfahren. Wird z. B. ein bisher abgelegenes Gebiet dem Verkehr erschlossen, so können sich die Möglichkeiten in der Beschaffung von Arbeitskräften ändern, d. h. es hat sich dann das Datum „Arbeit" gewandelt, was sich in großen Bereichen weniger schnell vollzieht[41].

Hieraus darf jedoch nicht der Schluß gezogen werden, daß für das einzelne kleine Unternehmen das Gesetz der großen Zahl nicht Geltung besitze. Es gilt. Nur daß es verschiedentlich eine eingeschränkte Bedeutung hat.

Mit dieser negativen Feststellung, daß in der Konkurrenzwirtschaft Volkswirtschaftsstatistik entbehrt werden kann, dürfen wir unsere Erörterungen zu den Aufgaben der Statistik in der Konkurrenzwirtschaft noch nicht abschließen. Es wäre falsch, wenn wir uns auf Grund der Tatsache, daß in der Konkurrenzwirtschaft keine Volkswirtschaftsstatistik nötig ist, zu der Annahme verleiten ließen, daß die Konkurrenzwirtschaft eine Wirtschaftsordnung ohne jegliche Statistik sei.

Die Konkurrenzwirtschaft kann nur insoweit ohne Statistik auskommen, als der Preis die Lenkung übernimmt. Es gibt aber Gebiete, in denen der Preis nicht gilt, und es muß daher auch auf diesen Gebieten Statistik stattfinden.

Da der Preis nur den Austausch der Güter zwischen den Unternehmungen und nicht im Innern des Betriebs regelt, muß es in der Konkurrenzwirtschaft stets Betriebswirtschaftsstatistik geben.

Außerdem ist auch Finanzstatistik erforderlich; denn in jeder Gesellschaftswirtschaft und so auch in der Konkurrenzwirtschaft sind kollektive Bedürfnisse zu befriedigen. Der Staat muß für Sicherheit sorgen und vielleicht übernimmt er auch die Befriedigung kultureller und sozialer Bedürfnisse.

---

[41] „Es ist leicht . . . einzusehen, daß je größer (der) Raum wird, desto weniger eine anomal hohe oder niedrige Bezahlung bestimmter Arten von Arbeit sich zu halten vermag. Ein bloß locales Mißverhältnis wird hier leichter durch Ab- und Zuströmen der betreffenden Arbeiter überwunden werden, und eine allgemeine Überfüllung oder unzureichende Vertretung bestimmter Berufsarten ist auf dem weiten Gebiete und bei einer zahlreichen Bevölkerung an sich ungleich weniger wahrscheinlich, als in einem engbegrenzten und spärlich bevölkerten Wirtschaftskreis." (*Mangoldt:* Volkswirtschaftslehre, Stuttgart 1868, S. 379.)

Bevor wir mit der Besprechung der gemischten Wirtschaftsordnung beginnen, müssen wir daher noch auf diese beiden Gebiete der Statistik eingehen.

Die Frage, was an Statistik benötigt wird, wenn der in aller Regel nicht erwartete, aber an sich mögliche Fall eintritt, daß die Datenkonstanz gestört ist, soll hier nicht behandelt werden. Wir können an dieser Stelle von ihrer Beantwortung noch absehen, da die gemischte Wirtschaftsordnung durch fehlende Konstanz gekennzeichnet ist und wir daher noch ausführlich auf die Statistiken, die bei fehlender Konstanz benötigt werden, eingehen werden.

C. Betriebswirtschaftsstatistik

Zur Betriebswirtschaftsstatistik gehören in den Verkehrswirtschaften heutiger Prägung inner- und außerbetriebliche Statistik. Der Statistiker muß also seine Methode nicht nur im Innern des Betriebs zu Anwendung bringen, sondern er muß auch — um hier ein Wort von Schmalenbach zu gebrauchen — auf den Markt „hinaushorchen“.

Diese Aufgabe des Hinaushorchens auf den Markt ist dem Statistiker in der Konkurrenzwirtschaft nicht gestellt; er hat nur innerbetriebliche Statistik zu treiben.

Die Betriebswirtschaftsstatistik ist eins der vier Gebiete betrieblichen Rechnungswesens. Die Buchhaltung ermittelt Aufwendungen und Erträge für zurückliegende Zeitabschnitte, die Budgetrechnung für zukünftige, die Kalkulation führt Stückrechnung durch. Ihre Aufgabengebiete sind also streng voneinander getrennt.

Im Gegensatz zu den anderen Arten der rechnerischen Betriebsbeobachtung besitzt dagegen die Statistik wegen ihrer Eigentümlichkeit als Methode kein streng abgegrenztes Forschungsgebiet, sondern sie findet überall dort Anwendung, wo im Hinblick auf eine bessere Übersicht gruppiert werden muß, Verhältniszahlen oder Mittelwerte berechnet werden müssen[42], d. h. also, sie findet Anwendung auf allen Gebieten betrieblichen Rechnens.

---

[42] Die Tatsache, daß die betriebswirtschaftliche Statistik in Theorie und Praxis immer mehr Beachtung findet, darf uns nicht zu der Annahme verleiten, daß im Hinblick auf den Betrieb die Statistik einen anderen Inhalt hätte. Hieraus darf lediglich der Schluß gezogen werden, daß die Statistik für die Betriebe immer mehr an Bedeutung gewinnt. „Wir kommen . . . zu dem Ergebnis, daß sich der in der betriebswirtschaftlichen Statistik verwendete Begriff der Statistik in keiner wesentlichen Hinsicht von dem allgemein gültigen Begriff unterscheidet.

Zusammenfassend können wir somit feststellen, daß die betriebswirtschaftliche Statistik nichts anderes darstellt als die besondere Gestalt der Statistik in ihrer Anwendung in der Betriebswirtschaft (= produktiver Einzelbetrieb).“ (Erich *Schäfer:* Artikel „Entwicklungsstand und Problematik der betriebswirtschaftlichen Statistik“ in Beiträge zur deutschen Statistik, Festgabe für Franz Zizek, Leipzig 1936, S. 225.)

Die Tatsache, daß es in den Betrieben vielfach besondere Abteilungen gibt, denen die betriebliche Statistik obliegt, darf nicht zu der Annahme führen, daß die Betriebswirtschaftsstatistik ebenso wie die anderen betrieblichen Rechnungszweige ein abgegrenztes sachliches Forschungsgebiet hat. Das widerspräche der Eigenart der Statistik als Methode. Der Buchhalter wird sehr oft unversehens zum Statistiker, wenn er sich z. B. ein Bild von dem Ausmaß der Betriebsgefährdung für den Fall schlechter Zeiten machen will und die Anlageintensität (Anlagevermögen/Umlaufsvermögen) berechnet oder wenn er sich eine Vorstellung davon verschaffen will, welche Bedeutung das Eigenkapital im Verhältnis zum Anlagevermögen hat und er zu diesem Zwecke den Quotienten (Eigenkapital/Anlagekapital) bildet.

Aus der Zahl der mit der Durchführung von Statistik betrauten Abteilungen und Personen kann also nicht ersehen werden, in welchem Maße in den Unternehmungen Statistik getrieben wird.

Der Aufgabenbereich der innerbetrieblichen Statistik ist nicht nur auf die Arbeitsgebiete der Buchhaltung, Budgetrechnung und Kalkulation beschränkt; zu ihm gehört es auch, daß z. B. eine Altersgliederung der Beschäftigten gebracht wird oder geleistete Arbeitsstunden zu den Unglücksfällen im Betriebe in Beziehung gesetzt werden. Das sind bereits Anwendungsgebiete der Statistik, die nicht zu den drei anderen Zweigen des betriebswirtschaftlichen Rechnungswesens gehören.

Eine besondere Bedeutung hat die Statistik für die Betriebe auf dem Gebiet der Qualitätsforschung gewonnen. Die Frage, welche Lebensdauer die einzelnen Produktionsserien elektrischer Birnen, von Autoreifen und Motoren haben, welches Getreide im nächsten Jahr zur Saat genommen werden soll, kann nur durch die Statistik beantwortet werden.

Verschiedentlich aber wird der Statistik im Hinblick auf die Betriebe eine ihr in Wirklichkeit nicht zukommende Bedeutung beigemessen, so, wenn man annimmt, daß Berechnungen von Kosten und Ertragsdurchschnitten für eine Vielzahl von Betrieben derselben Branche dem einzelnen Betrieb Anhaltspunkte in der Frage der richtigen Betriebsführung geben könnten.

Dies bedeutet eine Verkennung des Wesens der Statistik. Der für ein bestimmtes Alter berechnete Sterblichkeitsquotient sagt nichts aus über den Todeseintritt der einzelnen Personen dieses Alters. Wenn der einzelne Betrieb z. B. höhere Transportkosten hat, als sie dem Durchschnitt aus allen Betrieben derselben Branche entsprechen, so besagt das für den einzelnen Betrieb ebensowenig wie die Berechnung des

Sterblichkeitsquotienten für die einzelne Person. Für den einzelnen Betrieb sind stets die jeweiligen individuellen Bedingungen maßgebend. Die Produktionsbedingungen in bezug auf verfügbare Arbeitskräfte, die Ausrüstung mit Maschinen und die Absatzbedingungen sind für jeden Betrieb anders geartet. Der Vergleich mit Durchschnittszahlen, die nur fiktiven Charakter haben, ist ohne jeglichen Nutzen. Der mittlere Mensch, der mittlere Verbraucher, von dem wir in unserem methodischen Teil sprachen, ist in Wirklichkeit nicht gegeben. Der einzelne Mensch, der einzelne Betrieb darf nicht mit fiktiven Größen verglichen werden. „Da das Generelle, das Gemeinsame, Gleichartige, Normale usw. nur im Bereich des Gedanklichen existiert und da es durch Abstraktion von dem Individuellen, realen Objekten entsteht, ist es sinnlos, das Generelle, das Normale umgekehrt wieder zum Maßstab für das Individuelle zu machen. Die Autoren, die solche Ansichten vertreten, befinden sich in einem bösen Zirkel[43]."

D. Finanzstatistik

Nach unsern früheren Ausführungen ist staatliche Tätigkeit in jeder Art von Gesellschaftswirtschaft aus zwei Gründen unerläßlich: Es gibt Güter wie die staatliche Sicherheit, von deren Genuß niemand ausgeschlossen werden kann; sodann gibt es aber auch Güter wie das Recht der Straßen- und Brückennutzung, von deren Nutzung ein Ausschluß allerdings möglich wäre, deren Mitgenuß aber aus Zweckmäßigkeitsgründen — eben weil dieser keinen ins Gewicht fallenden Schaden verursacht — jedem gestattet wird.

Die Bereitstellung beider Güterarten macht staatliche Tätigkeit notwendig, weil sie nicht zum Gegenstand des Marktverkehrs gemacht werden können bzw. aus Zweckmäßigkeitsgründen nicht gemacht werden.

Schließlich kann staatliche Tätigkeit aber auch aus ganz anderen und weniger zwingenden Gründen im Hinblick auf kulturelle und soziale Bedürfnisse ausgeübt werden, so wenn der Staat das Schulwesen übernimmt oder eine öffentliche Krankenversicherungspflicht einführt.

Insoweit der Staat bei Erstellung dieser Güter die Hilfe seiner Bürger in Anspruch nimmt, handelt es sich um Finanzwirtschaft, und insofern im Rahmen dieser Finanzwirtschaft Statistik notwendig ist, um Finanzstatistik.

Staatliche Tätigkeit allein begründet noch nicht Finanzwirtschaft. Mit der Verstaatlichung der Eisenbahnen, der Post und der Banken usw. ist der Aufgabenbereich der Finanzwirtschaft nicht erweitert. Der Staat ist mit der Übernahme dieser Tätigkeit in das Gebiet der Privat-

---

[43] *Scharp:* Betriebsvergleich, eine methodologische Untersuchung, Würzburg-Aumühle, S. 15.

wirtschaft eingedrungen und die Statistik, die auf diesen Gebieten durchgeführt wird, ist nicht Finanzstatistik, sondern betriebswirtschaftliche Statistik[44].

Finanzstatistik wären solche Erhebungen nur dann, wenn man den Begriff der Finanzstatistik weiter faßte, wie es etwa Zahn tut, der die Finanzstatistik folgendermaßen definiert: „Die Finanzwirtschaft selbst ist das Geldzahlungs- und das Geldabrechnungswesen jeder Art privater oder öffentlich rechtlicher Produktions- und Verbrauchswirtschaft. Es kann daher zunächst zwischen der Finanzstatistik der Privatwirtschaft, der Finanzstatistik privater Einzel-, Familien-, Anstalts- und Körperschaftshaushalte und der Finanzstatistik der öffentlich rechtlichen Haushalte, der Staaten, Gemeinden, höheren Kommunalverbände und sonstigen Körperschaften des öffentlichen Rechts unterschieden werden[45]."

Diese Ansicht von Zahn, nach der unter Finanzwirtschaft und damit unter Finanzstatistik sowohl erwerbswirtschaftliche und die gänzlich anders geartete hoheitliche Tätigkeit des Staates fällt, hat sich jedoch zu Recht nicht durchgesetzt.

Vielleicht wäre eine Betrachtung der privaten und öffentlichen Haushalte unter ein und demselben Gesichtspunkt nicht von der Hand zu weisen. Bei den privaten Haushalten hat sich jedoch — wohl wegen ihrer geringen Größe — ein Bedarf an Statistik noch nicht feststellen lassen. Allein öffentliche Tätigkeit, und zwar auch nur soweit, als sie nicht in das Gebiet privatwirtschaftlicher Sphäre übergreift, soll Gegenstand der Finanzstatistik sein.

Gegenstand der Finanzstatistik sind die Einnahmen, Ausgaben, das Vermögen und die Schulden der öffentlichen Institutionen (des Staates,

---

44 *Klezl-Norberg* (Wirtschaftsstatistik in Theorie und Praxis, Wien, S. 275) trifft in diesem Zusammenhang folgende Feststellung: „Handelt es sich um Unternehmungen", (gemeint sind öffentliche Unternehmungen) „die mit privatwirtschaftlichen Unternehmungen im Wettbewerb stehen, so wird ihre Statistik in erster Linie als betriebswirtschaftliche Satistik zu werten sein. Handelt es sich hingegen um Unternehmungen, die in dem betreffenden Wirtschaftszweig entweder ein Monopol oder eine monopolähnliche Stellung besitzen, so bildet ihre Beobachtung einen Bestandteil der volkswirtschaftlichen Statistik."

Wir stimmen mit Klezl-Norberg darin überein, daß es sich bei nicht hoheitlicher Tätigkeit nicht um Finanzstatistik, sondern um betriebswirtschaftliche Statistik handelt. Sie ist es aber nicht nur „in erster Linie", sondern überhaupt. Es ist nicht einzusehen, warum allein die Tatsache der Monopolstellung volkswirtschaftliche Statistik begründen soll. Träfe es wirklich zu, daß alle öffentlichen Monopole nur Gegenstand volkswirtschaftlicher Statistik sind, dann dürfte es kaum auf dem Gebiet öffentlicher Unternehmungen betriebswirtschaftliche Statistik geben, denn — abgesehen von der Domänenwirtschaft — steht der Staat kaum auf irgendeinem Gebiet in Konkurrenz mit der Privatwirtschaft.

45 Friedrich *Zahn:* Artikel „Finanzstatistik" im Handwörterbuch der Staatswissenschaften, 4. Aufl., 4. Bd., Jena 1927, S. 10.

der Gemeinden und aller anderen öffentlichen Organe). Im Hinblick auf die besondere Bedeutung, welche die Steuern als Einnahmen haben, wird neben der Einnahmenstatistik auch noch sehr oft die Steuerstatistik unterschieden.

Soweit auf den Gebieten der Ein- und Ausgaben sowie des Vermögens und der Schulden Gruppen gebildet, Verhältniszahlen oder Mittelwerte berechnet werden, liegt Finanzstatistik vor[46].

Die Einnahmen kann man nach den verschiedensten Gesichtspunkten gliedern und zu erfassen versuchen.

Bekannt ist die Aufgliederung nach „allgemeinen" und „speziellen Deckungsmitteln", wobei unter die speziellen Deckungsmittel die sogenannten „Verwaltungseinnahmen" fallen, also die Einnahmen, welche die einzelnen Verwaltungen durch Gebühren, Verkauf von Liegenschaften usw. haben und unter die allgemeinen insbesondere die Steuern rechnen.

Gegen diese Art der Einnahmeaufgliederung sind zu Recht Bedenken geäußert worden: „Man mag . . . sich fragen, ob das geschilderte Vorgehen überhaupt zweckmäßig ist und dadurch nicht z. B. die Versuchung entsteht, aus dem Verhältnis von speziellen Deckungsmitteln und reinem Finanzbedarf die „Wirtschaftlichkeit" bzw. „Unwirtschaftlichkeit" einzelner Verwaltungszweige herauszurechnen — ein Vorgehen, das entschieden abgelehnt werden müßte[47]."

Eine andere vielfach gebrachte Gliederung ist die nach Steuern und staatlichen Erwerbseinkünften, also Einkünften, die der Staat aus nicht hoheitlicher Tätigkeit hat. Damit glaubt man die Einnahmen des Staates nach dem Gesichtspunkt der „Belastung" aufgeteilt zu haben.

Es ist richtig, daß Steuern, die erhoben werden, um staatliche Tätigkeit zu ermöglichen, einen „Mittelentzug" darstellen und man mag — obwohl der Ausdruck schlecht gewählt ist — dann auch von Belastung der Wirtschaft sprechen.

---

[46] Aber nur in diesem Fall ist Finanzstatistik gegeben. Wir bemerken dies ausdrücklich, weil, wie uns scheint, auf finanzwirtschaftlichem Gebiet viele Ermittlungen fälschlicherweise als Statistik angesehen werden. Wenn z. B. Einnahmen aus der Kraftfahrzeugsteuer festgestellt, weiter, wenn lediglich die Ausgaben für die einzelnen Verwaltungszweige, etwa für die Polizei ermittelt werden, dann hat das — wie im ersten Teil der Arbeit bereits ausführlich dargelegt wurde — mit Statistik — mag es auch immer als Statistik ausgegeben werden — nicht das geringste zu tun. Es ist ebensowenig Statistik wie die Zählung des in meiner Geldtasche vorhandenen Geldbetrages.

Nur wenn die Problematik der Gruppenbildung, der Berechnung von Verhältniszahlen oder von Mittelwerten gegeben ist, wird die Massenfeststellung zur Statistik. Anderenfalls müßte sich wirklich, wie Tschuprow sagt, jeder Forscher von der Statistik abwenden, weil sie dann jeder exakten Abgrenzung ermangelte.

[47] *Bickel:* Finanzwissenschaft und Statistik, in Handbuch der Finanzwissenschaft, zweite Auflage, Tübingen 1952, S. 146.

Auf der anderen Seite sollte es aber nicht als unbedingt sicher gelten, daß Einnahmen aus Erwerbseinkünften keine Belastungen der Wirtschaft darstellen könnten. Wenn der Staat sich seine Mittel durch erwerbswirtschaftliche Tätigkeit beschafft, entzieht er ebenso wie bei Steuererhebungen der Wirtschaft für seine Zwecke Arbeitskräfte und Sachwerte. Nur dann stellte offenbar die Beschaffung der Mittel auf Grund erwerbswirtschaftlicher Tätigkeit keine „Belastung" der Wirtschaft dar, wenn sich die staatliche erwerbswirtschaftliche Tätigkeit genau auf dasselbe Gebiet bezöge, auf dem sonst die Erwerbswirtschaft tätig geworden wäre[48]. Eine solche Unterstellung ist aber von vornherein nicht zu machen.

Läßt man den Gesichtspunkt gelten, daß die Belastung, welche die Privatwirtschaft durch den Mittelentzug erfährt, entscheidend davon abhängt, was sonst mit diesen Mitteln geschehen wäre, wird man zu dem Ergebnis kommen, daß die Feststellung der Belastung überhaupt problematisch ist; denn wie will man mit Sicherheit sagen, was bei unterbliebener staatlicher Tätigkeit geschehen wäre.

Natürlich übersieht man nicht, daß es dann, wenn man die Schwere der "Belastung„ klären wollte, nicht genügte, die steuerliche Belastung durch Anführung absoluter Zahlen zum Ausdruck zu bringen. Als man nach dem ersten Weltkrieg dem deutschen Volke Tribute nach Maßgabe seiner Leistungsfähigkeit auferlegen wollte, war man sich darüber im Klaren, daß man das Steueraufkommen in Beziehung zum Volkseinkommen setzen müßte.

Damit wird aber offensichtlich die Problematik in der Feststellung der Belastung und des Belastungsvergleichs nicht beseitigt[49].

Überhaupt ist es unmöglich, mit Hilfe der Statistik eine erschöpfende Aussage über die Wirkungen der Steuererhebung zu machen, da sie nicht nur unmittelbare, sondern auch mittelbare Wirkungen hat. „Es gibt zwei Aspekte, um die ökonomischen Auswirkungen von staatlichen Maßnahmen zu betrachten. Nehmen wir den Bau eines Straßennetzes als Beispiel. Zunächst fragen wir..., welcher wirtschaftliche Nutzen durch den Bau der zusätzlichen Straßen entstehen könnte, beispielsweise für die Absatzfähigkeit von landwirtschaftlichen Erzeugnissen oder für die Förderung des Reiseverkehrs. Zweitens ist zu untersuchen, welche Wirkungen sich aus der staatlichen Einstellung von Bauarbeitern, aus der Zahlung von Löhnen an diese Bauarbeiter, sowie aus dem Ankauf von Werkzeugen und Baumaterial ergeben. Der Straßenbau

[48] Vgl. hierzu *Colm:* Volkswirtschaftliche Theorie der Staatsausgaben, Tübingen 1927, S. 60 f.

[49] Zur Frage der Problematik des Belastungsvergleichs siehe Einzelschriften zur Statistik des deutschen Reiches Nr. 2, Berlin 1927: Die Staatsausgaben von Großbritannien, Frankreich, Belgien und Italien in der Vor- und Nachkriegszeit. Unterlagen zum internationalen Finanzvergleich.

beeinflußt die Verwendung menschlicher und materieller Hilfsquellen, den Einkommensstrom, die Entstehung von Gewinnen und die Investitionsneigung. Dieses Beispiel zeigt, daß wir unterscheiden müssen zwischen dem wirtschaftlichen Effekt des Endprodukts der staatlichen Maßnahmen — in unserm Fall: der Straßen — und dem wirtschaftlichen Effekt der im Laufe des Straßenbaus getätigten Lohnzahlungen und Materialkäufe.

Diese Unterscheidung kann praktisch auf alle Staatsausgaben und -einnahmen angewandt werden[50]."

Mit diesen Ausführungen soll keineswegs gesagt werden, daß Aufgliederungen der staatlichen Einnahmen überhaupt keinen Zweck hätten. Wenn man beispielsweise die Steuereinnahmen nach Wirtschaftszweigen aufgliedert, weiß man zunächst, wieviel von den insgesamt erzielten Steuereinnahmen von den einzelnen Wirtschaftszweigen stammen; man erhält damit aber auch Anhaltspunkte, wie Wandlungen in der Besteuerung der Wirtschaftszweige die Steuereinnahmen ändern würden. „Ist es doch für den Finanz- und Wirtschaftspolitiker gleichermaßen wichtig zu wissen, wie sich die Steuerquellen eines Landes regional, nach Arten (Arbeitseinkommen, gemischtem Einkommen und Kapitaleinkommen; Grund und Boden, Wertschriften, Anlagen usw.), nach Wirtschaftszweigen oder Berufen, nach Familienstand und Kinderzahl sowie nach der Einkommens- bzw. Vermögenshöhe gliedern. Jener will beurteilen, welche Ausfälle eine Senkung des Steuertarifs oder sonstige, bestimmte Kategorien von Steuerpflichtigen entlastende Maßnahmen verursachen werden, wo er sich durch kräftigeren Zugriff vermehrte Einnahmen beschaffen kann, welche Finanzkraft die einzelnen Landesteile aufweisen. Dieser fragt, in welchen Wirtschaftszweigen sich das Volkseinkommen hauptsächlich bildet, was in einzelnen Berufen verdient wird, wie sich Einkommen und Vermögen in der Bevölkerung verteilen. Ist die Einkommenverteilung gleichmäßig oder stark differenziert, besteht eine breite Schicht kleiner Vermögensbesitzer, oder ballen sich Riesenvermögen in einigen wenigen Händen zusammen?[51]"

Die Aufgliederung der Einnahmen, insbesondere der Steuern, hat also durchaus Sinn[52]. Nur sollte nicht angenommen werden, daß auf sta-

---

[50] *Colm:* Die öffentliche Haushaltwirtschaft, in Handbuch der Finanzwissenschaft, Tübingen 1952, S. 528 f.

[51] *Bickel:* Finanzwissenschaft und Statistik, in Handbuch der Finanzwissenschaft, 2. Auflage, Tübingen 1952, S. 150.

[52] Hinsichtlich der „steuerwirtschaftlichen Untersuchungen, wie sie von seiten der amtlichen Statistik in einzelnen Sachgebieten der Betriebs- und Verbrauchswirtschaft durchgeführt worden sind", siehe ausführlich Charlotte *Lorenz:* Aufgaben und Methoden der Kausalforschung in der Finanz- und Steuerstatistik in Allgemeines Statistisches Archiv, Jena 1941/42 S. 147 ff.

tistischem Wege Wesentliches über die Belastung der Wirtschaft in Erfahrung gebracht werden könnte.

Man beachte die seit altersher bestehende Regel, daß nur wenig in der Besteuerung verändert werden sollte, falls man einschneidende Maßnahmen auf dem privaten Sektor der Wirtschaft vermeiden will und daß ferner, damit der Kostenfaktor Steuer nicht die Produktion maßgeblich beeinflusse und die Wirtschaft möglichst wenig behindert werde, die Staatstätigkeit auf ein Minimum zu beschränken ist.

Die Ausgaben werden meistens nach „ordentlichen" und „außerordentlichen" unterschieden. Weitaus zweckmäßiger wäre jedoch — was in vielen Ländern auch bereits geschieht — eine Aufgliederung der Ausgaben nach Konsumtion und Investition. „Alle volkswirtschaftlich relevanten Unterscheidungen ziehen sich quer durch den ordentlichen und außerordentlichen Haushalt hindurch. Viel wichtiger wäre es, ... zwischen konsumtiven Ausgaben einerseits und Investitionen anderseits zu unterscheiden, unabhängig davon, aus welchen Mitteln die Deckung der Aufwendungen erfolgt[53]."

Allgemein sollte die Aufgliederung nach Ausgabezwecken immer mehr in den Vordergrund treten, damit die bewilligenden Stellen einen Einblick in die Verwendung der Gelder erhalten.

Bei einer Aufgliederung nach Verwaltungszweigen ist eine Auskunft hierüber meistens noch nicht gegeben, weil sehr oft gleiche Zwecke von verschiedenen Verwaltungszweigen verfolgt werden. Soziale Belange werden z. B. von den verschiedensten Verwaltungszweigen vertreten. „Der kürzlich erschienene Bericht der Hoover-Kommission in den Vereinigten Staaten kritisierte mit Recht, daß die Mittelanforderungen in den Haushaltsplänen der Vereinigten Staaten nach Verwaltungseinheiten aufgegliedert sind und eine große Menge von Einzelheiten in bezug auf das Gehalt jedes beschäftigten oder zu beschäftigenden Angestellten in einer speziellen Verwaltungseinheit enthalten, aber nur sehr wenig Auskünfte darüber geben, welche Arbeit wirklich geleistet wird und welche Stellung die einzelnen Behörden im Zusammenhang mit den großen Regierungsmaßnahmen haben[54]."

Das Zustandekommen der Schuldenstatistik dürfte wenig Schwierigkeiten bereiten.

Nicht so leicht ist die Ermittlung des öffentlichen Vermögens.

Meinungsverschiedenheiten bestehen insofern, ob die zur allgemeinen Benutzung zur Verfügung stehenden Anlagen wie Straßen, Parks usw. bei der Ermittlung des Vermögens berücksichtigt werden sollen. Infolge ihres unbestreitbaren Nutzwertes wäre es unseres Erachtens angebracht.

---

[53] *Bickel*, ebenda, S. 144.

[54] *Colm:* Die öffentliche Haushaltwirtschaft, in Handbuch der Finanzwissenschaft, Tübingen 1952, S. 525.

Zum Schluß unserer Betrachtung zu den finanzstatistischen Aufgaben noch eine negative Feststellung.

Die Ansichten von den Aufgaben des Staates gegenüber der Wirtschaft haben sich seit einiger Zeit sehr gewandelt. Es ist keine Rede mehr davon, daß sich der Staat gegenüber der Wirtschaft passiv verhalten dürfe, sondern „finanzpolitische Maßnahmen (werden heute) von einer wachsenden Zahl von Wirtschaftern als ein Instrument zur direkten Beeinflussung des allgemeinen Standes von Beschäftigung, Produktion und Volkseinkommen angesehen[55]."

Ganz abgesehen davon, daß wir etwaige Statistiken, welche der Staat braucht, um dieser Aufgabe gewachsen zu sein, unter Volkswirtschaftsstatistik zusammenfassen wollen, muß hier ausdrücklich festgestellt werden, daß es dieser Statistiken in der funktionierenden Konkurrenzwirtschaft nicht bedarf; denn der Preis erledigt hier, was in den heutigen Verkehrswirtschaften in hohem Maße vom Wirtschaftspolitiker zu leisten ist.

Statistiken zur „Beeinflussung des allgemeinen Standes von Beschäftigung, Produktion und Volkseinkommen" spielen allerdings eine große Rolle in der anschließend zu erörternden gemischten Wirtschaftsordnung.

2. Die gemischte Wirtschaftsordnung

A. Ihre Charakterisierung

Um die gemischte Wirtschaftsordnung zu charakterisieren, gehen wir von einer kurzen Betrachtung der Konkurrenzwirtschaft aus.

In der Konkurrenzwirtschaft hat das Theorem von Say Geltung, nach dem jedes Angebot seine Nachfrage schafft. Die dem Produzenten entstehenden Kosten sind auf der anderen Seite Einkommen, nämlich Arbeitseinkommen, Unternehmereinkommen, Einkommen aus Kapital sowie Grund und Boden. Die Produktion bringt also selbst die Einkommen zur Entstehung, aus denen die Nachfrage nach Gütern stammt. Die Einkommen, aus denen die früher produzierten Güter gekauft werden sollen, sind später auch in der erforderlichen, d. h. kostendeckenden Höhe vorhanden. „Produziert wird so viel, wie nachgefragt wird, und die Größe, die die Nachfrage bestimmt, ist das Einkommen, das seinerseits wieder aus der Produktion stammt; das ist der volkswirtschaftliche Kreislauf in seiner einfachsten Form. Er funktioniert offenbar reibungslos, solange das bei der Produktion verdiente Geldeinkommen in vollem Umfang der Produktion immer wieder zuströmt. . . . Allerdings wird das Einkommen nicht ganz ausgegeben, sondern ein Teil davon wird gespart. Da man jedoch Ersparnisse heutzutage nicht

---

[55] *Colm:* Die öffentliche Haushaltwirtschaft, in Handbuch der Finanzwissenschaft, 2. Auflage, Tübingen 1952, S. 528.

mehr in den Strumpf steckt und damit aus dem Kreislauf herausnimmt, da man sie vielmehr „anlegt", so tritt auch die Sparquote des Einkommens der Produktion als Nachfrage gegenüber. Sie wird vom Sparer entweder direkt oder über die Kreditanstalten dem Unternehmer zur Verfügung gestellt, der investieren, d. h. seinen Produktionsapparat erweitern oder verbessern will und der nun mit diesem Geld zwar nicht Verbrauchsgüter, wohl aber Produktionsmittel, nämlich Eisen, Ziegelsteine und Zement kauft. Auf diese Weise fließt also das ganze Einkommen, die Konsumquote und die Sparquote, der Produktion wieder zu[56]."

Wegen der konstanten Verhältnisse erlebt das Gros der Unternehmer bei seinen Planungen, bei denen der spätere Absatz in Rechnung gestellt wird, keine Enttäuschung. Das ausgelegte Geld geht wieder ein und es kommt nie zu allgemeiner Produktionseinschränkung, d. h. zu Krisen, sondern es besteht stets Vollbeschäftigung. Arbeitslosigkeit tritt nur insofern auf, als es immer eine gewisse Zeit dauert, bis der Arbeiter, der seinen alten Arbeitsplatz aufgibt, eine neue Beschäftigung gefunden hat[57].

Wenn man von diesen Überlegungen ausgeht, ist die wirtschaftspolitische Einstellung des Liberalismus verständlich.

Wenn der Staat in der vollbeschäftigten Wirtschaft seine Tätigkeit erweitert, dann kann er das nur, indem er der Privatwirtschaft Produktivkräfte entzieht. Dieser Mittelentzug vermindert die Fähigkeit der Wirtschaft zu reicherer Produktion, welche nach Möglichkeit gefördert werden soll. „Wenn man glaubt, daß alle Produktionsfaktoren normaler-

---

[56] Erich *Preiser:* Die Zukunft unserer Wirtschaftsordnung, Stuttgart 1949, S. 132.

[57] „Es ist ... immer möglich, mit dem vorhandenen Vermögensstock die ganze Arbeit aufzukaufen, und gewisse stark wirkende Gründe sorgen dafür, daß jene Möglichkeit auch immer zur Wirklichkeit wird. Zwischen Kapitalisten und Arbeitern sind nämlich — mit äußerst seltenen Ausnahmen — die ökonomischen Bedingungen für das Zustandekommen eines Tausches äußerst günstig gestellt. Die Arbeiter brauchen gegenwärtige Güter dringend, und können mit ihrer Arbeit auf eigene Rechnung nichts oder fast nichts anfangen: sie werden also bis zum letzten Mann ihre Arbeit lieber billig als gar nicht verkaufen. Ähnliches gilt aber auch für die Kapitalisten. Nach ihren eigenen Bedarfs- und Deckungsverhältnissen gelten ihnen ihre gegenwärtigen Güter — die sie ja doch jedenfalls auf die Zukunft aufsparen würden — nicht mehr als eine Summe künftiger Güter. Sie werden also jeden Arbeitskauf, bei dem sich noch irgendein wenn auch kleines Agio gewinnen läßt, dem Totliegenlassen ihrer Kapitalien vorziehen; und dies hat zur Folge, daß ebenso wie alle Arbeit, so auch alles Kapital zum tatsächlichen Umsatz kommt. In der Tat sehen wir, daß in allen Volkswirtschaften, obwohl in ihnen das Größenverhältnis zwischen dem Vermögensstock und der Zahl der Lohnarbeiter ein außerordentlich verschiedenes ist, diese beiden Größen einander gerade aufkaufen. Daß es überall etliche Arbeitslose gibt und etliche müßige Kapitalien gibt, kann natürlich keine Widerlegung des Gesagten bilden." (*Böhm-Bawerk:* Positive Theorie des Kapitals, Jena 1921, S. 448/449.)

weise unvermeidlich von der Privatwirtschaft ausgenützt werden, dann folgt daraus, daß der Staat solche Faktoren zu seinem eigenen Gebrauch nur erhalten kann, wenn er die privaten Unternehmer davon abhält, sie für sich zu gebrauchen[58]." Die staatliche Tätigkeit ist also auf ein Minimum zu beschränken. Das Budget soll von kleinem Umfang sein und sich immer im Gleichgewicht befinden, Defizitausgaben sind möglichst zu vermeiden. Eine Geldschöpfung ohne vorangegangene Güterproduktion muß unterbunden werden, weil es sonst zur Inflation kommt. Schließlich soll alles getan werden, um die Spartätigkeit und damit die Investition anzuregen. „Wenn wir Vollbeschäftigung haben, dann ist es offenbar, — je mehr wir von unserem Spezialprodukt dem laufenden Verbrauch widmen, desto weniger ist zur Kapitalbildung verfügbar. Wenn man annehmen könnte, daß die Produktion immer bei ihrem Maximum verharren würde, dann wäre die altmodische Doktrin der Sparsamkeit absolut richtig — richtig, man nehme es zur Kenntnis, sowohl vom individuellen als vom sozialen Standpunkt aus[59]."

Wenn es in der von der Konkurrenz beherrschten Wirtschaft zu Monopolbildungen kommt, wird das bestehende Gleichgewicht gestört und die Wirtschaft strebt einem neuen Gleichgewicht zu. In unserem methodischen Teil haben wir dies an Hand eines schematischen Beispiels näher geschildert[60]. Wir sahen, daß sich der Produktionsweg, die Zinsen und die Löhne änderten.

Aber noch eine andere Feststellung muß getroffen werden. Mit Veränderung der Preise verschieben sich die Einkommen, und zwar steigen die der Monopolisten infolge des höheren Preises, während für die Käufer, die jetzt für das Monopolgut einen höheren Preis zahlen müssen, das Realeinkommen sinkt. Damit tritt eine Verschiebung der Ersparnisse ein, weil von höheren Einkommen relativ mehr gespart wird. Die Statistik hat die Existenz dieses Gesetzes immer wieder nachgewiesen. Sodann erfährt aber auch die Konsumgutnachfrage eine Wandlung. Die Monopolbildung an sich und die damit im Zusammenhang stehende Veränderung der Ersparnisse und der Konsumgüternachfrage wirken also auf eine Störung des Gleichgewichts hin.

Noch bedeutsamer als die Tatsache, daß mit Entstehen des Monopols das Gleichgewicht beseitigt wird, ist es, daß bei Vorhandensein von Monopolen kaum jemals wieder ein Gleichgewicht erreicht wird. Bevor der neue Gleichgewichtszustand nämlich gegeben ist, treten meistens schon wieder neue Daten ein, die ihn stören.

---

58 *Schumacher:* Staatsfinanzen — Ihr Verhältnis zur Vollbeschäftigung in „Vollbeschäftigung, Sechs Studien zur Theorie der Wirtschaftspolitik", Bern, 1946, S. 146.

59 *Samuelson:* Volkswirtschaftslehre, Köln 1952, S. 314.

60 Siehe S. 75 ff.

In der Konkurrenzwirtschaft ist das Verhalten der Produzenten eindeutig bestimmt. Nach dem Marktpreis, auf den der einzelne Produzent mit seinem Angebot keinen merklichen Einfluß ausübt und den er als Datum hinnimmt, müssen sie ihre Produktion ausrichten. Wenn der einzelne Produzent einen höheren Preis als den Konkurrenzpreis fordern würde, könnte seine Ware auf dem Markt keinen Absatz finden, verlangte er weniger, könnte er die Nachfrage auf die Dauer nicht befriedigen, weil ein dauernder Verkauf unter Kostenpreis nicht tragbar ist.

Bei Ausschaltung der Konkurrenz fehlt diese eindeutige Bestimmbarkeit des Verhaltens der Produzenten. Der Monopolpreis weist nämlich keine einheitliche Tendenz auf wie der zum Kostenpreis strebende Konkurrenzpreis. Möglicherweise will der Monopolist ein Gewinnmaximum erzielen; d. h. er wird den Preis ausfindig zu machen versuchen, bei dem Durchschnittskosten mal Menge und Preis mal umgesetzte Menge die größte Differenz ergeben. Aber es ist nicht mit Bestimmtheit gesagt, daß er auf diesen Preis hinauswill. Seine Absichten können auf einen anderen Preis abzielen.

Die Veränderung ist der gemischten Wirtschaftsordnung inhärent. Selbst wenn sich das Ausmaß der Monopolisierung nicht ändert, liegt eine Datenänderung stets im Bereich der Möglichkeit.

Die Wirtschaftsteilnehmer, für die der Preis kein Datum ist, unterstehen nicht eindeutigen wirtschaftlichen Gesetzen, sondern sie besitzen Macht, die sie verschieden betätigen können. So ist die Wirtschaft der Monopole eine Wirtschaft mit der Tendenz zum Ungleichgewicht, in der die Einkommen und letzten Endes auch die Ersparnisse, welche über das Ausmaß der Produktionsumwege entscheiden, keine Konstanz aufweisen, sondern dauernden Veränderungen unterliegen.

In dieser von Monopolen durchsetzten und in der Einkommensentwicklung nicht konstanten Wirtschaft gilt nicht das Theorem von Say. Dem Unternehmer werden vielleicht seine Kosten nicht ersetzt. Die Nachfrage entspricht nicht dem Angebot. Es kommt zur Produktionseinschränkung, Arbeitslosigkeit, d. h. zu Krisen, was die Klassiker, die bei ihren Betrachtungen nur immer die Konkurrenzwirtschaft ins Auge faßten, nicht für möglich gehalten hatten. „Ein normaler Ablauf der Wirtschaft ist nur dann möglich, wenn zwischen ihren Elementen das erforderliche Gleichgewicht besteht. Der Absatz muß der Erzeugung die Waage halten. Die Kapitalbildung muß den Anforderungen der steigenden Produktion entsprechen, die Ersparnisse dürfen weder zu klein noch zu groß sein. Jede Störung dieses G l e i c h g e w i c h t s wirkt auf die gesamte Wirtschaft hemmend. Wenn der Verbrauch in einem Lande zu groß ist, hört die Kapitalbildung auf, die Produktion geht zurück, bis das ausländische Kapital einspringt, um auf das verschwenderische Land die Hand zu legen. . . . Das Gleichgewicht kann aber auch von der anderen Seite her gestört werden. Wenn der Verbrauch in einem Lande im Vergleich mit seinen produktiven Kräften aus irgendwelchem Grunde zu langsam wächst und das Land seine Ausfuhr nicht weiter ausdehnen kann, tritt unvermeidlich eine Stockung des Absatzes ein; die Arbeitslosigkeit nimmt zu, die Kapitalbildung verlangsamt sich[61]."

Sind solche das Gleichgewicht störende Ereignisse an der Tagesordnung, dann sind die Unternehmungen nicht voraussehbaren Geschehnissen ausgesetzt, was für sie wegen der Notwendigkeit einer Antizipation späterer wirtschaftlicher Verhältnisse — eine solche ist mit jeder Zeit beanspruchenden wirtschaftlichen Tätigkeit verbunden — Gefahrenmomente in bezug auf die Verwirklichung des Absatzes ihrer Produkte in sich bergen muß. Die Konjunktur ist, um es mit den Worten Röpkes[62] zu sagen, „das sich der Berechenbarkeit und Beeinflußbarkeit in hohem Maße entziehende, steter Veränderung unterworfene Verhältnis von Angebot und Nachfrage auf einem Markte" oder mit den Worten Momberts: Die Konjunktur kennzeichnet eine „Marktlage, welche als irrationaler Faktor des Wirtschaftslebens durch ihren Einfluß auf die Markt- und Preisverhältnisse die Lage der in den Markt verflochtenen Einzelwirtschaft günstig oder ungünstig beeinflussen kann". Es entzieht sich, wie wir bereits in unserem methodischen Teil ausgeführt haben, unserer Kenntnis, welcher Faktor jeweils den Konjunkturzyklus auslöst, zweitens ob, wann und in welcher Stärke sonst noch seinen Verlauf in positiver oder negativer Hinsicht beeinflussende Faktoren auftreten können.

Die Unternehmungen sind damit einem unberechenbaren Schicksal im Konjunkturzyklus ausgeliefert. Der Preis, dem man die Rolle des Lenkers der Wirtschaft zugedacht hat und auf dessen Funktionieren man wegen der Unübersichtlichkeit der Wirtschaft, der fehlenden Transparenz der Märkte angewiesen ist, funktioniert nicht.

So ist es dann in der Vergangenheit zu Zusammenbrüchen von Unternehmungen und im Gefolge davon zu Arbeitslosigkeit größten Ausmaßes gekommen. Wir haben es erlebt, daß die Krise im Jahre 1933, als die Zahl der Arbeitslosen in Deutschland bis auf 5 Millionen gestiegen war, maßgebend die politische Entwicklung beeinflußte. Kein Wunder, daß dann, wenn die wirtschaftlichen Verhältnisse politische Auswirkungen zeitigen, radikale Parteien zur Macht gelangen, die

---

[61] Wladimir *Woytinski*, zitiert nach Julius *Wolf:* Konjunktur und Krise, in Schriften des Vereins für Sozialpolitik, 173. Bd. München und Leipzig 1928, S. 18.

[62] Entnommen Julius *Wolf:* Konjunktur und Krise in Schriften des Vereins für Sozialpolitik, München und Leipzig 1928, S. 3.

durch die Anwendung extremer Methoden eine Besserung der wirtschaftlichen Lage ihrer Wählerschaft zu erreichen versuchen.

Wir können die in der gemischten Wirtschaftsordnung gegebene Situation auch mit den Worten des Statistikers ausdrücken: es gilt nicht das Gesetz der großen Zahl, weil die „allgemeinen Ursachen“, deren Konstanz zu seiner Wirksamkeit gehört, Schwankungen unterliegen. Die sich auf dem Markt bildenden Preise haben nur noch für mehr oder minder kurze Zeit repräsentative Bedeutung. Sie büßen diese um so schneller ein, je schneller sich die Daten ändern.

Die Einkommen entwickeln sich in der gemischten Wirtschaftsordnung, in der eine stete Tendenz zum Ungleichgewicht besteht, nicht mehr gleichmäßig, die Spar- und die Konsumquote unterliegen Schwankungen und der Preis, der in der Konkurrenzwirtschaft die Wirtschaft dirigiert, besitzt die Lenkungsfunktion nicht in dem Maße wie in der Konkurrenzwirtschaft.

Die Produktionsgüter, die in der Gegenwart Kosten verursachen, werden nicht von den Einkommen gekauft, die bei der heutigen Produktion entstanden sind, sondern die heutige Produktion wird, — weil eben bis zur Konsumreife Zeit verstreicht — von späteren Einkommen erstanden. Sind diese späteren Einkommen höher als die heutigen, und werden von diesen späteren Einkommen auch in höherem Maße Mittel für Konsumzwecke ausgegeben, so erzielt der Produzent Gewinne und er wird zu erhöhter Produktion angeregt.

Bei rückläufigen Einkommen und damit sinkenden Ausgaben für Konsumzwecke erleidet der Produzent, weil er die Kosten nicht hereinbekommt, Verluste. Er schränkt die Produktion ein, das heißt, er entläßt Arbeiter und auch die anderen Produktionsfaktoren finden nicht mehr in dem Maße Verwendung wie früher. „Was könnte einen Unternehmer veranlassen, zu heutigen Kosten eine Produktion zu beginnen, wenn er der Meinung ist, daß er die fertiggestellte Produktion künftig nur zu Unterkostenpreisen absetzen kann?[63]“

Der bisherige Stand der Einkommen verringert sich immer weiter und so wird wegen der zurückgehenden Verwendung von Geldern für Konsumzwecke die Produktion immer mehr eingeschränkt. Es herrscht Arbeitslosigkeit und es kann wie Keynes es gezeigt hat, sogar bei dieser Situation zum Gleichgewicht in der Wirtschaft kommen, eben dann, wenn die Produktionskosten sich nach den erlittenen Verlusten auf den niedrigeren Stand der Einkommen eingespielt haben. So hat die schrumpfende Nachfrage nach Konsumgütern eine schädliche Wirkung hervorgerufen, eben Arbeitslosigkeit, die bei etwaigem Gleichgewicht des Angebots und der Nachfrage nach Gütern nur schwer beseitigt werden kann, wenn auch zugestanden werden muß, daß die Arbeitslosen mit

[63] *Paulsen:* Neue Wirtschaftslehre, Berlin und Frankfurt/M. 1950, S. 61.

ihrer Bereitschaft zur Arbeit bei niedrigeren Löhnen ein agens sind, daß von sich aus einen Ausweg aus diesem Dilemma schaffen könnte.

Die Klassiker hatten die These vertreten — und zwar im Hinblick auf die Konkurrenzwirtschaft zu Recht — daß nicht genug gespart werden könne, d. h. daß der Konsum möglichst eingeschränkt werden müsse. In der gemischten Wirtschaftsordnung kann dagegen durchaus zuviel gespart und zu wenig konsumiert werden, da bei Entstehen von Monopolen die hohen Einkommen mehr zunehmen und damit plötzlich eine bis dahin bestehende Nachfrage nach Konsumgütern unterbleibt. „Die Enthaltung von der Konsumption führt nicht mehr direkt zu einer Akkumulation von Kapital. Der Versuch zu sparen kann im Gegenteil zu Arbeitslosigkeit, zu einem Sinken des Nationaleinkommens, zu ungenützten Kapazitäten und dadurch zu einer Verzögerung der Kapitalakkumulation führen. Man kann nicht mehr sagen: „Was wir nicht verbrauchen, verwendet der Geschäftsmann für Investitionen". Man muß jetzt sagen: „Wenn wir nicht konsumieren, dann weigert sich der Geschäftsmann zu investieren". In der klassischen Theorie sah es aus, als ob die Gesellschaft die Wahl hätte zwischen „mehr konsumieren" und „mehr investieren"; daß „weniger konsumieren" eine schnellere Akkumulation des Kapitals und „mehr konsumieren" eine Verkleinerung der Fortschrittsrate bedeutete. Jetzt entdecken wir, daß im Gegenteil die private Investition nicht normal steigen kann, außer wenn die Konsumption ebenfalls steigt (oder wenn erwartet wird, daß sie steigt), und daß eine Herabsetzung der Konsumption nicht etwa die Investition anregt, sondern sie im Gegenteil tötet. Für die Klassiker, die das Gesamteinkommen und die Gesamtausgaben als gegeben ansahen, wer es klar, daß Konsumption und Investition nur je auf Kosten der anderen wachsen konnten. Aber den Modernen, die nicht mehr zur Annahme berechtigt sind, daß das Gesamteinkommen und die Gesamtausgaben unveränderlich sind, wurde es offenbar, daß, wenn überhaupt eine Bewegung besteht, die Konsumption und die Investition nur zusammen steigen oder fallen können[64]."

Die hier vorgetragenen Ansichten der Klassik und der „Neuen Wirtschaftslehre" scheinen in unlöslichem Widerspruch zueinander zu stehen. In Wirklichkeit liegt ein solcher jedoch nicht vor, weil beide Richtungen von zwei verschiedenen Wirtschaftsordnungen ausgehen. Was bei bestehender Konkurrenz geboten ist, paßt nicht bei fehlender.

Die Klassiker untersuchten den Wirtschaftsablauf bei Geltung des Konkurrenzpreises, also den Fall, daß der Preis ein Datum ist und

---

[64] *Schumacher:* Staatsfinanzen — Ihr Verhältnis zur Vollbeschäftigung, in Vollbeschäftigung, sechs Studien zur Theorie der Wirtschaftspolitik, Bern, 1946, S. 150/151.

demnach der einzelne Unternehmer durch sein Marktangebot auf die Höhe des Preises und somit auf die gegebenen Einkommensverhältnisse keinen merklichen Einfluß ausübt. Es ist die Wirtschaft der konstanten Daten.

Die neue Theorie hat dagegen die mit Monopolen durchsetzte Wirtschaft, das heißt den Fall der Beeinflußbarkeit des Preises und somit auch der Einkommensverhältnisse durch den einzelnen Unternehmer im Auge. Es ist die Wirtschaft, in der die wirtschaftlichen Daten keine Konstanz aufweisen, weil der nicht in Konkurrenz produzierende Unternehmer auf Grund seiner Machtposition, das heißt seiner Fähigkeit, Marktstrategie zu treiben, die Daten verändern kann, bei etwaiger Preiserhöhung z. B. die Kaufkraft seiner Abnehmer schmälert.

Geht der Verbrauch von Konsumgütern plötzlich zurück, dann muß die Unternehmerschaft, welche diese Güter produzierte, Schaden erleiden. Die eventuell höhere Spartätigkeit bedeutet keinen Nutzen.

Anders in der Konkurrenzwirtschaft. Wenn keine plötzlichen Schwankungen in der Ersparnisbildung auftreten, ist es selbstverständlich, daß nichts, was die Ersparnisbildung einschränkt, unternommen werden sollte. Nimmt die Spartätigkeit z. B. stetig zu, dann werden zwar Einkommensbeträge dem Kauf von Konsumgütern entzogen, der Unternehmer stellt aber diese Entwicklung, die sich allmählich vollzieht und die er schon lange hat beobachten können, in Rechnung. Die Propagierung von Ersparnisbildung ist also in der Konkurrenzwirtschaft durchaus angebracht. Die höheren Ersparnisse dienen der Erweiterung der Produktionsumwege und erhöhen somit den Wohlstand.

Im Falle einer mit Monopolen durchsetzten Wirtschaft empfehlen sich andere Maßnahmen als in der reinen Konkurrenzwirtschaft.

Bei Monopolbildungen erhöhen sich plötzlich die Einkommen der Wirtschaftsteilnehmer, die in den Genuß des Monopolpreises kommen und es fällt — weil von höheren Einkommen mehr gespart wird und die Kaufkraft der anderen Einkommen sinkt — plötzlich ein Teil der bisher vorhandenen Einkommen aus.

Wenn unter diesen Umständen von der neuen Wirtschaftslehre Maßnahmen zur Anregung des Konsums gefordert werden, ist das nichts anderes als der Versuch die auf Grund der Monopole entstandenen Einkommen auf eine dem Konkurrenzpreis entsprechende Höhe zu bringen. So löst sich der scheinbare Widerspruch beider Ansichten auf. Alles erklärt sich aus den unterschiedlichen Voraussetzungen, die andere Maßnahmen verlangen. Mit den viel zitierten Worten von Keynes ausgedrückt: „Die charakteristischen Merkmale des von der klassischen Theorie angenommenen Spezialfalles sind nicht die des wirtschaftlichen Systems, in dem wir gegenwärtig leben, mit dem Ergebnis, daß ihre

Lehren irreführend und unheilvoll sind, wenn wir versuchen, sie auf die Erfahrungstatsachen anzuwenden.“

Aus der anderen Art der gemischten Wirtschaftsordnung resultieren andere wirtschaftspolitische Maßnahmen, und es sind in ihr, da die Statistik der Helfer der Wirtschaftspolitik ist, auch andere statistische Erhebungen erforderlich. Aus den in der gemischten Wirtschaftsordnung erforderlichen wirtschaftspolitischen Maßnahmen erwachsen die Aufgaben der Statistik in dieser Ordnung.

Es kann richtig sein, alles zu tun, was den Konsum anregt. „Alle verfügbaren Beweise zeigen, daß eine gleichmäßigere Verteilung der Einkommen den durchschnittlichen Hang zum Konsum steigern und damit die Gefahr, daß die Investitionsauswege nicht mehr genügen, um alle Ersparnisse aufzusaugen, die die Leute bei Vollbeschäftigung zu machen planen, vermindern würde. Ein Staat, der darauf bedacht ist, Vollbeschäftigung zu sichern, ohne ein Budgetdefizit einzugehen, muß deshalb das Nationaleinkommen in der Weise neu verteilen, daß die Gemeinschaft nie versuchen wird, mehr als für die laufenden Investitionsmöglichkeiten zu sparen[65].“

„Soweit Depression, Arbeitslosigkeit und langfristige Stockungen als Folge der ungleichmäßigen Einkommensverteilung nachgewiesen werden können, empfehlen sich redistributive Maßnahmen nicht nur auf Grund der sozialen Gerechtigkeit, sondern vor allem auf Grund der wirtschaftlichen Zweckmäßigkeit. Ein klassischer Ökonom dachte richtig, wenn er empfahl, eher die Armen als die Reichen zu besteuern, aber ein moderner Ökonom denkt logisch, wenn er empfiehlt, eher diejenigen zu besteuern, welche zu sparen in der Lage sind, als diejenigen, welche zu konsumieren begehren.

Das Argument der sozialen Sicherheit und das der wirtschaftlichen Zweckmäßigkeit sind sodann in der modernen Theorie vereinigt[66].“

Die — wegen der eventuellen schädlichen Auswirkung auf die Investitionsbereitschaft der Unternehmer — vorsichtig zu handhabende höhere Besteuerung der größeren Einkommen ist nur eine der möglichen Maßnahmen. Die auch denkbare Konsumfinanzierung führt unter Umständen besser zum gewünschten Ziel.

Als wirtschaftspolitische Maßnahme zur Lenkung und Beeinflussung des wirtschaftsablaufes empfiehlt man dem Staat ferner das Mittel der „Ausgabenverlagerung“. Er soll die Ausgaben, die ihm die steuerlichen Einnahmen ermöglichen, auf den größeren Zeitraum des Konjunktur-

---

[65] E. F. *Schumacher:* Die Staatsfinanzen — das Verhältnis zur Vollbeschäftigung in „Vollbeschäftigung, 6 Studien zur Wirtschaftspolitik“, Bearbeiter und Herausgeber Statistisches Institut der Universität Oxford, Wien 1946, S. 152/153.

[66] E. F. *Schumacher,* ebenda, S. 154.

zyklus verteilen[67], d. h. er soll in Zeiten florierender Wirtschaft für seinen Teil mit den Ausgaben zurückhalten, dagegen in Krisenzeiten durch erhöhte Ausgaben zur Belebung der Wirtschaft beitragen. Man bricht also offensichtlich mit dem Grundsatz der Klassiker, daß öffentliche Einnahmen und Ausgaben jedes Haushaltsjahres sich stets die Waage halten sollen.

Im Zusammenhang mit den konjunkturpolitischen Aufgaben des Staates steht auch die Forderung, daß ihm das Recht der Geldschöpfung ohne vorangegangene Güterproduktion einzuräumen ist. Woher sollte er sonst in Krisenzeiten, wenn die Steuereinnahmen gering und keine Steuerrücklagen aus Zeiten guter Konjunktur gegeben sind, die Mittel nehmen, um eigene Investitionen oder die der Privatwirtschaft zu finanzieren. Wenn keine privaten Ersparnisse gebildet werden und die Wirtschaft bei Unterbeschäftigung zur Investition bereit ist, ist eine Krediterteilung von seiten des Staates — eben notfalls auf dem Wege über die Geldschöpfung — angezeigt.

Die Kredite des Staates haben natürlich nur Bedeutung, wenn die Wirtschaft auch zu investieren bereit ist. Andernfalls muß der Staat auf dem Gebiet der Wirtschaft Aktivität entfalten. Wenn in Krisenzeiten keine Lust zur Investition vorhanden ist, wenn auch eine Verbilligung des Zinses, ja vielleicht sogar Angebote zinsloser Darlehen den entmutigten und weitere Preissenkungen erwartenden Unternehmer nicht zur Kreditnachfrage und somit zur Investition anregen können, dann ist es angebracht, auf dem Wege über öffentliche Investitionen — wie Bau von Straßen, Schulen, Krankenhäusern usw. — zur Belebung der Wirtschaft beizutragen. Damit wird dann erreicht, daß Arbeitslose in den Produktionsprozeß eingeschaltet werden und die Privatwirtschaft durch erhöhte Nachfrage nach Ziegeln, Zement usw. einen unmittelbaren Auftrieb erfährt.

Der Staat hat aber, wie gesagt, keineswegs nur die Aufgabe, die Produktionstätigkeit zu entfachen und — wenn der Privatwirtschaft die Initiative fehlt — von sich aus in das Wirtschaftsgeschehen einzugreifen. Er muß auch Mittel finden, um der erhöhten Produktionstätigkeit Einhalt gebieten zu können.

In der Hochkonjunktur, wenn alle Produktionsfaktoren ausgelastet, die Unternehmer auf Grund der erzielten Gewinne investitionsfreudig sind und durch Erteilung von Lieferkrediten das Kreditvolumen von sich aus — ohne Hilfe der Banken — noch mehr erweitern, ist dann von der öffentlichen Hand — damit der Aufschwung nicht zur Krisis führe — eine einschränkende Ausgabepolitik zu treiben.

---

[67] Eine schwierige Aufgabe für den Staat, da es keinen „Normalzyklus der Konjunktur" gibt und infolgedessen dieser Zeitraum nicht bekannt ist.

Von den jeweils gegebenen wirtschaftlichen Situationen hängen die zu ergreifenden Maßnahmen ab.

B. Die Wirtschaftspolitik der gemischten Wirtschaftsordnung erfordert Volkswirtschaftsstatistik, wozu Erhebungen des Sozialprodukts, des Einsatzes und Ausstoßes, Statistiken zur Wirtschaftsstruktur und Indexberechnungen gehören. Außer der Volkswirtschaftsstatistik bedarf es der Betriebswirtschaftsstatistik, zu der auch außerbetriebliche Statistik gehört, und der Finanzstatistik

Aus der Eigenart der gemischten Wirtschaftsordnung und den daraus resultierenden wirtschaftspolitischen Maßnahmen ergeben sich die in der gemischten Wirtschaftsordnung notwendigen Statistiken.

Vor allem muß sich der Staat, weil das Saysche Theorem nicht gilt oder — wie wir auch sagten — weil das Gesetz der großen Zahl in dieser Ordnung nur eingeschränkte Bedeutung hat, über das Volkseinkommen oder — anders gesagt — über das Sozialprodukt informieren. Damit hat der Wirtschaftspolitiker eine wichtige Kenntnis gewonnen, da aus dem Sozialprodukt die Nachfrage nach Konsumgütern sowie die Ersparnisse stammen und infolgedessen von seiner Veränderung der Wirtschaftsablauf maßgeblich beeinflußt wird.

So wichtig diese Feststellung aber auch ist, so muß doch gesagt werden, daß der Wirtschaftspolitiker damit erst in Erfahrung gebracht hat, ob und in welchem Maße wirtschaftspolitische Maßnahmen zur Vermeidung von Mißständen in der Wirtschaft angezeigt sind. Bevor diese zur Durchführung gelangen können, müssen aber noch andere Kenntnisse als nur die über die Veränderung des Sozialprodukts eingeholt werden.

Wenn der Statistiker die Wertschöpfung der Wirtschaftszweige ermittelt, also das Sozialprodukt von der Entstehungsseite her festgestellt wird, ist dem Wirtschaftspolitiker noch keine genügende Auskunft darüber gegeben, was die einzelnen Wirtschaftszweige an Kredit brauchen, wenn bei ihnen Investitionen durchgeführt werden sollen. Der erforderliche laufende Kredit wird nämlich nicht nur durch die Wertschöpfung der betreffenden Wirtschaftszweige bestimmt, sondern auch durch den Bedarf an Vorprodukten. Der Wirtschaftspolitiker muß deshalb nicht nur über die Netto-, sondern auch über die Bruttoproduktion unterrichtet werden, wenn das Ausmaß des erforderlichen Kredits festgestellt werden soll.

Diese Ermittlung muß nicht allein dort getroffen werden, wo die Kredite zum Einsatz gelangen. Wirtschaftliche Maßnahmen lösen nicht nur da, wo sie eintreten, sondern auch an anderen Stellen Wirkungen aus. Es besteht eine allgemeine Interdependenz, und man muß daher den Blick auf die Gesamtheit richten. Der Güterumlauf in der gesamten Wirtschaft muß festgestellt werden, wenn die Wirkung der geplanten wirtschaftspolitischen Maßnahme in ihrer ganzen Bedeutung erkannt werden soll.

Wie diese Statistik dem Wirtschaftspolitiker, der die Wirkungen von Krediterteilungen in der Wirtschaft erkennen will, geboten werden muß, ergibt sich aus ihrem Zweck. Wenn der Wirtschaftspolitiker eine Übersicht über die Gesamtzusammenhänge gewinnen soll, darf in dieser Statistik nicht für den einzelnen Betrieb der Zu- und Abstrom von Gütern zur Feststellung gelangen, sondern es müssen Zusammenfassungen zu mehr oder minder großen Wirtschaftszweigen vorgenommen werden.

„Die Wirtschaftspolitik braucht übersehbare Zusammenhänge zwischen wenigen, für die Steuerung des Wirtschaftsprozesses wesentlichen Größen. Aus diesem Grunde ist es notwendig, die Zahl der für den Ablauf der Wirtschaft relevanten Größen und der zwischen ihnen bestehenden Beziehungen zu vermindern. Das wird dadurch erreicht, daß man elementare Wirtschaftseinheiten je nach der Problemstellung, die zu behandeln ist, zu Gruppen zusammenschließt und die Analyse auf die Beziehungen zwischen diesen Gruppen als größere Wirtschaftseinheiten beschränkt[68]."

Darüber hinaus muß der Güterfluß in Werten ausgedrückt werden, denn wie sollte der Wirtschaftspolitiker sonst die Auswirkungen dieser wirtschaftspolitischen Maßnahmen erkennen können.

In der Literatur wird die eben besprochene und später noch näher zu behandelnde Statistik als volkswirtschaftliche Buchhaltung, Erfassung des Wirtschaftskreislaufes oder des Einsatzes und Ausstoßes bezeichnet. Diese Ermittlung des Einsatzes und Ausstoßes muß dem Wirtschaftspolitiker die Übersicht über die Auswirkungen verschaffen, die bei seinem etwaigen Eingriff in die Wirtschaft zu erwarten sind.

Mit diesen makroökonomischen, in Werten ausgedrückten Feststellungen hat der Wirtschaftsstatistiker noch nicht alles ermittelt, was der Wirtschaftspolitiker braucht, damit seine wirtschaftspolitischen Maßnahmen auch Erfolg haben.

Die für den Wirtschaftspolitiker bestehende Notwendigkeit sich über das Ausmaß des benötigten Kredites und der Abhängigkeit der Wirtschaftszweige voneinander eine genaue Vorstellung zu verschaffen, machen die Bewertung der zwischen den Wirtschaftszweigen umlaufenden Güter unerläßlich.

---

[68] E. *Schneider:* Einführung in die Wirtschaftstheorie, I. Teil, Theorie des Wirtschaftskreislaufes, Tübingen 1953, S. 50.

Nachdem sich der Wirtschaftspolitiker durch die in Werten ausgedrückten Güterströme über die Gesamtzusammenhänge unterrichtet hat, muß er sich vor Durchführung wirtschaftspolitischer Maßnahmen jedoch auch über die realen Möglichkeiten informieren, da sonst die Ausführung der geplanten Aktionen gefährdet werden könnte. Was nützte es, wenn die Finanzierung wohl möglich ist, aber die für die Investition erforderlichen Rohstoffe fehlen.

Es sind also auch Statistiken zur Ermittlung der Wirtschaftsstruktur erforderlich. Dazu gehören Erhebungen, welche konkreten Güter von den anderen Wirtschaftszweigen benötigt werden — insbesondere inwieweit sie vom Ausland zu beziehen sind — und weiter, welches die im Produktionszweig beschäftigten Produktivkräfte sind[69].

Schließlich muß noch darauf hingewiesen werden, daß auch Preisindexberechnungen in der gemischten Wirtschaftsordnung nicht entbehrt werden können.

Wenn in Krisenzeiten die Einnahmen des Staates immer mehr zurückgehen, muß ihm mit der Geldschöpfung ein Weg geebnet werden, der die Belebung der Wirtschaft möglich macht. Der gemischten Wirtschaftsordnung ist eine Geldordnung adäquat, bei welcher der Staat nicht wie in der Konkurrenzwirtschaft zur Passivität verurteilt ist, sondern es muß in die Geldverfassung dieser Ordnung das Recht der Geldschöpfung ohne vorhergehende Güterproduktion aufgenommen werden. Man darf vom Staat nicht aktive Wirtschaftspolitik verlangen und ihm die Mittel vorenthalten, die ihn dazu befähigen. Mit dieser Geldschöpfung ist aber offenbar die Gefahr der Inflation verbunden und es müssen daher Indexberechnungen durchgeführt werden, die das Ausmaß der Preissteigerung feststellen.

In der gemischten Wirtschaftsordnung ist also im Gegensatz zur Konkurrenzwirtschaft Wirtschaftsstatistik — oder wie man besser wohl sagen sollte „Volkswirtschaftsstatistik" — erforderlich, wozu die Ermittlung des Sozialprodukts, des Einsatzes und Ausstoßes, der Wirtschaftsstruktur und der Indexberechnung gehört.

Das Gebiet der Betriebswirtschaftsstatistik erweitert sich in der gemischten Wirtschaftsordnung erheblich. Neben der auch in der Konkurrenzwirtschaft erforderlichen innerbetrieblichen Statistik muß noch

---

69 In jeder Wirtschaft, zu jeder Zeit und an jedem Ort, muß sich die entscheidende Instanz mit zwei Fragen beschäftigen, einmal mit dem technischen Problem, welche naturalen Leistungen und Güter zum Einsatz gelangen sollen und zweitens damit, welcher Wert den Gütern beizumessen ist.
Mit der Statistik des Einsatzes und Ausstoßes, welche die Güter in Werten ausgedrückt bringt, ist der stets notwendigen Bewertung Rechnung getragen, mit der Erfassung der Wirtschaftsstruktur wird der Wirtschaftspolitiker über die naturalen Gegebenheiten unterrichtet.

zusätzlich eine marktorientierte Betriebswirtschaftsstatistik getrieben werden. Es muß auf den Markt „hinausgehorcht" werden.

Über die mengen- und preismäßige Nachfrage nach den einzelnen Waren brauchte nur dann keine Kenntnis eingeholt zu werden, wenn alle Waren in den Phasen des Konjunkturverlaufes gleichmäßig gefragt wären. Da dies nicht der Fall ist[70], müssen den einzelnen Wirtschaftszweigen Anhaltspunkte gegeben werden, was sie bei Eintritt dieser oder jener Phase des Konjunkturzyklus erwartet. Ein Wirtschaftszweig, der darüber unterrichtet ist, in welchem Maße preis- und mengenmäßig die Nachfrage nach einem bestimmten Produkt zurückgeht, ist auf Grund dieser Erhebungen darüber belehrt, daß bei Investitionen Vorsicht geboten ist. Auch Betriebswirtschaftsstatistik ist also in der gemischten Wirtschaftsordnung unerläßlich und zwar, wie gesagt, neben der innerbetrieblichen Statistik noch zusätzlich eine außerbetriebliche Statistik.

In der gemischten Wirtschaftsordnung sind danach 1. Volkswirtschaftsstatistik, 2. Betriebswirtschaftsstatistik und 3. die in keiner Wirtschaftsordnung zu entbehrende Finanzstatistik zu unterscheiden.

An sich wäre es nicht abwegig, die sogenannte „Volkswirtschaftsstatistik" auch unter der Rubrik „Finanzstatistik" zu bringen; denn es handelt sich um Statistiken, die als Unterlagen für etwaige staatliche Maßnahmen benötigt werden. Aber zweckmäßigerweise trennt man doch die aus konjunkturpolitischen und hoheitlichen Rücksichten vorgenommenen Statistiken voneinander.

Nach diesen Feststellungen, die uns einen kurzen Überblick geben sollten, welche Zweige von Statistik es in der gemischten Wirtschaftsordnung gibt und bereits die Erweiterung des statistischen Bereiches in der gemischten Wirtschaftsordnung erkennen lassen, können wir unsere Erörterungen zu den Aufgaben der Statistik in dieser Ordnung jedoch noch nicht abbrechen.

Der Gegenstand der Ermittlung muß zunächst schon deshalb noch näher behandelt werden, weil er in begrifflicher Hinsicht vielfach nicht

---

[70] Es gibt Güter, deren Nachfrage im Konjunkturzyklus nur geringen, andere wieder, deren Nachfrage großen Schwankungen unterworfen ist (vgl. hierzu *Wagemann:* Konjunkturlehre, Berlin 1928, S. 179 ff.).

Im ersten Fall spricht *Wagemann* von „Verzehrgütern", im anderen von „Vorratsgütern". „Unter Verzehrgütern verstehen wir Güter, mit denen sich die Wirtschaftsubjekte laufend eindecken, unter Vorratsgütern Güter, mit denen man sich nur von Zeit zu Zeit eindeckt und bei denen der Zeitpunkt der Eindeckung leicht verschoben werden kann." Die landwirtschaftlichen Güter sind z. B. in aller Regel Verzehrgüter, also Güter, die laufend gebraucht werden, bei denen auch in der Krise die Nachfrage nur unmerklich zurückgeht. Industrieprodukte wie Möbel und Herrenkleidung gehören allgemein zu den Vorratsgütern. Sie werden nur von Zeit zu Zeit gekauft. Ihr Kauf wird in wirtschaftlich schlechten Zeiten zurückgestellt. Die Krisen sind daher in der Hauptsache Industriekrisen gewesen, weniger Agrarkrisen.

geklärt ist. Außerdem besteht, wie wir im methodischen Teil ausgeführt haben, immer die Problematik, ob das, was auf Grund theoretischer Überlegung erfaßt werden sollte, auch erfaßt werden kann, weswegen stets die Frage gestellt ist, in welchem Maße die statistischen Erhebungen überhaupt befriedigen.

a) Volkswirtschaftsstatistik

aa) Verschiedene wirtschaftspolitische Zwecke erfordern die Unterscheidung verschiedener Sozialproduktsbegriffe

Wenn unter Sozialprodukt der in der Volkswirtschaft anfallende Überschuß einer Periode verstanden wird, ist es zunächst verwunderlich, daß in der Literatur nicht nur von einem, sondern von mehreren Sozialprodukten gesprochen wird. Dies kann einmal darin seine Erklärung finden, daß man sich nicht in begrifflicher Hinsicht hat einigen können und aus diesem Grunde viele Begriffe des Sozialprodukts unterschieden werden. Tatsächlich herrscht heute noch — wenn sich die Meinungen auch immer mehr ausgeglichen haben — in der Frage des Begriffs Sozialprodukt keine Einstimmigkeit.

Aber die Verschiedenheit der Begriffsbildungen erklärt sich nicht nur allein aus dieser Verschiedenheit der Ansichten. Neben dem reinen Sozialproduktsbegriff, der in der Literatur die Bezeichnung „Nettosozialprodukt zu Marktpreisen" führt und hier zunächst begrifflich festgelegt werden soll, werden in der Literatur noch abgewandelte Begriffe gebracht, dies aus dem einfachen Grunde, weil verschiedene Zwecksetzungen die Zugrundelegung verschiedener Sozialproduktsbegriffe erfordern.

Wir werden also die Bedeutung dieser verschiedenen Sozialprodukte[71] für die Wirtschaftsplanung zu klären haben.

[71] Wenn in der Literatur von den Produktionsergebnissen gesprochen wird, die in einer Volkswirtschaft während einer bestimmten Periode entstehen, werden die verschiedensten Ausdrücke gebraucht. Man spricht von Volkseinkommen, Nationalprodukt oder auch von Sozialprodukt. In allen Fällen ist das gleiche gemeint, nämlich der in einer Volkswirtschaft während einer bestimmten Zeit anfallende Überschuß.

Stellt man die Frage, welche Bezeichnung zweckmäßigerweise verwendet werden sollte, scheint es im ersten Augenblick ratsam, von „Volkseinkommen" zu sprechen; denn mit der Wahl dieses Wortes ist ein Hinweis darauf, daß es sich um Überschußermittlungen handelt, nicht mehr nötig.

Nun hat sich jedoch mit dem Ausdruck Volkseinkommen lange Zeit die Vorstellung von Individualeinkommen verknüpft, so daß also Erträge, die noch im Betriebe verblieben, nicht zu zählen waren, desgleichen nicht, was die öffentlichen Institutionen zur Bereicherung unserer Güterversorgung beitrugen. „Es ist grundsätzlich notwendig, von vornherein zu betonen", sagt *Schuster*, „daß der Begriff des Einkommens nur dann einen Wert hat, wenn er als Individualeinkommen definiert wird. Nur die physischen Personen haben in der Wirtschaft Einkommen, die juristischen Personen haben kein Einkommen, sondern Ertrag. Dieser Unterschied ist notwendig, wenn überhaupt die Begriffe Ertrag und Einkommen einen Sinn haben sollen,

bb) Die Sozialprodukte und ihre Bedeutung für die Wirtschaftsplanung

α) Das Nettosozialprodukt zu Marktpreisen

Obwohl Worte wie Überschuß, Einkommen, Sozialprodukt oder wie man die Produktionsergebnisse eines Jahres noch nennen mag, in aller Munde sind, hat man es doch beim Sozialprodukt zu Marktpreisen mit einem durchaus strittigen Begriff zu tun. Der Begriff ist einmal wegen der verschiedenen wirtschaftstheoretischen Ansichten strittig, sodann wird er aber auch durch die statistischen Erfassungsmöglichkeiten geformt. „Bei der Berechnung des Volkseinkommens macht der Statistiker die Erfahrung, daß die von den Volkswirtschaftern aufgestellten allgemeinen Umschreibungen des Sozialprodukts in mancherlei Hinsicht präzisiert werden müssen. Mit Rücksicht auf die statistischen Erfassungsmöglichkeiten muß man sich dabei mit Lösungen abfinden, die der theoretischen Konzeption nicht immer entsprechen[72].“

Bei dem Versuch einer Bestimmung des Sozialproduktsbegriffes scheint es wenig Zweck zu haben, von einer kurzgefaßten Definition — die an sich immer das Ziel jeder Begriffsfestlegung ist — auszugehen, da dann noch zu viele Fragen offen bleiben. Zwingli stellt daher ganz richtig folgendes fest: „Das Volkseinkommen läßt sich nach Kuznets in all-

---

etwas verschiedenes bezeichnen sollen. Wir dürfen uns nicht dadurch, daß praktisch Ertrag in Einkommen irgendwie übergeht, abhalten lassen, zunächst abstrakt die gesonderte Bedeutung der Begriffe zu erkennen“. (*Schuster:* Einkommen und Volkseinkommen, in Schriften des Vereins für Sozialpolitik, 173. Band, S. 56.)

Es soll nicht abgestritten werden, daß allein die Ermittlung des Individualeinkommens Sinn haben kann, aber die Addition von Individualeinkommen und des im Betrieb verbliebenen Ertrages hat auch Sinn. „Man darf ... die theoretische Unterscheidung zwischen ... Ertrag und Einkommen für die praktische Aufgabe der Volkseinkommenberechnung auch nicht dahin übertreiben, als ob es nun ganz grundverschiedene Dinge seien und daher ihre Zusammenfassung zu den gröbsten Ungereimtheiten führen müsse. Schließlich hat der Volkseinkommenstatistiker doch in jedem Stadium seines Arbeitseinganges als sein Hauptziel vor Augen, den gesamten Zugang an neugeschaffenen Werten (Güter und Dienstleistungen) während eines Jahres zu erfassen.“ (*Jostock:* „Wie weit sind Volkseinkommen international vergleichbar?“, in Weltwirtschaftliches Archiv, 49. Band, 1939, S. 244.) Ja uns scheint es sogar, wie wir noch später näher begründen wollen, durchaus richtig zu sein, auch den Beitrag der öffentlichen Institutionen festzustellen.

Unter diesen Umständen dürfte es, um jeden Irrtum zu vermeiden, richtiger sein, nicht von Volkseinkommen, sondern von Sozialprodukt zu sprechen.

An sich kommt der Frage, für welches Wort wir uns entscheiden sollen, keine besondere Bedeutung zu. Viel wichtiger ist es, daß wir wissen, wo wir überall über das, was uns hier interessiert, Informationen einholen können. Was bei der Behandlung des Einkommensbegriffes gesagt worden ist, wird uns jedenfalls bei Erörterungen über den Begriff des Sozialproduktes sehr nützlich sein.

[72] *Zwingli:* Die Berechnung des schweizerischen Volkseinkommens und ihr Erkenntniswert, in Schweizerische Zeitschrift für Volkswirtschaft und Statistik, 85. Jahrgang, 1949, S. 105.

gemeiner Weise umschreiben als Nettowert aller wirtschaftlichen Güter und Leistungen, die eine Nation hervorgebracht hat. Jedes Glied dieser Definition „Nettowert", „wirtschaftliche Güter", „Nation", „hervorgebracht" erfordert für sich eine besondere Umschreibung und Abgrenzung, wobei jedoch in manchen Punkten noch keine übereinstimmende Auffassung besteht[73]."

Wir werden daher den Begriff nicht durch eine kurzgefaßte Definition klären, sondern durch nähere Behandlung der zweifelhaften Fragen.

1. Es ist von jeher strittig gewesen, welche Leistungen überhaupt zum Sozialprodukt rechnen sollen. Gehören dazu nur die Agrarprodukte oder alle materiellen Produkte? Sollen auch die Dienst- und Nutzleistungen oder sogar die unterschiedlich vorkommenden freien Güter einbezogen werden? Schließlich: welche Bedeutung kommt den öffentlichen Leistungen zu?
2. Die erstellten Leistungen können nicht in vollem Umfang zum Sozialprodukt gezählt werden. So hat der Bauer z. B. Saatgut verwenden müssen und noch weitere Ausgaben bei der Getreideproduktion gehabt, die erst einmal abgezogen werden müssen.

   Daß die Produkte nicht mit ihrem ganzen Wert zum Einkommen — oder wie wir sagen — zum Sozialprodukt rechnen, bestreitet niemand. Es ist nur zweifelhaft, was alles unter den Kostenbegriff fällt und damit Abzugsposten darstellt.
3. Um eine Vorstellung von der Größe des Sozialprodukts zu erhalten, müssen die einzelnen Güter auf einen Generalnenner gebracht werden. Die prinzipielle Frage, nach welchem Wert zu messen ist, macht dabei weniger Schwierigkeiten. Aber es passieren nicht alle einzubeziehenden Güter den Markt und es ist daher verschiedentlich der richtige Wertansatz nicht leicht zu bestimmen.

αα) Der Umfang der zu erfassenden Güter

Zunächst hat man den Kreis der zum Sozialprodukt zählenden Güter recht eng gezogen und ihn erst allmählich immer mehr erweitert.

Nach Ansicht der Physiokraten war der in der Landwirtschaft Tätige produktiv, nur er schuf Werte und leistete damit etwas zur Erhöhung des Sozialproduktes. Andere Berufe gaben den Gütern nur eine andere Form, waren also nicht dazu in der Lage, ihnen einen höheren Wert zu verleihen.

Man dürfe also die Einkommen der anderen Berufe nicht zu denen der Landwirte hinzuschlagen, wenn man das Sozialprodukt ermitteln

---

[73] *Zwingli:* Die Berechnung des schweizerischen Volkseinkommens und ihr Erkenntniswert, in Schweizerische Zeitschrift für Volkswirtschaft und Statistik, 85. Jahrgang, 1949, S. 99.

wolle. Die anderen Wirtschaftszweige bezögen nur ein abgeleitetes, nicht ein ursprüngliches Einkommen, also in Wirklichkeit überhaupt keins. Es hätte nach dieser Ansicht Doppelzählung bedeutet, wenn man die Einkommen der sogenannten „unproduktiven Klasse“ zum Volkseinkommen — oder wie wir sagen — zum Sozialprodukt rechnete.

Adam Smith ging bereits weiter. Nach ihm schuf jeder Tätigkeitszweig neue Werte, der materielle Güter hervorbrachte, also neben der Landwirtschaft auch die Industrie und das Handwerk. Damit waren die Grenzen aber immer noch eng gezogen, denn nur die Mitwirkung an der Produktion materieller Güter begründete eine Zugehörigkeit zur produktiven Klasse.

Wer sachliche Nutzleistungen zur Verfügung stellte (z. B. Wohnungen vermietete) oder persönliche Dienste leistete, war aus der Kategorie der Wertschöpfer noch immer ausgeschlossen. Der Lehrer, der Arzt, der Pastor, das Dienstmädchen produzierten keine materiellen Güter und lieferten daher auch keinen Beitrag zum Sozialprodukt. Die auch heute noch nicht selten zu vernehmende Äußerung, daß der Landwirt und Industrielle die anderen Berufsgruppen ernähren müßten, zeigt, wie weit immer noch die Meinung vertreten ist, daß nur der Produzent materieller Güter Werte schaffe. Vor nicht allzu langer Zeit wurde diese Ansicht z. B. noch von Fellner vertreten, der sich folgendermaßen äußert: „Nehmen wir an, daß das Jahresgehalt eines Beamten 10 000.— DM beträgt; wenn er einen Privatsekretär hat, dem er 1500.— DM bezahlt und einen Diener, dessen Lohn 500.— DM beträgt, so wären in dem Fall, wenn das aus persönlichen Dienstleistungen herrührende Einkommen zu dem Volkseinkommen zählen würde, 12 000.— DM in die Bilanz des Volkseinkommens einzustellen; wenn aber dieser Beamte seine Stellung verliert, seine Angestellten entläßt und keiner von ihnen eine neue Anstellung erhält, so wäre das Volkseinkommen um 12 000.— DM geringer, wogegen der ganze Prozeß die Höhe des Einkommens nicht beeinflußt“; denn „diese Beschäftigungen sind vom volkswirtschaftlichen Standpunkte aus keine produktiven, da sie materielle Güter nicht vermehren, ihren Wert nicht steigern[74].“

Wenn diese Äußerung Fellners auch nur auf die persönlichen Dienstleistungen Bezug nimmt, so sind unausgesprochen mit ihr auch die „unproduktiven Nutzungen“ wie die von Mietshäusern getroffen; denn auch sie sind nicht an der Vermehrung materieller Güter beteiligt.

Wer sich zu dieser Ansicht bekennt, darf also nur die an der Produktion materieller Güter beteiligten Personen als Einkommensträger betrachten und demzufolge nur dann die „abgeleiteten“ Einkommen

---

[74] *Fellner:* Das Volkseinkommen und seine statistische Erfassung, in Festschrift für Julius Wolf, Stuttgart 1932, S. 82.

der Ärzte, Künstler, usw. mitzählen, wenn in gleichem Umfang die Einkommen der produzierten materiellen Güter geringer ausgewiesen sind, weil anderenfalls Doppelzählung vorläge. Einnahmen aus persönlichen Dienstleistungen und „unproduktiven" Nutzungen haben nur insofern Bedeutung, als sie infolge der von ihnen ausgehenden Kaufkraft Einfluß auf die Verteilung der allein Einkommen darstellenden Sachgüter gewinnen; die Höhe des Einkommens lassen sie unberührt.

Wenn diese von Adam Smith vertretene Ansicht auch heute noch Vertreter findet, so darf doch gesagt werden, daß die Zahl der Anhänger dieser Richtung immer geringer geworden ist. Man nahm bald gegen sie Stellung und zwar teilweise recht scharf, so z. B. Friedrich List: „Wer Schweine zieht, ist . . . ein produktives, wer Menschen erzieht, ein unproduktives Mitglied der Gesellschaft. Wer Dudelsäcke oder Maultrommeln zum Verkauf fertigt, produziert; die größten Virtuosen, da man das von ihnen Gespielte nicht zu Markt bringen kann, sind nicht produktiv. Der Arzt, welcher seine Patienten rettet, gehört nicht in die produktive Klasse, wohl aber der Apothekerjunge, obgleich die Tauschwerte oder die Teile, die er produziert, nur wenige Monate existieren mögen, bevor sie ins Wertlose übergehen[75]."

Die Gegenüberstellung dieser Fälle sollte das Widerspruchsvolle der von Smith und seinen Anhängern vertretenen Ansicht zeigen. List fährt dann fort: „Allerdings sind die, welche Schweine großziehen oder Pillen fabrizieren, produktiv, aber die Lehrer der Jugend und der Erwachsenen, die Virtuosen, die Ärzte, die Richter und Administratoren sind es in einem noch viel höherem Grade. Jene produzieren Tauschwerte, diese produzieren produktive Kräfte, der eine, indem er Moralität und Religiosität bei der jetzigen Generation fördert, der dritte, indem er auf die Veredlung und Erhebung des menschlichen Geistes wirkt, der vierte, indem er die produktiven Kräfte seiner Patienten weckt, der fünfte, indem er die Rechtssicherheit, der sechste, indem er die öffentliche Ordnung produziert, der siebente, indem er durch seine Kunst und den Genuß, den er dadurch gewährt, zur Produktion von Tauschwerten reizt[76]."

Es soll nun keineswegs der Unterschied zwischen den materiellen Gütern und den persönlichen Dienstleistungen verkannt werden. Allein die materiellen Güter können aufbewahrt werden. Weiter können die aus der Quelle Arbeitskraft stammenden Dienstleistungen nicht wie die materiellen Güter „produziert" werden, unterliegen also nicht wie diese der Bewirtschaftung.

---

[75] Friedrich *List:* Das nationale System der politischen Ökonomie, 3. Bd., 2. Auflage, S. 231.

[76] Friedrich *List:* Ebenda S. 232/233.

Sicherlich kann es auch von großem Interesse sein, allein den Anfall der neu entstandenen „Produkte“ unter Ausschluß der Dienstleistungen und Nutzungen in Erfahrung zu bringen.

Aber dennoch wird folgendes gesagt werden müssen: Nur wenn die Dienstleistungen und Nutzungen für uns als Mittel der Bedürfnisbefriedigung eine geringere Bedeutung hätten als die materiellen Güter, bestände Veranlassung, sie aus dem Einkommensbegriff herauszunehmen. Alle drei Güterarten stehen im Hinblick auf unsere Bedürfnisbefriedigung im gleichen Rang. Es ist keineswegs so, daß die materiellen Güter von uns immer höher eingeschätzt werden; denn, um es noch einmal zu sagen, wie oft erscheinen uns doch die Dienstleistungen des Arztes wichtiger als der Besitz irgendeines materiellen Bedürfnisgegenstandes.

Im Hinblick auf die Nutzungen bringt Fellner folgendes Argument, das noch erwähnt werden soll: „Der Nutzwert des durch den Eigentümer bewohnten Gebäudes bildet kein Element des Volkseinkommens, ebenso auch nicht der Ertrag der Mietwohnung, da keines zu den jährlich neu hergestellten Gütern und Werten gehört. Die Wohnung ist vom volkswirtschaftlichen Gesichtspunkte aus nicht als Einkommen, sondern als Vermögenszuwachs zu betrachten[77].“

Richtig ist an dieser Ansicht, daß in der betrachteten Periode meistens nichts mehr getan werden muß, um in den Genuß der Wohnungsnutzung zu kommen. In früheren Zeiten wurde die erforderliche Arbeit geleistet, d. h. das betreffende Haus gebaut, und die Gegenwart hat nur noch die Nutzungen wahrzunehmen. Aber diese Tatsache ändert nichts daran, daß uns diese Nutzungen nach angemessener Abschreibung des Verschleißes in der betrachteten Periode überschüssig zur Verfügung stehen. Überdies dürfte Fellner (was er offenbar übersehen hat) bei seiner Einstellung dann auch nicht den „Mehrwert“ der in der Produktionssphäre von den Kapitalisten, dem Besitzer von Gebäuden, Maschinen usw. verdient wird, berücksichtigen, d. h. er dürfte nicht den aus der Verwendung von produzierten Produktionsmitteln (nach den Abschreibungen) verbleibenden Gewinn als Einkommen ansprechen. Wenn man seine falsche Ansicht einmal als richtig unterstellte, machte also Fellner zum mindesten den Fehler, die Grenze falsch zu ziehen.

In der praktischen Statistik ist es nur noch Rußland, das ausgehend von Marx, der sich der Smithschen Ansicht anschließen zu müssen glaubte, allein die Neuschaffung von materiellen Gütern zur Wertschöpfung rechnet. Sonst werden die Dienstleistungen — mit einigen

---

[77] *Fellner:* Das Volkseinkommen und seine statistische Erfassung, in Festschrift für Julius Wolf, Stuttgart 1932, S. 82.

Ausnahmen — einbezogen, ebenso — wenn auch aus erhebungstechnischen Gründen nicht in vollem Umfang — die sachlichen Nutzleistungen.

Einige Schwierigkeiten in der Frage der Zurechnung zum Sozialprodukt bereiten in der Gegenwart noch die öffentlichen Leistungen, die man lange Zeit unberücksichtigt gelassen hatte; was früher nicht von besonderem Nachteil war, da die öffentlichen Leistungen im Vergleich zu den privaten nur eine unbedeutende Rolle spielten. Heute ist das aber anders und die Forderung, die Wertschöpfung der öffentlichen Hand kenntlich zu machen, tritt wegen ihrer zunehmenden Bedeutung immer dringender auf. Es interessiert ihre absolute Höhe und ihr Verhältnis zum privaten Sektor.

Wenn man der Frage nachgeht, wie es kommen konnte, daß ein Smith und viele andere die öffentlichen Leistungen bei Berechnung des Sozialprodukts unbeachtet lassen wollten, scheint es im ersten Augenblick wenig verständlich, übt doch der Staat Tätigkeiten aus, die auch von der Privatwirtschaft ausgeführt werden können und es ja tatsächlich oft werden.

Der Staat übernimmt das Schulwesen, das früher verschiedentlich in mehr oder minder starkem Maße in privater Hand lag, und bietet diese Leistungen unentgeltlich oder gegen eine geringe, nicht die volle Bezahlung der Leistung darstellende Gebühr. Das Straßenwesen geht in die Hand des Staates über, die Kranken- und Invaliditätsversicherung wurde in der Vergangenheit in immer höherem Maße auf den Staat überführt. In allen diesen Fällen wurden und werden diese Tätigkeiten auch von der Privatwirtschaft ausgeführt, womit dann Preise für solche Tätigkeiten bezahlt werden und Einkommen daraus entstehen. „Nimmt man . . . an, daß das Straßenwesen großenteils in den Händen von Privatbesitzern (auch Erwerbsgesellschaften) wäre, welche für die Benutzung Privatabgaben erheben und so daraus Renten für sich beziehen, so würde ein privatwirtschaftlicher Wertanschlag und Ertragsanschlag, wie bei anderen Vermögen, eintreten und sein Betrag als Bestandteil in der Summe des Volksvermögens und Einkommens erscheinen. Die übrigen Privaten müßten einen Teil ihres Einkommens für die Bezahlung der Straßenbenutzung verwenden. . . . Nur die ökonomische und soziale Klassen- und Individuallage wäre eine andere[78]."

Warum sollte es, so muß man doch fragen, einen Unterschied bedingen, von wem jeweils die Tätigkeit ausgeführt wird.

---

[78] Adolph *Wagner:* Zur Methodik der Statistik des Volkseinkommens und Volksvermögens, in Zeitschrift des königlich-preußischen statistischen Bureaus, Berlin 1904, S. 44.

Allerdings: es gibt auch Staatsleistungen κατ'ἐξοχήν, Leistungen also, die nicht Gegenstand des Marktverkehrs sein können und für welche diese Argumentation nicht gilt, wie etwa den Rechtsschutz und die Sicherung des wirtschaftlichen Verkehrs[79].

Aber auch Leistungen dieser Art stellen Wertschöpfung dar. „Die bezüglichen Staatseinrichtungen gewähren dem Einzelnen und dem ganzen Volke eine ungeheure, freilich wieder nicht in Geldwert umzusetzende Summe von Nutzen, sind die Bedingung für den Erfolg und für die geringeren Kosten auch der materiellen Produktionsleistungen[80]."

So verwunderlich es danach auch klingen mag, daß man die staatlichen Leistungen von der Erfassung ausschließen wollte, so erscheint es unter einem bestimmten Aspekt doch plausibel. Unsere Wirtschaft ist auf Veräußerlichkeit der nützlichen Dinge eingestellt. Diese Veräußerlichkeit ist das hervorstechendste Merkmal der Wirtschaft. Staatliche Sicherheit wird aber nicht wie Brot auf dem Markt gehandelt. Die Steuern, welche die kollektiven Leistungen ermöglichen, werden zwangsweise eingezogen, und es liegt nicht im Ermessen des Einzelnen, wieviel er für die Staatsleistungen zahlen will. Man hat also Bedenken, veräußerliche Güter zusammen mit unveräußerlichen zur Erfassung zu bringen.

Diese Bedenken sollte man jedoch zurückstellen. Zugunsten einer Anrechnung der öffentlichen Leistungen läßt sich zunächst ins Feld führen, daß der letzte Grund für die Erfassung des Sozialproduktes die Unterschiedlichkeit unserer Güterversorgung ist und daß zwecks Aufdeckung dieser Unterschiede auch die Berücksichtigung der öffentlichen Leistungen stattfinden müßte. Ferner ist anzuführen, daß die Veräußerungsmöglichkeit bei den öffentlichen Leistungen in den meisten Fällen nur aus „rechtlichen" und nicht aus „faktischen"[81] Gründen fehlt; der Staat könnte z. B., wenn er es wollte, das Schulwesen und die

---

[79] Adolph *Wagner* glaubt auch in diesen Fällen die gleiche Begründung gelten lassen zu können. „Selbst auf den eigensten Tätigkeitsgebieten, welche dem Staate nach der geschichtlichen Entwicklung faktisch und sogar prinzipiell nach heute bei den Kulturvölkern herrschenden Anschauungen zufallen, so etwa auf dem Gebiete des allgemeinen Rechtsschutzes und der Sicherheitsgewähr für Personen, Eigentum, Verkehr, ergibt sich derselbe Sachverhalt", will heißen, ist Marktregelung möglich. (Adolph *Wagner:* Zur Methodik der Statistik des Volkseinkommens und Volksvermögens, in Zeitschrift des königlich-preußischen statistischen Bureaus, Berlin 1904, S. 44.) Aber daß „der E i n z e l n e selbst die Einrichtungen für seinen Schutz und seine Sicherung (trifft) oder an Private dafür Zahlungen (macht)" (*Wagner:* Ebenda S. 44.), ist heutzutage doch wohl praktisch nicht mehr möglich, wenn man es sich theoretisch allenfalls noch denken kann.

[80] Adolph *Wagner:* Zur Methodik der Statistik des Volkseinkommens und Volksvermögens, in Zeitschrift des königlich-preußischen statistischen Bureaus, Berlin 1904, S. 44.

[81] Die Unterscheidung zwischen „rechtlicher" und „faktischer" Veräußerungsmöglichkeit stammt von Amonn. (*Amonn:* Volkswirtschaftliche Grundbegriffe und Grundprobleme, Jena 1938, S. 12.)

Versicherung gegen Krankheit und Invalidität wieder zu einer privatwirtschaftlichen Angelegenheit werden lassen. Schließlich kommt als Hauptargument hinzu, daß die öffentlichen wie privaten Güter Kostengüter sind. Man sollte also die öffentlichen Leistungen — trotz ihrer im Hinblick auf die fehlende Veräußerlichkeit eingeschränkten Ausnutzbarkeit — bei der Berechnung des Sozialproduktes mit veranschlagen.

Weiterhin wird die Frage diskutiert, welche Behandlung man den sogenannten freien Gütern unterschiedlich vorkommender Art[82, 83] angedeihen lassen soll. Manches spricht für ihre Einbeziehung und man bejaht daher diese Frage auch verschiedentlich. „Das Sonnenlicht, das milde Klima in Italien ist an Ort und Stelle freies Gut . . . im Vergleich zu den nordischen Volkswirtschaften hat aber Italien dieses Gut allein, liegen Leistungselemente der Volkswirtschaft Italiens vor, die anderwärts fehlen[84].“ Und noch eine andere Stimme: „In südlichen Ländern ist der Aufwand für Wohnung, Heizung, Bekleidung und selbst Ernährung weit geringer als im kälteren Norden. Folglich kann die Versorgungslage der Bevölkerung beider Regionen mit bloßen Einkommen- oder Verbrauchszahlen niemals im Vergleich richtig gemessen werden. Das gilt übrigens ganz allgemein, wo immer die Ausstattung mit sogenannten freien Gütern sich stark unterscheidet . . . auch größere klimatische Abweichungen können den Vergleich bereits trüben, da in dem kälteren Klima viel höhere wirtschaftliche Werte in Wohnhäusern investiert sind und dementsprechend ein höheres Einkommen aus der Wohnungsnutzung in Erscheinung tritt. Der Südländer

---

82 Unter diesen werden jene Güter in der Literatur verstanden, die uns ohne Kosten zur Verfügung stehen.

Der Kreis dieser Art von Gütern hat sich im Laufe der Zeit immer mehr verkleinert. Früher hat einmal der Grund und Boden zu den freien Gütern gezählt. Im Augenblick können als freie Güter jedoch nur noch die Luft, das Sonnenlicht und das Wasser genannt werden. Aber auch sie besitzen die Eigenschaft des freien Gutes nicht oder — wohl richtiger gesagt — nicht mehr im vollen Umfang. Im Hinblick auf das Wasser muß sogar festgestellt werden, daß es zum größten Teil nicht mehr zu den freien Gütern gehört; denn in den Städten wird es ausnahmslos bewirtschaftet und nur auf dem Lande kommt es teilweise noch als freies Gut vor.

Selbst die Luft und das Sonnenlicht werden heute — wenn auch nicht in so erheblichem Maße wie das Wasser — bewirtschaftet, so etwa die Luft bei dem Einbau eines Ventilators und die Sonnenwärme durch den seine Pflanzen unter Glas setzenden Treibhausbesitzer. Ein freies Gut, das nirgendwo bewirtschaftet wird und damit ausnahmslos freies Gut ist, gibt es überhaupt nicht mehr. Aus dieser Tatsache heraus darf nun aber, was hier ausdrücklich festgestellt werden soll, keineswegs das Vorhandensein freier Güter geleugnet werden. Wo „Güter“ keine Kosten verursachen, sind sie eben „freie Güter“.

83 Bei ihrer Einbeziehung wäre es offenbar verfehlt, von „Sozialprodukt“ zu sprechen; denn ein Produkt unserer Tätigkeit sind sie nicht. Wer sie berücksichtigen wollte, müßte dann einen anderen Ausdruck wählen.

84 *Spann:* Fundament der Volkswirtschaftslehre, Jena 1923, S. 207.

vermag dieses Mehreinkommen nicht aufzuweisen, weil er eines gleichen Witterungsschutzes nicht bedarf und vielleicht müßig in der Sonne sitzt, während der Nordländer seine so viel massiveren Häuser baut[85]."

Wie in diesen Äußerungen ganz deutlich zum Ausdruck kommt, bedeutet es einen Verzicht auf die Ausweisung des gesamten Unterschiedes in der Güterversorgung, wenn die unterschiedlich vorkommenden freien Güter bei Berechnung des Sozialprodukts unberücksichtigt bleiben. Insbesondere wird zugestanden werden müssen, daß die fehlende Ausweisung bei Vergleichen weit auseinanderliegender Gebiete, also bei internationalen Vergleichen erheblich ins Gewicht fallen kann[86].

Andererseits ist aber, was ausschlaggebend sein sollte, zu bedenken, daß die sogenannten freien Güter uns ohne jegliche wirtschaftliche Tätigkeit zufallen, sie also nicht Kostengüter und außerdem faktisch unveräußerlich sind, soweit sie sich nicht in wirtschaftlichen Gütern wertmäßig niederschlagen. Im übrigen mangelt es an der Bewertbarkeit, so daß es gar nicht möglich ist, den nicht in den wirtschaftlichen Gütern enthaltenen Teil zu erfassen.

---

[85] *Jostock:* Wie weit sind Volkseinkommen international vergleichbar? in Weltwirtschaftliches Archiv, 49. Band (1939 I), S. 252/253.

[86] Man kann aber auch leicht die Bedeutung der freien Güter überschätzen; denn sie finden ihren wertmäßigen Niederschlag zum Teil in wirtschaftlichen Gütern. „Man hüte sich ein und dasselbe Wohlfahrtsmittel unter mehreren Titeln in die Gütereinteilung einzustellen, es liegt z. B. auf der Hand, daß es ein Pleonasmus der Einteilung wäre, wenn man gutes frisches Trinkwasser selbst, und daneben seine wohltuende Frische, und noch weiter seine labenden Dienste besonders als Güter aufzählen wollte." (*Böhm-Bawerk:* Rechte und Verhältnisse, in den gesammelten Schriften von Böhm-Bawerk, herausgegeben von Franz H. Weiß, Wien, Leipzig 1924, S. 29).

In die Gefahr, sich solchen Pleonasmus' schuldig zu machen, könnte man bei den freien Gütern durchaus geraten.

Die Gegend mit günstigerem Klima z. B. wird eine üppigere Vegetation haben und die damit verbundene größere Fruchtbarkeit den Wert der in diesen Gegenden liegenden landwirtschaftlichen Grundstücke heraufsetzen. Die landschaftliche Schönheit, ein weiteres freies Gut, wird zur Folge haben, daß in dieses Gebiet Verkehrsmittel gelegt und Hotels errichtet werden, womit auch dieses Gut in veräußerlichen Dingen seinen Wertausdruck findet.

Allerdings wird der Wert der landschaftlichen Schönheit mit den Hotels und Verkehrsmitteln nicht im vollen Umfange erfaßt, wenn sie nämlich auch ohne Benutzung der den Besuchern dienenden Beherbergungs- und Verkehrsmittel genossen wird.

Die freien Güter wären also, wenn man sie berücksichtigen wollte, keineswegs in dem Maße anzusetzen, als es im ersten Augenblick für notwendig erscheinen könnte. Andererseits sind sie aber auch nicht gänzlich auszulassen. Nur insofern erfordern die freien Güter einen Zuschlag, als sie der Konsumsphäre unmittelbar zugute kommen, nicht jedoch, wenn sie von Erwerbszweigen ausgenutzt werden. Eine Aufteilung der unterschiedlich vorkommenden freien Güter auf diese beiden Sphären ist aber nicht möglich. Auch könnte der Wertansatz nicht gelingen.

Wir müssen also darauf verzichten, daß alle Unterschiede in der Güterversorgung zur Ausweisung gelangen; mag es auch vielfach als Nachteil empfunden werden, daß die Unterschiedlichkeit in der Güterversorgung — der letzte Grund jeder Sozialproduktsberechnung — nicht in vollem Umfang zur Kenntnis gebracht wird.

Damit sind unsere Betrachtungen zu der Frage, welche Güter überhaupt bei der Ermittlung des Sozialprodukts zu zählen sind, abgeschlossen. Der Kreis ist recht weit gezogen. Es gehören zu ihm alle Kosten verursachenden Güter.

Es gibt aber noch mehr der Probleme, die bei der Bestimmung des Sozialprodukts auftauchen, insbesondere in bezug auf die Bewertung. Aus der eben getroffenen Feststellung des nicht möglichen Wertansatzes der unterschiedlich vorkommenden freien Güter darf keineswegs der Schluß gezogen werden, daß die Bewertung bei den anderen Gütern leicht durchgeführt werden kann. Wir werden sie bei den in das Sozialprodukt einzubeziehenden Gütern noch ausgiebig zu erörtern haben.

Zuvor muß jedoch erst noch die Frage der Kostengüter gestellt werden.

ββ) Der Kreis der Kostengüter

Wie bisher in der Literatur noch von keiner Seite abgestritten worden ist, dürfen Einnahme und Überschuß nicht gleichgesetzt werden, sondern es müssen meistens von den Einnahmen erst Abzüge gemacht werden, bevor von Überschüssen gesprochen werden kann. Soweit abnutzbare Güter, wie Maschinen, bei der Erzielung von Einnahmen mitgewirkt haben, müssen in Höhe des Verschleißes aus den Einnahmen Rücklagen bei der Überschußermittlung gebildet werden; wenn der in der Produktion verwandte Gegenstand, z. B. Kohle, vollständig aufgebraucht wird, ist sogar der ganze Wert in Abzug zu bringen. Die in Maschinen und andere Produktionsmittel gesteckte Geldsumme muß immer erhalten bleiben.

Im Falle des Produktionsmittels „Arbeitskraft" sind die Meinungen geteilt. Manche Autoren sprechen sich gegen Abzüge zur Erhaltung der Arbeitskraft aus, manche dafür.

Bereits am Ende des vorigen Jahrhunderts hat man sich bei den Beratungen zum Einkommenssteuergesetz Gedanken gemacht[87], ob man nicht Lebens- und Invaliditätsversicherungen, weiter Beiträge zu Witwen- und Waisenkassen in gleicher Weise wie die der Erhaltung des Vermögensbestandes dienenden Schadensversicherungen behandeln müsse. Ausgaben beider Art, so argumentierte man, dienen der Sicherung des Einkommens, einmal aus Arbeitskraft und im anderen

---

[87] *Schanz:* Soll man Lebensversicherungen vom steuerpflichtigen Einkommen abziehen lassen, Finanzarchiv 1896, S. 210 ff.

Falle aus Vermögen. Man solle entweder den Abzug beider Ausgaben oder keiner gestatten. Ja, man hat sogar geglaubt[88], den Konsum des Arbeiters (nicht nur des Handarbeiters, sondern auch des geistigen Arbeiters), weiterhin auch die für die Erziehung der Kinder benötigten Mittel als Abzugskosten annehmen zu müssen; denn nur dann könne von der Erhaltung der Arbeitskraft gesprochen werden, nur dann würde in gleicher Weise verfahren wie bei den Einnahmen aus Vermögen. „So wird auch der individuelle Konsum zur Reproduktion und Produktion; auch der Haushalt wird ein Geschäft[89]."

Die Richtigkeit dieser Deduktionen einmal vorausgesetzt, müßte man eigentlich sogar den Zeitgewinn, den der Einkommensbezieher aus Vermögen gegenüber dem aus Arbeitskraft hat, in Rechnung stellen; denn während der Arbeiter seinem Beruf nachgeht, hat der Vermögensbesitzer die dem Arbeiter fehlende Zeit zur Fortbildung und kann sich überhaupt größere Genüsse verschaffen.

Diese Ansicht hat zunächst etwas Bestechendes für sich, hat es doch im ersten Augenblick den Anschein, als ob in das Einkommen Güterkategorien verschiedener Art einbezogen würden, wenn nicht die für die „Reproduktion der Arbeitskraft" benötigten Mittel abgezogen werden dürften. Man könnte, um diese Ansicht in der Terminologie des Statistikers zu kennzeichnen, meinen, es mangele an der Gleichartigkeit der statistischen Masse, wenn in dem einen Falle Abzüge zur Erhaltung des Produktionsmittels gemacht werden dürften, im anderen dagegen nicht. Dennoch ist — trotz dieser im ersten Moment ansprechenden Gesichtspunkte — diese Ansicht abzulehnen, weil sonst die mit der Einkommensbildung verfolgten Zwecke nicht erreicht würden. Mit der Einkommensfeststellung soll in Erfahrung gebracht werden, wie es um unsere Güterversorgung bestellt ist. „Die Auffassung des Haushaltes als einer Einheit zur ‚Reproduktion der Arbeitskraft' gerät aber in Konflikt mit dem ökonomischen Grundbegriff der Versorgung, auf dessen zahlenmäßige Bewertung der Einkommensbegriff letztlich abzielt. Der Unterhalt des Arbeiters ist im marktwirtschaftlichen System ‚Versorgung' und nicht Produktionsaufwand einer Quasi-Unternehmung zur Produktion von Arbeitskraft[90]."

Mit der Einkommensfeststellung soll also eine Zusammenfassung der für die Befriedigung der menschlichen Bedürfnisse vorhandenen Mittel bezweckt werden, wobei es völlig gleichgültig ist, aus welchem Grunde diese Bedürfnisse entstanden sind; d. h. also, die Ursache des Bedürfnisses ist ohne Bedeutung. Überdies wäre bei der Zugrundelegung des

---

[88] *Schuster:* Einkommen und Vermögen, in Schriften des Vereins für Sozialpolitik, München und Leipzig 1926, 173. Bd., S. 55 ff.

[89] *Schuster,* ebenda, S. 70.

[90] *Colm:* Grundsätzliche Bemerkungen zum Begriff des Volkseinkommens, in Schriften des Vereins für Sozialpolitik, Bd. 13, S. 32 ff.

hier abgelehnten Einkommensbegriffes — also bei der Annahme jener Ansicht, welche für den Konsum verwandte Mittel als Kosten anspricht —, den Versuchen einer Einkommensermittlung von vornherein jeglicher Erfolg versagt; denn eine eindeutige Grenze zwischen dem „zur Reproduktion der Arbeitskraft" gehörenden und dem hierfür nicht benötigten Konsum läßt sich nicht ziehen.

Nach Colm[91] wäre es „ganz folgerichtig, den als Mindestmaß erforderlichen Lebensunterhalt als Werbungskosten abzusetzen", wenn man zu der auch nach seiner Ansicht entgegengesetzten Meinung käme, „daß vom Volkseinkommen alle Aufwendungen abgezogen werden sollten, die zur ‚Reproduktion' der Arbeitsleistung erforderlich sind." Damit macht Colm einen Vorschlag, der, wenn er anzunehmen wäre, die praktische Verwendung eines solchen Einkommensbegriffes ermöglichte. Colm ist jedoch entgegenzuhalten, daß mit dem Existenzminimum in sehr vielen Fällen keineswegs der Umfang der für die Reproduktion der Arbeitskraft erforderlichen Mittel richtig bestimmt sein dürfte, so etwa nicht bei den Personen, die längere Erholungsreisen machen müssen, um ihre alte Arbeitskraft zu erlangen, und ferner auch nicht bei denjenigen, die eine kostspielige Ausbildung hinter sich haben und demzufolge — wenn die einmal vorhandene Arbeitskraft für alle Ewigkeit erhalten werden soll — Gelder zurücklegen müßten, die für die gleiche Ausbildung der Kinder benötigt werden.

Ebensowenig wie diese Colmsche Ansicht läßt sich aber auch jene vertreten, die das gesamte Arbeitseinkommen abziehen will; denn zum mindesten bei hohen Gehaltsempfängern wird man — jedenfalls in der überwiegenden Zahl der Fälle — nicht den gesamten Betrag als Produktionskosten der Arbeit ansprechen können. Zudem käme man aber bei dem Versuche einer genauen Bestimmung des Arbeitseinkommens öfter in Verlegenheit, da sich Arbeits- und Besitzeinkommen nicht immer auseinanderhalten lassen. Die Dividende des Aktienbesitzers und der Zins des Darlehensgläubigers sind eindeutig als Vermögenseinkommen und die Einnahmen der Unselbständigen als Arbeitseinkommen erkennbar; bei den mit Kapitaleinsatz arbeitenden Unternehmern ist dagegen eine befriedigende Zurechnung zu diesen beiden Arten von Einkommen kaum jemals einwandfrei durchzuführen[92].

Die Ansicht, nach der aus Arbeitseinnahmen Mittel für die Reproduktion der Arbeitskräfte abgezogen werden sollen, ist also abzu-

---

[91] *Colm*, ebenda, S. 32.

[92] Die Gesetze zur Einkommensteuer gestatten meistens den Abzug von Vers.-Prämien (Lebens-, Kranken-, Invaliditäts- und Angestelltenversicherung), d. h. sie berechnen die Steuer erst von dem um diese Versicherungsprämien geminderten Ertrag. Ausgaben für Erholungsreisen und den Lebensunterhalt werden nicht als Abzugskosten zugelassen. Die Einkommensteuergesetze entscheiden sich also meistens nicht eindeutig für ein bestimmtes Prinzip.

lehnen. Damit soll hier nicht gesagt sein, daß keine sozialen Gesichtspunkte für den Abzug von Ausgaben zur Erhaltung der Arbeitskraft anzuerkennen seien. Uns kommt es jedoch allein darauf an darzulegen, was unterschiedlos, also unabhängig davon, ob es für die Reproduktion der Arbeitskraft dient oder nicht, in der betrachteten Periode als Überschuß zur Verfügung steht.

Wie wir gesehen haben, besteht auch in der Frage, wieweit der Kreis der Kostengüter zu ziehen ist, keine Eindeutigkeit. Es mußten daher die Kosten noch vor Behandlung des Bewertungsproblems näher umrissen werden.

γγ) Das Bewertungsproblem

Die Erfassung der Überschüsse, d. h. also der Differenz zwischen „Leistungen" und der zum Zwecke ihrer Erlangung aufgewendeten Mittel, des „Aufwandes", darf, wie wir bereits erwähnt haben, nicht durch Aufzählung der konkreten Leistungen und Aufwendungen, etwa des erstellten Brotes und des zu seiner Erzeugung verwendeten Feuerungsmaterials, kenntlich gemacht werden, sondern es ist — um überhaupt zu einer Vorstellung über die Höhe des Sozialprodukts zu kommen und um die verschiedenen Überschüsse miteinander vergleichen zu können — unerläßlich, beide Größen „Aufwand" und „Leistungen" auf einen Nenner zu bringen, d. h. also in Geld umzurechnen und damit die in Geld ausgedrückten Leistungen von den in Geld umgerechneten Aufwendungen abzuziehen.

Wenn wir die mit der Bewertung zusammenhängenden Probleme zu lösen versuchen und in Verfolg dieser Aufgabe zunächst die prinzipielle Frage stellen, in welchem Wert die realen Güter überhaupt gemessen werden sollen, fällt eine Entscheidung nicht schwer.

Soweit die Privatwirtschaft in Frage steht, erscheint die Festsetzung des Marktwertes angemessen; denn die Wirtschaft ist hauptsächlich auf Austausch der Güter eingestellt. Der Verkauf der Produktion ist das Ziel. Die Unternehmungen arbeiten zu dem Zwecke, um Waren herzustellen und um diese dann mit möglichst hohem Gewinn abzusetzen. „Unsere Auffassung von der Bewertung wird ohne weiteres verständlich, wenn wir . . . uns erinnern, daß die Unternehmung um des Geldes wegen begründet wurde und, was sie auch tue — es zielt auf Geldertrag. Sie kauft beispielsweise Rohstoffe und arbeitet unter Verwendung von Geld — warum? Technisch gesehen, um das Fabrikat daraus zu formen, aber wirtschaftlich? Um es auf den Markt zu bringen und mehr Geld dafür zu erlösen[93]."

Die öffentlichen Leistungen besitzen keinen Marktwert und es muß daher an seine Stelle der Kostenwert treten; d. h. es finden zwei grund-

[93] *Rieger:* Einführung in die Privatwirtschaftslehre, Nürnberg 1928, S. 214.

verschiedene Wertansätze statt, die jedoch bei der Verschiedenartigkeit der beiden Gütergruppen nicht zu vermeiden sind.

So leicht nun aber die Entscheidung in der Frage des Wertmaßstabes fällt, so schwer ist es verschiedentlich, diesen Wert wirklich zu bestimmen.

Möglicherweise wird für das Aufwand oder Ertrag darstellende Gut in der betrachteten Periode kein Preis ausgehandelt. Vielleicht passiert es niemals den Markt. In diesem letzten Fall gelangt es eventuell gar nicht in unseren Kenntnisbereich. Alle diese Möglichkeiten sollen als zum Bewertungsproblem gehörend angesehen und an dieser Stelle erörtert werden.

Die Schwierigkeiten in der Bewertung bestehen, wie wir schon sagten, nicht in allen Fällen, so z. B. nicht, wenn der Einkommensbezieher nur in Geld bestehende Einnahmen hat und die bei Berechnung des Einkommens von den Einnahmen abzuziehenden Aufwendungen entweder nicht vorhanden sind — wie bei den Erträgen aus Arbeit und im großen und ganzen auch aus „Forderungskapital"[94] — oder in ihrer Geldhöhe leicht zu ermitteln sind, wie beispielsweise bei der Verwendung gekaufter Kohle, bei der eben der Aufwand durch den gezahlten Preis eindeutig gegeben ist.

Aber die Situation ist nicht immer so günstig, und wir werden daher — was wir schon früher andeuteten — feststellen müssen, daß die endgültige Festlegung des Begriffes Sozialprodukt in der Praxis ein Kompromiß zwischen Wünschen und Können ist.

Eigenverbrauch und Naturalbezüge

Eine große Rolle spielen in der Wirtschaft — und zwar vornehmlich in der Landwirtschaft — der Eigenverbrauch und die Naturalbezüge. Der Bauer benutzt eigenes Mehl zum Brotbacken und bezahlt seine Arbeiter mit Erzeugnissen seines Betriebes.

Vielfach sind Naturalbezug und Eigenverbrauch gar nicht zu ermitteln und die Bewertungsmöglichkeit entfällt schon aus diesem Grunde. Aber es ist auch strittig, wie diese Güter überhaupt bewertet werden sollen, ob nach dem Kleinverkaufspreis oder Hofpreis. Es wäre „zweifellos das richtige", sagt Jostock[95, 96], „für Vergleichszwecke, sowohl innerhalb einer Volkswirtschaft wie auch international", den Kleinverkaufspreis anzusetzen. Nach dieser Feststellung macht er allerdings gleich den richtigen Einwand, daß dann „Ein-

---

[94] Worunter ausgeliehene Gelder zu verstehen sind (vgl. hierzu *Amonn:* Volkswirtschaftliche Grundbegriffe und Grundprobleme, Jena 1938, S. 67).

[95] *Jostock:* Wie weit sind Volkseinkommen international vergeichbar? in Weltwirtschaftliches Archiv 1939 I, S. 250.

[96] Diese Äußerung macht Jostock nur in bezug auf den Eigenverbrauch der Landwirtschaft, hinsichtlich der Naturalbezüge der Deputatisten ist die Problematik aber die gleiche.

kommensbeträge, in Gestalt von Zuschlägen zu den Hofpreisen, für Handels- und Verkehrsdienste angesetzt werden, die tatsächlich nicht geleistet worden sind und nicht geleistet werden können, weil sie gegenstandslos sind[97]." Wir glauben es daher mit Derksen halten zu sollen, nach dem man „am besten . . . den Preis, den der Landwirt beim Verkauf der entsprechenden Güter erhalten würde, (wählt)[98]."

Die „ersparten Ausgaben"

Wohl alle Haushalte ersparen Ausgaben durch sich selbst geleistete Dienste. So verwertet jeder seine beruflichen Kenntnisse, wenn es sich um seine oder seiner Angehörigen Angelegenheit handelt. Der Arzt verschreibt seinen Familienangehörigen Medikamente, der Monteur repariert seine Lichtleitung und die Hausfrau reinigt ihre Wohnung, säubert die Kleider ihrer Familienangehörigen, kurzum, führt ihrer Familie den Haushalt.

Daß Ausgaben durch selbstgeleistete Dienste nicht feststellbar sind, macht bei Sozialproduktsermittlungen nichts aus, wenn zu den verschiedenen Zeiten oder an den verschiedenen Orten, die zum Vergleich anstehen, die Gewohnheiten in bezug auf die Ersparnis von Ausgaben die gleichen sind.

Wenn diese Voraussetzung nicht zutrifft, dann ist die fehlende Nachweisung und Bewertung der ersparten Ausgaben allerdings ein Nachteil. „Wenn z. B. im Lande A ein großer Teil der Hausarbeit an Reinigung, Wäsche, Kleiderausbesserung, Speisebereitung (Konserven) außerhalb des Hauses gegen Bezahlung durchgeführt wird, während die Hausfrau des Landes B dieses alles selbst besorgt, errechnet sich bei A infolge dieser weiteren Ausdehnung der Hauswirtschaft ein höheres Einkommen, es sei denn, daß die unbezahlte Hausfrauenarbeit dem Volkseinkommen zugerechnet und dabei die unterschiedliche Abgrenzung des tauschwirtschaftlichen Bereiches genau berücksichtigt wird[99]."

„Nach einer in Schweden vorgenommenen Schätzung ermittelte man die Anzahl der Frauen, die älter als 15 Jahre und nicht in einem Beruf tätig sind. Die Arbeit dieser Frauen wurde bewertet nach den Löhnen als weibliches Hauspersonal. Hinsichtlich der Landfrauen wurde angenommen, daß sie nur halbe Tage im Haushalt arbeiten können[100]."

Man versuchte also in Schweden so gut es ging den Schaden zu beheben, wenigstens für einen Teil der ersparten Ausgaben, aber es

---

[97] *Jostock*, ebenda, S. 250.

[98] *Derksen:* Internationale Übersicht über die Methoden der Berechnung des Volkseinkommens, in Weltwirtschaftliches Archiv 1941 II, S. 257.

[99] *Jostock:* Wie weit sind Volkseinkommen international vergleichbar? in Weltwirtschaftliches Archiv 1939 I, S. 255.

[100] *Derksen:* Internationale Übersicht über die Methoden der Berechnung des Volkseinkommens, in Weltwirtschaftliches Archiv, 54. Band (1941 II), S. 255.

geschah nur mittels Schätzung und nicht in der Weise, daß für jeden Haushalt genau festgestellt worden wäre, wieviel an Haushaltsarbeit in jedem geleistet worden ist.

Zu einer solchen genauen Ermittlung dürfte man wohl kaum jemals kommen können[101].

Die langlebigen Produktionsgüter.

Die langlebigen Produktionsgüter, etwa Maschinen, werden in der Einkommensperiode, in der sie gekauft werden, nicht in ihrem vollen Umfang aufgebraucht. Es wäre daher verkehrt, den Kaufpreis solcher Güter — oder bei der Verwendung eines Produktes der eigenen Wirtschaft die Selbstkosten — in voller Höhe in der Periode, in der dieses Gut in den Dienst gestellt wird, als Aufwand zu verrechnen, d. h. von den Einnahmen abzuziehen.

Bei Kaufabschluß stellen die Parteien nicht nur den augenblicklichen, sondern auch den späteren Nutzen eines solchen Gegenstandes in Rechnung. Wenn also der gesamte Kaufpreis in der Einkommensperiode des Einkaufs zum Abzug käme, würde der für einen späteren Nutzen gezahlte Betrag bereits jetzt als Aufwand verrechnet. Richtig ist vielmehr, die Anschaffungskosten auf die gesamte Verwendungszeit als Aufwand zu verteilen und zwar nach Maßgabe der jeweiligen Beanspruchung in den einzelnen Wirtschaftsperioden.

Nehmen wir an, eine Maschine mit einer Laufzeit von 10 Jahren und einer jährlich gleichbleibenden Nutzleistung habe 100 000 DM gekostet. Die Abschreibung macht dann 10 000 DM pro Jahr aus[102].

---

[101] Verschiedentlich meint man, daß es einen Unterschied in der Beurteilung ausmachen sollte, ob die Ersparnisse in der Erwerbs- oder in der Konsumsphäre gemacht werden, so sagt z. B. Blümich (*Blümich:* Das Einkommensteuergesetz vom 16. 10. 1934, Berlin 1934, S. 32.): „Ersparte Ausgaben sind nicht etwa als Einnahmen anzusetzen, vielmehr gilt folgendes: sie berühren das Einkommen nicht, soweit es sich um ersparte Privatausgaben handelt. Behandelt z. B. ein Arzt seine Angehörigen, führt ein Anwalt für sich oder seine Familienangehörigen Prozesse oder verrichtet der Handwerker Arbeiten für seinen Haushalt, so sind die dadurch erzielten Ersparnisse keine Einkünfte. Eine andere Behandlung würde der Verkehrsauffassung widersprechen. Anders liegt es, wenn durch derartige Umstände Betriebsausgaben erspart werden ... dadurch erhöht sich der Gewinn aus Gewerbebetrieb oder selbständiger Berufstätigkeit. In solchen Fällen erhöht sich demnach das Einkommen unmittelbar durch die ersparten Ausgaben."

Unseres Erachtens ist es nicht einzusehen, warum es einen Unterschied machen sollte, wo Ausgaben erspart werden, ob die Bäckerstochter beispielsweise den Haushalt versorgt oder beim Verkauf der Backwaren hilft. Auch beruft sich Blümich wohl zu Unrecht auf die Verkehrsauffassung, die sich durchaus der Ersparnisse in beiden Fällen bewußt zu sein pflegt. Im übrigen dürfte in diesem Falle der Verkehrsauffassung nicht das letzte Wort gehören; aber, wie gesagt, erhebungstechnische Gründe vereiteln diese Ermittlung.

[102] Wenn wir das Zinsmoment berücksichtigen und die Jahresbelastung Abschreibung zuzüglich Zinsen Jahr für Jahr gleich sein lassen wollen, ist

Wird die Lebensdauer richtig geschätzt und ändern sich nicht die Wiederanschaffungskosten, dann ergeben sich in bezug auf die Aufwandsberechnung für die Dauer der Nutzung keine Komplikationen.

Aber zukünftige Ereignisse sind keineswegs immer genau vorauszusehen. Es kann ein Irrtum hinsichtlich der Lebensdauer unterlaufen und die Maschine früher oder später unbrauchbar werden. Ferner kann ihre Verwendung bei neuen Erfindungen, die ihre weitere Benutzung ausschließen, lange vor ihrer technischen Unbrauchbarkeit ein vorzeitiges Ende nehmen. Selbst wenn die technische Lebensdauer richtig geschätzt wird und auch Verbesserungen in der Produktionsweise die benutzten Gegenstände nicht wertlos machen bzw. im Werte herabmindern, ist es möglich, daß sich die wirtschaftliche Situation auf Grund der meistens nicht voraussehbaren Preisschwankungen in den Anschaffungskosten dieses Produktionsmittels wandeln.

Wie muß nun in solchen Fällen verfahren werden, wenn sich z. B. im Laufe der Verwendungszeit die Anschaffungskosten des benutzten Produktionsmittels ändern. Nehmen wir an, die Wiederbeschaffungskosten unserer zum Preise von 100 000 DM gekauften Maschine würden im Laufe des ersten Jahres auf 150 000 DM steigen. Verschiedene Möglichkeiten bestehen. Man könnte sich denken, daß die Differenz von 50 000 DM als Gewinn verbucht würde und je 10 000 DM am Ende des ersten und der weiteren Jahre zur Abschreibung gelangten. Möglicherweise wird aber auch kein Gewinn verrechnet und die Abschreibung ausgehend vom Tagesbeschaffungswert von 150 000 DM vorgenommen. Schließlich wäre es möglich, daß kein Gewinn zur Verbuchung gelangte, weder jetzt noch später, und dennoch von 100 000 DM abgeschrieben würde, also je 10 000 DM für das erste, zweite Jahr usw.

Um entscheiden zu können, wie vorgegangen werden sollte, braucht man sich nur den mit der Abschreibung verbundenen Zweck vor Augen zu halten. Mit der Abschreibung sollen nicht weniger, aber auch nicht mehr Mittel zur Erhaltung eines gleichwertigen Bestandes an Produktionsgütern bereitgestellt werden. Eine Gewinnverbuchung in Höhe von 50 000 DM in diesem Jahr und eine jährliche Abschreibung von je 10 000 DM in diesem und den nachfolgenden Jahren wäre also fehl am Platze. Die als Gewinn verbuchten 50 000 DM werden benötigt, um nach 10 Jahren die notwendige Ersatzbeschaffung vornehmen zu können. Die Wirtschaft würde, wenn nur immer 10 000 DM pro Jahr für die Ersatzbeschaffung reserviert würde, eine Einbuße an ihrem alten Bestand erleiden.

---

allerdings anders zu rechnen. Dazu und überhaupt zu den Methoden der Abschreibung s. *Kosiol:* Anlagenrechnung und Abschreibungen, Wiesbaden 1942. Der Einfachheit halber lassen wir die Zinsen bei unseren Betrachtungen unberücksichtigt.

Richtig wäre es, von dem „Tagesbeschaffungswert" von 150 000 DM auszugehen und jährlich 15 000 DM abzuschreiben. Damit würde dann eine Abschreibung vorgenommen, die den gleichen wertmäßigen Weiterbestand der wirtschaftlichen Güter gewährleistete. „Die Abschreibung vom Tagesbeschaffungswert wird gefordert aus der Erwägung heraus, daß es nur so möglich ist, eine Ersatzbeschaffung für verbrauchte Anlagen zu sichern[103]."

Wie im Falle der Preissenkung vorzugehen ist, dürfte nach Besprechung der Preissteigerung nicht schwer zu entscheiden sein.

Wenn unsere Maschine im Laufe des ersten Jahres von 100 000 auf 50 000 DM im Werte sinkt, besteht die Möglichkeit der Abschreibung von 10 000 DM pro Jahr; ferner könnten 50 000 DM in der laufenden Periode als Verlust verbucht werden und dann jedes Jahr 5000 DM abgeschrieben werden. Richtig erscheint es, bei der Gewinnfeststellung den Verlust nicht zu berücksichtigen und nur von 50 000 DM abzuschreiben, also jährlich 5000 DM. Es müssen 50 000 DM im Laufe von 10 Jahren zusammenkommen, um das Wirtschaftspotential zu erhalten. Die Abschreibung von 10 000 DM pro Jahr würde mehr erbringen, als für die Erhaltung des alten Produktionsstandes erforderlich ist. Neuinvestitionen sollen mit der Abschreibung nicht finanziert werden.

Die Stellungnahme hierzu ist in der Literatur nicht einheitlich.

Schanz[104], nach dem Einkommen „der Reinvermögenszugang eines bestimmten Zeitabschnittes einschließlich der Nutzungen und geldwerten Leistungen Dritter" ist, will diese Art von Preisveränderungen bei der Einkommensberechnung beachten, d. h. Preissteigerungen als Gewinn verbuchen und Preisminderungen als Verlust abziehen.

Popitz[105], der sich gleichfalls von der Einkommensteuer her mit dieser Frage beschäftigt, ist im Hinblick auf die Schwierigkeiten einer praktischen Verwendbarkeit des Schanzschen Einkommensbegriffes gegenteiliger Ansicht, will also diese Preisveränderungen unberücksichtigt lassen.

Die sich mit der Erfolgsrechnung befassende betriebswirtschaftliche Literatur läßt den Werterhöhungen eine andere Behandlung angedeihen wie den Wertminderungen. „Die Wert e r h ö h u n g e n von im Betriebe tätigen Anlagegegenständen, seien es Werterhöhungen ganzer Wirtschaftseinheiten oder Werterhöhungen einzelner unselbständiger Teile, dürfen auf die Erfolgsrechnung unmittelbar keinen Einfluß ausüben[106]." „Anders ist es mit dem Preisfall[107]." Dieser ist

[103] *Henzel:* Die Kostenrechnung, Stuttgart 1950, S. 59.

[104] *Schanz:* Der Einkommensbegriff und die Einkommenssteuergesetze, in Finanzarchiv, 13. Jahrgang, Band I, S. 1 ff.

[105] *Popitz:* Einkommensteuer, in Handwörterbuch der Staatswissenschaften, 4. Auflage, Band 3, S. 418.

[106] *Schmalenbach:* Die Grundlagen dynamischer Bilanz, Jena 1931, S. 179.

[107] *Schmalenbach,* ebenda, S. 180.

gleich in voller Höhe abzuziehen und zwar deshalb, weil „aus Gründen der Sicherheit“ nicht eine bessere als die wirkliche Wirtschaftslage vorgetäuscht werden soll.

In der Praxis gilt bei den Abschreibungen das sogenannte „Höchstwertprinzip“. Es darf ein niedrigerer Wert, höchstens dürfen jedoch die Anschaffungs- oder Herstellungskosten angesetzt werden. Bei Preiserhöhungen ist es also nicht angängig, von dem höheren Wert auszugehen, bei Preisminderungen ist es statthaft, den niederen Wert zu wählen. Es muß allerdings nicht geschehen, wie unsere Forderung lautet. Wenn es geschieht, entspräche die Verlustbuchung nicht der hier vorgetragenen Ansicht, nach der die einmaligen Preisveränderungen bei der Gewinnermittlung unberücksichtigt bleiben sollen.

Der Statistiker, der das Sozialprodukt erfassen will, wird also diese Abweichungen von der richtigen Abschreibung in Ansatz bringen müssen.

Mit diesen Feststellungen, die wir hier getroffen haben, soll keineswegs eine negative Beurteilung der in der Praxis üblichen und von der Literatur empfohlenen Abschreibungsmethoden ausgesprochen werden. Die Vorsicht in der Bewertung von seiten der Praxis ist durchaus verständlich und von dem richtigen Grundsatz der Vorsicht bestimmt. Wenn man jedoch bei der Feststellung des Sozialproduktes die Frage der Abschreibung stellt, gelten nicht betriebswirtschaftliche, sondern volkswirtschaftliche Gesichtspunkte, die eine andere Regelung verlangen. Im übrigen sei hier noch folgendes bemerkt: bei der von uns empfohlenen Abschreibung wird der Grundsatz der Einheitlichkeit befolgt. Bei der Abschreibung von langlebigen Gegenständen gleicher Art wird von ein und demselben Wert ausgegangen, mögen die Gegenstände auch zu verschiedenen Preisen erstanden sein.

Welches langlebige Produktionsgüter sind, bei denen die hier genannten Bewertungsregeln zu gelten haben, unterliegt im allgemeinen keinem Zweifel. Nur sei erwähnt, daß dazu auch die von Schmalenbach[108] als „eiserner Bestand“ bezeichneten Güter gerechnet werden, wie z. B. die beim Handel stets vorhandenen Vorräte, die gehalten werden, um bei plötzlicher, nicht erwarteter Nachfrage diese befriedigen zu können. Güter dieser Art finden wohl nur einmal Verwendung, sind jedoch dauernd im Betrieb gebunden und müssen daher dem Anlagevermögen in ihrer Bedeutung gleichgesetzt werden. Diese Vorräte sind zwar nicht „in specie“, aber „in genere“ ebenso im Betrieb gebunden wie etwa der Grund und Boden und Maschinen. Sie sind daher in gleicher Weise zu behandeln, d. h. auch die bei ihnen auftretenden Wertveränderungen sollten nicht als Gewinn und Verlust in der Periode ihres Eintretens verbucht werden.

---

[108] *Schmalenbach,* ebenda, S. 201.

Der Geschäftswert

Eine besondere Behandlung findet der Geschäftswert in der Praxis. Wenn ein Kaufmann im Hinblick auf einen besseren Absatz seiner Ware Ausgaben macht, Reklame treibt, durch eigenen Besuch oder den seiner Vertreter um neue Kundschaft wirbt, und diese Ausgaben nicht nur in der laufenden Periode seine Einnahmen erhöhen, so trifft grundsätzlich genau dasselbe zu wie bei der Anschaffung langlebiger Produktionsgüter. Man hat Werte geschaffen, die zum Teil erst in späterer Zeit Nutzen liefern. Wenn man daher alle Aufwendungen in der Periode, in der sie gemacht werden, abzieht, wie es in der Praxis grundsätzlich geschieht, so geht man offenbar fehl.

Nur bei Kauf eines Geschäftes und der Zahlung eines „Mehrwertes", d. h. eines über den Wert der realen Güter hinausgehenden Wertes, wird die Aktivierung und damit Abschreibung gestattet. Allerdings soll sie möglichst schnell erfolgen. „Für den originären, vom Unternehmen selbst erarbeiteten Geschäfts- oder Firmenwert darf kein Aktivposten eingesetzt werden. Übersteigt jedoch die für die Übernahme eines Unternehmens bewirkte Gegenleistung die Werte der einzelnen Vermögensgegenstände des Unternehmens im Zeitpunkt der Übernahme, so ist die gesonderte Darstellung dieses Firmenwertes in Höhe des Unterschieds zwischen Summe der Einzelwerte und Gesamtwert gestattet. Von diesem aktivierten, dem derivativen Firmenwert, sind angemessene Abschreibungen vorzunehmen[109]."

Der Grund, warum der Geschäftswert diese Behandlung erfährt, leuchtet ein. Er ist nichts greifbares und auch nicht allein für sich veräußerlich; vom betriebswirtschaftlichen Standpunkt ist es durchaus verständlich[110], wenn man den Firmenwert grundsätzlich überhaupt

---

[109] *Kalveram:* Doppelte Buchhaltung und Kontenrahmen, Wiesbaden 1948, S. 16.

[110] „Wollte man die Kosten der lebendigen Organisation des Betriebes aktivieren, so gibt es Unsicherheit oder Willkür, und darum verzichtet man auf diesen Versuch und bucht lieber dieses ganze Aktivum als Unkosten.

Darum waren auch die Gesetzgeber des Aktienrechts gut beraten, als sie die Aktivierung der Organisationskosten verboten. Sie wollten nicht sagen, daß die Kosten der Organisation nicht einen wirklichen, unter anderen Umständen aktivierten Wert hätten; sie wollten nur sagen, daß die besonderen Umstände der Nachprüfbarkeit und Schätzung es nahelegen, auf die Aktivierung dieses Postens zu verzichten." (*Schmalenbach:* Dynamische Bilanz, Leipzig 1948, S. 104).

Wenn man bei Übernahme eines lebenden Geschäfts diesen Kapitalisierungsmehrwert veranschlagt, so ist die Frage, ob und wie er abzuschreiben ist.

„Zweifellos ist, daß dieses Aktivum in seinem Wert besonders gefährdet ist; jede neu entstehende Konkurrenz, jeder Strukturwandel kann ihn vernichten. Die Vernichtung ist nicht voraussehbar, aber die Gefahr ist immer vorhanden. In der Regel wird man die Vernichtung nicht einmal gewahr,

nicht aktivieren läßt und daß man dort, wo man es doch gestattet, eine schnelle Abschreibung verlangt, also meistens in der Zeit, in welcher das Aktivum noch wirkt; vom volkswirtschaftlichen Standpunkt offenbar ein Nachteil, wenn den einzelnen Perioden nicht der ihnen wirklich zukommende Ertrag zugerechnet wird.

Die langlebigen Konsumgüter

Ausgenommen von der Abschreibung sind grundsätzlich die sogenannten langlebigen Konsumgüter; das sind solche Güter, die sich nicht mehr in der Produktionssphäre befinden, sondern die bereits in die Haushalte übergegangen sind, z. B. Tische, Sofas, Bilder, Schmuck, Teppiche, auch Wohnhäuser usw. Offensichtlich stiften diese sogenannten langlebigen Konsumgüter nicht nur in einer Periode Nutzen, sondern in vielen. Dennoch wird prinzipiell bei diesen Gütern fingiert, daß sie verbrauchliche Güter seien; denn eine Abschreibung findet nicht statt. Nur die Miethäuser und Eigenheime nimmt man im allgemeinen aus und schreibt bei ihnen ab.

Mehrere Gründe haben diese grundsätzlich andere Behandlung der langlebigen Konsumgüter veranlaßt.

1. Man habe es nicht mehr nötig, noch Produktivkräfte einzusetzen, damit von diesen Gütern Nutzungen eingehen. Damit wird ein an sich richtiges Argument gebracht, wenn auch nicht übersehen werden darf, daß es ohne jeglichen Einsatz von Produktivkräften meistens doch nicht getan ist. Die langlebigen Konsumgüter, das Haus, das Sofa, das Klavier, bedürfen der Pflege.

2. Hauptsächlich glaubte man aber wohl die langlebigen Konsumgüter aus dem Grunde wie schnell verbrauchliche Güter ansehen zu dürfen, weil bei ihnen im Gegensatz zu den langlebigen Gütern der Produktionssphäre kein wirkliches Risiko mehr besteht. Tatsächlich hat bei diesen Gütern lange Zeit ein wirtschaftliches Risiko nicht bestanden, da sie meistens in bar bezahlt wurden und die Geschäftswelt daher keine Verluste erleiden konnte. Heutzutage ist das Kreditgeschäft aber bei Kauf von langlebigen Konsumgütern (Staubsaugern, Kühlschränken, Waschmaschinen, Privatautos usw.) vielfach üblich geworden (geschäftstüchtige Firmen finanzieren sogar Vergnügungsreisen vor).

3. Schließlich mag die gesonderte Behandlung langlebiger Konsumgüter außerdem noch dadurch veranlaßt worden sein, daß sie in aller Regel nicht ausgeliehen werden, ihre Nutzungen also nicht Gegenstand eines Geldgeschäftes sind. Das wird tatsächlich auch heute noch zutreffen. Ausnahmen von dieser Regel kommen allerdings vor, so schon immer

wenn sie schon im Gange ist. Man hält oft für Wirkung der Konjunktur, was Wirkung des Strukturwandels ist." (*Schmalenbach:* Dynamische Bilanz, Leipzig 1948, S. 106.)

bei Abgabe möblierter Zimmer; es mag heute gar nicht mehr so selten sein, daß auch in anderen Fällen langlebige Konsumgüter gegen Geld ausgeliehen werden.

Die Gründe, die für eine gesonderte Behandlung der sogenannten langlebigen Konsumgüter sprechen, sind also heute keineswegs mehr in so starkem Maße wirksam, und so könnte man durchaus die Unterscheidung zwischen langlebigen Konsumgütern und Produktionsgütern fallen lassen; wozu man zweckmäßigerweise übergehen sollte, da dann in bezug auf die Abschreibung keine verschiedene Behandlung mehr bestünde, ob das Auto, die Nähmaschine usw. im Haushalt oder in der Erwerbswirtschaft Verwendung finden. In bezug auf die öffentliche Wirtschaft hat diese Unterscheidung bekanntlich dahin geführt, daß gleiche langlebige Güter bald zu den Konsumgütern und bald zu den Produktionsgütern rechnen, ein offenbar unbefriedigender Zustand, der beseitigt wäre, wenn man nur langlebige Produktionsgüter kennen würde. „Es gibt nur dauerhafte Produktionsmittel, keine dauerhaften Konsumgüter. Der Sprachgebrauch unserer Wissenschaft bedarf an dieser Stelle der Revision. Gewiß — vom eigenen Wohnhaus bis zum Schreibtisch, zum Bild, Klavier und Kleid, vom Edelstein bis zum Federhalter gibt es unübersehbare dauerhafte Güter, die sich in der Hand der Konsumenten befinden. Trotzdem sollten wir sie nicht als Konsumgüter bezeichnen. Befriedigung der Bedürfnisse ist Zweck jeder Produktion, und der Produktionsprozeß erreicht daher erst mit der Abgabe der letzten Nutzleistung an den Konsumenten sein Ende. Mit dem Bau des Hauses, mit der Beschaffung des Ofens oder des Klaviers ist demnach der Abschluß des Produktionsprozesses keineswegs erreicht. Wer das annimmt, setzt an Stelle der ökonomischen die technische Betrachtung. Erst dann ist vielmehr der Produktionsweg völlig durchmessen, wenn Haus, Ofen und Klavier völlig verbraucht sind, wenn sie Bedürfnisse nach Behausung, Heizung und Musik nicht mehr zu befriedigen vermögen, wenn sie also keine Nutzleistungen dieser Art mehr abgeben können, was oft das Verstreichen sehr langer Zeit erfordert. Die sogenannten dauerhaften Konsumgüter sind Werkzeuge zeitraubender Produktionsmethoden und stehen deshalb den dauerhaften Produktionsmitteln nicht etwa nahe, sondern sie sind selbst dauerhafte Produktionsgüter[111]."

So richtig es nun wäre, nur noch dauerhafte Produktionsgüter zu kennen, praktische Bedeutung würde es — jedenfalls zur Zeit in — bezug auf den in Privathänden befindlichen Güterbestand nicht haben können, da bei den Haushaltungen keine schriftlichen und für die Statistik verwertbaren Unterlagen über diese langlebigen Gebrauchs-

---

[111] *Eucken:* Kapitaltheoretische Untersuchungen, Jena 1934, S. 79.

güter vorliegen. Was an Nutzen aus diesen sogenannten langlebigen Konsumgütern der jeweiligen Periode anfällt, wäre also praktisch doch nicht in Werten zu veranschlagen.

Die Bewertung der umlaufenden Güter

Soweit umlaufende Güter in Frage stehen, wird nach dem Niederstwertprinzip bewertet, d. h. man darf nicht über den geringeren Zeit- oder Anschaffungswert hinausgehen. Es ist jedoch gestattet, unter den niedrigeren Wert zu gehen. „Dadurch soll erreicht werden, daß Vermögenswertänderungen nach oben nicht Anlaß zu Gewinnausweitungen geben, solange die Gegenstände des Umlaufsvermögens noch im Besitz der Unternehmung sind[112]."

Vom betriebswirtschaftlichen Standpunkt wird diese Bewertung durchaus gut geheißen werden müssen. Vom volkswirtschaftlichen Standpunkt aus — und hier bei der Ermittlung des Sozialprodukts — sollte unseres Erachtens dagegen folgende Regelung getroffen werden: Man setze sowohl die Ertragsgüter (Halb- wie Fertigfabrikate) wie die Aufwandsgüter (Roh-, Hilfs- und Betriebsstoffe) mit dem jeweiligen Zeitwert an.

Der nicht erfolgende Verkauf darf bei den Fertigfabrikaten volkswirtschaftlich keinen Unterschied bedingen. Weil Halbfabrikate meistens kein Handelsobjekt sind, dürfte der Zeitwert allerdings schwer zu bestimmen sein.

In bezug auf die Aufwandsgüter könnte man vielleicht meinen, Preisveränderungen unberücksichtigt lassen zu sollen. Soweit sie nicht zum eisernen Bestand und damit nicht zu den Anlagegütern rechnen, sind sie jedoch zum Einsatz in der laufenden Periode bestimmt und Veränderungen im Marktpreis müssen sich daher auch bei ihnen auswirken, mögen sie auch vorübergehend länger als erwartet keine Verwendung finden und somit bereits eine Zwischenstellung zwischen Anlage- und Umlaufsgütern einnehmen. So wird bei Ertrags- und Aufwandsgütern ein einheitliches Prinzip der Bewertung gewahrt.

Der Wert des öffentlichen Beitrages zum Sozialprodukt

Bei der Berechnung des öffentlichen Beitrages zum Sozialprodukt kann man von den Einnahmen wie Ausgaben des Staates ausgehen und dann die Abzüge bestimmen, die noch zu machen sind, um zum öffentlichen Anteil am Sozialprodukt zu kommen. „Den Bruttowert der öffentlichen Leistungen kann man entweder dem Gesamtbetrag der

---

[112] *Kalveram:* Doppelte Buchführung und Kontenrahmen, Wiesbaden 1948, S. 15.

gezahlten Steuern gleichsetzen oder der Gesamtsumme der von den Behörden verursachten Kosten[113]."

Ganz gleich ist es nicht, wovon man ausgeht, denn „beide Beträge sind gewöhnlich nicht gleich. Während einer Hochkonjunktur kann man in manchen Ländern beobachten, daß der Gesamtertrag der Steuern die öffentlichen Ausgaben übertrifft. Dagegen bleiben in der Krise die öffentlichen Einnahmen gewöhnlich hinter den Ausgaben zurück[113]."

Die Ausgaben weisen in aller Regel die größere Konstanz auf.[114]

Geht man von ihnen aus, dann müssen zunächst die sogenannten Transferzahlungen abgezogen werden, die — wie etwa die Renten und Pensionen — nur Übertragungen von einer Stelle auf die andere darstellen. Diese Beträge sind bei der Errechnung des Sozialprodukts entweder dort zu zählen, woher sie kommen, oder dort, wo sie letzten Endes bleiben, nicht dagegen an beiden Stellen, da sonst Doppelzählungen vorliegen. Der Staat ist in diesen Fällen nur eine Durchgangsstation.

Daß die Transferzahlungen Abzugskosten darstellen, steht außer Zweifel. Es ist nur verschiedentlich schwierig, über das Vorliegen von Transferzahlungen zu entscheiden, insbesondere in bezug auf die Zinszahlungen des Staates. Haben die seinerzeit vom Staat aufgenommenen Gelder eine produktive Anlage gefunden, so sind diese Zahlungen bei noch bestehender produktiver Verwendung dieser Beträge Leistungsentgelte, also keine Transferzahlungen. Sehr oft sind die Anleihen aber konsumtiv verwendet worden. Es ist also Tatfrage, wie zu entscheiden ist. „Da der Großteil der staatlichen Schulden zur Finanzierung von Kriegen und zur Deckung laufender Ausgaben verwendet wurde, sind die meisten Sachverständigen auf dem Gebiet des Volkseinkommens der Ansicht, daß die Zinsen für derartige Schulden nicht Ausdruck der laufenden Produktion von Gütern und Dienstleistungen oder der laufenden Verwendung wirtschaftlicher Hilfsmittel sind. Es erscheint beispielsweise angebracht, einen Vergleich des Produktionsvolumens der Vorkriegs- und der Nachkriegszeit nicht durch den fortlaufenden Zinsendienst bei den Staatsschulden, die während des Krieges entstanden sind, zu verzerren[115]."

Nach Festlegung des Transfereinkommens sind die abzuziehenden Beträge noch nicht endgültig festgestellt. Die öffentlichen Ausgaben erhöhen teilweise den Wert der Güter privatwirtschaftlicher Produktion.

---

[113] *Derksen:* Internationale Übersicht über die Methoden der Berechnung des Volkseinkommens, in Weltwirtschaftliches Archiv 1941, II, S. 259.

[114] Vgl. hierzu *Derksen,* ebenda, S. 259.

[115] National Income, Supplement to Survey of Current Business, Juli 1947, S. 11, U. S. Departement of Commerce. Entnommen *Ruggles:* Volkseinkommen und volkswirtschaftliche Gesamtrechnung, Wien und Stuttgart 1952, S. 82.

Insoweit dies zutrifft, würde es Doppelzählung bedeuten, wenn man die staatlichen Ausgaben auch noch zählen würde. Man muß daher festzustellen versuchen, in welchem Maße öffentliche Ausgaben den Wert der privaten Produktion steigern können.

Zur Erläuterung der auftretenden Schwierigkeiten sei einmal von dem Fall ausgegangen, daß von seiten des Staates eine Verbesserung der Verkehrsverhältnisse vorgenommen wird. Dann profitieren die Vermieter von Wohnhäusern, die auf Grund der erhöhten Nachfrage nach Wohnungen die Miete heraufsetzen können, ebenso die Unternehmer, für welche die Transportkosten billiger werden, und auch die Arbeitskräfte, da sich für sie das Arbeitsmarktgebiet erweitert und die Berufschancen verbessern.

Der Anschluß an die besseren Verkehrswege würde diese Wirkung für die Unternehmer nur dann nicht auslösen, wenn der Preis der Produkte um die Verbilligung der Transportkosten sänke und somit keine Gewinnsteigerung für den Unternehmer herausspränge. Es ist jedoch nicht einzusehen, warum für den Unternehmer die Notwendigkeit des Preisnachlasses bestehen sollte; denn die Konkurrenz, die ihn allein zu einer Preisherabsetzung zwingen könnte, arbeitet noch zu den alten Bedingungen. Ebenso läßt sich kein Gesichtspunkt anführen, der dafür spräche, daß die Hausbesitzer und Arbeiter keinen Vorteil hieraus zögen.

Öffentliche Leistungen finden aber keineswegs in allen Fällen ihren Niederschlag in privatwirtschaftlichen Gütern. Mit dem Bau einer Volksbadeanstalt, die unentgeltlich benutzt werden darf, hat offenbar eine Erhöhung des Sozialprodukts stattgefunden, die — wenn überhaupt — nur in geringem Maße den Wert privatwirtschaftlicher Güter erhöht.

Wie wir sehen, liefe die Berücksichtigung der öffentlichen Ausgaben auf Doppelzählung hinaus, wenn sie der Erwerbssphäre zugute kommt, nicht jedoch, wenn sie der Konsumsphäre nützt.

Mit solcher Erkenntnis ist aber in Wirklichkeit wenig gewonnen; denn es dürfte schwierig sein, eine Aussage darüber zu machen, in welchem Maße die Erwerbswirtschaft oder der Konsument durch die öffentliche Leistung Nutzen gezogen haben.

In dem oben angeführten Falle einer Verbesserung der Verkehrsverhältnisse durch den Staat dürfte die Erwerbswirtschaft den größten Nutzen daraus ziehen. Aber man wird doch ergänzend hinzufügen müssen, daß eventuell auch die Konsumsphäre dadurch gewonnen hat. Die Bevölkerung kann jetzt leichter landschaftlich schönere Gegenden aufsuchen.

In dem zweiten Fall, der ein Beispiel dafür sein sollte, daß der Konsument den Vorteil hat, ist es auch wieder nicht sicher, daß allein die

Konsumsphäre begünstigt ist und die Produktionssphäre überhaupt nicht. Für manche Geschäftsleute bieten sich jetzt vielleicht wegen der Nähe der Volksbadeanstalt bessere Absatzmöglichkeiten.

Eine eindeutige Entscheidung, in welchem Maße die Produktionssphäre und inwieweit die Konsumsphäre auf Grund der öffentlichen Ausgaben Nutzen empfangen hat, wird sich nie fällen lassen. Meistens unterstellt man, daß die Erwerbssphäre im Umfang der indirekten Steuern Nutzen aus der staatlichen Tätigkeit gezogen hat.

Colm macht in dieser schwierigen Frage folgenden Vorschlag: „Für den gewöhnlichen Vergleich des Volkseinkommens von einem Jahr zum anderen schlage ich . . . vor, alle Staatsausgaben, außer den Einkommensübertragungen, zu den Ausgaben für den privaten Verbrauch und den Investitionen der Unternehmer hinzuzurechnen. Ich bin der Ansicht, daß sich die öffentlichen Leistungen für die Wirtschaft von einem Jahr zum anderen nicht sehr stark ändern und auch in allen größeren Industrieländern artverwandt sind. Ferner glaube ich, daß wir den kleinsten Fehler begehen, wenn wir alle Staatsausgaben, außer Einkommensübertragungen, in das Volkseinkommen einbeziehen und dadurch allerdings einen kleinen, aber verhältnismäßig wenig schwankenden Betrag an Doppelzählungen in Kauf nehmen. Dieser Fehler ist sicherlich kleiner, als wenn wir Gewerbe- und Verbrauchssteuern völlig vernachlässigen und wahrscheinlich kleiner, als der Fehler, der dadurch entsteht, daß die Staatsausgaben nach solchen für die Wirtschaft und für andere Zwecke aufgegliedert werden. Vergleichen wir aber Zeiträume oder Länder mit bedeutsamen Unterschieden in der Höhe der öffentlichen Leistungen für die Wirtschaft oder solche Länder, in denen sich der Staat unmittelbar weitgehend an den Produktionskosten beteiligt, würde ich immer noch die wirtschaftsfördernden Ausgaben bei den Berechnungen des Volkseinkommens und dessen Verwendung absetzen[116].“ Die Bestimmung des öffentlichen Beitrages zum Sozialprodukt ist also eine schwierige, ohne ein gewisses Maß von Willkür nicht lösbare Angelegenheit.

Die Betrachtungen zum Begriff des Sozialprodukts und zwar zum Nettosozialprodukt zu Marktpreisen, wie man üblicherweise in der Literatur und praktischen Statistik das bezeichnet, was wir als „Sozialprodukt“ schlechthin ansehen möchten, haben uns gezeigt, daß die Definitionen deswegen auseinandergehen, weil Leistungen und Aufwendungen unterschiedlich definiert werden und in der Bewertungsfrage verschiedene Meinungen bestehen.

Die mangelnde statistische Erfaßbarkeit spielt eine große Rolle bei der Bestimmung des Sozialproduktsbegriffes. Die langlebigen Konsum-

---

[116] *Colm:* Finanzwirtschaft und Volkseinkommen, in Allgemeines statistisches Archiv, 35. Band, 1951, S. 124.

güter werden in aller Regel jener Periode zugerechnet, in welcher sie von der Produktionssphäre zur Konsumsphäre gelangen. Die „ersparten Ausgaben", die doch einen großen Teil des Nutzens einer Periode ausmachen, bleiben meistens unbeachtet. Soweit man sie doch berücksichtigt, sind es mehr oder minder willkürliche Schätzungen, die ihren Wert bestimmen.

Man muß sich daher bescheiden, und, wie Colm es tut, als Sozialprodukt oder nach seinem Ausdruck als Volkseinkommen definieren, was „meßbar" ist. „Der Begriff des Volkseinkommens als meßbarer Teil des Sozialprodukts wäre dann gleich dem sogenannten Nettosozialprodukt ... oder dem Volkseinkommen zu Marktpreisen[117]." Zieht man von den öffentlichen Ausgaben nur die Transferzahlungen ab, — was eventuell zur richtigen Ausweisung des Sozialprodukts führt —, so ließe sich mit Colm in der Definition folgendermaßen fortfahren: „Dieser Begriff umfaßt die gesamte staatliche Tätigkeit (außer Einkommensübertragungen) und die gesamte privatwirtschaftliche Tätigkeit[117]."

Als von seiten des Vereins für Sozialpolitik der Begriff und die Erfassung des Volkseinkommens diskutiert wurden, vertrat man meistenteils die Ansicht, daß die Erfassung nicht möglich sei. Heute ist man nicht mehr so skeptisch.

Berücksichtigt man, daß sich die Theorie auf dem Wege der Einigung befindet, — sich also die theoretischen Meinungsverschiedenheiten immer mehr ausgleichen — und daß man in erhöhtem Maße die erhebungstechnischen Mangelhaftigkeiten zu beseitigen versucht, so wird man doch sagen können, daß die Erhebungen lohnen und bei gleichem zugrunde gelegten Begriff wertvolle Hinweise und Aufschlüsse geben können[118].

δδ) Die Methoden der Sozialproduktsermittlung

Die Ermittlung des Sozialprodukts kann nach drei Methoden versucht werden.

1. Man ermittelt das Sozialprodukt an der Stelle seines Entstehens, stellt also fest, was der einzelne Betrieb an Wert schöpft, und addiert die Summe aller betrieblichen Wertschöpfungen, entweder insgesamt ohne jede Unterscheidung, — womit dann in einer Zahl das Sozialprodukt für die Volkswirtschaft ermittelt wäre — oder nach Wirtschaftszweigen, wenn die Frage interessiert, welchen Beitrag der einzelne Wirtschaftszweig zum Sozialprodukt liefert.

---

117 *Colm*, ebenda, S. 124.

118 Neben der Schwierigkeit in der Bestimmung des Sozialprodukts dürften unsere Ausführungen auch gezeigt haben, wie wenig kurzgefaßte Begriffsdefinitionen besagen. Sie müssen gebracht werden, aber die einzelnen Bezeichnungen werden stets noch einer Erläuterung bedürfen, wenn nicht manche Fragen offen bleiben sollen.

Wenn wir zur näheren Erläuterung dieser Methode der Sozialproduktsermittlung „von der Entstehungsseite her“ die Aufwandsseite der betrieblichen Produktionskonten anführen und die gesamten Aufwendungen in vierfacher Weise nach 1. Vorleistungen der anderen Betriebe, 2. Abschreibungen, 3. Leistungen an private Produktionsfaktoren und 4. Leistungen an den Staat unterteilen, dann sind es also lediglich die Größen 3 und 4, die bei der Ermittlung des Sozialprodukts addiert werden, wobei unterstellt wird, daß im Umfang der indirekten Steuern die Erwerbssphäre den Nutzen gehabt hat[119].

Wie unsere Betrachtungen zum Begriff des Sozialprodukts gezeigt haben dürften, wird die Ermittlung von der Entstehungsseite her schon dort Schwierigkeiten bereiten, wo Buchungsunterlagen der Betriebe zur Verfügung stehen; denn es werden weder Abschreibungen noch Bewertungen im volkswirtschaftlich gewünschten Sinne vorgenommen.

Bei fehlenden Buchungsunterlagen bleibt sogar nur das Mittel der Schätzung, indem der — durch die lückenhaften Unterlagen — erforderliche Zuschlag zum Sozialprodukt unter Verwendung sogenannter „Übertragungsschlüssel“ bestimmt wird.

2. Das Sozialprodukt verbleibt nicht dort, wo es entsteht, sondern es wird — abgesehen von den nicht ausgeschütteten Gewinnen — verteilt und gelangt so an private Einkommensbezieher (Selbständige und Unselbständige) und an den Staat, der gleichfalls für seine Leistungen ein Entgelt erhält. Man kann also auch den Versuch machen, das Sozialprodukt dort zu erfassen, wohin es nach Verlassen seiner Entstehungsstätten gelangt, in welchem Falle dann von einer Ermittlung des Sozialprodukts „von der Verteilungsseite her“ gesprochen wird.

Bei der Wahl dieser Methode werden in der Hauptsache die Unterlagen der Steuerbehörde, die Einkommensveranlagungen der Selbständigen und die Lohnsteuerkarten, benutzt, es wird nicht primärstatistisches, sondern sekundärstatistisches Material verwendet; weswegen stets die Frage gestellt werden muß, ob der steuerliche Einkommensbegriff sich überhaupt mit dem Sozialproduktsbegriff deckt, und, wenn nicht, ob die Abweichungen der Begriffe voneinander wesentlich sind.

Diese Unterlagen enthalten zum Teil mehr Angaben als gebraucht werden, nämlich auch solche über Einkommen, die nicht Leistungseinkommen sind und daher hier außer Betracht bleiben müssen. Auf der anderen Seite bieten sie aber auch zu wenig, da nicht alle Empfänger von Leistungsentgelten steuerlich veranlagt werden. Bei den Einkommen der Selbständigen sind die Lücken, die wieder durch Schätzungen geschlossen werden müssen, meistens besonders groß auf dem landwirtschaftlichen Sektor, weniger auf dem gewerblichen.

---

119 Vgl. hierzu *Derksen*, ebenda, S. 262.

Soweit es sich um die nicht in den Unterlagen der Steuerbehörde enthaltenen Einkünfte der Unselbständigen handelt, könnte ergänzend das Material der Sozialversicherung herangezogen werden, da infolge der Krankenversicherungspflicht die niederen Einkommen gemeldet werden. Meistens begnügt man sich aber wegen des großen Arbeitsanfalles, der mit der Auswertung dieses Materials verbunden ist, mit Schätzungen.

Um zu den nicht ausgeschütteten Gewinnen zu gelangen, muß auch dann, wenn das Sozialprodukt grundsätzlich von der Verteilungsseite her ermittelt werden soll, an die Stelle seiner Entstehung gegangen werden.

Die Erhebung der indirekten Steuern dürfte nicht allzu große Schwierigkeiten bereiten.

3. Das Sozialprodukt wird für den Kauf von Konsumgütern oder zur Kapitalbildung verwendet, durch die dann Investitionen möglich werden. Man kann daher auch das Sozialprodukt „von der Verwendungsseite her" zu ermitteln versuchen. In diesem Falle repräsentieren der Konsum und die Neuinvestition das Sozialprodukt.

Was man sich unter dem Sozialprodukt bei einer Erfassung von der Verwendungsseite her vorzustellen hat, muß jedoch noch näher erläutert werden.

Die neu geschaffenen Produktionsgüter können nur insoweit, als sie über den Ersatz des Verschleißes hinausgehen, zum Sozialprodukt gerechnet werden. Wenn bei einem Produktionsgüterbestand von zehn Maschinen jährlich nur eine neue hergestellt wird, wird bei einer 10jährigen Lebensdauer der Maschine mit der Neuerstellung dieser Maschine lediglich der Verschleiß ersetzt und damit noch nichts an Investitionsgütern geschaffen, was zum Sozialprodukt rechnen könnte. Es ist sogar möglich, daß nicht einmal die Gesamtheit der neuerstellten Konsumgüter zum Sozialprodukt gehört, nämlich dann nicht, wenn die Produktion von Produktionsgütern nicht den Verschleiß ersetzt.

Um uns volle Klarheit über den Inhalt des — von der Verwendungsseite her gesehenen — Sozialprodukts zu schaffen, sei von der „(mengenmäßigen) Gesamtproduktion" ausgegangen, wie sie die Forschungsstelle zur Aufstellung volkswirtschaftlicher Bilanzen definiert. Danach gehören hierzu: Die „Konsumgüterproduktion (Sachgüter und Dienstleistungen) eines Jahres minus Produktionsmittelvorrat zum Jahresbeginn plus Produktionsmittelvorrat zum Jahresende[120]."

Konsumgüteranfall und Sozialprodukt sind demnach identisch bei

[120] Forschungsstelle zur Aufstellung volkswirtschaftlicher Bilanzen, Wien 1952, S. 13.

Gleichheit des Produktionsmittelvorrats zu Jahresbeginn und -ende[121]. In diesem Falle spricht man bekanntlich von statischer Wirtschaft. Wenn der Produktionsmittelvorrat zum Jahresende überwiegt, haben wir eine fortschreitende Wirtschaft und das Sozialprodukt ist größer als der Konsumgüteranfall; ist dagegen der Produktionsmittelvorrat zum Jahresende kleiner als zum Jahresbeginn, dann hat die Wirtschaft eine Schrumpfung erfahren und das Sozialprodukt ist kleiner als der Konsumgüteranfall der Periode. Das Sozialprodukt muß also keineswegs immer den Umfang der Konsumgüterproduktion haben, sondern es kann durchaus kleiner sein als der Konsumgüteranfall. Die Wirtschaft hat „entspart", sie lebt zum Teil von dem, was frühere Zeiten geschaffen haben, und zwar im Ausmaß der Entsparung. Dieser Prozeß kann allerdings nicht auf unbegrenzte Zeit fortgesetzt werden[122, 123].

---

[121] Die Feststellung, was an Produktionsmitteln am Anfang und Ende der Periode vorhanden ist, läßt sich in bezug auf viele Güter sehr leicht treffen. Die verheizte Kohle, die am Anfang auf Lager lag, fehlt am Ende. Weniger leicht läßt sich hinsichtlich der eingesetzten langlebigen Produktionsgüter, die am Anfang und Ende dem Betrieb angehören, bestimmen, was am Ende im Vergleich zum Anfang fehlt. Es müssen die Nutzleistungen, welche die langlebigen Produktionsgüter in der laufenden Periode gestiftet haben, abgesetzt werden. Wir stellen also auch bei unserer Betrachtung des Sozialprodukts von der Verwendungsseite her fest, wie entscheidend für die richtige Berechnung des Sozialprodukts die richtige Festsetzung des Verschleißes und damit die richtige Bemessung der Abschreibung ist.

[122] Wenn wir hier sagen, daß der Konsumgutanfall das Sozialprodukt übersteigen kann, so stellen wir damit etwas fest, was Zweifel aufkommen lassen könnte: wohl kann der einzelne über seine Verhältnisse leben und mehr als seinen Verdienst verbrauchen. Aber soll der Gesamtheit das auch möglich sein? „Bedeutet dies regelwidrige Ergebnis, daß die Statistiker bürokratische Pfuscher sind, die die Gesetze der Arithmetik und Natur so wenig kennen, daß sie glauben, die Leute könnten Dinge verbrauchen, die sie gar nicht produziert haben" (*Samuelson:* Volkswirtschaftslehre, Köln 1952, S. 274/275). Dieser scheinbare Widerspruch löst sich aber auf, wenn man einen aus früherer Zeit stammenden Lagerbestand in Rechnung stellt, der neben den Konsumgütererzeugnissen der Periode verbraucht werden kann.

[123] In diesem Zusammenhang könnte die Frage auftauchen, ob sich nicht eine Periode für die Errechnung des Sozialprodukts bestimmen ließe, bei der Sozialprodukt und Konsumgutanfall stets dasselbe bedeuten. Wenn dies möglich sein sollte, müßte alle Produktion zu gleicher Zeit beginnen und enden. Mit anderen Worten: Die Produktionsperiode — worunter wir hier den Zeitabschnitt vom Einsatz der ersten bis letzten Produktiveinheit verstehen — müßte überall gleich lang sein und außerdem immer gleichzeitig beginnen. Aber diese Voraussetzungen sind nicht einmal bei Konsumgütern gleicher Art, geschweige denn ungleicher Art erfüllt. Neuer Roggen wird gesät bevor der alte zu Brot verbacken ist. Die Gemüseproduktion nimmt im Gegensatz zur Getreideproduktion eine kürzere Zeit in Anspruch. Eine Periode, bei der Sozialprodukt und Konsumgutanfall stets gleich sind und von der man dann sagen könnte, daß sie ganz natürlich sei, läßt sich daher nicht bestimmen. Es sind stets am Anfang und Ende Bestände zu verrechnen und die Sozialproduktsberechnung ist daher — was meistens bei all der anderen Problematik gar nicht erwähnt wird — auch noch mit jener belastet, welche Periode gewählt werden soll. Meistens setzt man den Zeitabschnitt eines Kalenderjahres fest.

Bei Abnahme des Produktionsmittelvorrates (bei Desinvestition), wenn also die Rechnung „Produktionsmittelvorrat zu Jahresende minus Produktionsmittelvorrat zu Jahresbeginn" zu einem negativen Ergebnis führt, muß dieser negative Betrag zwecks richtiger Ermittlung des Sozialprodukts von der Wertsumme der Konsumgüterproduktion abgezogen, bei Zunahme (bei Nettoinvestition) dagegen zugeschlagen werden.

Bemüht man sich, um das Sozialprodukt von der Verwendungsseite her zu ermitteln, um die Feststellung dieses zuzuzählenden bzw. abzusetzenden Betrages und versucht in der sogenannten Produktionsgüterindustrie die neuerstellten Produktionsgüter zu erfassen, dann ergibt sich bereits insofern eine Schwierigkeit, als den Gütern nicht immer anzusehen ist, ob sie in der Produktionssphäre oder bei den Haushalten Verwendung finden werden, mit anderen Worten, ob sie überhaupt Investitionsgüter sind. Kohle kann im Betrieb wie im Haushalt verfeuert werden und auch langlebige Gebrauchsgüter, wie etwa Nähmaschinen und Autos, können Produktions- wie Privatzwecken dienen. Wenn man nur langlebige Produktionsgüter und keine langlebigen Konsumgüter anerkennen würde, wären in bezug auf diese Güter alle Zweifel beseitigt. Aber davon sind wir weit entfernt. Wenn es möglich ist, wäre es ratsam, nicht die Erfassung der Neuinvestition bei der Produktionsmittelindustrie zu versuchen, sondern von den investierenden Stellen selbst auszugehen. Es ließe sich dann leichter ermitteln, was nur Ersatzbeschaffung ist und daher nicht als Zuschlagskosten zu den Konsumgütern bei der Ermittlung des Sozialprodukts in Frage kommt.

Was die Ermittlungsmöglichkeiten des Konsums anlangt, so muß festgestellt werden, daß sie in bezug auf den öffentlichen Sektor recht günstig sind, denn den öffentlichen Verbrauch kann man durch Erhebung bei den öffentlichen Stellen selbst erfahren. Beim privaten Sektor versagt dieser direkte Weg. Die statistischen Zentralämter veranlassen wohl Haushaltsrechnungen und ziehen damit unmittelbare Erkundungen über die Verwendung des Sozialprodukts ein. Diese Erhebungen sind aber nur für einen verschwindend kleinen Teil von Haushaltungen repräsentativ, so daß nichts anderes als der indirekte Weg übrig bleibt.

Man benutzt[124], um zu den Konsumausgaben der Haushalte zu gelangen, Produktionsstatistiken der Landwirtschaft von Milch, Kartoffeln usw., zieht die Umsätze nach Art und Menge beim Kleinhandel heran, ferner die Einfuhrstatistiken, wobei „die Lagerveränderungen in den nachfolgenden Verteilungsstufen, der Abgang durch Verderb,

[124] Vgl. zu den folgenden Ausführungen *Zwingli:* Verbrauchsausgaben und Volkseinkommen, in Schweizerische Zeitschrift für Volkswirtschaft und Statistik, 1949, S. 420 f.

die Werterhöhung durch den Zwischenhandel . . . zu berücksichtigen (wären)[125]". Und schließlich geben auch Verbrauchssteuerstatistiken einen Anhaltspunkt.

Welche Unterlagen man auch immer bei dieser indirekten Ermittlung des Konsums verwendet, es bleibt ungewiß, wieviel von diesen ermittelten Gütern letzter Verbrauch ist, da zum großen Teil produktive wie konsumtive Verwendung möglich ist. Milch kann z. B. dem letzten Konsum, aber auch zum Tränken von Kälbern und somit Produktionszwecken dienen.

Aber „nicht nur bei Sachgütern erfordert die Unterscheidung zwischen Konsumgütern und Zwischenproduktion eine genaue Überprüfung der vorhandenen Unterlagen, auch Dienstleistungen können diesen Doppelcharakter besitzen. Ein gutes Beispiel bildet die Tätigkeit der . . . Anwälte, die zum Teil für Privatpersonen, zum Teil aber für Unternehmungen tätig sind[126]." Die Eisenbahn befördert Privat- und Geschäftsreisende. Strittige Fälle der Zurechnung zum Konsum oder zur Produktion gibt es in großer Zahl und man muß daher ein großes Fragezeichen hinter jene Ermittlungen der privaten Ersparnisse machen, bei denen diese einfach in der Weise festgestellt werden, daß die privaten Konsumausgaben vom privaten Einkommen abgezogen werden. Diese Methode könnte nur bei einer einwandfreien Feststellung des Konsums zu einer richtigen Ermittlung der Ersparnisse führen.

Alle drei Methoden einer Ermittlung des Sozialprodukts bieten also große Schwierigkeiten, und es ist verständlich, daß wohl kaum irgendwo eine Methode rein zur Anwendung gelangt.

Ferner dürften die Erörterungen zu den Methoden der Ermittlung des Sozialprodukts gezeigt haben, daß die Erhebungsmöglichkeiten stets und überall ein gewichtiges Wort bei der Begriffsbildung mitsprechen werden und daß das Sozialprodukt so, wie man es letzten Endes erfaßt sehen möchte, wohl kaum jemals wird ermittelt werden können.

β) Die Bedeutung des Nettosozialprodukts zu Marktpreisen für die Wirtschaftsplanung

Wie unsere Betrachtungen zum Nettosozialprodukt zu Marktpreisen ergeben haben, dürfen wir unter diesem Begriff nicht einen Komplex realer Güter verstehen. Das Nettosozialprodukt zu Marktpreisen „läßt sich ... nicht für eine bestimmte Reihe von Gütern darstellen. Es ist das Ergebnis einer am Bruttonationalprodukt vorgenommenen Berichtigung, indem der geschätzte Wert der in der laufenden Zeitperiode verbrauchten Kapitalgüter abgezogen wird. Vom Standpunkt der

[125] *Zwingli*, ebenda, S. 420.
[126] *Zwingli*, ebenda, S. 419.

Verwendungsseite . . . ist es die Summe sämtlicher Verwendungen mit Ausnahme der Rücklagen für den Kapitalgüterverkehr[127]."

Mit der Feststellung, daß es sich beim „Nettosozialprodukt zu Marktpreisen" um eine fiktive rechnerische Größe handelt, soll aber keineswegs gesagt sein, daß seiner Ermittlung nur geringe Bedeutung zukomme. „Es gibt . . . ein genaues Bild des im Wege der Produktion erzielten Nettozuwachses an wirtschaftlichen Gütern und aus diesem Grunde ein . . . Maß d e r Periode, auf die die l a u f e n d e Tätigkeit zurückgeht[128]."

Mit der Ermittlung des Nettosozialprodukts zu Marktpreisen wird die ständig fließende Quelle aufgedeckt, aus der die Produktion gespeist wird und zwar wird auf diesen dauernd verfügbaren Fonds die öffentliche wie private Wirtschaft angewiesen, die sich aus ihm die Mittel für die Konsumtion und Produktion beschaffen. Nur diese einfachen Überlegungen braucht man anzustellen, um zu wissen, daß den Wirtschaftspolitiker nicht nur interessiert, wieviel das Sozialprodukt insgesamt ausmacht, sondern auch inwieweit die öffentliche und private Konsumtion und Investition aus ihm Nutzen ziehen, da von der Veränderung dieser Größen offenbar ein nachhaltiger Einfluß auf das Wirtschaftsgeschehen ausgeübt wird.

Wenn diese Größen sich nicht sprunghaft, sondern nur allmählich und stetig änderten, wäre der gleichmäßige Ablauf der Wirtschaft gewährleistet und der Wirtschaftspolitiker brauchte nicht laufend über die Veränderungen in der Höhe des Sozialprodukts und seiner Verwendung für die öffentliche und private Konsumtion und Investition unterrichtet zu werden.

Aber zum Wesen der gemischten Wirtschaftsordnung gehört die Veränderlichkeit dieser Größen und es werden von ihnen mehr oder minder starke Veränderungen in der Produktion und somit in dem Beschäftigungsgrad ausgelöst, womit dann bei einem durch diese Schwankungen hervorgerufenen Rückgang in der Produktion und Beschäftigung wirtschaftspolitische Maßnahmen erforderlich werden, welche zur Belebung der Produktion und Beseitigung der Arbeitslosigkeit beitragen sollen. Die Beobachtung dieses Sozialproduktes unterrichtet den Wirtschaftspolitiker also über nichts Geringeres als die zu erwartende Veränderung im Produktionsprozeß und der Beschäftigung.

Wird das „Nettosozialprodukt zu Marktpreisen" auch von der Entstehungsseite her ermittelt und zwar aufgegliedert nach Wirtschaftszweigen, dann erfährt der Wirtschaftspolitiker von dem Beitrag der

---

[127] *Ruggles:* Volkseinkommen und volkswirtschaftliche Gesamtrechnung, Wien/Stuttgart 1952, S. 90.

[128] *Ruggles,* ebenda, S. 99.

einzelnen Wirtschaftszweige zum Sozialprodukt und damit über die Bedeutsamkeit der Stellen, bei denen im Falle einer Unterbeschäftigung durch Erhöhung der Investition eine Belebung erfolgen muß.

Außer dem Nettosozialprodukt zu Marktpreisen werden in der statistischen Praxis meistens noch andere Sozialprodukte ermittelt, die in gewisser Beziehung vom Nettosozialprodukt zu Marktpreisen abweichen.

γ) Das Nettosozialprodukt zu Faktorkosten und seine Bedeutung für die Wirtschaftsplanung

Das Nettosozialprodukt zu Marktpreisen umfaßt die Leistungen der privaten Produktionsfaktoren und indirekten Steuern.

Unter dem Nettosozialprodukt zu Faktorkosten werden dagegen lediglich die Leistungen der privaten Produktionsfaktoren verstanden, also das Nettosozialprodukt zu Marktpreisen abzüglich der indirekten Steuern.

Zur näheren Charakterisierung dieses Sozialprodukts soll bemerkt werden, daß hierunter nicht etwa dieselbe, nur anders bewertete Gütermasse fällt, die mit dem Nettosozialprodukt zu Marktpreisen ausgewiesen wird. Der Bewertungsmaßstab ist bei beiden Sozialprodukten derselbe, nur wird bei Erfassung des Nettosozialprodukts zu Faktorkosten weniger zur Ausweisung gebraucht. „Es ist ein bestimmter Teil des gesamten Volkseinkommens (zu Marktpreisen), nämlich der Teil, der übrigbleibt, wenn wir den Betrag des Volkseinkommens abziehen, den eigentlich der Staat (die öffentliche Hand) verdient[129]."

Wenn wir die Frage stellen, warum die Ermittlung der von den Wirtschaftszweigen ausgehenden Leistungen ohne Berücksichtigung des an den Staat abzuführenden Beitrages interessiert, so ist darauf zu sagen, daß der Wirtschaftspolitiker bei einem Vergleich der Zahlen des Nettosozialprodukts zu Marktpreisen und Faktorkosten weiß, wie weit er bei den einzelnen Wirtschaftszweigen gehen könnte, wenn er mit Rücksicht auf die Unterstützung der Produktion die Belastung von seiten des Staates ausschließen möchte; denn „Indirekte Steuern, wie Verbrauchs- und Umsatzsteuern, sind gesetzlich vorgeschriebene Zahlungen und keine sich für den Produzenten aus der Verwendung eines Produktionsfaktors ergebende Kosten ... Die indirekten Steuern belasten nicht einen bestimmten Produktionsfaktor und können daher nicht als Kosten für die Verwendung eines bestimmten Faktors angesehen werden[130]."

---

[129] Ragnar *Frisch:* Entnommen Colm: Finanzwirtschaft und Volkseinkommen, Allgemeines statistisches Archiv 1951, S. 125.

[130] *Ruggles:* Volkseinkommen und volkswirtschaftliche Gesamtrechnungen, Wien/Stuttgart 1952, S. 91/92.

δ) Das Bruttosozialprodukt zu Marktpreisen und seine Bedeutung für die Wirtschaftsplanung

Mit dem ferner noch in den meisten Ländern ermittelten Bruttosozialprodukt zu Marktpreisen, worunter das Nettosozialprodukt zu Marktpreisen zuzüglich der Abschreibungen verstanden wird, gelangt ein Sozialprodukt zur Feststellung mit einem im Gegensatz zum Nettosozialprodukt zu Marktpreisen nicht fiktiven, sondern realen Inhalt. Es ist die Gesamtheit der erstellten Konsumtiv- und Produktionsgüter, die zur Ausweisung gelangen, d. h. es fallen darunter auch die nur Ersatzbeschaffungen dienenden Produktionen von Produktionsgütern.

Das Bruttosozialprodukt zu Marktpreisen informiert den Wirtschaftspolitiker darüber, welche Produktionsfaktoren überhaupt zum Einsatz gelangen, sei es zur Produktion von Gütern der Ersatzbeschaffung oder solcher, die einen Wertzuwachs der betreffenden Periode darstellen.

Die Kenntnis über den insgesamt erfolgenden Einsatz von Produktionskräften wird den Wirtschaftspolitiker besonders in politischen Notzeiten interessieren.

Da die Ersatzbeschaffungen eine Zeitlang unterbleiben können, ohne daß eine Minderung in der Güterversorgung eintritt, hat der Wirtschaftspolitiker zunächst ohne größere Schwierigkeiten — durch Produktionsverbote auf dem privaten Sektor der Wirtschaft — die Möglichkeit der gesteigerten Produktion von öffentlichen Investitions- und Konsumgütern. Allerdings kann diese Steigerung des öffentlichen Konsums und der öffentlichen Investition nur durch eine später um so geringere Güterversorgung erkauft werden. „Diese umfassendste aller Volkseinkommensgrößen stand während des Krieges und steht heute noch im Mittelpunkt der statistischen Analysis, weil ihre Kenntnis für praktische Zwecke besonders brauchbar ist. In Krisenzeiten kann nicht nur die Neukapitalbildung auf die Produktion im Kriegsmaterial umgeleitet werden, sondern während einer kurzen Zeitspanne ohne Schädigung der Produktionskapazität, auch die Kapitalersatzproduktion. Im Rahmen der Wirtschaftsplanung spielt die erforderliche Produktion für den Kapitalverschleiß eine nicht minder wichtige Rolle als der Voranschlag der Ausweitung des Produktionsapparates[131]."

Mit der Ausweisung des Bruttosozialprodukts erlangt der Staat unter der Voraussetzung der Vollbeschäftigung Kenntnis über die höchste Einsatzmöglichkeit von Produktivkräften.

Aber damit ist — was hier der Vollständigkeit halber angeführt sei — noch nichts über die höchste Ausnutzbarkeit aller Möglichkeiten für den Staat ausgesagt. „Für die g ü t e r w i r t s c h a f t-

---

[131] *Wyler:* Die neueste Entwicklung der Volkseinkommensschätzungen, in Schweizerische Zeitschrift für Volkswirtschaft und Statistik, 1948, S. 11.

liche Deckung des Staatsbedarfs gibt es drei Quellen: das Sozialprodukt (das Bruttosozialprodukt zu Marktpreisen, wie wir sagen würden), das Sozialvermögen und den Auslandskredit. Der erste primitive Schluß hieraus ist, daß der Staat jedenfalls nicht mehr verbrauchen kann als a) überhaupt produziert wird, b) Vorräte und andere aufbrauchbare Sachobjekte aus früherer Produktion vorhanden sind und c) vom Ausland mehr hereinkommt als wir liefern[132]."

Es ist richtig, wie Donner sagt, daß der Staat nicht mehr verbrauchen kann. Aber bis zu dieser Grenze kann er (allerdings auch nur immer unter Berücksichtigung des stets zu beachtenden Existenzminimums der Bevölkerung) zeitweise gehen. Und das sind sehr weitgehende Möglichkeiten.

Die Durchführung solcher Vorhaben kann jedoch Schwierigkeiten bereiten und der Staat, der in erhöhtem Maße die Produktionskraft der Wirtschaft in Anspruch nehmen will, muß daher Vorsicht walten lassen. Solange die Finanzierung auf dem Steuerwege und unter Ausnutzung des Kapitalmarktes möglich ist, besteht keine Gefahr für die Währung. Mit dem Augenblick einer Beschaffung des Staatsbedarfes durch Kreditschöpfung sind aber Preissteigerungen zu erwarten, mag der Staat auch immer Festpreise festsetzen.

ε) Das verfügbare persönliche Einkommen und seine Bedeutung für die Wirtschaftsplanung

Neben den bisher besprochenen Sozialprodukten wird — außer dem für die Wirtschaftsplanung weniger bedeutsamen Personaleinkommen — noch das persönliche verfügbare Einkommen (Personaleinkommen abzüglich Einkommensteuern) ermittelt und zwar interessiert insbesondere seine Verteilung, da — wie die Statistik immer wieder nachgewiesen hat — die Verwendung der verfügbaren persönlichen Einkommen für Konsumtion und Investition maßgeblich von seiner Verteilung abhängt.

Ist der Wirtschaftspolitiker darüber unterrichtet, wie die Ausgaben für Konsum- und Sparzwecke von der Höhe des Einkommens abhängen, so ist seinen Zwecken im hohen Maße gedient. Er weiß bei Unterbeschäftigung der Wirtschaft, wie die Einkommensverhältnisse geändert werden müssen, damit die Ersparnisse entstehen, bei deren Investition mit einer Beseitigung der Arbeitslosigkeit gerechnet werden kann.

Mit dem verfügbaren persönlichen Einkommen wird das erfaßt, was an Einkommen in die Hände von Privatpersonen zur freien Verfügbarkeit gelangt, gleichgültig, ob es ein Leistungs- oder Transfer-

---

[132] Otto *Donner:* Die Grenzen der Staatsverschuldung, in Weltwirtschaftliches Archiv 1942, II, S. 197.

einkommen ist. Die Summe der verfügbaren persönlichen Einkommen wird in aller Regel weniger betragen als das Nettosozialprodukt zu Marktpreisen. Wenn jedoch der Staat große Kredite aufnehmen sollte und aus diesen Krediten Transfereinkommen zahlt, kann das verfügbare persönliche Einkommen unter Umständen das Nettosozialprodukt zu Marktpreisen an Höhe übertreffen.

Diese hier besprochenen Sozialprodukte brauchen in der Konkurrenzwirtschaft nicht ermittelt zu werden, weil sich dort das Sozialprodukt stetig entwickelt und es daher nicht zu plötzlichen Unternehmungszusammenbrüchen, Produktionseinschränkungen und Massenarbeitslosigkeit kommt. Mit der Unstetigkeit der Entwicklung des Sozialprodukts in der gemischten Wirtschaftsordnung ergibt sich dagegen die Notwendigkeit seiner Ermittlung. Der Wirtschaftspolitiker soll darüber unterrichtet werden, ob es sich in einer Weise verändert, die Produktionseinschränkungen und damit Arbeitslosigkeit im Gefolge hat.

Wegen der unsteten Entwicklung des Sozialprodukts werden aber nicht nur Sozialproduktsermittlungen, sondern auch noch andere Erhebungen erforderlich.

cc) Die Erfassung des Einsatzes und Ausstoßes

Wie wir in der einleitenden Besprechung der gemischten Wirtschaftsordnung gesehen haben, kann es zu den verschiedensten wirtschaftspolitischen Maßnahmen des Staates kommen, zur Änderung der Steuerpolitik und — falls die private Wirtschaft enttäuscht durch schlechte Erfahrungen in den Absatzmöglichkeiten nicht zu investieren bereit ist — sogar zu eigener wirtschaftlicher Tätigkeit des Staates.

Wenn der Staat selbst wirtschaftlich tätig wird, aber auch dann, wenn die Wirtschaft zur Investition geneigt sein sollte und es nur an den — notfalls durch Kreditschöpfung zur Verfügung zu stellenden — Krediten fehlt, ist es erforderlich, daß sich der Staat vor Durchführung der wirtschaftspolitischen Maßnahmen eine Vorstellung von den Gesamtzusammenhängen macht. Die Ermittlung der Wertschöpfung in den Wirtschaftszweigen, deren Investition angeregt werden soll, allein genügt nicht.

Der Wirtschaftspolitiker erfährt mit der Wertschöpfung der Wirtschaftszweige lediglich, wieviel diese leisten. Damit aber die Produktion in Gang gebracht wird, ist es auch nötig, daß die Beschaffung der Vorprodukte finanziert wird. Er muß also über die Güterströme von anderen Wirtschaftszweigen informiert werden. Eine allumfassende Kenntnis von dem Güterfluß zwischen den Wirtschaftszweigen ist erforderlich. Erst wenn die Bruttoproduktionswerte der Wirtschaftszweige und ihr Fluß von- und zueinander ermittelt ist, gewinnt der Wirtschaftspolitiker einen Einblick in die Auswirkungen, welche die gewollten wirtschaftspolitischen Maßnahmen zeitigen werden.

Dieser Gesamtzusammenhang kann nicht in der Weise kenntlich gemacht werden, daß alle Einheiten, d. h. alle Betriebe, von und zu denen Güter fließen, genannt werden, sondern man muß eine Vielzahl von Betrieben zu einem „Pol" zusammenfassen, d. h. mehr oder minder große Wirtschaftszweige bilden, die dann als eine Einheit zu betrachten sind, bei denen Güter aus- und eingehen.

Um de Zusammenhänge erkennen und um die Bedeutung der einzelnen Güterströme untereinander richtig abschätzen zu können, müssen diese Güterströme ferner auf ein- und denselben Nenner gebracht, also in Geld ausgedrückt werden, d. h. es werden Wertströme ermittelt.

Um den Unterschied dieser Ermittlung zu der Wertschöpfung der Wirtschaftszweige möglichst deutlich in Erscheinung treten zu lassen, sei ein abstraktes Beispiel gebracht, indem wir in Anlehnung an die Forschungsstelle zur Aufstellung volkswirtschaftlicher Bilanzen nur eine vierfach gegliederte, allein auf die Erstellung eines einzigen Endproduktes gerichtete Produktion ohne staatliche Aktivität annehmen[133]. Es wird in dem Beispiel von der Broterzeugung durch vier Produzenten ausgegangen. Die Wertschöpfung und die Bruttoproduktionswerte seien in einer Tabelle festgehalten.

Produzent	Wertschöpfung	Umsatz am Ende der Produktionsperiode (Bruttoproduktionswert)
Landwirt	3	3
Müller	2	5
Bäcker	4	9
Kaufmann	1	10
	10	27

Wie leicht einzusehen ist, kann aus dem Bruttoproduktionswert nicht auf das Ausmaß der Wertschöpfung geschlossen werden. Man nehme nur in irgendeiner Produktionsstufe — ohne daß insgesamt die Produktionskräfte vermehrt werden — eine Produktionsteilung vor, dann wird die Summe der Bruttoproduktionswerte erhöht, die Wertschöpfungssumme dagegen nicht verändert.

Diese Bruttoproduktionswerte und ihr Fluß von einem Pol zum andern müssen dem Wirtschaftspolitiker kenntlich gemacht werden,

[133] Forschungsstelle zur Aufstellung volkswirtschaftlicher Bilanzen, Wien 1952, S. 15.

damit er die Zusammenhänge erkennt und weiß, welche Rückwirkungen durch die wirtschaftspolitischen Maßnahmen ausgelöst werden.

Man kann die Gesamtzusammenhänge dadurch darstellen, daß man für jeden Wirtschaftszweig einschließlich Haushalt ein Produktionskonto bildet und auf der Sollseite einträgt, was aufgewendet, also von anderen bezogen oder selbst von eigenen Mitteln eingesetzt wird und auf der Habenseite, was die Produktion ergeben hat, was also abgesetzt wird oder auf Lager geht. In unserm schematischen Beispiel würden dann folgende fünf Konten gegeben sein:

Landwirt			
Löhne	3	Verkauf an Müller	3

Müller			
Kauf vom Landwirt	3	Verkauf an Bäcker	5
Löhne	2		

Bäcker			
Kauf vom Müller	5	Verkauf an Kaufmann	9
Löhne	4		

Kaufmann			
Kauf vom Bäcker	9	Verkauf an Haushalt	10
Löhne	1		

Haushalt			
Kauf von Konsumgütern beim Kaufmann	10	Löhne vom Landwirt	3
		„ „ Müller	2
		„ „ Bäcker	4
		„ „ Kaufmann	1

Wenn ein solches System von Konten verwendet wird, spricht man von volkswirtschaftlicher Buchhaltung.

Man könnte aber auch jeden Pol durch ein Symbol — etwa durch einen Kreis oder ein Rechteck — darstellen und nun die Wertströme durch verbindende Linien kennzeichnen, etwa so:

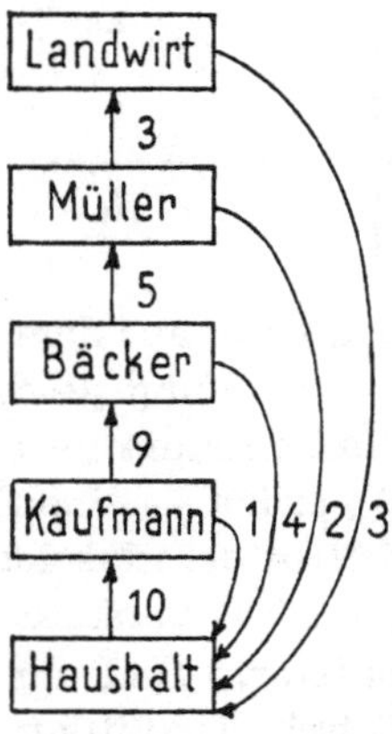

Es fließt, wie unsere Zeichnung zeigt, Geld von den Produzenten zum Haushalt und von hier wieder zurück bis zum Urproduzenten.

Dieser Kreislauf findet in umgekehrter Richtung auch bei den konkreten Gütern statt. Es fließen von der Urproduktion in Richtung des Kosumenten sich immer mehr der Konsumreife nähernde Güter und von dort zurück zur Urproduktion Alimentierungsmittel, durch welche die Produktionsfaktoren ihre Bezahlung finden.

Am meisten bevorzugt wird folgende Darstellung: Man notiert in Spalten nebeneinander die Aufwendungen für die einzelnen Wirtschaftszweige und führt außerdem noch in der Vorspalte die Wirtschaftszweige an. Dann hat man alle volkswirtschaftlichen Aufwendungen erfaßt, aber ferner auch alle Erträge; denn die Aufwendungen der einen Stelle sind an der anderen Erträge.

Man spricht in diesem Falle von Erfassung des Input und Output, des Einsatzes und Ausstoßes nach der Übersetzung von Sagoroff.

In unserem schematischen Beispiel hätte die Einsatz-Ausstoßtabelle folgendes Aussehen:

	Landwirt	Müller	Bäcker	Kaufmann	Haushalt	
Landwirt		3				3
Müller			5			5
Bäcker				9		9
Kaufmann					10	10
Haushalt	3	2	4	1		10
	3	5	9	10	10	37

Die sogenannte Einsatz-Ausstoßtabelle bringt die Darstellung der Aufwendungen und Erträge für die gesamte Wirtschaft, aufgegliedert nach Wirtschaftszweigen. Man muß die Zahlen der Spalte des betrachteten Wirtschaftszweiges lesen, wenn man darüber unterrichtet sein will, woher die Aufwendungen stammen; man muß die Zahlen der Zeile lesen, um zu erfahren, woher die Erträge stammen. Der gesamte Ablauf einer Wirtschaft ist so in eine Tabelle gebannt[134].

Welche Darstellungsweise man aber auch immer wählt, in allen Fällen soll eine volkswirtschaftliche Gesamtrechnung gebracht werden, welche in Werten ausgedrückt den Güterfluß in der Wirtschaft feststellt.

[134] Vgl. hierzu ausführlich *Ruggles:* Volkseinkommen und volkswirtschaftliche Gesamtrechnung, Wien und Stuttgart 1952, S. 51 ff.

Bei unserer Besprechung der verschiedenen Darstellungsarten gingen wir nicht von realen Verhältnissen aus. In der Wirklichkeit sehen die Darstellungen des Einsatzes und Ausstoßes anders aus und richten sich nach der Struktur des jeweiligen Landes.

Da sich die Wirtschaftsstrukturen der einzelnen Länder voneinander unterscheiden, gibt es kein Universalschema, in das sich alle Darstellungen des Einsatzes und Ausstoßes einfügen. Die für ein Agrarland gebrachte Einsatz-Ausstoßtabelle muß ein anderes Aussehen haben als die eines Industrielandes. Aber auch die Industrieländer gleichen sich meistens nicht in der Struktur[135].

Welch' große Unterschiede in der Wirtschaftsstruktur und damit in den angeführten Wirtschaftszweigen bei den einzelnen Ländern auch bestehen mögen, immer erscheinen folgende fünf Grundpole in allen gemischten Wirtschaftsordnungen:

1. Die Haushalte in ihrer Eigenschaft als Konsumenten und Sparer.
2. Die Erwerbswirtschaft, und zwar in einer der Struktur des jeweiligen Landes entsprechenden Aufgliederung nach Wirtschaftszweigen.
3. Die öffentliche Wirtschaft, die es überall gibt, wo gewirtschaftet wird, und die selbst in der Konkurrenzwirtschaft nicht entbehrt werden kann.
4. Der Auslandssektor. Die Volkswirtschaften sind nicht autark, sondern stehen in verschiedenem Ausmaß mit dem Ausland in wirtschaftlicher Beziehung.
5. Der Kapitalsektor. Die Erstellung der Güter unseres Bedarfes geht in aller Regel nicht kurzfristig vor sich. Augenblicksproduktion, also Produktion, die gleich das begehrte Gut liefert, kommt so selten vor, daß wir von ihr überhaupt absehen können. Es werden erst immer in mehr oder minder großer Anzahl „Zwischenprodukte" geschaffen, deren Produktion Zeit und damit Ersparnisse erfordert. Das Ausmaß dieser Ersparnisse und der damit möglichen Investitionen oder, sagen wir richtiger, die Veränderung dieser beiden Größen wird auf dem sogenannten Kapitalsektor registriert.

Wie wir sehen, werden bei der Erfassung des Einsatzes und Ausstoßes die Haushalte, die öffentliche Wirtschaft und das Ausland als Wirtschaftszweige angesehen. Ja sogar das Bruttosparen und -investieren wird in den Rang eines Wirtschaftszweiges erhoben.

---

[135] Meistens bildet man nicht mehr als 25 Wirtschaftsgruppen, da sonst die Übersicht verloren geht. Werden 25 Gruppen unterschieden und stehen alle untereinander in wirtschaftlicher Beziehung, so werden — wenn auch der Wertefluß innerhalb der Gruppe gebracht wird — bereits 25×25 Zahlen ausgewiesen. Wir führen dies an, um die Notwendigkeit von Zusammenfassungen zu Wirtschaftsgruppen zu unterstreichen.

Die fünf Pole bilden sozusagen den Rahmen, in den sich je nach der Eigenart des betreffenden Landes, für das die wirtschaftlichen Zusammenhänge dargestellt werden, spezielle Pole einfügen.

Um einen besseren Einblick in den Güterkreislauf, als ihn das obige abstrakte Beispiel gewähren konnte, zu gewinnen, ist es ratsam, eine Einsatz-Ausstoßtabelle mit den fünf Grundpolen als Wirtschaftszweige in Betracht zu ziehen und zu zeigen, welcher Wertefluß zwischen ihnen stattfindet.

Fiktives Beispiel einer Einsatz-Ausstoß (Input — Output)-Tabelle der fünf Grundpole:

	Unternehmungssektor	Haushaltssektor	öffentlicher Sektor	Kapitalsektor	Auslandssektor	Ausstoß insgesamt
Unternehmungssektor	98 000	20 000	9 000	9 500	11 500	148 000
Haushaltssektor . . .	32 000		4 000			36 000
öffentlicher Sektor . .	5 000	10 500				15 500
Kapitalsektor	3 000	5 500	2 500			11 000
Auslandssektor . . .	10 000			1 500		11 500
Einsatz insgesamt . .	148 000	36 000	15 500	11 000	11 500	222 000

Wie wir bereits sagten, müssen wir die Spalte des interessierenden Wirtschaftszweiges lesen, wenn wir seine Aufwendungen, die Zeile, wenn wir seine Erträge kennen lernen wollen. Will man also ersehen, was die Unternehmungen einsetzen, dann muß man die Spalte mit der Überschrift „Unternehmungssektor" wählen. Von dem in der Vorspalte in Höhe der jeweiligen Zahl genannten Wirtschaftszweig stammt das Aufwandsgut. Vom Unternehmungssektor werden z. B. 10 000 DM Güter aus dem Ausland bezogen.

Für jeden einzelnen Wirtschaftszweig könnte man ein getrenntes Konto errichten. Dann wäre das, was in der Spalte steht, auf der linken, der Sollseite, und was in der Zeile angeführt ist, auf der rechten, der Habenseite einzutragen; die Einsatz-Ausstoßtabelle ist nichts anderes als eine Zusammenfassung der Konten der einzelnen Wirtschaftszweige.

Zur Erläuterung dieser Tabelle seien die Aufwands- und Ertragsposten der einzelnen Wirtschaftszweige erörtert.

Bei einer Betrachtung der Aufwendungen des Unternehmungssektors finden wir bereits eine Zahlenangabe im ersten Tabellenfach, also dort, wo in gleicher Höhe der Vorspalte auch „Unternehmungssektor" steht. Es sind damit Aufwendungen registriert, die vom Unternehmungssektor selbst und nicht von anderen Wirtschaftszweigen stammen und zwar sind in diesem Betrag von 98 000 DM die aufgewendeten Roh-, Hilfs-, Betriebsstoffe und die Leistungen von Dienstleistungsbetrieben enthalten. Da es einen Wirtschaftszweig Ausland gibt, weisen diese 98 000 DM nicht die Aufwandsgüter, die aus dem Ausland kommen (die Importe) aus.

Mit den Aufwendungen, die dem Unternehmungssektor in Höhe von 32 000 DM entstehen, gelangen die Einkommen der Selbständigen und Unselbständigen zur Ausweisung (die Einkommen der Unternehmer sowie die Löhne und Gehälter).

Die Leistungen des öffentlichen Sektors bezahlt der Unternehmungssektor durch Entrichtung von indirekten Steuern in Höhe von 5000 DM.

Der sich in den Abschreibungen ausdrückende Verschleiß der Anlagegüter und die unverteilten Gewinne sind die Aufwendungen, die der Unternehmungssektor durch den Kapitalsektor hat.

Wenn wir nunmehr den Output, den Ausstoß — oder wie man auch sagen könnte — die Habenseite des Unternehmungssektors und damit die in der Zeile „Unternehmungssektor" angeführten Zahlen in Betracht ziehen, begegnen wir zunächst wieder dem Betrage von 98 000 DM. Die Ausgaben des einen Unternehmers sind nämlich die Einnahmen des anderen.

Von den Haushalten bezieht der Unternehmungssektor Erlöse durch den Verkauf von Konsumgütern in Höhe von 20 000 DM.

Vom öffentlichen Sektor hat der Unternehmungssektor unter Umständen Einnahmen durch Subventionen. In der Hauptsache bezieht er sie jedoch auf Grund des öffentlichen konsumtiven Sachbedarfs.

Was unter konsumtiven Sachbedarf fällt, kann durchaus strittig sein. Man könnte den Staat ausschließlich als Produzenten und überhaupt nicht als Konsumenten betrachten und zwar als Produzenten von Sicherheit für Leib und Leben, Rechtssicherheit usw. Dann wäre alles, was er an Sachgütern kaufte, die Tinte, das Papier, die Kohle zum Heizen der Dienstgebäude usw. Investition.

In Wirklichkeit zieht man nicht nur zum Verbrauch bestimmte Güter in den Kreis der öffentlichen Konsumgüter ein, sondern auch langlebige Gebrauchsgüter. „Nach internationalem Übereinkommen werden in den Volkswirtschaftlichen Gesamtrechnungen langlebige Gebrauchsgüter der privaten Haushaltungen und des Staates im

Gegensatz zu den entsprechenden Käufen der Unternehmungen nicht zu den „Anlageinvestitionen" gerechnet, sondern zu den Käufen für Konsumzwecke. In diese Kategorie fallen: Einrichtungsgegenstände der privaten Haushaltungen und der öffentlichen Verwaltung, Kraftfahrzeuge, Betriebsanlagen, die nicht Teile von Bauten sind, wie z. B. die Röntgenanlagen in Krankenhäusern, die Apparate der physikalischen Forschungsinstitute, der Wetterwarten, der Leuchttürme usw., ferner alle Käufe des Staates, durch die Anlagen von dauerhaftem Charakter für militärische Zwecke erstellt werden, wie Kasernen, Militärflugzeuge, Flugzeuge usw.... Bauten des Staates für militärische Zwecke wie die eben erwähnten Kasernen und Militärflugzeuge, rechnen zu den Käufen des Staates für Konsumzwecke, Verwaltungsgebäude des Staates (für zivile Zwecke) und der Unternehmungen sowie zivile Flugzeuge dagegen zu den Anlageinvestitionen[136]."

In dieser Weise nimmt man heute die Einteilung vor. „Bisher sind die langlebigen Gebrauchsgüter des Staates in der Sozialproduktsberechnung der Bundesrepublik in den Anlageinvestitionen enthalten[137]." Wegen der internationalen Vergleichbarkeit der volkswirtschaftlichen Gesamtrechnungen wird fortan die andere Einteilung vorgenommen.

Eine klare Trennung zwischen Investitions- und Konsumgütern ist solange nicht möglich, als man überhaupt den Begriff „langlebige Konsumgüter" verwendet und nicht nur von langlebigen Investitionsgütern spricht. Solange nicht ein solches Kriterium allgemeine Gültigkeit hat, wird man sich erst immer über die von der erhebenden Stelle vorgenommene Einteilung informieren müssen, wenn man darüber Gewißheit erlangen will, worunter die öffentlichen Güter rechnen.

Die Einnahmen, die der Unternehmungssektor vom Kapitalsektor hat, stammen aus Verkäufen von Investitionsgütern. Außerdem sind in diesem Betrag von 9500,— DM auch die gleichfalls Investition darstellenden Lagerveränderungen enthalten. Nur wenn das Gewinn- und Verlustkonto die Unterlage unserer Erhebung bilden würde und nicht das Produktionskonto, wären die Lagerveränderungen nicht aufzuführen.

Vom Sektor Ausland hat der Unternehmungssektor Einnahmen durch Exporte.

Ebenso wie beim Unternehmungssektor ließe sich auch beim Haushaltssektor ein Konto mit den Zahlenwerten der Spalte auf der Soll- und mit den Zahlenwerten der Zeilenreihe auf der Habenseite aufstellen.

---

[136] *Bartels:* Probleme der Gliederung und Zuordnung auf der Verwendungsseite der Sozialproduktsberechnung in Wirtschaft und Statistik, Februar 1954, S. 61.

[137] *Bartels,* ebenda, S. 61.

Der Haushalt hat Aufwendungen in Höhe von 20 000,— DM durch den Kauf von Konsumgütern. In den 10 500,— DM, die er für den öffentlichen Sektor aufwendet, sind die direkten Steuern sowie die an den Staat zu entrichtenden Sozialversicherungsbeiträge (Kranken-, Angestellten- und Invaliditätsversicherungsbeiträge) enthalten. Die in dem Tabellenfach Spalte Haushaltssektor — Zeile Kapitalsektor — notierten 5500,— DM sind die Ersparnisse des Haushalts, mit anderen Worten: die ihm durch den Kapitalsektor entstehenden Aufwendungen.

Einnahmen hat der Haushaltssektor vom Unternehmungssektor durch Unternehmereinkommen, Lohn- und Gehaltszahlungen.

Vom öffentlichen Sektor bezieht der Haushaltssektor gleichfalls Einnahmen aus Löhnen und Gehältern, ferner aber auch durch Sozialleistungen, die einen ständig steigenden Umfang angenommen haben.

Mit dem Sektor Ausland verbindet den Haushaltssektor unmittelbar nichts. Was er von dort braucht, erhält er in aller Regel über den Unternehmungssektor.

Der öffentliche Sektor hat in Höhe von 9000,— DM Aufwendungen beim Unternehmungssektor durch den Kauf von Konsumgütern und durch etwaige Leistung von Subventionen.

Der Haushaltssektor verursacht ihm durch Lohn- und Gehaltszahlungen und durch Sozialleistungen Kosten. Der Aufwand des öffentlichen Sektors beim Kapitalsektor besteht in Abschreibungen und öffentlicher Ersparnis, das ist „die Differenz zwischen Einnahmen des Staates aus Steuern und den laufenden Ausgaben für Konsum und Subventionen[138]." Einnahmen entstehen dem öffentlichen Sektor durch Zahlung von direkten Steuern und Versicherungsbeiträgen des Haushalts und von seiten des Unternehmungssektors durch indirekte Steuern und aus Unternehmertätigkeit.

Der Kapitalsektor hat beim Unternehmungssektor Aufwendungen durch den Kauf von Investitionsgütern und durch die Lagerveränderungen in Höhe von 9500,— DM, bei dem Sektor Ausland durch den Zahlungsbilanzüberschuß von 1500,— DM; Exportüberschüsse müssen nämlich Investitionen gleichgestellt werden.

Einnahmen hat der Kapitalsektor beim Unternehungssektor durch unverteilte Gewinne und Abschreibungen, beim Haushaltssektor durch privates Sparen und beim öffentlichen Sektor durch öffentliches Sparen und Abschreibungen.

Für den Sektor Ausland stellen die Exporte des Inlandes Aufwendungen und dessen Importe Einnahmen dar. Wenn die Exporte des Inlandes (wie in unserem Fall) überwiegen, also für das Inland ein Zahlungsbilanzüberschuß gegeben ist, hat der Wirtschaftszweig „Aus-

[138] Erich *Schneider:* Einführung in die Wirtschaftstheorie, I. Teil, Theorie des Wirtschaftskreislaufes, Tübingen 1953, S. 63.

land" neben den Einnahmen, die aus den Importen des Inlands stammen und vom Unternehmungssektor bezogen werden, Einnahmen vom Kapitalsektor in Höhe des Zahlungsbilanzüberschusses.

Wie die Betrachtung der fünf grundsätzlich zu unterscheidenden und in jede Erfassung einzubeziehenden Pole gezeigt haben dürfte, ist in der praktischen Statistik solche globale Zusammenfassung nicht am Platze. Auf jeden Fall müssen Aufgliederungen beim Unternehmungssektor vorgenommen werden, nach Landwirtschaft und Gewerbe und hier wieder nach Bergbau, Industrie, Verkehrsgewerbe, Groß- und Kleinhandel usw., da sonst zu viele Wertströme ineinander übergehen.

Ein überall und dauernd geltendes Einteilungsschema kann, wie gesagt, nicht gegeben werden; denn die verschiedenen Wirtschaftsstrukturen erfordern stets eine andere Klassifizierung der Wirtschaft.

In der Praxis durchgeführte Erfassungen des Einsatzes und Ausstoßes sollen hier nicht behandelt werden. Der interessierte Leser kann sich hierüber z. B. in „Wirtschaft und Statistik" und ferner in dem Buch von Ruggles „Volkseinkommen und volkswirtschaftliche Gesamtrechnungen", Wien-Stuttgart 1952, informieren, wo eine Einsatz-Ausstoßerfassung der U. S. A. ausführlich besprochen wird.

Nur zu der wirtschaftspolitischen Bedeutung dieser Statistik seien noch einige Bemerkungen gemacht.

Wenn man eine solche Erhebung des Einsatzes und Ausstoßes für alle Zweige der gesamten Volkswirtschaft durchführt, hat man für die Vergangenheit ein Bild des wirtschaftlichen Zusammenhanges entworfen.

Aber diese Erhebung soll keineswegs allein über die Vergangenheit Auskunft geben, sondern dem Wirtschaftspolitiker auch Aspekte für die Zukunft liefern, d. h. sie soll sagen, welche Wirkungen bei bestimmten wirtschaftspolitischen Maßnahmen eintreten werden.

Diese Frage, ob die für die Vergangenheit festgestellte Erhebung auch für den Wirtschaftspolitiker Bedeutung habe, wird in der Literatur allgemein bejaht. „Bezogen auf die Zukunft", sagt Sagoroff[139], „eignet sich Leontiefs Verfahren (gemeint ist die Erfassung des Input-Output) am besten für volkswirtschaftliche Planung." Und noch eine andere Stimme hierzu: „Mit Hilfe eines auf dieser Basis entwickelten analytischen Apparates (gemeint ist die „Input-Output-Analyse") können — insbesondere im Zusammenhang mit rüstungswirtschaftlichen Problemen, bei voller Nutzung aller Kapazitäten für die Wirtschaftspolitik wesentliche — Fragen beantwortet werden, wie: um wieviel wächst die Nachfrage der Autoindustrie nach Vorprodukten und weiterhin die entsprechende Nachfrage der Vorlieferanten auf allen Stufen, wenn die Autoindustrie ihren Ausstoß in einer bestimmten Weise

[139] *Sagoroff:* Wirtschaftsstatistik, Bern 1950, S. 65.

steigern will? Oder: Um wieviel würde die Nachfrage nach Stahl auf allen Produktionsstufen wachsen, wenn die Konsumnachfrage nach Stahlprodukten in bestimmter Weise wächst? Oder: Um wieviel steigen die Preise in den verschiedenen Industriezweigen, wenn die Löhne um einen bestimmten Prozentsatz steigen[140]?"

Der Einsatz- und Ausstoßvermittlung kommt nach dieser Ansicht eine hohe wirtschaftliche Bedeutung zu, die auch prinzipiell zu bejahen ist, der aber doch in gewisser Beziehung, wie wir kurz andeuten wollen, Schranken gesetzt sind.

Was man letztlich bei der Annahme, daß mit dieser Einsatz-Ausstoßermittlung dem Wirtschaftspolitiker gedient sei, unterstellt, ist folgendes: Wenn die Wirtschaft eine Ausdehung erfährt, also in einem Wirtschaftszweig mehr Produktivkräfte eingesetzt werden, werde eine entsprechend höhere Nachfrage auch bei den anderen Wirtschaftszweigen einsetzen, die Nachfrage bei ihnen also im Verhältnis der bisherigen wirtschaftlichen Beziehungen steigen. Umgekehrt: Bei Einschränkung der Produktion in einem Wirtschaftszweig werde auch bei den anderen, die mit ihm in Verbindung stehen, eine entsprechende Senkung der Nachfrage eintreten. Die Wirtschaftszweige, die in besonders hohem Maße von diesem Wirtschaftszweig bisher abhingen, würden also auch in besonders hohem Maße unter dem Rückgang der Nachfrage zu leiden haben.

Sind diese Zusammenhänge aber auch unter allen Umständen gegeben?

Werden, so müssen wir fragen, bei etwaiger Steigerung der Produktion immer die gleichen Produktionswege beibehalten wie bisher, nur daß sie jetzt intensiver in Anspruch genommen werden? Wird also zunächst, solange es eben möglich ist, die Kapazität der alten Produktionsmittel mehr ausgenutzt und werden dann, wenn die vorhandenen Produktionsmittel nicht mehr ausreichen, die bisher genutzten vermehrt erzeugt, entstehen also neue Fabriken mit gleicher technischer Ausrüstung oder geht man andere Wege?

Wenn n e u e Produktionswege eingeschlagen werden, entstehen neue Wirtschaftszweige. Fabriken mit neuer technischer Ausrüstung werden gebaut. Mit dem Bau von Eisenbahnen gelangten andere Produktionskräfte als Pferd und Wagen für Reise- und Transportzwecke zum Einsatz. Wenn man heute mit Hilfe neuer Kredite die Atomenergie für wirtschaftliche Zwecke einsetzen würde, würden offenbar neue Produktionszweige entstehen.

---

140 H. *Kolms:* Volkswirtschaftliche Gesamtrechnung, Nationalbudgets und ökonometrische Gesamtmodelle, in Weltwirtschaftliches Archiv, Bd. 71, 1953, S. 217.

Bei Verlängerung der Produktionswege liegt der Fall vor, den Bücher bei seiner Besprechung der verschiedenen Arten von Arbeitsteilung als „Arbeitsverschiebung“ bezeichnete. „So arbeitet z. B. nach Einführung der Nähmaschine der Arbeiter in der Schneiderwerkstätte mit Hand und Fuß, während er vorher mit der Hand tätig war, und mit dieser auch in anderer Weise . . . es ist . . . ein Teil der Gesamtarbeit aus einem späteren in ein früheres Stadium zurückverschoben, die Schneiderarbeit ist teilweise aus der Schneiderwerkstätte in die Maschinenfabrik verlegt worden[141].“ Es entstehen andere Unternehmungen und damit andere Wirtschaftszweige. Wo ließe da der für die Vergangenheit festgestellte Einsatz und Ausstoß noch Schlüsse auf die künftige Entwicklung zu?

Als Böhm-Bawerk das sogenannte Gesetz von der größeren Produktivität der Produktionsumwege nachweisen wollte, mußte er sich von seinen Kritikern (Lexis, Bortkiewicz, Franz Xaver Weiss u. a.) entgegenhalten lassen, daß bei Verlängerung von Produktionsumwegen — von geringen Ausnahmen abgesehen — andere Produktivkräfte eingesetzt werden[142].

Es kann nach jener lebhaften Diskussion um die von Böhm-Bawerk aufgeworfene Frage nach der technischen Meßbarkeit von Produktionswegen als ausgemacht gelten, daß bei Verlängerung der Produktionswege in aller Regel neue Wirtschaftszweige entstehen.

Zu diesen Verlängerungen der Produktionswege — und damit zur Entstehung anderer Wirtschaftszweige — wird es insbesondere dann kommen, wenn die Anwendung neuer Techniken bisher nur aus dem Grunde unterblieb, weil keine Kredite zur Verfügung standen.

Aber es ist ebenso denkbar, daß nur die alten Techniken verstärkt zur Anwendung gebracht, die alten Produktionswege also nur in verstärkter Zahl eingeschlagen werden, und das dürfte, was in unserem Zusammenhang sehr wichtig ist, gar nicht so selten der Fall sein. In der Regel werden in dem Augenblick, wo aus wirtschaftspolitischen Gründen Kredite gegeben werden, der Technik neue Produktionswege nicht gerade bekannt sind; denn die Ankurbelung der Wirtschaft erfolgt nicht aus dem Motiv heraus, weil neue Techniken verwirklicht werden sollen, sondern um brachliegende Arbeitskräfte in den Arbeitsprozeß einzuschalten.

Unter diesen Umständen hat dann aber der für die Vergangenheit festgestellte Einsatz und Ausstoß für die Wirtschaftspolitiker durchaus Bedeutung und kann als Unterlage für ihre Planungen dienen.

„Den Charakter der Einsatz-Ausstoß-Schemata in der Wirtschaft bestimmt eine Reihe von Kräften. In vielen Industrien bestimmt die

---

141 Karl *Bücher:* Die Entstehung der Volkswirtschaft, Tübingen 1919, S. 312.
142 Vgl. hierzu Franz Xaver *Weiss,* ebenda S. 565.

Technik in weitem Maße das Verhältnis in der Verwendung von Arbeitskräften, Rohstoffen und Maschinen. Die Stahlindustrie benutzt beispielsweise Arbeitsprozesse, bei denen Materialien wie Koks und Erz in einem ziemlich festen Verhältnis verwendet werden. Im Laufe der Zeit können Änderungen in der Technik, Änderungen im Produktionsprozeß und somit in der relativen Höhe der Einsatzfaktoren herbeiführen. Eine solche Veränderung erfolgt jedoch in der Regel für eine ganze Industrie nur langsam, und das Einsatz-Ausstoß-Schema weist von Jahr zu Jahr keine stärkeren Schwankungen auf. . . . Auf längerer Zeit wird durch die Groß- und Kleinhändler ein bestimmtes Verteilungssystem so festgelegt, daß die Waren in der Regel auf bestimmten Wegen die Verbraucher erreichen. Diese Kanäle können sich im Laufe der Jahre ändern und es kann somit ein Wechsel in der Bedeutung des Klein- und Großhandels eintreten. Aber derartige Änderungen erfolgen in der Regel nur allmählich. . . . Die Tatsache, daß von den Haushalten ein großer und verhältnismäßig unveränderlicher Teil ihres Einkommens für Nahrungsmittel verbraucht wird, bedeutet, daß die Nahrungsmittel immer einen beträchtlichen Teil des Nationalproduktes bilden. Heute geben die Verbraucher von ihrem Einkommen weniger für Nahrungsmittel aus als vor 50 Jahren; diese Veränderung erfolgte jedoch nur allmählich und war für kürzere Zeiträume immer nur gering.

Diese relative Stabilität von Einsatz zu Ausstoß bzw. Aufwand zu Ertrag deutet darauf hin, daß die Unterscheidungsmerkmale und wichtigen Elemente der menschlichen Gesellschaft für eine längere Reihe von Jahren bestehen bleiben und daß sich in der Regel etwas so Elementares wie ein Wirtschaftssystem nur allmählich verändert . . . (nur) die Entwicklung eines Systems auf weite Sicht ist . . . schwer vorauszusehen, da die Zahl der Möglichkeiten mit der Länge des Zeitraums rasch ansteigt[143]."

Man darf also den Wert dieser Statistiken des Einsatzes und Ausstoßes auf der einen Seite nicht überschätzen, andererseits besteht aber auch keine Veranlassung dazu, sie als bedeutungslos und für die Wirtschaftspolitik nicht brauchbar abzutun; zum mindesten wird aber immer, wie Ruggles richtig hervorhebt, die Erfassung des Einsatzes und Ausstoßes in mehr oder minder kurzen Abständen wiederholt werden müssen, weil nicht auf lange Sicht mit gleichbleibenden Verhältnissen gerechnet werden kann.

Der statistischen Erfassung des Einsatzes und Ausstoßes stehen manche Schwierigkeiten entgegen.

---

[143] *Ruggles:* Volkseinkommen und volkswirtschaftliche Gesamtrechnungen, Wien/Stuttgart 1952, S. 134/135.

Wie wir sagten, muß erfaßt werden, von welchem Wirtschaftszweig die einzelnen aufgewendeten Güter kommen. Die Herkunft der Aufwendungen läßt aber das Produktionskonto sehr oft nicht in der wünschenswerten Deutlichkeit erkennen und man muß daher diese zusätzlichen Auskunftserteilungen von den Betrieben verlangen.

Überdies führen nicht einmal alle Betriebe Buch und es müssen Schätzungen an die Stelle von Buchführungsergebnissen treten, etwa in der Weise, daß man den Hundertsatz des Steueraufkommens der nicht buchführenden Betriebe am Gesamtsteueraufkommen aller Betriebe des betreffenden Wirtschaftszweiges feststellt und danach den Zuschlag bemißt, oder, daß man die Zahl der nicht buchführenden Betriebe an der Gesamtzahl der Betriebe des Wirtschaftszweiges beim Zuschlag entscheidend sein läßt.

Die mit Hilfe solcher Übertragungsschlüssel vorgenommenen Schätzungen sind nur Notbehelfe und es ist verständlich, daß diese Erhebungen des Einsatzes und Ausstoßes trotz ihrer Dringlichkeit noch keineswegs überall erfolgen, eben dort nicht, wo man glaubt, daß die Ergebnisse die Wirklichkeit nicht treffend widerspiegeln.

dd) Die Erfassung der Wirtschaftsstruktur

Wie wir bereits bei unserer einleitenden Erörterung der verschiedenen Gebiete volkswirtschaftlicher Statistik hervorhoben, muß neben der Ermittlung des Sozialprodukts und des Einsatzes und Ausstoßes auch eine Erfassung der Wirtschaftsstruktur stattfinden. Sie ergibt sich mit Notwendigkeit daraus, daß bei der Erfassung des Einsatzes und Ausstoßes die realen Güter in Geld veranschlagt werden und infolge dieses Geldansatzes dem Wirtschaftspolitiker die unerläßliche Kenntnis der realen Güterströme verloren geht.

Die Ermittlung des Sozialprodukts soll dem Wirtschaftspolitiker darüber Auskunft geben, ob eine Veränderung im Produktionsumfang und Beschäftigungsgrad zu erwarten ist. Die Erfassung des Einsatzes und Ausstoßes hat den Gesamtzusammenhang aufzuzeigen und somit eine Einsicht in die Auswirkungen wirtschaftspolitischer Maßnahmen zu gewähren. Durch die Statistik zur Wirtschaftsstruktur müssen die realen Gegebenheiten kenntlich gemacht werden.

Der Wirtschaftsplaner muß die Erzeugnisse der einzelnen Wirtschaftszweige kennen, d. h. also wissen, auf welchem Gebiet der Produktion die Wirtschaftszweige tätig sind.

Er muß aber auch über die einzelnen Aufwandsgüter der Witschaftszweige unterrichtet werden. Insbesondere muß er sich bei der Verbundenheit der Volkswirtschaften miteinander für den Außenhandel interessieren, also die eingeführten Waren nach Art, Menge, Wert und Herkunftsland und die ausgeführten Waren gleichfalls nach

Art, Menge, Wert und Bestimmungsland kennen. Nur bei solcher Kenntnis können richtige Entscheidungen getroffen werden. Soll die Produktion im Inland eine Erweiterung erfahren und sind zu diesem Zwecke vermehrte Einfuhren notwendig, so lassen sich vielleicht Mittel und Wege finden, die zu einer Steigerung der Einfuhr von Produktionsgütern auf Kosten der Verbrauchsgüter führen. Eventuell eröffnen sich auch Kreditmöglichkeiten. Jedenfalls muß v o r dem geplanten wirtschaftspolitischen Eingriff erst geklärt werden, ob die erforderlichen Einfuhrgüter beschafft werden können.

Wie nachteilig sich z. B. die Nichtbeachtung der Außenhandelsbeziehungen auswirken kann, haben Deutschland und England am Anfang der dreißiger Jahre bei ihrem Versuch der Wirtschaftsbelebung erfahren müssen. Die Einfuhr überwog bald die Ausfuhr und es bestand die Gefahr, daß der gewünschte Erfolg vereitelt wurde. Devisenbewirtschaftung und Währungsmanöver waren die Folge.

Bei aller Notwendigkeit einer bevorzugten Beachtung des Außenhandels darf nicht die Ermittlung der inländischen realen Güterströme vergessen werden. „Um die Interdependenz der einzelnen Wirtschaftsbereiche herausarbeiten zu können, müssen die Bezüge aus jedem getrennt unterschiedenen Bereich auch getrennt nachgewiesen werden. So müßte z. B. für den Bereich Industrie nachgewiesen werden, möglichst sogar nach Art, Menge und Wert, welche Güter und Leistungen aus der Landwirtschaft, aus der Forstwirtschaft, aus dem Handwerk, aus anderen Industriezweigen, aus dem Großhandel, dem Einzelhandel bezogen worden sind, und in welchem Umfang Verkehrsleistungen, Bankleistungen, Versicherungsleistungen, Staatsleistungen usw. in Anspruch genommen worden sind[144].“

Die Vergangenheit hat genug Beispiele geliefert, in welchem Maße die Wirtschaft Schaden nehmen kann, wenn man es an einer Beachtung der realen Erfordernisse fehlen läßt.

Wenn wir es ganz allgemein und kurz fassen wollen, was ermittelt werden müßte, so läßt sich sagen, daß das reale Umlaufvermögen, die Rohstoffe (etwa die Faser in der Textilindustrie), die Hilfsstoffe (Reinigungsmittel), die Betriebsstoffe (Maschinenöle), und die Dienst- und Nutzleistungen anderer Betriebe (etwa die der Transportbetriebe und der Elektrizitätswerke) festzustellen sind.

Aber es genügt noch nicht, wenn der Wirtschaftspolitiker nur über die realen Güterströme unterrichtet wird, sondern er muß auch die innere Struktur der Wirtschaftsbereiche kennen, damit den Planungen kein Mißerfolg beschieden wird[145].

---

144 *Fürst:* Gesamtbild von Wirtschaftsstruktur und Wirtschaftsablauf, in Allgemeines statistisches Archiv, 1952, S. 283.

145 „Wir wissen, daß jede Investition komplementäre Investitionen erfordert und daß es auf die richtige Auslese und Proportionierung der unab-

„Liegen die Bereiche fest, so fragt es sich ..., welche statistischen Daten wir zur Erfassung ihrer Struktur brauchen. Neben der Zahl und der Kennzeichnung der Art der Betriebe (was ein Problem der Betriebssystematik ist), sollten Aufgaben über die einzelnen Produktionsfaktoren vorhanden sein, also über Boden und Gebäude, über die Kapitalausrüstung und über die in dem Bereich tätige menschliche Arbeitskraft[146].

Während wir mit den realen umlaufenden Gütern, wie es das Wort „umlaufend" schon sagt, das ermitteln, was laufend gebraucht wird, wird mit dem realen Anlagevermögen der nur von Zeit zu Zeit auftretende Bedarf gekennzeichnet.

Über den Kreis der für die Wirtschaftsplanung bedeutsamen Anlagegüter unterrichten wir uns am besten, wenn wir uns die von der Betriebswirtschaftslehre unterschiedenen betrieblichen Vermögen vergegenwärtigen.

Außer Betracht dürfte das sogenannte „Verwaltungsvermögen" zu bleiben haben, das sind „Vermögensteile, die dem Unternehmen lediglich zur Verwaltung übergeben worden sind[147]", also die Vermögen, die an sich nichts mit dem „Betrieb" zu tun haben.

Manchmal ist auch für den Wirtschaftsplaner das sogenannte „Sicherungsvermögen" nicht von Belang, also das Vermögen, das „aus Vorsorge für außergewöhnliche Lagen in Reserve gehalten[147]" wird, nämlich insoweit nicht, als es kein reales Vermögen darstellt, wie etwa die Forderung gegen Versicherungsgesellschaften. Reales Sicherungsvermögen, z. B. die in Bereitschaft stehende Arbeitsmaschine, darf dagegen nicht unberücksichtigt bleiben.

Mit dem „Überschußvermögen", worunter „noch nicht oder nicht mehr benötigte Vermögensteile verstanden (werden)[147]", erfährt der an einer etwaigen Ausweitung der Produktion interessierte Wirtschaftsplaner über zusätzliche Einsatzmöglichkeiten.

In erster Linie hat natürlich das sogenannte „werbende Vermögen" Bedeutung, also das Vermögen, das „dem eigentlichen Betriebszweck (dient) und für dessen Durchführung unerläßlich (ist)[147]".

Wie nicht näher begründet zu werden braucht, bereitet allerdings die Aufgliederung des Vermögens nach diesen Gesichtspunkten unüberwindliche Schwierigkeiten, da die Grenzen zwischen diesen Anlage-

---

sehbar mannigfaltigen, möglichen Investitionen ankommt ... So war z. B. der Umfang der Investition im Bau von Autostraßen in der Mitte der 30er Jahre viel zu groß und stand in keiner richtigen Proportion zum Ausbau der Benzinerzeugung. Demgegenüber wurden die Investitionen im Bahnbau lange Zeit sehr vernachlässigt und entsprachen nicht den Transportbedürfnissen, die mit den übrigen Investitionen erheblich stiegen." (*Eucken:* Grundsätze der Wirtschaftspolitik, Bern, Tübingen 1952, S. 89.)

146 *Fürst,* ebenda, S. 281.

147 Erich *Schäfer:* Die Unternehmung, Band I, Köln und Opladen 1949, S. 135.

gütern nicht genau zu bestimmen sind, insbesondere nicht zwischen denen, die als „Sicherungs-" und „Überschußvermögen" dienen. Daher wird die statistische Erfassung nach diesen Merkmalen vorerst — so lange im Hinblick auf die statistische Erfaßbarkeit nicht ausreichende Unterscheidungsmerkmale gefunden sind — unterbleiben müssen.

Nicht verzichtet werden muß auf die Erfassung der Lebensdauer der in die Betrachtung einzubeziehenden Anlagegüter[148].

Zur Kennzeichnung der Wirtschaftsstruktur gehört schließlich noch die aufgegliederte Ausweisung der in den Wirtschaftszweigen tätigen Arbeitskräfte.

„Es gibt viele Möglichkeiten, das Phänomen ‚menschliche Arbeitsleistung' systematisierend zu bewältigen[149]."

Bei den von uns verfolgten Zwecken kommt es nicht darauf an, nach selbständiger und unselbständiger oder nach „funktions- und objektsbezogener Arbeit" zu unterscheiden, sondern wir werden nach der Qualität der Arbeiter — also danach, inwieweit es sich um ungelernte, angelernte oder gelernte Arbeit handelt — und nach der Lernzeit der beiden letzten Kategorien von Arbeitern zu fragen haben.

Wie wichtig der zeitliche Aspekt auch im Hinblick auf den Produktionsfaktor Arbeit ist, ergibt sich ganz deutlich aus der Tatsache, daß man überall Berufsberatungen für notwendig erachtet, die keinen anderen Zweck haben, als die Diskrepanzen, die in der zeitlichen Versorgung mit gelernten Arbeitskräften auftreten können, zu vermeiden.

Alle diese für erforderlich gehaltenen, bereits vielfach in der Literatur diskutierten und daher hier nicht mehr zu erörternden Statistiken zur Wirtschaftsstruktur machen viele Mühe, aber sie sind dringend notwendig[150].

Neben dieser Ermittlung der Wirtschaftsstruktur, die ebenso wie die des Sozialprodukts und des Einsatzes und Ausstoßes erforderlich

---

[148] Was wir unter dem zu erfassenden Anlagevermögen verstehen, stimmt im großen und ganzen mit dem überein, was Gutenberg unter „Arbeits- oder Betriebsmittel" zusammenfaßt. „Zu den Arbeits- oder Betriebsmitteln gehören . . . alle bebauten oder unbebauten Betriebs-, Verwaltungs-, Wohn- und Abbaugrundstücke, die Gesamtheit aller maschinellen Apparatur unter- und übertage, also insbesondere alle Arbeits- und Kraftmaschinen, Behälter, Öfen, Fördereinrichtungen, Geräte und Apparate, Hand- und Maschinenwerkzeuge, Vorrichtungen, Lehren und Meßgeräte, das gesamte Büro- und Betriebsinventar, Schaufenstereinrichtungen u. dgl., dessen der Betrieb zur Erfüllung seiner Aufgaben bedarf. Zu den Betriebsmitteln gehören auch diejenigen „Hilfsstoffe" und „Betriebsstoffe", die notwendig sind, um den Betrieb funktionsfähig zu machen und zu erhalten." (*Gutenberg:* Grundlagen der Betriebswirtschaftslehre, Berlin, Göttingen, Heidelberg 1951, S. 4/5). Nur die nicht zum eisernen Bestand zählenden und damit zum Umlaufsvermögen rechnenden Hilfs- und Betriebsstoffe nehmen wir aus.

[149] *Gutenberg:* Grundlagen der Betriebswirtschaftslehre, Berlin, Göttingen, Heidelberg 1951, S. 3.

[150] Zum Begriff der Wirtschaftsstruktur vgl. *Harms:* Strukturwandlungen der Volkswirtschaft, in Weltwirtschaftliches Archiv, 24. Bd., S. 261 ff.

ist, ergibt sich schließlich aus der Eigenart der gemischten Wirtschaftsordnung und den daraus resultierenden wirtschaftspolitischen Maßnahmen noch eine andere Aufgabe für den Wirtschaftsstatistiker.

Wie wir gesehen haben, werden dem Wirtschaftspolitiker die verschiedensten wirtschaftspolitischen Maßnahmen empfohlen, die Veränderung des Steuersystems, die „Ausgabenverlagerung“ und darüber hinaus aber auch in Zeiten der Krise, wenn die Steuereinnahmen gering sind und die Wirtschaft unterbeschäftigt ist, das Mittel der Geldschöpfung.

Mit dieser Geldschöpfung ist eine große Gefahr verbunden. Die Divergenz zwischen Geld- und Gütergrenznutzen kann bei ihrer zu weitgehenden Ausdehnung den Bestand der Währung gefährden.

„Mit der Kreditschöpfung verhält es sich ähnlich wie mit dem Feuer, von dem Schiller sagt, daß es wohltätig nur ist, solange es gezähmt und bewacht wird, sonst aber furchtbares Verderben stiftet[151].“

Der Staat muß sich also stets über die Kaufkraft des Geldes unterrichten. Zum Kennzeichen der gemischten Wirtschaftsordnung mit ihrer die Geldschöpfung zulassenden Geldordnung gehören notwendigerweise Indexberechnungen, vor allem Preisindexberechnungen, aber auch Mengenindices und Wertsummenindices haben in ihr Bedeutung.

Man kann auch nicht den Einwand erheben, daß Indexberechnungen deswegen nicht erforderlich seien, weil der geldschöpfende Staat ja wisse, wieviel er schöpfe, er also von vorneherein über die Preisentwicklung im klaren sei. Diese Argumentation übersieht, daß nicht nur im Ausmaß der neu gedruckten Geldscheine neue Kaufkraft auftritt.

Man weiß nicht, wieviel jeweils von den Empfängern des zusätzlichen Geldes ausgegeben wird und wie schnell dieses Geld die Hände wechselt. Wegen dieses im voraus nicht übersehbaren Multiplikatoreffektes[152] muß sich die Wirtschaftspolitik jederzeit über die Preis-

---

[151] *Jostock:* Konjunkturschwankungen und öffentliche Ausgaben, in „Beiträge zur empirischen Konjunkturforschung“, Berlin 1950, S. 251.

[152] Unter der Voraussetzung, daß es bekannt ist, wieviel Prozent zusätzlichen Geldes jeweils von seinem Empfänger für Konsumgüter ausgegeben werden, ist es nicht schwer zu errechnen, was an zusätzlicher Kaufkraft nach dem verschiedenen Besitzwechsel des Geldes geschaffen ist. Werden bei 100 neuen Einheiten immer 90 % ausgegeben, so ist folgende Kaufkraft nach dreimaliger Geldausgabe von seiten der Geldempfänger wirksam geworden:

$$90 + 81 + 72{,}9 = 243{,}9$$

Das nachfolgende Glied entsteht bei unserer Reihe von Zahlen aus dem vorhergehenden immer durch Multiplikation mit einer bestimmten Zahl und es ist somit die Summenformel der geometrischen Reihe anwendbar, also die Formel:

$$s_n = a \frac{1 - q^n}{1 - q},$$

wenn es sich um die Summierung einer endlichen Anzahl von Werten

entwicklung informieren, wenn die Währung intakt bleiben soll, denn es darf nicht dahin kommen, daß eine Flucht in die Sachwerte einsetzt oder sogar, weil der Geldwert stark sinkt, die Annahme des staatlich sanktionierten Geldes abgelehnt wird, wie beispielsweise in jüngst vergangener Zeit, wo an Stelle des Papiergeldes die Zigarette Geldfunktion übernahm.

Mit dem Hinweis auf die Notwendigkeit der Indexberechnung in der gemischten Wirtschaftsordnung haben wir eine Frage angeschnitten, die manche Probleme in der Vergangenheit aufgeworfen hat, weswegen wir diese ausführlich und prinzipiell besprechen wollen.

ee) Die Indexberechnungen

Indexzahlen geben die relativen Veränderungen von Zahlen einer statistischen Reihe an. Um Indexzahlen handelt es sich, wenn z. B. die Menge der geförderten Kohle in einem Lande für einige Jahre erhoben ist und nun berechnet wird, wieviel Prozent von der Förderung eines dieser Jahre die Kohlenförderungen der anderen Jahre betragen. Als Maßstab kann, wie in diesem Beispiel angenommen ist, zunächst eine Zahl der statistischen Reihe dienen. Es kann aber auch ein Mittelwert dieser Reihe, ja sogar eine sich sonst besonders empfehlende Zahl sein, die weder eine Zahl der Reihe ist noch durch Berechnungen aus den

---

handelt, wobei s_n das Symbol für die Summe, a für das erste Glied und q für die bestimmte Zahl ist, mit welcher das vorhergehende Glied immer multipliziert werden muß, damit das nachfolgende entstehe.

Bei der Ableitung dieser Formel wird bekanntlich die mit q multiplizierte Summe der geometrischen Reihe von der nicht mit q multiplizierten abgezogen

$$s_n = a + aq + aq^2 \ldots\ldots + aq^{n-1}$$

$$-[s_n \cdot q = \quad aq + aq^2 \ldots\ldots + aq^{n-1} + aq^n]$$

$$s_n - s_n\, q = a - aq^n;\; s_n\, (1 - q) = a\,(1 - q^n);\; s_n = a\frac{1 - q^n}{1 - q}$$

Wenn ermittelt werden soll, wieviel an zusätzlicher Kaufkraft bei vollständiger Verausgabung des zusätzlichen Geldes gegeben ist, kommt die Summenformel der unendlichen geometrischen Reihe zur Anwendung und damit das Glied q^n in der genannten endlichen Summenformel in Fortfall, so daß dann also folgende Formel gilt:

$$s_n = \frac{a}{1 - q}$$

Die schwer lösbare Frage ist nur, wie groß q anzunehmen ist und ferner, wie schnell der Handwechsel des Geldes vonstatten geht, denn davon hängt das Ausmaß der Preissteigerung ab.

Wie Neisser im Jahre 1931 feststellte: „(ist) die Lehre von der Umlaufsgeschwindigkeit des Geldes das Stiefkind der Geldtheorie" (*Neisser:* Der Kreislauf des Geldes, in Weltwirtschaftliches Archiv, 1931 I, S. 365.) Wenn inzwischen die Geldtheorie auch wiederholt das Problem der Umlaufsgeschwindigkeit des Geldes behandelt hat (etwa Valentin Wagner in seiner Geschichte der Geldtheorien), so dürfte auch noch manches hierzu zu sagen sein. Die statistische Ermittlung der Umlaufsgeschwindigkeit des Geldes bereitet heute noch große Schwierigkeiten.

Zahlen dieser Reihe hervorgegangen ist. Wenn z. B. die Wohnraumdichte für einzelne Gebiete festgestellt ist, also ermittelt ist, wieviel Personen dort auf ein Zimmer kommen, so ist es denkbar, daß irgendeine Wohnraumdichte als Maßstab genommen wird, die für kein Gebiet ermittelt und auch kein Mittelwert aus den berechneten Zahlen ist.

Ein Index kann für ein einzelnes Gut berechnet werden — in diesem Falle spricht man von einfachen Indexzahlen —, es kann aber auch die Berechnung eines Index für eine Vielzahl von Gütern — d. h. ein Generalindex — beabsichtigt sein. Den Bäcker, der Weizenmehl und Roggenmehl, Zucker und sonst noch andere Nahrungsmittel verarbeitet, interessiert nicht nur die Frage, wie sich speziell die Roggenpreise entwickelt haben, sondern er will in einer Zahl zum Ausdruck gebracht sehen, welche Entwicklung die Preise der gesamten Kostengüter genommen haben. Der Lohnempfänger, der die Preise steigen sieht, ist nicht so sehr daran interessiert, wie sich eine einzelne Ware im Preise geändert hat, sondern er möchte wissen, wie sich die Kaufkraft der insgesamt von ihm gekauften Güter — ausgedrückt in einer Zahl — gewandelt hat. Interessiert an solchen Lebenshaltungskostenberechnungen sind sehr oft die Gewerkschaften, besonders dann, wenn es Lohnforderungen durchzusetzen gilt. In den Inflationsjahren sollten möglichst täglich Indexberechnungen der Lebenshaltungskosten durchgeführt werden und die Lohnhöhe sollte sich jeweils nach diesen Berechnungen richten.

Die Generalindexzahlen, die wir fortan kurz Indexzahlen nennen wollen, sind, wie bereits diese Beispiele erkennen lassen, von weit größerer praktischer Bedeutung als die einfachen Indexzahlen. Sie sind auch von weit größerer Problematik und sollen daher ausschließlich betrachtet werden.

Das Interesse der Wirtschaft richtet sich in erster Linie auf die Feststellung von Preisveränderungen. Von Bedeutung ist aber auch die Ermittlung von Mengenänderungen. Schließlich kann auch die Ermittlung von Wertsummen von Belang sein, auf deren Höhe Mengen- wie Preisänderungen Einfluß nehmen. Es werden daher Preis-, Mengen- und Wertsummenindices unterschieden.

Die größte Problematik weist der Preisindex auf.

Bei der Diskussion um die Preisindices fehlt es nicht an Stimmen, welche ihre Eignung als Mittel zur Kennzeichnung der Kaufkraftänderungen in Zweifel ziehen. So sagt Ludwig Mises: „Allen Indexnumbersystemen liegt, soweit sie für die Geldtheorie mehr sein wollen als bloße Zahlenspielerei, der Gedanke einer Messung des Nutzens einer bestimmten Geldmenge zugrunde. Man will feststellen, ob ein Gramm Gold heute mehr oder weniger nützt als vor Jahr und Tag. Für den objektiven Gebrauchswert mag diese Untersuchung vielleicht zu Ergebnissen führen. Man fingiere, wenn man will, daß etwa ein Laib Brot stets denselben Nutzen in objektivem Sinne zu stiften vermöge, stets denselben Nährwert umschließe; wir wollen uns gar nicht erst näher mit der Frage beschäftigen, ob solche zulässig ist oder nicht; denn sicher ist nicht dies der Zweck der Untersuchung, sondern die Feststellung der subjektiven Bedeutung der in Frage kommenden Geldmenge. Da muß nun zu einer ganz nebelhaften und unzulässigen Fiktion eines ewigen Menschen mit ewig unveränderlichen Wertschätzungen gegriffen werden[153]."

An anderer Stelle heißt es bei Mises: „Im Rahmen der subjektivistischen Wertlehre ist für die Gedankengänge, die zur Aufwerfung des Problems der Wertmessung führten, überhaupt kein Raum[154]."

Mises weist mit diesen Ausführungen auf einen durchaus richtigen Sachverhalt hin, nämlich, daß sich der Grenznutzen, der den Wert der Güter bestimmt, nicht messen läßt. Weil, wie Gossen lehrt, das nachfolgend genossene Gut nicht denselben Nutzen stiftet wie das vorher genossene Gut gleichen Quantums, darf man, wenn der Preis der Güter beispielsweise um die Hälfte sinkt und der Einkommensbezieher nun bei dem Bezug der gleichen Einkommenssumme die doppelte Menge kaufen kann, nicht annehmen, daß er nun in den Genuß des doppelten Nutzens gelangt sei. Irgendwelche Aussagen über den Grad der Nutzensänderung lassen sich, weil nicht meßbare Nutzempfindungen der Menschen im Spiele sind, nicht machen. Ebenso wenig dürften wir sagen können, daß der Nutzen der Einkommensbezieher auf die Hälfte gesunken sei, wenn bei gleichem Verdienst die Preise auf das doppelte gestiegen sind.

Trotz dieser richtigen Argumentation von Mises sind Indexberechnungen aber doch sinnvoll. Sie geben uns zwar keine Auskunft über die subjektiven Nutzensänderungen — ein solches unerfüllbares Verlangen darf man nicht stellen —, sagen uns aber, wieviel Geld notwendig ist, um die früher einmal gekauften Güter wieder kaufen zu können. Eine solche Aussage hat aber auch Erkenntniswert. Es ist jedoch das Verdienst von Mises, auf diese eingeschränkte Bedeutung der Indexberechnungen, daß sie keine Auskunft über subjektive Nutzensschätzungen geben können, mit Nachdruck hingewiesen zu haben.

Eine weitere Problematik der Preisindexberechnung hinsichtlich ihres Aussagewertes wird noch im Laufe der anschließenden Besprechung der Indexformeln in Erscheinung treten.

---

153 Ludwig *Mises:* Theorie des Geldes und der Umlaufsmittel, München und Leipzig 1924, S. 176.

154 *Mises:* ebenda, S. 10.

Es dürfte bei Preisindexberechnungen keinem Zweifel unterliegen, daß nicht nur die Preise der Waren, sondern auch die umgesetzten Mengen beachtet werden müssen, da sonst eine in erhöhtem Maße umgesetzte Ware nicht die ihr zukommende stärkere Berücksichtigung fände.

In jeder Indexformel muß ein Symbol für Waren (p) und Mengen (q) enthalten sein. Die Waren sind bei Indexberechnungen in größerer Zahl gegeben. Ihr Preisstand soll in den verschiedenen Zeitpunkten gekennzeichnet werden. Es müssen daher Symbole Verwendung finden, welche die Verschiedenheit der Warenart und Zeit erkennen lassen. Diese Verschiedenheit der Warenart soll durch Striche oben rechts am Symbol p und q und die Verschiedenheit der Zeit durch Zahlen 0, 1, 2, 3 usw. am Fuß dieser Symbole kenntlich gemacht werden. p'_0 symbolisiert also den Preis der Ware 1 im Zeitpunkt o.

Unterstellen wir der Einfachheit halber, daß im Basiszeitpunkt, der Zeit o, nur zwei verschiedene Güterarten gekauft werden, so würden im Nenner die Werte $p'_0 q'_0 + p''_0 q''_0$ anzuführen sein. Im Zähler, wo die Werte für die Beobachtungszeit, der Zeit 1, erscheinen, würden dann — wir geben gleich die Erklärung hierfür — $p'_1 q'_0 + p''_1 q''_0$ eingesetzt. Wir erhalten also als Preisindex, wenn wir die Preisveränderung in Prozenten angeben und als Symbol für den Preisindex, der die Preisveränderung zwischen den Zeitpunkten 0 und 1 angibt, die Schreibweise $P_0/_1$ verwenden, folgende Gleichung

$$P_0/_1 = \frac{p'_1 q'_0 + p''_1 q''_0}{p'_0 q'_0 + p''_0 q''_0} \cdot 100,$$

in abgekürzter Schreibart (bei Verwendung des Summationszeichens Σ)

$$P_0/_1 = \frac{\Sigma\, p_1 q_0}{\Sigma\, p_0 q_0} \cdot 100 \text{ (Formel Laspeyres).}$$

Warum auch für die Beobachtungszeit die Mengen der Basiszeit angesetzt werden, mag im ersten Moment verwunderlich erscheinen; es ist aber notwendig, weil sonst der Index nicht rein Preisveränderungen zum Ausdruck brächte. Würde in obiger Formel im Zähler nicht mit den Mengen der Basiszeit, sondern der Beobachtungszeit gerechnet, dann wiese der Index bei gleichbleibenden Warenpreisen, aber Kauf doppelter Mengen von jeder Ware im Beobachtungszeitpunkt 200% aus. Soll die Formel allein die Preisentwicklung kennzeichnen, so müssen die Mengen konstant bleiben. Ebenso wie es vermieden werden muß, die Menge zu variieren, wenn die Preisentwicklung rein zum Ausdruck gebracht werden soll, dürfen im Beobachtungszeitpunkt aber auch nicht

Waren in Erscheinung treten, die es in der Basiszeit noch nicht gab und daher in ihr auch nicht berücksichtigt worden sind. Führte man diese Güter doch in der Beobachtungszeit an, so würde der Eindruck hervorgerufen, als ob diese Güter im Basiszeitpunkt freie Güter gewesen seien, d. h. also den Preis o gehabt hätten.

Will man die Entwicklung der Preise kennzeichnen, so müssen also in der Beobachtungszeit die gleichen Waren und Mengen wie in der Basiszeit angesetzt werden.

Es wären natürlich die gleichen Gesichtspunkte berücksichtigt, wenn wir in beiden Zeitpunkten mit den Mengen der Beobachtungszeit operierten, also folgende Formel verwendeten:

$$P_0/_1 = \frac{\Sigma\, p_1 q_1}{\Sigma\, p_0 \cdot q_1} \cdot 100 \text{ (Formel Paasches).}$$

Auch hier sind die Mengen konstant gelassen[155, 156].

Folgende Rechnung $\frac{\Sigma\, p_1 q_1}{\Sigma\, p_0 \cdot q_0} \cdot 100$, bei der in der Basiszeit die Mengen dieser Zeit und in der Beobachtungszeit die Mengen der Beobachtungszeit Verwendung finden, gäbe auch Sinn. Sie drückte aus, in welcher Weise sich die ausgegebene Geldwertsumme verändert hat, allerdings bleibt in der Formel $W_0/_1 = \frac{\Sigma\, p_1 q_1}{\Sigma\, p_0 q_0}$ (das Symbol W soll die Feststellung von Wertsummen kennzeichnen) unentschieden, wo-

---

155 Man kann auch zu einem Generalindex ohne spezielle Mengen- und Preisangaben gelangen, denn es gilt folgende Gleichung

$$P_{0/1} = \frac{\Sigma\, \frac{p_1}{p_0} \cdot p_0 q_0}{\Sigma\, p_0 q_0} \cdot 100$$

bei der nach Kürzung von p_0 im Zähler sich die Formel Laspeyres' ergibt. Wie diese Gleichung zeigt, genügt die Kenntnis der Wertsumme der Basiszeit und die Angabe der Preisveränderung der einzelnen Waren zur Durchführung der Indexberechnung. Im Außenhandel, wo wir meistens nur über die Ein- und Ausfuhr in „Werten" und die Preisveränderungen informiert werden, findet diese Formel ihre häufigste Verwendung.

156 Wie die entsprechenden Formeln zu lauten haben, wenn nicht Preis-, sondern Mengenänderungen kenntlich gemacht werden sollen, braucht nicht noch besonders erläutert zu werden. Die den Preisindexformeln Laspeyres' und Paasches entsprechenden Mengenindexformeln sind folgende:

$$M_{0/1} = \frac{\Sigma\, p_0 q_1}{\Sigma\, p_0 q_0} \cdot 100;$$

$$M_{0/1} = \frac{\Sigma\, p_1 q_1}{\Sigma\, p_1 q_0} \cdot 100.$$

rauf etwaige Veränderungen zurückzuführen sind, ob auf Mengen- oder Preisänderungen. Wenn festgestellt werden soll, wieviel % für die Einfuhr einer Ware in diesem Jahre mehr ausgegeben worden ist als im vergangenen Jahr, und es nicht interessiert, ob und in welchem Maße Preis- oder Mengenveränderungen die für die Einfuhr ausgegebenen Wertsummen beeinflußt haben, ist allein diese Formel zu verwenden.

Wenn der Prozentsatz der Preisveränderung gemessen werden soll, wird meistens von den Statistischen Ämtern die Formel Laspeyres' angewendet, weniger die Paasches, weil diese die Mengen der Beobachtungszeit berücksichtigt und aus diesem Grunde bei ihrer Verwendung Ergebnisse erst zu späteren Zeitpunkten vorliegen würden.

Die Diskussion um die Preisindexformeln ist dann besonders lebhaft, wenn sich — wie in den Jahren 1923/24 — die Währung zusehends verschlechtert und die Preise von Tag zu Tag steigen. Aber im Grunde ist der Preisindex das Thema der gemischten Wirtschaftsordnung überhaupt, in welcher unter gewissen Umständen für den Staat geradezu die Verpflichtung zur Geldschöpfung besteht.

Um dem geldschöpfenden Staat eine richtige Vorstellung über die Wirkungen seiner währungspolitischen Maßnahmen zu vermitteln, müßten in dem Index, der die allgemeinen Schwankungen des Geldwertes anzeigen soll, nach Ansicht der meisten Indextheoretiker alle umgesetzten Waren nach Menge und Preis berücksichtigt werden.

Aber es ist nicht möglich, alle Waren und Preise statistisch zu erfassen und so diskutiert man, welches der ersatzweise „Maßstab der Geldschwankungen" sein soll.

Meistens empfiehlt man die Anwendung des Lebenskostenindex.

Prinzipiell muß zu der Frage des richtigen Index bemerkt werden, daß es gar nicht gut wäre, wenn ein Index unter Einbeziehung aller umgesetzten Güter berechnet würde. Man vergegenwärtige sich den mit der Indexberechnung verfolgten Zweck. Soll eine „Flucht in die Sachwerte" vermieden werden, so scheint es doch offenbar unangebracht, sich durch einen Preisindex über den Grad der Währungsgefährdung unterrichten zu lassen, in den alle umgesetzten Waren und Mengen aufgenommen sind. Was nützt ein Index, der Schmuckstücke wie etwa Diamanten, kurzum Güter in diesen Index einbezöge, die nur von einzelnen und nicht von der Allgemeinheit gekauft werden. Ein solcher Index würde den Währungspolitikern doch nur wenig über die der Währung drohende Gefahr sagen.

Am zweckmäßigsten wäre es, wenn man auf einen allgemeinen Index überhaupt verzichtete und an seine Stelle mehrere für homogene Personengruppen berechnete Indices treten ließe. Man bekäme dann eine spezielle und damit erkenntnisreichere Auskunft. Die Indices hätten reale Bedeutung.

Lebenshaltungskostenindices sind angebracht, um die Veränderungen in der Verbrauchssphäre und Produktionskostenindices sind erforderlich, wenn die Veränderungen in der Erwerbssphäre aufzuzeigen sind.

Will man aber, wenn es an der Zeit und an den Mitteln fehlt, nur einen einzigen Index berechnen, der die allgemeine Geldwertänderung widerspiegelt und für alle Gültigkeit besitzen soll, so dürfte es wesentlich besser sein, wenn man in diesen Index lediglich Güter wie Getreide, Eisen, Kohle usw. einbezöge, d. h. also, wenn man Güter berücksichtigte, die mittelbar oder unmittelbar auch für die Allgemeinheit von Bedeutung sind[157].

Um nach diesen Ausführungen keine falsche Meinung aufkommen zu lassen, soll noch auf folgendes hingewiesen werden: Es ist keineswegs verlangt, daß das Erfordernis geringer Streuung bei Indexberechnungen in allen Fällen erfüllt sein muß. Wenn z. B. im Interesse der Besitzer von Lichtspieltheatern ermittelt werden soll, wieviel im Durchschnitt der Einzelne für Kinobesuch ausgibt, dann kommt es nicht darauf an, daß der ermittelte Durchschnitt auch tatsächlich von einer großen Zahl von Personen für Kinobesuch ausgegeben wird. Es ist auch nicht nötig, daß die wirklich ausgegebenen Beträge für Kinobesuch verhältnismäßig wenig von diesem Durchschnitt abweichen. Aufschlußreich ist für die Lichtspieltheater eine Durchschnittsberechnung auch dann, wenn diese Durchschnitte nur fiktive Bedeutung haben; denn man will nur wissen, mit welchen Einnahmen zu rechnen ist. Ebenso braucht der mittlere Verbraucher für Kuchen, Fleisch usw. keine Realität zu sein. Auch die Kenntnis solcher Personen fiktiven Charakters ist für den Verkäufer dieser Waren von großer Wichtigkeit.

Man sollte also immer die verfolgten Zwecke berücksichtigen, die verschiedentlich auch die Berechnung eines fiktiven Index zulassen.

Mit diesen Feststellungen ist die Problematik der Preisindices aber noch nicht erschöpfend behandelt, und zwar muß noch gefragt werden, welche Bedeutung es hat, daß bei der Anwendung der Formel Laspeyres' in der Beobachtungszeit von den Waren und Mengen der Basiszeit und bei der Anwendung der Formel Paasches in der Basiszeit von den Waren und Mengen der Beobachtungszeit ausgegangen wird.

---

[157] Ein Index, der alle umgesetzten Waren und Mengen enthielte, sagte nicht einmal etwas aus über die zu erwartende Entwicklung der Wechselkurse; denn ihre Höhe wird allein von der Preisentwicklung der Außenhandelswaren und nicht etwa all' der Güter, die überhaupt umgesetzt werden, bestimmt.

Die Formel Laspeyres' besagt, wie Flaskämper[158] es ausdrückt, doch nur folgendes: „Wie groß wäre das Preisniveau im zweiten Zeitpunkt im Vergleich zum Basiszeitpunkt, wenn jetzt die Waren in demselben Mengenverhältnis wie damals verkauft würden." Die Formel Paasches besagt lediglich: „Wie groß wäre die Preissteigerung vom Basiszeitpunkt bis zum anderen Zeitpunkt, wenn schon zum Basiszeitpunkt von den einzelnen Waren diejenigen Mengen verkauft worden wären, die zum zweiten Zeitpunkt verkauft worden sind."

Bringt vielleicht, so könnte zunächst gefragt werden, die eine Formel das, was man wissen will, besser zum Ausdruck als die andere? Sicherlich nicht. Beide Formeln müssen offenbar gleich gut und schlecht sein; denn es ist nicht einzusehen, warum die Waren- und Mengenfeststellung des einen Zeitpunktes besser sein soll als die des anderen.

Liegt der richtige Wert vielleicht zwischen den beiden Werten, die diese Formeln liefern? In diesem Falle wäre die Berechnung nach beiden Formeln zweckmäßig. Dies ist, wie wir sehen werden, unter gewissen, meistens gegebenen wirtschaftlichen Verhältnissen wirklich der Fall.

Bevor wir hierauf näher eingehen, sei jedoch, um jede Unklarheit zu vermeiden, noch einmal genau gesagt, was diese Formeln eigentlich bezwecken. Sie sollen uns folgendes sagen: Bei dem Besitz welcher Geldsumme stehen wir uns in den beiden betrachteten Zeitpunkten gleich, oder noch anders ausgedrückt, wieviel Geld muß in der Beobachtungszeit vorhanden sein, damit dieselbe reale Kaufkraft wie in der Basiszeit gegeben ist.

Die in der Literatur[159] hierauf erteilte Antwort lautet, daß weder die Formel Laspeyres' noch Paasches genaue Auskunft gibt, daß aber die Formel Laspeyres' in aller Regel „die Obergrenze" und die Formel Paasches „die Untergrenze für die Bewegung des Preisniveaus"[160] kennzeichne, und zwar weil „zwischen den einzelnen $\frac{p_1}{p_0}$ und den entsprechenden Mengenrelationen, den $\frac{q_1}{q_0}$ eine negative Korrelation besteht"[161].

Anhand fiktiver Beispiele sei die Bedeutung beider Indexformeln erläutert.

Obwohl dann nicht mehr ein Generalindex vorliegt, wollen wir der Einfachheit halber annehmen, daß immer nur ein Gut in der Basis- wie Beobachtungszeit gekauft wird. Die Preisveränderung soll dahin

---

[158] *Flaskämper:* Theorie der Indexzahlen, Berlin-Leipzig 1928, S. 102.
[159] Vgl. *Flaskämper:* Theorie der Indexzahlen, Berlin und Leipzig 1928, S. 106. — *Haberler:* Der Sinn der Indexzahlen, Tübingen 1927, S. 93.
[160] *Haberler:* ebenda, S. 89—90.
[161] *Flaskämper:* ebenda, S. 106.

führen, daß das in der Basiszeit gekaufte Gut in der Beobachtungszeit wegen der Preisveränderung von der Personengruppe, für welche der Index berechnet wird, überhaupt nicht mehr nachgefragt wird, ein besonders krasser, hier um der größeren Klarheit willen unterstellter Fall. Bei dieser Annahme kann dann von dem Kauf einer einzigen Mengeneinheit ausgegangen werden. Obwohl immer nur jeweils ein Gut erstanden wird, sollen beide Güter zu beiden Zeitpunkten einen Preis haben. Das von den Angehörigen unserer betrachteten Einkommensgruppe nicht gekaufte Gut ist also noch nicht vom Markte verschwunden, sondern wird von anderen Personen nachgefragt.

Um eine erschöpfende Antwort auf die hier gestellte Frage zu geben, müssen zwei Sachverhalte betrachtet werden, der Fall der Preissteigerung und der Preisminderung.

Wieviel die beiden betrachteten Güter — von denen jeweils immer nur eins gekauft wird — einmal bei Preissteigerung und das andere Mal bei Preisminderung kosten, soll in zwei Tabellen festgehalten werden.

Tabelle 1: Preissteigerung

Es kosten in der	Butter DM	Margarine DM
Basiszeit	2,—	2,—
Beobachtungszeit	5,—	4,—

Tabelle 2: Preisminderung

Es kosten in der	Butter DM	Margarine DM
Basiszeit	4,—	4,—
Beobachtungszeit	2,—	1,—

In der Basiszeit wird von unseren Einkommensbeziehern in beiden Fällen nur Butter gekauft. Sie gehen dann in der Beobachtungszeit beide Male zum Kauf von Margarine über: im Falle der Preissteigerung, weil die Margarine nicht so hoch im Preise gestiegen ist wie Butter, und im Falle der Preisminderung, weil Margarine stärker als Butter im Preis gefallen ist.

Die Formel Laspeyres' ergibt bei Preissteigerung 250 % und bei Preisminderung 50 %. Diese Ergebnisse stellen, wie Haberler sich ausdrückt, die Obergrenze für die Bewegung des Preisniveaus dar.

Würden unsere Einkommensbezieher im Falle der Preissteigerung für 100,— DM, die sie in der Basiszeit besitzen, in der Beobachtungszeit 250,— DM erhalten und bei Preisminderung 50,— statt 100,—, dann wäre die reale Kaufkraft ihrer Gelder in der Beobachtungszeit doch offenbar besser als in der Basiszeit. Im Falle der Preisminderung z. B. könnten unsere Einkommensbezieher mit 4,— DM in der Basiszeit nur ein Pfund Margarine kaufen, dagegen aber in der Beobachtungszeit mit 2,— DM 2 Pfund. „Wenn Laspeyres' Formel ein Sinken des Preisniveaus etwa auf die Hälfte anzeigt, ... so bedeutet das, daß noch ein E_2, das halb so groß ist wie E_1, diesem vorgezogen wird, weil noch ein halb so großes Nominaleinkommen in der zweiten Periode oder im zweiten Land das gleiche Naturaleinkommen wie in der ersten Periode zu verschaffen vermag. Anders ausgedrückt: Das Preisniveau ist m i n d e s t e n s auf die Hälfte gesunken. Ich sage mindestens, denn es ist möglich, daß es noch mehr gesunken ist. Es ist nicht ausgeschlossen, daß das Wirtschaftssubjekt dadurch, daß es die besonders (überdurchschnittlich) verbilligten Waren nun stärker konsumiert, sich mit einer noch kleineren als halb so großen Summe die gleiche Befriedigung zu verschaffen vermag wie früher ...

Wenn Laspeyres' Formel eine Preissteigerung um, sagen wir 10% anzeigt ... so bedeutet das, daß ein E_2, das um mehr als 10% größer ist als E_1, diesem bestimmt vorgezogen wird, weil ein solches E_2 imstande ist, das gleiche Naturaleinkommen wie in der ersten Periode zu verschaffen. Das kann man auch so ausdrücken: das Preisniveau ist h ö c h s t e n s um 10% gestiegen[162]."

Die Formel Paasches liefert im Falle der Preissteigerung 200% und im Falle der Preisminderung 25%. Erhielten unsere Einkommensbezieher für 100,— DM, über die sie in der Basiszeit verfügen, in der Beobachtungszeit im Falle der Preissteigerung 200,— DM und bei Preisminderung 25,— DM, so stünden sie sich in der Beobachtungszeit in bezug auf die reale Kaufkraft ihrer Einkommen schlechter als in der Basiszeit. In der Basiszeit hätte im Falle der Preisminderung z. B. unser Einkommensbezieher für 4,— DM 1 Pfund Butter kaufen können, in der Beobachtungszeit bekommt er für 1,— DM aber nur ein halbes Pfund. Die Formel Paasches liefert also die Untergrenze für die Bewegung des Preisniveaus. „Wenn Paasches Formel eine Steigerung des Preisniveaus auf sagen wir das Doppelte ergibt ..., so bedeutet das, daß noch ein E_1, das halb so groß ist wie E_2, diesem vorgezogen wird, weil noch ein halb so großes Nominaleinkommen in der ersten Periode oder im ersten Land das gleiche Naturaleinkommen wie in der zweiten Periode oder im zweiten Land verschaffen könnte. Anders ausgedrückt: Das Preisniveau ist von eins nach zwei m i n d e s t e n s auf das Doppelte gestiegen.

Wenn Paasches Formel eine Senkung des Preisniveaus auf die Hälfte anzeigt, so bedeutet das, daß ein E_2, das kleiner als die Hälfte von E_1

162 *Haberler:* Der Sinn der Indexzahlen, Tübingen 1927, S. 89/90.

ist, diesem bestimmt nachgesetzt wird... Mit anderen Worten: das Preisniveau ist höchstens auf die Hälfte gefallen[163]."

Der wahre Betrag, mit dem das Einkommen erhöht bzw. gesenkt werden müßte, liegt also irgendwo zwischen den mit diesen beiden Formeln erzielten Ergebnissen. Es ist also keineswegs zwecklos, den Preisindex nach beiden Formeln zu berechnen[164]. Allerdings fällt dann wesentlich mehr Arbeit an, denn es müssen, wenn nicht nur nach der Formel Laspeyres', sondern auch nach der Paasches gerechnet wird, auch die Mengen der im Zeitpunkt 1 gekauften Güter ermittelt werden. Wegen dieser Mehrarbeit wird in der Praxis meistens auf die Berechnung nach beiden Formeln verzichtet.

Daß der Wert zwischen den beiden Formeln Laspeyres und Paasches liegt, trifft nicht in allen Fällen zu, sondern eben nur unter den hier angenommenen Voraussetzungen.

Nur deswegen stellt im obigen Beispiel die Formel Laspeyres' die Obergrenze dar, weil die im Beobachtungsjahr gekaufte Ware im Falle der Preissteigerung nicht so stark gestiegen und im Falle der Preisminderung weniger im Preise gefallen ist. Es muß also der Sachverhalt gegeben sein, daß die Einkommensbezieher zu anderen Waren übergehen, weil diese sich für sie im Preise günstiger entwickelt haben. Nur unter diesen Voraussetzungen gilt das oben gesagte. Wenn früher gekaufte Güter rationiert werden und die Einkommensbezieher zu im Preise besonders stark gestiegenen, nicht der Rationierung unterworfenen Waren übergehen, dann sind die oben gemachten Voraussetzungen nicht gegeben und der wahre Wert liegt nicht mehr zwischen den beiden von den Formeln Laspeyres' und Paasches gelieferten Werten.

---

[163] *Haberler:* ebenda, S. 91/92.

[164] Damit der Preisindex nach der Formel Laspeyres' errechnet werden kann, ist es nicht notwendig, daß die im Basiszeitpunkt gekauften Güter von den Personen, für welche die Indexberechnung durchgeführt wird, auch im Beobachtungszeitpunkt gekauft werden. Es genügt, wenn die Ware überhaupt noch einen Preis hat. Schwierig wird es, wenn Waren, die in der Basiszeit gekauft wurden, nicht mehr produziert werden. Es wäre falsch, diese Waren in der Beobachtungszeit gar nicht zu berücksichtigen, denn damit würde man sie als freie Güter hinstellen. Für die Preisansetzung solcher Waren legt man am zweckmäßigsten die Preisentwicklung zugrunde, die sie in der Zeit genommen haben, bis sie vom Markt verschwanden. (Vgl. hierzu L. v. *Baranow:* Grundbegriffe moderner statistischer Methodik, 2. Teil, Stuttgart 1950, S. 8 ff., wo auch durchgerechnete Beispiele gebracht werden.) In jedem Falle stellen aber solche Berechnungen Hypothesen dar, die den Wert der Indexberechnung herabmindern, und zwar um so mehr, als solche Unterstellungen gemacht werden müssen. Als Basisjahr wurde — solange es eben anging — wegen der damals stabilen Preise bei Indexberechnungen vielfach das Jahr 1913 genommen, später dann, weil viele Waren inzwischen vom Markt verschwunden waren, das Jahr 1928, das noch kein Krisenjahr war und daher als Basisjahr gut geeignet schien.

Im Laufe der Zeit ergibt sich also immer wieder die Notwendigkeit sich für ein neues Basisjahr zu entscheiden.

Die Formeln Laspeyres' und Paasches finden in Literatur und Praxis allgemeine Anerkennung, nur verschiedentlich, so etwa von Irving Fisher, werden sie kritisiert und es werden andere Formeln empfohlen.

Fisher schlägt vor, den Wert als Index zu nehmen, der sich ergibt, wenn man aus dem Produkt der Formeln Laspeyres' und Paasches die Wurzel zieht. Die anzuwendende Formel lautet nach ihm also folgendermaßen:

$$P_{0/1} = \sqrt{\frac{\Sigma\, P_1\, q_0}{\Sigma\, p_0\, q_0} \cdot 100\ \frac{\Sigma\, p_1\, q_1}{\Sigma\, p_0\, q_1} \cdot 100},$$

das wäre, wie Fisher sich ausdrückt, die ideale Indexformel.

Nicht, daß Fisher geglaubt hätte, bei Rechnung nach dieser Formel die wahre Preisveränderung zu ermitteln. Die ideale Indexformel ist sie nach seiner Meinung allein aus rechnerischen Gründen und nicht etwa deswegen, weil sich bei ihrer Anwendung ein Wert ergibt, der zwischen jenen von Laspeyres und Paasche liegt. Dieser sich nach der Fisherschen Formel ergebende Wert ist zunächst einmal reziprok dem Werte, den wir erhalten, wenn wir die bisherige Beobachtungszeit als Basiszeit und die bisherige Basiszeit als Beobachtungszeit ansetzen.

Es gilt also die Gleichung $P_0/_1 \cdot P_1/_0 = 1$.

Von der Richtigkeit dieser Gleichung kann man sich leicht überzeugen.

$$\sqrt{\frac{\Sigma\, p_1\, q_0}{\Sigma\, p_0\, q_0} \cdot \frac{\Sigma\, p_1\, q_1}{\Sigma\, p_0\, q_1} \cdot \frac{\Sigma\, p_0\, q_1}{\Sigma\, p_1\, q_1} \cdot \frac{\Sigma\, p_0\, q_0}{\Sigma\, p_1\, q_0}} = 1$$

Alle Werte unter dem Wurzelzeichen lassen sich kürzen. Diese Formel entspricht also tatsächlich dem sogenannten Umkehrbarkeitskriterium, was man in bezug auf die Formeln Laspeyres' und Paasches nicht sagen kann.

Desgleichen ist, wenn man die Fishersche Formel verwendet, auch folgende Gleichung erfüllt:

Mengenindex × Preisindex = Wertsummenindex, in der von uns gebrachten Schreibweise also die Gleichung gegeben:

$$P_0/_1 \cdot M_0/_1 = W_0/_1.$$

Die Richtigkeit dieser Gleichung ist gleichfalls leicht nachgewiesen:

$$\sqrt{\frac{\Sigma\, p_1\, q_0}{\Sigma\, p_0\, q_0} \cdot \frac{\Sigma\, p_1\, q_1}{\Sigma\, p_0\, q_1} \cdot \frac{\Sigma\, p_0\, q_1}{\Sigma\, p_0\, q_0} \cdot \frac{\Sigma\, p_1\, q_1}{\Sigma\, p_1\, q_0}} = \frac{\Sigma\, p_1\, q_1}{\Sigma\, p_0\, q_0}.$$

Kürzungen zeigen, daß der Wurzelwert tatsächlich dem rechten Wert gleich ist. Beim Wertsummenindex beeinflussen Menge und Preis den Index, und es wäre richtig, wenn man — immer nach Fisher — verlangte, daß die miteinander multiplizierten Preis- und Mengenindexformeln, bei denen nur immer eine dieser Größen variiert wird, den Wertsummenindex ergeben. Für die Formel, die Fisher empfiehlt, trifft also auch dieses sogenannte Multiplikationskriterium zu, nicht dagegen für die Formeln Laspeyres' und Paasches. Auch weil das Umkehrkriterium zur Geltung kommt, sei es daher angebracht, dieser angeblich idealen Formel den Vorzug zu geben.

Vom rechnerischen Standpunkt ist tatsächlich nichts gegen die Argumentation Fishers einzuwenden.

Wenn wir seine Formel verwenden, wissen wir, daß um diesen Wert herum der wahre Wert liegt; den wahren Wert selbst stellt diese Formel nicht dar, was Fisher, wie gesagt, auch nicht behauptet. Rechnen wir nach den Formeln Laspeyres' und Paasches, so läßt sich — was wertvoller ist — sagen, daß zwischen diesen Werten der wahre Wert liegt.

Die Praxis rechnet nur mit einer Formel, vornehmlich mit der Laspeyres' und zwar deswegen, weil aus erhebungstechnischen Gründen die Ermittlung der Mengen für einen Zeitpunkt ohnehin schon große — manchmal unüberwindliche — Schwierigkeiten bereitet. Da über den wahren Wert doch nicht genaue Aussagen gemacht werden können — bei der Verwendung der Fisherschen Formel noch mit größerer Unbestimmtheit wie bei gleichzeitiger Verwendung der Formeln Laspeyres' und Paasches —, mag dieses Vorgehen wegen der obwaltenden Schwierigkeiten berechtigt erscheinen.

Am Schluß unserer Betrachtungen zu den Indexberechnungen sei noch darauf hingewiesen, daß bei Berechnungen nach diesen hier besprochenen Formeln nichts über das Tempo, in dem sich die Preise in der dazwischen liegenden Zeit verändert haben, ausgesagt ist. Mit diesen Formeln wollen wir nur ermitteln — wir haben gesehen, unter welchen Einschränkungen es möglich ist —, wieviel mehr bzw. weniger an Geld benötigt wird, damit in der Beobachtungszeit die gleiche Kaufkraft obwalte.

Wenn das „mittlere Veränderungstempo" angezeigt werden soll, ist ein anderer Weg zu wählen. Daß mit den bisher besprochenen Formeln nicht das Veränderungstempo gekennzeichnet wird, ist leicht zu zeigen.

Wenn eine Ware von 10,— auf 5,— DM im Preise fällt, eine andere dagegen von 10,— DM auf 20,— DM steigt, liefert die Formel Laspeyres' das Ergebnis von 1,25

$$\left(\frac{5 + 20}{10 + 10} = \frac{25}{20} = 1{,}25, \text{ bei Multiplikation mit } 100 = 125\%\right),$$

d. h. um 25% müßten die Geldeinnahmen erhöht werden, damit die alte Kaufkraft erhalten bleibt.

Das Steigen auf das Doppelte im Preis bei der einen Ware wird durch das Fallen auf die Hälfte bei der anderen Ware wieder ausgeglichen. Es müßte sich eins bzw. 100% ergeben, wenn das Veränderungstempo in diesem konkreten Fall gekennzeichnet werden sollte.

Die Zahl 1 ergibt sich bei Verwendung des geometrischen Mittels

$$\sqrt{\frac{5}{10} \cdot \frac{20}{10}} = 1$$

Soll das Veränderungstempo kenntlich gemacht werden, dann ist die Anwendung des geometrischen Mittels angebracht, denn „in der Statistik dient das geometrische Mittel zur Bestimmung einer mittleren Bewegung[165]".

Wir müssen demnach aus dem Produkt der Preisverhältnisse der einzelnen Waren, also aus $\frac{p_1'}{p_0'} \cdot \frac{p_1''}{p_0''}$ usw. die sovielte Wurzel ziehen, als Preisverhältnisse gegeben sind. Wir hätten folgende Rechnung durchzuführen: $G = \sqrt[n]{\Pi \frac{p_1}{p_0}}$, wobei G das Symbol für das geometrische Mittel ist, n die Zahl, die die Preisverhältnisse ausdrückt, Π die Abkürzung für Produkt und p_1 bzw. p_0 der Preis für die Waren im Zeitpunkt 1 und 0 sind.

„Sein" (gemeint ist das geometrische Mittel) „Nachteil besteht darin, daß ihm kaum ein vorstellbarer Inhalt zukommt", sagt Klezl-Norberg[166].

Damit uns der gegen die Mathematik erhobene Vorwurf, daß man bei ihr „nie weiß, wovon gesprochen wird, oder was das erhaltene Resultat bedeutet[167]", bei Verwendung des geometrischen Mittels nicht zu Recht trifft, sei der Inhalt des geometrischen Mittels näher erläutert[168].

Sind bei drei Waren die Preise auf das vierfache gestiegen, ist bei einer vierten Ware der Preis gleichgeblieben und bei einer letzten auf die Hälfte gesunken, dann ergibt das geometrische Mittel 2 ($\sqrt[5]{0{,}5 \cdot 1 \cdot 4 \cdot 4 \cdot 4} = 2$). Die Zwei zur 5. Potenz erhoben, also soviele Male potenziert, als die Reihe Glieder hat, ergibt das Produkt aus der Multiplikation der einzelnen Reihenglieder. Allgemein gilt folgende Gleichung: $a_1 \cdot a_2 \cdot a_3 \ldots \cdot a_n = G^n$, wobei unter a_1, a_2 usw. die einzelnen Werte zu verstehen sind.

Wenn sich alle Preise in der Weise verändert hätten, wie es das geometrische Mittel angibt, dann würde dasselbe Ergebnis erzielt werden, zu dem die Multiplikation der unterschiedlichen Preisveränderungen bei den einzelnen Waren führt. Mit anderen Worten, das geometrische

---

165 *Hermberg:* WWA, 20. Bd., 1924, S. 249.

166 *Klezl-Norberg:* Allgemeine Methodenlehre der Statistik, Wien 1946, S. 145.

167 J. L. *Coolidge:* Einführung in die Wahrscheinlichkeitsrechnung, S. 5, Dtsch. Ausgabe von Dr. Friedrich Urban, Leipzig, Berlin 1927.

168 Vgl. hierzu *Flaskämper:* Beitrag zur Logik der statistischen Mittelwerte, in Allg. Statistisches Archiv 1931, S. 398 ff.

Mittel zeigt „die mittlere Bewegung“ der Preise an. Es ist möglich, daß sich Werte in dem Maße verändert haben, wie es das geometrische Mittel ausdrückt, dies muß aber nicht sein. In unserem konkreten Fall hat sich z. B. kein Preis verdoppelt. Wenn in der Bevölkerungsstatistik die jährlichen Wachstumsraten der Bevölkerung gemessen werden, so ist, wenn das geometrische Mittel 1,01 ergibt, damit nicht etwa festgestellt, daß die Bevölkerung Jahr für Jahr um 1% gewachsen sei, es ist lediglich ermittelt, daß die Bevölkerung bei stets gleicher Veränderung in der fraglichen Zeit um 1% im Jahr zugenommen hätte. Bei dem geometrischen Mittel von 1 ist keineswegs gesagt, daß überhaupt keine Änderungen stattgefunden hätten. Wenn Abweichungen gegeben sind, erfahren sie eine Ausgleichung.

In welcher Weise das geometrische Mittel die Änderungen kennzeichnet, dürfte nicht mehr zweifelhaft sein. Dieses Mittel, mit dem angeblich kaum ein Sinn zu verbinden sei, besitzt doch Erkenntniswert. Wenn das Veränderungstempo gekennzeichnet werden soll, ist es allein angebracht.

Mit den Indexzahlen haben wir ein Gebiet der Statistik behandelt, das wir nur in der gemischten Wirtschaftsordnung erwähnt haben, weswegen zur abschließenden Würdigung der Indexzahlen noch kurz darauf eingegangen werden soll, warum die Indexzahlen allein in ihr erforderlich sind.

Wenn das Geld ebenso wie alle anderen Güter in Konkurrenz geschaffen und weiter dafür Sorge getragen wird, daß die Geldproduktion nicht mehr und nicht minder wie die der anderen Güter unter der Wirksamkeit des Gesetzes vom abnehmenden Ertragszuwachs steht, liegt kein Anlaß zu Indexberechnungen vor, insbesondere nicht zu Preisindexberechnungen; denn Güter- und Geldgrenznutzen sind dann prinzipiell gleich. Etwaige vorübergehende Abweichungen werden auf Grund des Automatismus der Wirtschaft schnell beseitigt. Den Wirtschaftsteilnehmern ist es gleichgültig, worin sie ihre Ersparnisse anlegen, ob in Geld oder in anderen Gütern. Man kennt weder eine Flucht in die Sachwerte noch ins Geld. Das Geld ist im wahrsten Sinne des Wortes „neutral“.

In der gemischten Wirtschaftsordnung kann es eine solche Geldordnung nicht geben und es ist daher wegen der Geldschöpfungsmöglichkeiten stets die Gefahr einer verschiedenen Entwicklung der Güter- und Geldgrenznutzen gegeben und damit die Indexberechnung unerläßlich.

Man machte sich schon lange darüber Gedanken, wie am besten die Veränderungen des Geldwertes gemessen werden könnten, so beispielsweise in England bereits um 1880, als man noch den Liberalismus auf seine Fahnen geschrieben hatte.

Aber dieser Hinweis wäre kein Argument dafür, daß auch in der Konkurrenzwirtschaft Indexberechnungen stattfinden müßten. In Wirklichkeit beweist die Tatsache der Erörterungen solcher Fragen zu damaliger Zeit nur, daß die gemischte Wirtschaftsordnung ohne Indexberechnung nicht auskommt; denn schon damals bestand vielfach nicht mehr Konkurrenz, insbesondere nicht auf dem Gebiet des Geldwesens. Mit dem Recht der Notenausgabe war bereits die Möglichkeit der Geldschöpfung geschaffen, von der man, soweit es eben die gesetzlichen Bestimmungen zuließen, weitgehendst Gebrauch machte.

Viele Statistiken — neben anderen auch die Indexberechnung — sind also in der gemischten Wirtschaftsordnung erforderlich, die wir in der Konkurrenzwirtschaft nicht brauchen.

Der Preis fungiert nicht in zufriedenstellender Weise und es muß daher versucht werden, mit Hilfe der Statistik einen Überblick über die wirtschaftlichen Zusammenhänge zu geben.

Die Verwendung des Sozialprodukts und der Beitrag, den die einzelnen Wirtschaftszweige bei seiner Entstehung leisten, müssen aufgezeigt werden, weil zwischen Entstehung und Verwendung des Sozialprodukts sich der ewige Kreislauf des wirtschaftlichen Geschehens abspielt. Die Ermittlung des Einsatzes und Ausstoßes stellt die Interdependenz zwischen den Wirtschaftszweigen fest. Die Strukturuntersuchungen sollen nicht nur den naturalen Güterstrom zwischen den Wirtschaftszweigen zeigen, sondern auch Informationen über die im Bereich der Wirtschaftszweige dauernd wirksamen Produktionsfaktoren geben. So weiß der Wirtschaftspolitiker dann, ob seine Maßnahmen auch den realen Hintergrund haben, ohne den seine Entscheidungen von vorneherein von Mißerfolg begleitet sein müssen. Schließlich müssen noch Indexberechnungen durchgeführt werden, damit die währungspolitischen Maßnahmen nicht die Absichten des Wirtschaftspolitikers durchkreuzen.

Damit werden heute manche früher nicht bekannte Statistiken durchgeführt, so die Erfassung des Einsatzes und Ausstoßes und — mögen auch schon immer Einkommensstatistiken für erforderlich gehalten worden sein — die verschiedenen Sozialprodukte.

Man glaubt heute eben nicht mehr an einen „Normalzyklus der Konjunktur" oder, wie man sich noch ausdrückt, an die „Konjunkturautomatik" und so ist man allmählich andere Wege gegangen. Die Zeitreihenanalyse mit ihrer Hypothese von dem gesetzmäßigen Ablauf der wirtschaftlichen Geschehnisse hat allmählich an Bedeutung immer mehr verloren. Man muß bei den nicht voraussehbaren Schwankungen im Produktionsgeschehen mit den verschiedensten wirtschaftspolitischen Maßnahmen zur Abschwächung oder nach Möglichkeit sogar zur vollkommenen Beseitigung der ungünstigen wirtschaftlichen Verhältnisse zu gelangen versuchen.

Sind wir aber wirklich mit den heutigen statistischen Erhebungen auf dem richtigen Wege?

Wird mit der Erfassung des Einsatzes und Ausstoßes und der verschiedenen Sozialprodukte die durch den mangelhaften Preismechanismus in der gemischten Wirtschaftsordnung entstandene Lücke geschlossen werden können, wenn die erhebungstechnischen Schwierigkeiten sich immer mehr beheben lassen sollten? Wird etwa die Wirtschaftstheorie, die andere im Dienste der Wirtschaft tätige Methode, im Hinblick auf die mehr an Boden gewinnende und das wirtschaftliche Geschehen durch ihre Erhebungen in erhöhtem Maße einfangende Wirtschaftsstatistik allmählich immer mehr in den Hintergrund treten, vielleicht sogar ganz entbehrlich werden? Oder gibt es einfach nicht behebbare Mängel auf dem Gebiet der Wirtschaftsstatistik und sind wir von der Lösung der in unserer Wirtschaftsordnung bestehenden Probleme noch immer weit entfernt, so daß man für den Bestand dieser Ordnung fürchten muß?

b) *Die Bedeutung der Volkswirtschaftsstatistik in der gemischten Wirtschaftsordnung*

Zwei Fragen stehen nach der Erörterung der volkswirtschaftlichen Statistiken in der gemischten Wirtschaftsordnung zur Debatte:

1. die der etwaigen Bedeutungsverschiebung zwischen Wirtschaftstheorie und Wirtschaftsstatistik und
2. die nach den Möglichkeiten einer Lenkung der gemischten Wirtschaftsordnung durch die Statistik überhaupt oder, wie wir auch sagen könnten, nach den „Grenzen der Wirtschaftsstatistik“ in der gemischten Wirtschaftsordnung.

1. Die Frage nach dem Verhältnis zwischen Wirtschaftstheorie und Statistik ist eigentlich mit unseren Betrachtungen zur Methode der Statistik und Wirtschaftstheorie schon beantwortet. Nur daß uns jetzt unsere früheren methodischen Betrachtungen zur Methode, die vielleicht im Rahmen unserer Untersuchung zunächst entbehrlich erscheinen konnten, recht angebracht dünken werden. Die am Konkreten haftende Statistik kann nicht Verhältnisse klären, die nur gedanklich geklärt werden können, was wir an Hand von Beispielen gezeigt haben. Die Aufgabe des Zinses in der Wirtschaft, seine Fähigkeit zur Herstellung des Gleichgewichtes kann man sich eben nur durch abstrahierende Betrachtung klar machen. Solchen abstrahierenden Betrachtungen begegnen wir in der Literatur — wie gesagt — auf Schritt und Tritt. Erich Schneider untersucht in seiner Einführung

in die Wirtschaftstheorie[169] zuerst den Wirtschaftsablauf „in einer geschlossenen Verkehrswirtschaft ohne staatliche Aktivität", danach werden wirtschaftliche Beziehungen zu anderen Volkswirtschaften unterstellt und schließlich wird auch „staatliche Aktivität" angenommen. Man abstrahiert und nähert sich mit Hilfe der abnehmenden Abstraktion wieder der Wirklichkeit. Ein solches Vorgehen ist allein der Wirtschaftstheorie vorbehalten. Die Wirtschaftsstatistik ist hierzu einfach nicht imstande.

Die Wirtschaftsstatistik hat in der Vergangenheit von der Wirtschaftstheorie Impulse zu ihren Untersuchungen erhalten und so wird es auch in Zukunft sein müssen.

„Das ... Schema von Konten beschreibt nur den Zustand des Kreislaufs der Güter und Dienste bzw. ihrer geldmäßigen Äquivalente in einem Zeitelement und es beschreibt ihn rein empirisch, ohne eine Erklärung zu versuchen, warum dieser Kreislauf gerade die vorgefundene Struktur hat[170]."

Und ähnlich äußert sich Krelle bei der Besprechung des Buches von Peter über die „Strukturlehre des Wirtschaftskreislaufes". „Die Kreislaufanalyse ist geradezu unentbehrlich zur Kontrolle der Richtigkeit der Preispolitik, da alle Preisfestsetzungen derart erfolgen müssen, daß der Kreislauf tatsächlich möglich ist, wenn man nicht schwerste Unzuträglichkeiten in Kauf nehmen will.

Die Methode ist e i n e unter vielen, die die übrigen bisher entwickelten weder ersetzen kann noch soll. Ihr Vorteil ist ihre Schwäche zugleich. Sie gilt unabhängig von jeder Wirtschaftsordnung, ist somit allgemeiner als etwa die Preistheorie, die nur in der Verkehrswirtschaft die Verteilung der Güter hinreichend erklären kann. Dafür ist ihr Erkenntniswert geringer. Ihre Formeln geben nur Zustands-, nicht aber Funktionalbeziehungen. Sie kann nur das b e s c h r e i b e n, was sich durch statistische Zahlen beschreiben läßt, und nur mit der Genauigkeit, die diesen Zahlen selbst zuzubilligen. Innerhalb dieser Grenzen kann sie der Staatsführung einen Überblick über die Größenbeziehungen innerhalb der Volkswirtschaft und deren Veränderungen geben, sowie über die notwendigen Auswirkungen gewisser staatlicher Maßnahmen auf die anderen Teile der Volkswirtschaft, w e n n nicht auf einen kreislaufmäßigen Ausgleich der Volkswirtschaft überhaupt Verzicht geleistet wird[171]."

Hiermit sind aber die Grenzen der Wirtschaftsstatistik erst zum Teil umrissen und es bleibt noch die Frage offen, ob mit Hilfe der Statistik auch in befriedigendem Umfang ermittelt werden kann, was auf Grund

---

169 Erich *Schneider:* Einführung in die Wirtschaftstheorie, Tübingen 1953, S. 60 ff.

170 *Peter:* Strukturlehre des Wirtschaftskreislaufes, Berlin 1943, S. 22.

171 *Krelle:* Finanzarchiv Band 11, Heft 3, Tübingen 1949, S. 597.

wirtschaftstheoretischer Erkenntnisse erfaßt werden müßte. Mit anderen Worten: wäre nach Beseitigung der bereits diskutierten erhebungstechnischen Schwierigkeiten mit der Erfassung des Einsatzes und Ausstoßes, der Sozialprodukte und durch die Indexberechnungen schon alles erforderliche geboten, oder gibt es eventuell Aufgaben, die mit Hilfe der Statistik nicht gelöst werden können? Wenn wir die Grenzen der Wirtschaftsstatistik vollständig bestimmen wollen, dürfen wir diese Frage nicht unbeantwortet lassen.

2. Wenn wir rückblickend die heute zur Durchführung gelangenden Statistiken betrachten, stellen wir fest, daß bei den Erhebungen nicht nur nach Institutionen, sondern auch nach Funktionen unterschieden wird; es werden nicht nur Unterscheidungen nach Wirtschaftszweigen, wie sie die konkrete Wirklichkeit bietet, vorgenommen, sondern es wird auch die Einstellung der Wirtschaft zum Verbrauch und Sparen beobachtet.

Das in einer Person sehr oft vereinigte Konsumieren und Sparen wird getrennt voneinander ausgewiesen.

Auf die Notwendigkeit der gesonderten Ausweisung des Sparens hat die Wirtschaftstheorie von jeher aus folgendem Grunde hingewiesen: Welche Zeit der Wirtschaft man auch in Betracht zieht, es gelangten niemals nur originäre Produktionsfaktoren, — das sind Arbeit und Natur — zum Einsatz, sondern immer wurden Zwischenprodukte geschaffen und mit ihrer Hilfe erst die gewünschten Konsumgüter erstellt.

Es geschieht, weil es lohnender für den Menschen ist, erst unfertige Güter zu produzieren. Der wirtschaftende Mensch weicht mit dieser Umwegsproduktion also keineswegs von seinem Ziel einer möglichst reichlichen Versorgung von Konsumgütern ab.

Umwegsproduktion ist lohnender, beansprucht aber Zeit; es müssen erst Konsumgüter, es muß erst „Kapital“ bereitgestellt werden, wie es in der Verkehrswirtschaft heißt, wenn es den mit der Erstellung von Zwischenprodukten beschäftigten Produktivkräften möglich sein soll, die Zeit des Produktionsumweges zu überdauern.

Damit ist die große Problematik jeder Produktion ausgesprochen. Es besteht auf der einen Seite die Tendenz zur Ausweitung der Produktion — eben weil der weitere Produktionsweg lohnender ist — auf der anderen Seite steht diesen Bestrebungen aber insofern ein Hemmnis entgegen, als erst immer Ersparnisse gemacht werden müssen, damit diese Produktionsumwege überhaupt eingeschlagen werden können. Wenn in der einen Gegend der Welt der Kuli mit dem kleinen Handwagen durch die Straßen der Stadt fährt und in der anderen der Verkehr mit Untergrundbahn und Autobus geregelt wird, so liegt das keineswegs daran, weil hier das technische Wissen vorhanden ist und dort nicht, sondern das Dilemma ist allein dies: es fehlt dort an Konsumgütern, welche den Produktionsumweg alimentieren oder noch anders ausgedrückt: es fehlt am Finanzkapital.

Es ist das große Anliegen jeder Wirtschaft, ein Gleichgewicht zwischen Investieren und Sparen zu erreichen. Wenn sich Robinson mit dem Bau der Wasserleitung zuviel vorgenommen hat, die Lebensmittel also nicht ausreichen, muß er schleunigst diesen Bau unterbrechen und zusehen, wie er sich schnellstens Unterhaltsmittel beschafft. In der Verkehrswirtschaft ist es nicht anders, wenn es sich herausstellt, daß zu weite Produktionsumwege eingeschlagen sind. Die erweiterte Produktion wird abgebrochen, der Unternehmer geht in Konkurs, es kommt zu Krisen.

Es sollten aber auch nicht Produktionsumwege beschritten werden, bei denen nach ihrer Beendigung noch Vorräte übrig bleiben. In diesem Falle hat man es nämlich vermieden — obwohl es möglich gewesen wäre — weitere und damit lohnendere Produktionsumwege zu wählen. Es sollten Ersparnisse nicht weniger, aber auch nicht mehr, als erforderlich ist, zur Verfügung stehen.

Ein Gleichgewicht zwischen Investieren und Sparen ist erforderlich.

Unter bestimmten Voraussetzungen kann der Zins, der Preis für Kapitalüberlassung, dieses Gleichgewicht herstellen, nämlich wenn Konkurrenz auf den Märkten herrscht. Diese Konkurrenz muß aber auf allen Märkten bestehen, auch auf den Geldmärkten. Das Kapitalangebot ist dann wegen der Wirksamkeit des Gesetzes der großen Zahl konstant und die einmal eingeschlagenen Produktionsumwege können zuende geführt werden.

In der gemischten Wirtschaftsordnung gilt aber nicht das Gesetz der großen Zahl. Die Statistik soll in ihr das leisten, was in der Konkurrenzwirtschaft der Preis vermag.

Bedenkt man die damit für den Wirtschaftspolitiker bestehende Aufgabe, Vorsorge zu treffen, daß die Investition die Ersparnis nicht übertreffe, aber auch nicht hinter ihr zurückbleibe, kurzum, daß Gleichgewicht bestehe, dann müßte ermittelt werden, wieviel jeweils erspart wird, darüber hinaus aber auch, wie lange diese Ersparnisse zur Verfügung stehen, sodann wie groß die Investitionssumme ist und wie lange Zeit die Investition dauert. In dieser Erhebung wären Erhebungseinheiten die Spar- und Investitionseinheit und Erhebungsmerkmale die zeitliche Verfügbarkeit der Spareinheit und die zeitliche Gebundenheit der Investitionseinheit[172].

---

172 Wenn in der Literatur von steter Gleichheit der Investition und des Sparens gesprochen wird, so steht das mit den hier getroffenen Feststellungen nicht in Widerspruch. Hier haben wir nicht die Investition und das Sparen, wie es sich ex-post ergibt, im Auge, sondern hier steht das „er-

Daß dies die zu ermittelnden Größen sind, ist keine neue Erkenntnis. Bereits Jevons bringt diesen hier vorgetragenen Gedanken zum Ausdruck: „Ein Hauptpunkt ... ist der Unterschied zwischen der Größe des angelegten Kapitals und der Größe der Anlage von Kapital. Die erste ist eine bloß eindimensionale Quantität — die Quantität des Kapitals; die zweite ist eine Quantität von zwei Dimensionen, nämlich, die Quantität des Kapitals und die Länge der Zeit, während welcher es angelegt bleibt. (Hervorhebung von uns). Wenn die Arbeit eines Tages auf zwei Jahre angelegt bleibt, so ist das Kapital bloß jenem eines einzigen Tages gleichwertig; es ist aber zweimal so lange festgelegt, als wenn es bloß für ein einziges Jahr angelegt wäre. Nun drehen sich alle Fragen, in welchen wir den vorteilhaftesten Gebrauch des Kapitals erwägen, ebensosehr um die Länge der Anlage als um die Größe. Dasselbe Kapital wird der Industrie einen zweimal so großen Dienst leisten, wenn es bloß die Hälfte der Zeit aufgesaugt oder angelegt ist.

Die Größe der Anlage von Kapital wird offenbar dadurch bestimmt sein, daß man jeden in irgendeinem Zeitpunkte angelegten Kapitalsteil mit der Länge der Zeit, während welcher er angelegt bleibt, vervielfacht[173]."

Würde es dem Statistiker möglich sein auszuweisen, wieviel Ersparnisse gemacht werden, wie lange sie zur Verfügung stehen und ferner wie groß die Investition und wie lange die Bindungszeit der Investitionsbeträge ist, dann wäre dem Wirtschaftspolitiker die Möglichkeit geboten, für das Gleichgewicht von Sparen und Investieren zu sorgen. Was in der Konkurrenzwirtschaft die Wirksamkeit des Gesetzes der großen Zahl leistet, würde dann in der gemischten Wirtschaftsordnung der Wirtschaftspolitiker leisten.

Diesen Ermittlungserfordernissen entspricht aber die gegenwärtige Statistik nicht. Sie teilt mit und zwar ex-post die Veränderungen

---

wartete Sparen und Investieren" in Frage. In diesem Falle können aber Abweichungen voneinander durchaus vorkommen.

Die bei ex-post Betrachtung bestehende Gleichheit zwischen Sparen und Investieren ist leicht gezeigt. Wenn die Haushalte plötzlich ihre Sparquote erhöhen, kommen die Vorräte der Produktionssphäre in gleicher Höhe nicht zum Absatz. Die Investition erhöht sich bei den Unternehmungen um so viel, als die Haushalte mehr sparen. Allerdings ist es keine freiwillige Investition, und man muß erwarten, daß die Unternehmungen die Zwangsinvestition durch Produktionseinschränkungen zu beseitigen versuchen. Darauf wollen wir jedoch nicht weiter eingehen. Wir sehen, daß Sparen und Investieren ex post immer gleich sind.

Nur sei hier noch bemerkt, daß wir an dieser Stelle ein neues Unterscheidungsmerkmal zwischen der Konkurrenzwirtschaft und der gemischten Wirtschaftsordnung anführen können. In der Konkurrenzwirtschaft findet in aller Regel nur freiwilliges Sparen und Investieren statt, in der gemischten Wirtschaftsordnung auch Zwangsinvestieren und — sparen.

[173] *Jevons:* Die Theorie der politischen Ökonomie, Jena 1924, S. 215/216.

in der Investitions- und Sparsumme, nicht aber was an Investition und Ersparnissen insgesamt vorhanden ist, ganz zu schweigen von zeitlichen Angaben, wie lange also die Ersparnisse zur Verfügung stehen und die Investitionen dauern werden.

In der Wirtschaftstheorie hat man sich, wie wir schon gesagt haben, darüber Gedanken gemacht, wie Produktionsweglängen gemessen werden können. Es waren lediglich ex-post-Betrachtungen, die man anstellte. Wie wir ausgeführt haben, wird es nur möglich sein, eine Aussage über die Länge der Produktionswege zu machen, wenn man alle eingesetzten Produktionsfaktoren auf einen Nenner bringt. Die Kontroverse um das von Böhm-Bawerk aufgestellte Gesetz von der größeren technischen Produktivität der Produktionsumwege scheint dies nach unserer Ansicht unmißverständlich zu ergeben. Der Nachweis der größeren technischen Produktivität der Produktionsumwege kann nicht erbracht werden, höchstens jener der größeren W e r t - produktivität des Kapitals.

Allerdings dürfte die praktische Durchführbarkeit solcher auf die Vergangenheit zurückgehenden Erhebungen manche Schwierigkeiten machen, von denen wir hier die hauptsächlichsten kurz nennen wollen, um damit die Schwierigkeiten anzudeuten, die erst recht bestehen müssen, wenn nicht die Vergangenheit, sondern die zukünftige Entwicklung in Frage steht.

Es gibt heute keine Betriebe mehr, die nur Arbeit und Natur bei ihrer Produktion verwenden, d. h. es fehlen heute Betriebe, die wirkliche Anfänge von Produktionen darstellen[174]. Zudem fehlt es an der Gradlinigkeit[175] und an der damit in Zusammenhang stehenden Konsumorientierung[176] der Produktion.

---

[174] „Ein Beispiel möge dies verdeutlichen: Ein Bauer produziere Weizen. Seine Kostenfaktoren seien lediglich Aussaat und Arbeit. Unsere Aufgabe ist es festzustellen, ... welche Faktoren in die Kostenrechnung des Bauern eingehen. Darf die Antwort, wie es auf den ersten Blick scheinen könnte, lauten: Löhne für die Saatproduzenten plus Löhne für die Weizenproduzenten? Sicher nicht, denn in diesem Fall ist völlig klar, daß die Löhne der Saatproduzenten nicht im gleichen „Wirtschaftsjahr“ gezahlt werden wie die Löhne der unmittelbar an der Weizenproduktion Beteiligten, sondern, welches Produktionsjahr man immer wählt, stets in einer vorherliegenden Periode. Daraus folgt, daß die heutige Saat sich erst in der weit zurückliegenden Wirtschaftsperiode in Nur-Arbeit auflöst, in der man ohne zu säen erntete. Erst beim Übergang von der (Saat-)Kapital verwendenden Wirtschaft zur primitiven Sammelwirtschaft ... bestände das Produkt eines Zeitabschnittes wieder nur aus Konsumgütern und die Kosten nur aus Arbeit.“ (Fritz *Burchardt:* Die Schemata des stationären Kreislaufes bei Böhm-Bawerk und Marx, in Weltwirtschaftliches Archiv, 35. Band, 1932, Seite 137.)

„In unserer Zeit, in der die kapitallose Wirtschaft fast ganz verschwunden ist und eine Generation auf den Zwischenprodukten, die die früheren Generationen geschaffen, weiter baut, würde ... die Produktionsperiode fast jedes Konsumgutes ihren Anfang in lang vergangene Jahrhunderte zurückverlegen dürfen.“ (*Böhm-Bawerk:* Positive Theorie des Kapitals, Jena 1921,

Daß Produktivkräfte in längst vergangener Zeit eingesetzt worden sind, dürfte wohl ohne großen Schaden für die Erhebung übergangen werden können[177] und die anderen hier noch erwähnten Schwierigkeiten werden dann beseitigt, wenn man von den Betrieben eine Auskunft erlangt, woher die Güter kommen, in welches Gut sie eingehen und welches die empfangende Stelle ist.

Der Wirtschaftspolitiker will nun aber nicht wissen, wie die Investitionsdauer ex-post, d. h. in der Vergangenheit war, sondern er will wissen, wie lange die heute eingesetzten Produktionskräfte gebunden sein werden. Er will in bezug auf die Investitionsgebundenheit einen Blick in die Zukunft tun. Eine solche Auskunft kann aber nicht gegeben werden und zwar aus dem Grunde nicht, weil der einzelnen Investition nicht anzusehen ist, wie lange sie bestehen wird. Wer will sagen können, welchen Weg die heute produzierte Kohle zum Verbrauch nehmen wird. Es kann „von den einzelnen Teilen des jeweils vorhandenen Bestandes an produzierten Produktionsmitteln nicht bestimmt ausgesagt werden, wieweit sie zeitlich von der Kon-

---

S. 117.) Einmal wird wild wachsendes Getreide mit der Hand gepflückt worden sein. Diese Zeit ist aber — wie gesagt — längst vorüber und man weiß daher nicht, wann die ersten Produktivkräfte eingesetzt worden sind.

Daß es heute keine Betriebe der Urproduktion mehr gibt, ist unbestritten, mögen die heutigen Betriebsstatistiken auch von Betrieben der Urproduktion sprechen. Anfänge von Produktionen stellen diese sogenannten Betriebe der Urproduktion nicht dar. Sie verwenden alle — die Landwirtschaft, der Bergbau usw. — und zwar weil die Produktion so lohnender ist, produzierte Produktionsmittel, keineswegs also allein die originären Produktionsmittel Arbeit und Natur.

[175] Güter, die im Falle ihrer Verwendung bei der Erzeugung des Gutes A nur noch einen kurzen Weg zurückzulegen hätten, werden rückverlagert, um an der Produktion des Gutes B mitzuwirken. Kohle, die unseren Ofen heizen könnte, wird dazu verwandt, um Maschinen zu heizen, die an der Herstellung landwirtschaftlicher Maschinen mitwirken und so Brot, Fleisch und noch andere Güter mehr herstellen helfen. (In seinem Buch „Die Aufgabe der Absatzwirtschaft", Köln und Opladen 1950, stellt Erich *Schäfer* die fehlende Gradlinigkeit ausführlich dar.)

[176] Der Waldbesitzer pflanzt z. B. nicht nur so viele Bäume an, als für die Produktion von 100 Stühlen benötigt werden, sondern er setzt Bäume ohne Ausrichtung auf ein spezielles Gut. Sein Holz ist nicht nur in einem, sondern in vielen Konsumgütern enthalten. Vielleicht heizt es später unseren Ofen, dann legt das Holz einen verhältnismäßig kurzen Weg zurück. Es dient aber auch unserm Unterhaltungsbedürfnis; denn aus ihm werden Zeitungen hergestellt — ein bereits weiterer Weg, den das Holz nimmt —, es diente zeitweilig sogar in hervorragendem Maße unserem Kleidungsbedürfnis (Beispiel von Erich *Schäfer*). Offenbar muß aber diese fehlende Konsumorientierung gleichfalls die Angabe der Investitionsdauer erschweren.

[177] „Die sich ganz ins Dunkel verlierenden sehr entfernten Beiträge werden in der Regel mit dem Grade ihrer Entfernung auch rasch an Bedeutung abnehmen. Wenn z. B. (ein) Hammer an der Erzeugung von 10 000 anderen Hämmern, und einer von diesen an der Erzeugung von 10 000 Röcken mitwirkt, so kommt von einem Arbeitstage, den die Erzeugung jenes Hammers vielleicht gekostet hat, nur ein Splitter von einem Billionstel auf die Produktionsrechnung eines Rockes." (*Böhm-Bawerk:* Exkurse zur „positiven Theorie des Kapitals", Jena 1921, S. 58.)

sumreife entfernt sind. — Wir betreten eine Werkzeugmaschinenfabrik mit ihren Gebäuden, Maschinen und ihren Vorräten an Rohstoffen und fertigen Waren, die zum Verkauf stehen. Nun wollen wir feststellen, wieweit die einzelnen Stücke vom Konsum zeitlich entfernt sind. Vergeblich. Denn es steht weder fest, wie stark die Fabrik mit ihren Anlagen in Zukunft beschäftigt sein wird, noch wissen wir, wie die Werkzeugmaschinen, die später zum Verkauf gelangen, verwandt werden: Wieweit in Stahlwerken, wieweit in Schuhfabriken usw. und wie später die Produkte der Abnehmerfabriken wiederum zum Konsum gelangen. Wir kennen also heute nicht die Ausreifungszeiten der produzierten Produktionsmittel, die wir erblicken; sie sind „unbestimmt"; sie können so oder so variiert werden. Und zwar fehlt es nicht etwa nur an statistischen Erhebungen, sondern es ist prinzipiell unmöglich, über die Ausreifungszeiten der Gebäude, Rohstoffvorräte, Maschinen usw. Aussagen zu machen, — weil die Daten, die zukünftig den Wirtschaftsprozeß bestimmen, noch nicht festliegen....

Eine Gruppe von Menschen steht an einem Wegweiser und sieht, daß mehrere, kürzere und längere Wege zum Ziel führen. Hat sie einen Weg gewählt, so gelangt sie dort hin, ohne die Möglichkeit zu haben, erneut zwischen einem längeren und einem kürzeren Weg zu wählen. Die Entscheidung an dem e i n e n Wegweiser war endgültig. So vollzieht sich die zeitliche Lenkung des Wirtschaftsprozesses n i c h t. — Vielmehr so: sobald die Gruppe einen Weg gewählt und beschritten hat, stößt sie wieder auf eine Wegteilung. Nun teilt sie sich; einige gehen kürzere, andere längere Wege. Zwar führen alle Wege wiederum zu dem gleichen Ziel — dem Konsum; aber wiederum in verschiedener Zeit. Hat die einzelne Teilgruppe ihren nunmehr gewählten Weg mit einigen Schritten durchmessen, so steht sie erneut vor einer Weggabelung. Und so geht es weiter. Immer wieder sind neue Entscheidungen zu fällen und immer wieder teilen sich die Gruppen und Teilgruppen. So etwa können wir uns die zeitliche Lenkung des Wirtschaftsprozesses vorstellen und wir fragen nicht, wie die eine, sondern wie die vielen einander folgenden Entscheidungen bestimmt sind[178].

Eine exakte Auskunft, wie lange die heute eingesetzte Investitionseinheit gebunden sein wird, läßt sich also nicht geben.

Aber es ist sehr wichtig, daß man eine Auskunft über die Bindungszeit des Kapitals erlangt und man hat daher auf Auswege gesonnen und gefragt, ob nicht wenigstens in groben Umrissen eine Kenntnis von der Investitionsdauer vermittelt werden könne.

---

[178] *Eucken:* Zeitliche Lenkung des Wirtschaftsprozesses und Aufbau der Wirtschaftsordnungen, in Jahrbücher für Nationalökonomie und Statistik, Jena 1944, S. 165/166.

Eine solche glaubt man nun tatsächlich geben zu können, und zwar zunächst in der Weise, daß man nach Produktions- und Konsumgüterindustrie unterscheidet und untersucht, wo mehr investiert wird. Man geht bei dem Vorschlag einer Unterscheidung nach Produktions- und Konsumgüterindustrie von der Überlegung aus, daß die Produktionsgüterindustrie der Konsumgüterindustrie vorgelagert ist und daß bei einer erhöhten Investition in der Produktionsgüterindustrie festgestellt sei, daß sich die Produktionswege mehr verlängert haben müßten als bei einer in gleichem Ausmaß stattgefundenen Investition in der Konsumgüterindustrie.

Offenbar recht einleuchtend. Aber kann man nun tatsächlich durch solche Erhebungen irgendwelche Auskunft erhalten, die Schlüsse auf die Investitionsdauer zulassen?

Zunächst muß festgestellt werden, daß die Unterscheidung nach Konsum- und Produktionsgüterindustrie recht problematisch ist. „Es ist natürlich durchaus möglich, daß der gleiche Betrieb sowohl der Konsumgüter- als auch der Produktionsmittelabteilung angehört. (Beispiel: Ein Transportbetrieb leitet einem Verbraucher Kohle zur Heizung seines Wohnzimmers und einer Maschinenfabrik Kohlen zur Dampferzeugung zu; je nach den Mengen, die zu Konsum- bzw. Produktionszwecken Verwendung finden, wird der Betrieb der Konsumgüter- bzw. der Produktionsmittelabteilung zugerechnet)[179]."

Aber wenn man auch von der Schwierigkeit einer Unterscheidung nach Produktions- und Konsumgüterindustrie absieht, bestehen doch gewichtige Bedenken, ob man sich auch wirklich auf diese Weise über die Veränderung in der Investitionsdauer informieren kann. „Die Zeitdistanz, die eine heutige Arbeitsleistung oder ein heute eingesetztes sachliches Produktionsmittel bis zur Konsumreife durchmißt, kann mit Hilfe des Abteilungsschemas nicht dargestellt werden. Man mache die Probe; die heutige Arbeitsleistung eines Schlossers, der in einer Maschinenfabrik arbeitet, ordnet man in die Abteilung „Kapitalgüterindustrie", die des Landarbeiters oder Webers in die Abteilung „Konsumgüterindustrie" ein. Aber hiermit ist zur Frage, wo diese Leistungen im Wirtschaftsprozeß zeitlich stehen, so gut wie nichts gesagt. Vielleicht ist der Weg des Produktes zur Konsumreife, an dem heute der Landarbeiter tätig ist, kürzer als der Weg des Werkstücks, das heute der Schlosser bearbeitet. Vielleicht aber auch nicht. Auf jeden Fall fehlt die Möglichkeit, diese Zeitspannen an Hand des Abteilungsschemas überhaupt sichtbar zu machen. Gerät das Werkstück des Schlossers vielleicht in den Bogen herein, der an die Abteilung „Kapitalgüterindustrie" angeschlossen ist und der den Kreislauf der

---

[179] Erich *Schneider:* Einführung in die Wirtschaftstheorie, 1. Teil, Tübingen 1953, S. 5.

„Selbstreproduktion des festen Realkapitals" wiedergeben soll? Wie oft durchläuft es den Bogen? Hier fehlt sogar jeder Versuch, den Zeitverlauf auch nur andeutungsweise wiederzugeben[180]."

Wenn man sich diese Möglichkeiten der „Rückversetzungen" vor Augen hält, erkennt man, wie wenig von den statistischen Ermittlungen der zeitlichen Veränderung in der Produktion von Eisen, Zement, Kohle usw. zu halten ist, d. h. wie wenig man durch diese Statistiken über die Veränderung in der Investitionsdauer erfährt. Kohle kann z. B. in erhöhtem Maße als Hausbrandkohle verwendet werden und wenn sie für industrielle Zwecke Verwendung findet, ist doch nicht im entferntesten etwas darüber ausgesagt, wie weit sie rückversetzt wird.

Es gibt aber noch mehr Schwierigkeiten: Wir haben bisher nur davon gesprochen, daß die Investitions*dauer* nicht festgestellt werden kann.

Es ist aber nicht einmal möglich die Investitionssumme in ihrem vollen Umfang zu ermitteln[181].

Selbst mit der Möglichkeit einer Ermittlung der Sparsumme und der zeitlichen Verfügbarkeit der Sparbeträge wäre dem Wirtschaftspolitiker also nicht geholfen, da ihm solche Auskunft doch nur bei gleichzeitiger Ermittlung der Investitionssumme und Investitionsdauer nützte.

Daß sich die Sparsumme nicht vollständig ermitteln läßt, brauchen wir danach nicht mehr ausführlich zu behandeln.

Als seinerzeit das Institut für Konjunkturforschung in Verbindung mit dem Statistischen Reichsamt die jährlichen Sparsummen[182] erfassen wollte, kam man bald zu der Überzeugung, daß der direkte Weg, die Ermittlung der Ersparnisse an der Stelle der Entstehung, nicht zum Ziel führen kann. Man muß schon den Versuch unternehmen, die Ersparnisse dort festzustellen, wohin sie in aller Regel gelangen, nämlich bei den Banken.

Aber wenn man auch diesen Weg wählt, dürfte man nicht im entferntesten zu einer richtigen Feststellung der Sparsumme kommen können.

---

180 *Eucken:* Der Wirtschaftsprozeß als zeitlicher Hergang, in Jahrbücher für Nationalökonomie und Statistik, Jena 1940, S. 118/119.

181 Offenbar müßten wir in unserem Zusammenhang einen viel weiteren Investitionsbegriff zu Grunde legen, als es sonst üblich ist, und überall dort von Investition sprechen, wo Geld überhaupt Anlage finden kann, also auch beispielsweise dort den Begriff der Investition als erfüllt ansehen, wo Gelder zu Ausbildungszwecken Verwendung finden.

182 Siehe hierzu Kapitalbildung und Investitionen in der deutschen Volkswirtschaft 1924—1928 in Sonderheft 22 der Vierteljahreshefte zur Konjunkturforschung.

Die eingezahlten Sparbeträge gelangen sehr oft erst, nachdem sie den Weg über mehrere Banken genommen haben, zur Anlage. Damit besteht die Möglichkeit der doppelten, sogar der mehrfachen Zählung. Auf der anderen Seite muß aber auch wieder in Rechnung gestellt werden, daß keineswegs alle Sparbeträge den Weg über die Banken nehmen.

Was wir zeigen wollten, dürfte damit augenscheinlich sein: Die Statistik kann in der gemischten Wirtschaftsordnung nicht ersetzen, was in der Konkurrenzwirtschaft die Wirksamkeit des Gesetzes der großen Zahl leistet.

Damit soll nicht gesagt werden, daß sie nichts oder wenig böte. Die Preisindexberechnung z. B. kann dem Wirtschaftspolitiker zeigen, wie weit die Preissteigerung fortgeschritten ist und ihm damit zu erkennen geben, ob auf dem beschrittenen Weg weitergegangen werden darf; es hat durchaus Zweck, bei Krankheit den Arzt aufzusuchen, um feststellen zu lassen, wie weit die Krankheit fortgeschritten ist. Der Wirtschaftsstatistiker mißt das Fieber, der Wirtschaftspolitiker, der Arzt, muß dann zusehen, wie er den Krankheitsherd beseitigt.

Die meistens zur Anwendung gelangende Medizin ist die Geldschöpfung. Durch das mit der Geldschöpfung ausgelöste Zwangssparen soll die Diskrepanz zwischen Investieren und Sparen beseitigt werden.

In der Konkurrenzwirtschaft besteht wegen der Wirksamkeit des Gesetzes der großen Zahl dieser Zwiespalt zwischen Investieren und Sparen nicht. Wenn man die Konkurrenzwirtschaft also schaffen wollte, machte man den Versuch, den Eintritt von Krankheiten überhaupt zu verhindern. In der gemischten Wirtschaftsordnung geht es mehr oder minder immer darum, die schon vorhandenen Krankheitsherde zu beseitigen, wobei die Statistik gute Hilfe leisten kann.

Wie wir nicht näher zu begründen brauchen, ist es verständlich, daß man in der Literatur vielfach die Frage nach der Verwirklichungsmöglichkeit der Konkurrenzwirtschaft aufwirft. Man glaubt, daß die Konkurrenz auf den Märkten das wirksamste Mittel, vielfach sogar das einzige Mittel sei um zu verhindern, daß sich die Planwirtschaft immer mehr durchsetze.

Wir haben in dieser Frage hier nicht zu entscheiden, aber wir können untersuchen, ob sich die Betriebsgrößen und Marktzusammenschlüsse statistisch feststellen lassen; womit dann bejahendenfalls von seiten der Statistik über die bestehenden Entwicklungstendenzen berichtet würde.

Zuvor sei jedoch erst noch über die Betriebswirtschafts- und Finanzstatistik in der gemischten Wirtschaftsordnung und über die Aufgaben der Statistik in der Befehlswirtschaft gesprochen.

c) Betriebswirtschaftsstatistik (Marktforschung)

Zu der innerbetrieblichen Statistik, welche in keiner Wirtschaftsordnung entbehrt werden kann, tritt in der gemischten Wirtschaftsordnung die nach außen, d. h. auf den Markt gerichtete betriebswirtschaftliche Statistik, deren Notwendigkeit sich daraus ergibt, daß das preis- und mengenmäßige Schicksal der einzelnen Waren im Konjunkturzyklus nicht das gleiche ist und der Unternehmer, weil sein Wohl und Wehe von der Preisentwicklung des von ihm erstellten Produktes nun einmal abhängt, über diese in den einzelnen Phasen des Konjunkturzyklus Bescheid wissen muß.

Die Preise und nachgefragten Mengen verändern sich, wie wir nicht verkennen wollen, nicht allein wegen der konjunkturellen Schwankungen; sie sind auch bei manchen Waren saisonmäßig — so etwa, um nur ein Beispiel zu bringen, bei dem Bedarf an Sommerkleidung — und weiter auch trendmäßig bedingt — so hat z. B. die Nachfrage nach Eisen und Kohle im vorigen Jahrhundert und auch noch Anfang dieses Jahrhunderts ungeachtet der konjunkturellen Schwankungen zugenommen, nach anderen Gütern wieder wie etwa nach pferdebespannten Personenwagen, Klavieren, abgenommen. Solche Veränderungen sind aber den Unternehmern bekannt und sie stellen diese bei ihren Planungen in Rechnung.

Marktforschung ist hauptsächlich wegen konjunktureller Schwankungen und nicht wegen der sonst noch möglichen, in der Wirklichkeit auch tatsächlich immer vorhandenen Veränderungen notwendig.

In der sich auf die Marktforschung beziehenden betriebswirtschaftlichen Literatur wird nach dem Vorschlag von Erich Schäfer[183] zwischen Marktanalyse und Marktbeobachtung unterschieden. Die Marktanalyse beschäftigt sich damit „was ist" und die Marktforschung damit „was wird". Damit ist ein methodisch richtiger Ausgangspunkt gewählt. Wenn heute z. B. auf Grund einer statistischen Erhebung festgestellt wird, in welcher Menge von Einkommensbeziehern einer bestimmten Höhe ein betreffendes Produkt nachgefragt wird, etwa wieviel Kühlschränke von Beziehern von monatlichen Einkommen in Höhe von 800,— DM gekauft werden, so berechtigt das nicht zu der Annahme, daß in einer anderen Phase des Konjunkturzyklus von den gleichen Einkommensbeziehern die gleiche Nachfrage getätigt wird. Es ist daher richtig, daß von den Erhebungen eines bestimmten Zeitpunktes nicht Schlüsse auf spätere Verhältnisse gezogen werden dürfen, denn diese gleichen nämlich den gegenwärtigen nicht in allen Punkten. Einkommensbezieher, die erstmals bei steigender Konjunktur zu höherem Einkommen gelangen, werden andere Produkte erstehen als die Per-

---

[183] *Schäfer:* Grundlagen der Marktforschung, Nürnberg 1940, S. 10.

sonen, welche dieses Einkommen schon lange bezogen haben. Erst werden die dringenderen, bisher zurückgestellten Bedürfnisse befriedigt.

Die Unterscheidung in Marktanalyse und Marktbeobachtung hat ihren Grund in nicht hinreichender Isolierbarkeit des kausalen Kaufkraftfaktors, was unser Beispiel gut erkennen läßt. Wann Kühlschränke nachgefragt werden, hängt nicht nur davon ab, welche Höhe des Einkommens erreicht ist, sondern einmal davon, welche Ersparnisse aus früher verdienten Einkommen inzwischen gemacht worden sind und sodann, welche Gütersubstanz vorher bereits erstanden ist. Alle diese Momente sind aber meistens in den Vergleich nicht mit einbezogen, sondern in aller Regel nur ein Faktor.

Die Mangelhaftigkeit einer genügenden Isolierbarkeit des kausalen Faktors nötigt also zu dieser in der Literatur zu Recht bei der Marktforschung gemachten Unterscheidung nach Marktanalyse und Marktbeobachtung.

In der Hauptsache findet in der Marktforschung die statistische Methode der konkurrierenden Veränderungen Anwendung[184]. Die Kaufkraftfaktoren (z. B. das Einkommen) werden darauf hin untersucht, wie sie mit den anderen Faktoren „konkurrieren". So wird beispielsweise untersucht, wie sich die Nachfrage nach Kühlschränken, Teppichen, Brillanten mit der Höhe der Einkommen wandelt.

Aber nicht nur wie die Kaufkraftfaktoren mit anderen Größen korrelieren, wird mit Hilfe dieser Methode ermittelt; sie wird auch im Interesse der Marktforschung angewendet, wenn z. B. untersucht wird, wie die Familiengröße die Nachfrage nach Wohnungen, die Bevölkerungszahl die Nachfrage nach Brot, Milch, Fleisch, Kartoffeln usw. beeinflußt. Ja selbst bei einem Teil des nicht lebensnotwendigen Bedarfs können andere Größen als die Kaufkraft über die Höhe der Nachfrage Auskunft geben. So dürfte es z. B. bei der Ermittlung der Nachfrage von Bügeleisen genügen, wenn von der Zahl der elektrifizierten Haushalte ausgegangen wird. Das Anwendungsgebiet dieser Methode ist also groß[185, 186].

Das empirische Material liefert — das ist das Kennzeichen der Statistischen Methode — keine gesetzmäßige Kurve. An Hand eines Beispiels, das wir Erich Schäfers Grundlagen der Marktforschung entnehmen[187], wird der Sachverhalt am besten erläutert. Er untersucht,

---

[184] Die nähere Charakterisierung dieser Methode siehe Seite 46 f.

[185] Zum Anwendungsgebiet dieser Methode siehe insbesondere Erich *Schäfer:* Grundlagen der Marktforschung, Nürnberg 1940.

[186] Es muß jedoch immer darauf geachtet werden, ob auch die Voraussetzungen, unter denen diese Methode zur Anwendung kommen kann, überhaupt vorliegen. Vgl. hierzu Anmerkung 30 von Seite 57 und Anmerkung 39 von Seite 68.

[187] *Schäfer:* a.a.O., S. 127.

ob eine Korrelation zwischen Elektrizitätsversorgung und Bestand an elektrischen Bügeleisen besteht[188].

Elektrizitätsversorgung und Bestand an elektrischen Bügeleisen.

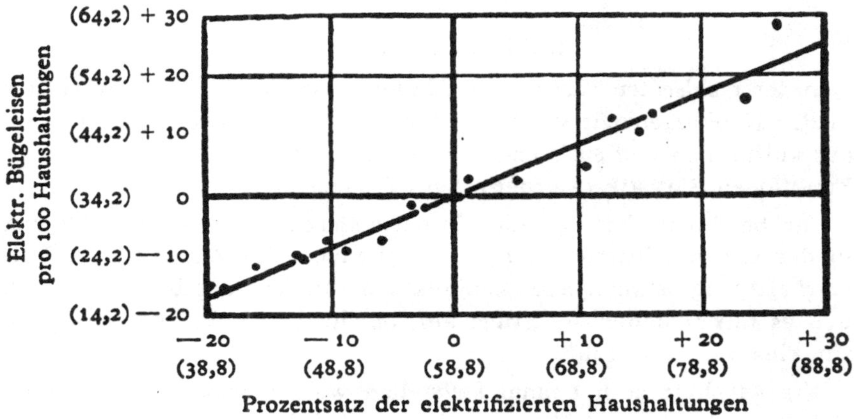

Wie das Schaubild zeigt, liegen die empirischen Werte wie immer nicht auf einer gesetzmäßigen Kurve.

Bei dieser Sachlage ist dann stets die Frage zu stellen, welche gesetzmäßige Kurve durch diese empirischen Werte zu legen ist. Im konkreten Beispiel — so muß es aber keineswegs immer sein — empfiehlt sich eine Gerade.

Diese gesetzmäßige Kurve wird mit Hilfe der Methode der kleinsten Quadrate bestimmt. Man hat damit erreicht, daß die betreffende Kurve zwischen den individuellen Werten wie das Arithmetische Mittel zwischen den Werten einer statistischen Reihe liegt, d. h. die Abweichungen der individuellen Werte nach oben sind ebenso groß wie nach unten; zudem ist — wenn diese sogenannte Regressionslinie mit Hilfe der Methode der kleinsten Quadrate durch die empirischen Werte gelegt wird — diejenige gewählt, von der die Summe der quadrierten Abweichungen ein Minimum ist[189].

---

188 Es ist dies ein Fall, in dem der Höhe der Kaufkraft keine ausschlaggebende Bedeutung bei der Nachfrage zukommt.

189 Der Leser, der sich über die Ausgleichsrechnung mit Hilfe der Methode der kleinsten Quadrate ausführlich unterrichten will, sei besonders auf das leichtverständliche Buch von *Richter-Altschäffer:* Theorie und Technik der Korrelationsanalyse Berlin 1932 S. 76 ff. verwiesen.

Mit Hilfe der Korrelationsrechnung erhalten wir eine Auskunft über den Grad des Zusammenhanges.

Da die Erhebung, für welche die Korrelation durchgeführt ist, nur für eine Teilmasse vorgenommen wird — die Verhältnisse aber in der Gesamtmasse interessieren — muß noch der mittlere Fehler des Korrelationskoeffizienten errechnet werden.

d) *Finanzstatistik*

In der gemischten Wirtschaftsordnung sorgt der Staat genau so wie in der Konkurrenzwirtschaft für Sicherheit und wird eventuell auch aus kulturellen und sozialen Gründen tätig. Insoweit diese staatlichen Funktionen Statistik erfordern, liegt Finanzstatistik vor.

Darüber hinaus hat der Staat in der gemischten Wirtschaftsordnung, in der sich die Wirtschaft keineswegs immer im Zustand der Vollbeschäftigung befindet, auch konjunkturpolitische Aufgaben zu erfüllen und es taucht daher die Frage auf, ob die Konjunkturstatistik auch zur Finanzstatistik zählt.

Wie wir hier noch einmal feststellen wollen, haben wir zwischen Volkswirtschafts- und Finanzstatistik unterschieden, haben also alle Statistiken, die aus konjunkturpolitischen Gründen, d. h. die im Hinblick auf die Sicherung der Vollbeschäftigung zur Durchführung gelangen, von der Finanzstatistik ausgenommen und diese — an sich gleichfalls von Seiten des Staates durchgeführten — Statistiken unter „Volkswirtschaftsstatistik" zusammengefaßt.

Zu dieser Unterscheidung sind wir nicht in erster Linie deswegen veranlaßt worden, weil sich der Aufgabenbereich der Statistik auf Grund dieser konjunkturstatistischen Erfordernisse wesentlich erweitert hat, sondern weil die Konjunkturpolitik andere Probleme stellt.

Für die Staatsführung wäre es keine schwierige Aufgabe, diesen erhöhten Anforderungen in der gemischten Wirtschaftsordnung zu genügen, wenn es — wie man lange glaubte — einen „Normalzyklus der Konjunktur" gäbe. Sie wäre dann bei ihren wirtschaftspolitischen Planungen in derselben Lage wie bei ihren Vorhaben, die aus rein hoheitlichen Gründen vorgenommen werden. Sie wüßte im voraus, was zu geschehen hat.

Aber es ist ungewiß, was in der Zukunft aus konjunkturellen Gründen für staatliche Tätigkeit verlangt sein wird und wir glaubten daher wegen dieser anderen Art der konjunkturellen Aufgaben von einem besonderen Gebiet der Statistik — eben von Volkswirtschaftsstatistik — sprechen zu müssen.

3. Die Befehlswirtschaft

A. Ihre Charakterisierung

In der Konkurrenzwirtschaft bestimmen die Konsumenten die Produktion und zwar erfährt sie ihre Lenkung nach der bei den Konsumenten bestehenden Rangordnung der Bedürfnisse. Aus eigenem Interesse, eben wegen ihres Gewinnstrebens, tragen die Produzenten den sich in den Käufen äußernden Wünschen der Konsumenten Rechnung. Jeden Tag stimmen die Hausfrauen, wie Böhm sagt, durch ihre Käufe neu darüber ab, was produziert werden soll. Der einzelne Produzent ist lediglich Vollstrecker dieser Wünsche und dort tätig, wo die höchste Kaufkraft ihre Wünsche äußert.

Bereits in den gemischten Wirtschaftsordnungen hat der Konsument diese Stellung nicht mehr uneingeschränkt inne. Der ein Gewinnmaximum erstrebende Monopolist vermag den Preis seiner Produkte zu erhöhen, der Absatz dieses Produktes wird damit geringer als bei bestehendem Konkurrenzpreis. Die Befriedigung der Bedürfnisse nimmt in den gemischten Wirtschaftsordnungen einen anderen Verlauf und wird nicht mehr ausschließlich vom Konsumenten bestimmt. „Die Folge dieser Einschränkung der Erzeugung eines bestimmten wirtschaftlichen Gutes ist nun nicht die, daß der Menge nach weniger erzeugt wird. Kapital und Arbeit, die durch die Einschränkung der Erzeugung frei werden, müssen in anderer Produktion Verwendung finden ... Der Mindererzeugung des Monopolgutes steht mithin die Mehrerzeugung anderer Güter gegenüber. Nur freilich: das sind weniger wichtige Güter, sie würden nicht erzeugt und verwendet worden sein, wenn man das dringendere Bedürfnis nach weiteren Einheiten des Monopolgutes hätte befriedigen können. Die Differenz zwischen dem Werte dieser Güter und dem höheren der nicht erzeugten Menge des Monopolgutes stellt die Wohlstandseinbuße dar, die die Volkswirtschaft durch das Monopol erleidet. Hier fallen privatwirtschaftliche Rentabilität und volkswirtschaftliche Produktivität nicht zusammen[190].

Diese in der Konkurrenzwirtschaft von seiten der Unternehmer nicht mögliche, in den gemischten Wirtschaftsordnungen bereits zu beobachtende Einflußnahme auf die Rangordnung in der Befriedigung der Bedürfnisse finden wir nun am stärksten in der Befehlswirtschaft ausgeprägt. Dies ist ihre hervorstechendste Eigenart. Wie gesagt, diese Einflußnahme ist bereits bei den gemischten Wirtschaftsordnungen gegeben, jedoch in wesentlich geringerer Stärke.

In der Befehlswirtschaft setzt der Staat autoritär fest, welche Bedürfnisse befriedigt werden und welche Produktionsmittel zum Einsatz

[190] *Mises:* Die Gemeinwirtschaft, Jena 1932, S. 358/359.

gelangen sollen. „Planwirtschaft liegt vor, wenn die Verbrauchs- und Leistungsentscheidung autoritativ beeinflußt oder bestimmt wird[191],“ oder mit anderen Worten, wenn von zentraler Stelle ein Produktions- und Konsumtionsplan festgesetzt wird.

Bei seiner Festsetzung hat der Staat große Freiheiten. Er kann die Produktivkräfte fast nach Belieben in der Produktions- und Konsumgüterindustrie einsetzen. Er muß dabei nur stets bedenken, daß sich aus den Konsumenten die Produktivkräfte rekrutieren, und daß er bei seinen Produktionsplänen die Konsumtion nicht vernachlässigen darf. Die Produktionskräfte dürfen nicht zu weit „rückversetzt“ werden, da sonst nicht die Konsumgüter anfallen, die gebraucht werden, um die Arbeitskraft der Produktivkräfte zu erhalten. Jede Produktion steht dem Staat frei, nur daß er im Hinblick auf die Erhaltung der Produktivkräfte das „Versorgungs-Minimum“ nicht unterschreiten darf.

Die Befehlswirtschaft ist auf Grund solcher Freiheiten den Verkehrswirtschaften weit überlegen, hauptsächlich der Konkurrenzwirtschaft, aber auch der gemischten Wirtschaftsordnung, in welcher die Wünsche des Konsumenten zwar nicht mehr eine so große Rolle spielen wie in der Konkurrenzwirtschaft, wo sie aber doch noch von der Produktion eine höhere Beachtung finden müssen als in der Befehlswirtschaft.

Dieser Vorteil muß aber durch einen Nachteil erkauft werden.

In der Konkurrenzwirtschaft hat der Produzent nur darauf zu achten, daß er aus seiner Produktion die Kosten erlöst. Gegebenenfalls reiht er sich, ohne daß es noch irgendwelcher Beobachtungen gesamtwirtschaftlichen Geschehens durch die Produzenten bedarf, in die Produktion zum Besten unserer Güterversorgung ein. „Die Kosten zeigen an, welche ‚Werte‘ bei anderer Verwendung der Produktionsmittel realisiert werden könnten[192]“, und so ist der Unternehmer, wenn er sich bei seiner Produktion nach den Kosten richtet, privatwirtschaftlich wie gesamtwirtschaftlich auf dem richtigen Wege. In der gemischten Wirtschaftsordnung vermag der Preis die Lenkungsfunktion nicht mehr in so idealer Weise zu erfüllen wie in der Konkurrenzwirtschaft. Immerhin ist der Preis noch immer gegeben und der Unternehmer kann sich prinzipiell auch nach ihm richten.

In der Befehlswirtschaft fehlen aber die Preise, welche in der Verkehrswirtschaft die Produktion lenken, da in ihr die Betriebe eine Auswahlmöglichkeit im Kauf von Produktionsgütern nicht besitzen

---

[191] *Paulsen:* Der Verbrauch und die Wirtschaftsordnungen, in Jahrbücher für Nationalökonomie und Statistik, Bd. 161, Heft 1/2, S. 109.

[192] *Eucken:* Grundsätze der Wirtschaftspolitik, Bern und Tübingen 1952. S. 71.

und somit eine Geldzirkulation auf dem produktionswirtschaftlichen Sektor im Widerspruch zu den befehlswirtschaftlichen Absichten steht[193].

Den Vorteil größerer Freiheit auf dem Gebiet der Produktion erkauft die Befehlswirtschaft also dadurch, daß sie sich des Lenkungsmittels Preis beraubt.

Damit wird es notwendig, die Unübersichtlichkeit mit Hilfe der Statistik zu beseitigen.

In der Konkurrenzwirtschaft stört die Unübersichtlichkeit am wenigsten, weil in ihr der Preismechanismus in idealer Weise funktioniert. In der gemischten Wirtschaftsordnung, in welcher der Preis schon nicht mehr seine Aufgabe voll erfüllt, muß bereits die Statistik in höherem Maße herangezogen werden, in der Befehlswirtschaft soll sie in der Produktionssphäre vollständig die Lenkung der Wirtschaft durch den Preis ersetzen.

Zwei Fragen sind offen:

1. Welche Arten von Statistik werden in der Befehlswirtschaft gebraucht? Obwohl die Befehlswirtschaft und die gemischte Wirtschaftsordnung staatliche Aktivität erfordern und daher manche gemeinsamen Züge tragen, dürfen wir nicht annehmen, daß es in beiden Ordnungen die gleichen statistischen Erhebungen geben müßte.

2. Wie sind die zur Erfassung kommenden Güter zu bewerten? Da in der Produktionssphäre kein Geld zirkuliert und dieses dort, wo es noch umläuft, nicht über die Produktion entscheidet, ist die Bewertung ein besonders schwer lösbares Problem der Befehlswirtschaft.

B. Die Statistik in der Befehlswirtschaft im Vergleich zu der in der gemischten Wirtschaftsordnung erforderlichen Statistik

Bei der Besprechung der gemischten Wirtschaftsordnung hatten wir auf die Interdependenz zwischen den Wirtschaftszweigen und auf die nicht übersehbare Mannigfaltigkeit der wirtschaftlichen Erscheinungen hingewiesen und daraus die Folgerung gezogen, daß der wirtschaftspolitischen Zentralstelle — um sie für planende Entscheidungen zu befähigen — Erhebungen des Einsatzes und Ausstoßes geboten werden müßten.

In der Befehlswirtschaft sind die gleichen wirtschaftlichen Verhältnisse gegeben und es ist daher auch hier eine in Werten ausgedrückte

[193] Wenn wir das Geld heute in Volkswirtschaften befehlswirtschaftlicher Prägung doch noch auf dem Gebiet der Produktion in Umlauf sehen, so deshalb, weil die Befehlswirtschaft kein „Realtyp", sondern ein „Idealtyp" ist, die Befehlswirtschaft also in Reinheit nicht verwirklicht werden kann, zum mindesten nicht bei dem heutigen hohen Grad von Arbeitsteilung.

Erfassung des Einsatzes und Ausstoßes notwendig, mögen auch die Schwierigkeiten der Bewertung, wie wir noch näher erörtern werden, besonders groß sein.

Wie in der gemischten Wirtschaftsordnung sind in der Befehlswirtschaft auch ergänzende Untersuchungen zur Wirtschaftsstruktur erforderlich; d. h. es sind die in den einzelnen Wirtschaftszweigen vorhandenen Produktionsfaktoren festzustellen und ebenso der von den anderen Wirtschaftszweigen zu beziehende reale Güterbedarf. Nachdem der Zentralstelle durch eine umfassende, in Werten ausgedrückte Betrachtung des Wirtschaftsablaufs ein allgemeiner Überblick über die Zusammenhänge gegeben worden ist, muß, bevor die beabsichtigten Eingriffe vorgenommen werden, in die Details gegangen und erst über die Produktionsfaktoren in den Wirtschaftszweigen und die Bezugsmöglichkeit der erforderlichen Güter eine Information eingezogen werden, weil sonst die geplanten Vorhaben eventuell doch nicht verwirklicht werden können.

In seinen Grundsätzen der Wirtschaftspolitik stellt Eucken, der die deutsche Befehlswirtschaft vor und während des zweiten Weltkrieges in bezug auf ihr planwirtschaftliches Gebaren einer genauen Betrachtung unterzog, die Feststellungen zur Wirtschaftsstruktur als die erste Phase der Maßnahmen fest. „Die erste Stufe bestand in der Sammlung planungsstatistischer Unterlagen, wozu dem Leiter des Lenkungsbereiches eine statistische Abteilung zur Verfügung stand. Dieses Primat der Statistik ist für die zentralverwaltungswirtschaftliche Lenkung kennzeichnend. Die Statistiker der Planstellen versuchten, alle Daten zu erfassen, die für die Planung wichtig waren. So z. B. die Kapazität der Anlagen, die Lagerbestände, den Bedarf an Lagerraum, an Kohle, an Elektrizität, Produktion und Einfuhr an Rohstoffen. Aus diesen statistischen Unterlagen wurde schließlich eine ‚Mengen-Bilanz' gewonnen, die Aufkommen und Verwendung für das letzte Jahr oder Halbjahr oder Vierteljahr gegenüberstellte[194]."

Nur wenn sich der Wirtschaftspolitiker nach einem allgemeinen Überblick über die gesamtwirtschaftlichen Zusammenhänge auch über die realen Gütervorkommnisse informiert hat, kann er Planungen durchführen.

Mit den Ermittlungen des Einsatzes und Ausstoßes sowie der Wirtschaftsstruktur gelangen danach in der Befehlswirtschaft grundsätzlich gleiche Statistiken wie in der gemischten Wirtschaftsordnung zur Durchführung.

Nur muß auf zwei Unterschiede hingewiesen werden:

1. Die Erfassungen zur Wirtschaftsstruktur finden in der gemischten Wirtschaftsordnung allein in Zeiten staatlicher Aktivität statt und

---

194 *Eucken:* Grundsätze der Wirtschaftspolitik, Bern, Tübingen 1942, S. 63.

sind auch in aller Regel nicht auf allen Gebieten der Wirtschaft erforderlich. In der Befehlswirtschaft muß der Staat dagegen die Lenkungsfunktion dauernd bis hinunter zum einzelnen Betrieb ausüben. Er muß dem Betrieb laufend vorschreiben, was, in welcher Menge, wann zu produzieren ist, wer wem produzierte Produktionsmittel (Maschinen, Rohstoffe, Hilfsstoffe) zu leisten und wer Dienst- und Nutzleistungen bereitzustellen hat. Es muß eine dauernde Beziehung zwischen der Zentralstelle, den statistischen Stellen bei den Wirtschaftszweigen und den Betrieben bestehen[195].

2. Die Zahl der in der gemischten Wirtschaftsordnung zu unterscheidenden 5 grundsätzlichen Wirtschaftszweige vermindert sich in der Befehlswirtschaft auf 3.

In der Befehlswirtschaft ist nicht nach privater und öffentlicher Wirtschaft zu unterscheiden. Es gelangen zwar auch kollektive wie individuelle Bedürfnisse zur Befriedigung. Aber staatliche Sicherheit wie auch Brot, Fleisch usw. werden in der Befehlswirtschaft von ein- und derselben Instanz geschaffen. Öffentliche und private Tätigkeit gehen in eins über.

Außerdem ist in die Erfassung des Einsatzes und Ausstoßes in der Befehlswirtschaft nicht der Wirtschaftszweig „Kapitalsektor" aufzunehmen.

Überall in der Wirtschaft bedarf es bei „Umwegsproduktion" der Rücklage von Konsumgütern. Auch in der Befehlswirtschaft kann Investition nur auf Grund von Ersparnissen erfolgen. Nur hängt die Investition in ihr nicht von der Freiwilligkeit der Sparer ab, sondern die Produktionsfaktoren werden autoritativ der Konsumgüter- und

---

[195] Man braucht sich dies nur einmal vor Augen zu halten, um zu erkennen, daß ein vielgestaltiger Bedarf mit einer weitverzweigten Produktion die Verwirklichung der Befehlswirtschaft gefährden und damit in Widerspruch zu den Belangen eines Staates stehen muß, der die Befehlswirtschaft als politisches Ziel verwirklichen will.

Wer für die Verwirklichung der Konkurrenzwirtschaft ist, hat ein Interesse an einer in Konsumtion und Produktion „atomisierten" Wirtschaft, in der das Gesetz der großen Zahl zur Wirksamkeit gelangt. Wie die vermachtete, in Großbetrieben vor sich gehende Wirtschaft beseitigt werden kann, ist das große Problem für die Anhänger der Konkurrenzwirtschaft.

Die Verfechter der Befehlswirtschaft haben dagegen gerade an der großbetrieblichen Produktion ein Interesse, weil sich eine Übersicht anders nicht gewinnen läßt und der Verwaltungsapparat über Gebühr aufgebläht würde. So sehen wir in Staaten mit befehlswirtschaftlichen Tendenzen auch auf Gebieten, wie etwa der Viehwirtschaft, in der der Kleinbetrieb nicht nur durchaus bestehen kann, sondern rentabler als der Großbetrieb ist, doch Großbetriebe, und zwar dies aus keinem anderen Grunde als um der Verwirklichung der Befehlswirtschaft willen. Wie der Verfechter der Konkurrenzwirtschaft, um ihrer Verwirklichung willen, zu der Forderung verleitet werden könnte, daß die Wirtschaftspolitik auch auf den Gebieten der Wirtschaft, wo der Großbetrieb produktiver ist, den Kleinbetrieb lebensfähig machen solle, besteht auf der anderen Seite für die Anhänger der Befehlswirtschaft ein entgegengesetztes Interesse.

Produktionsgüterindustrie zugeteilt und das erforderliche Sparen wird in der Befehlswirtschaft einfach erzwungen. „Beherrschen die Einkommensbezieher als Konsumenten den Wirtschaftsprozeß, so hängt von ihnen und ihren zeitlichen Dispositionen — also auch von dem Sparen — die zeitliche Lenkung ab. So geschieht es bei vollständiger Konkurrenz und in einem bestimmten Geldsystem. Der Konsumverzicht geht hier der Investition oder Rückversetzung voraus . . . . . In der Zentralverwaltungswirtschaft aber sind die Konsumenten entthront. Sie lenken nicht mehr den Wirtschaftsprozeß. . . . . Die Zentralverwaltungswirtschaft teilt den Menschen die Konsumgüter zu. Sie dirigiert die produktiven Kräfte in die Produktionsmittelindustrie oder — besser formuliert — sie ordnet die Rückversetzungen an. Die Konsumenten behindern sie dabei nicht. Denn sie vermag etwas ,was in keiner Form der Verkehrswirtschaft möglich ist: Die Einwirkung der Konsumenten auf den Wirtschaftsprozeß und damit auf die Investitionen auszuschalten[196].

Aber nicht nur in bezug auf die Erfassung des Einsatzes und Ausstoßes und der Wirtschaftsstruktur bestehen Unterschiede in den Aufgaben, die dem Statistiker in der gemischten Wirtschaftsordnung und in der Befehlswirtschaft gestellt sind.

Die Sozialproduktsermittlungen fallen in der Befehlswirtschaft überhaupt fort. Ebenso wie die Erstellung von Investitionsgütern auf Befehlsakten beruht, wird auch die Konsumgüterproduktion höheren Ortes festgesetzt. Nur wenn das Sozialprodukt auf Grund freier Entschließung der Wirtschaftsteilnehmer zustande käme, dürfte den Wirtschaftsplaner seine Erfassung interessieren[197].

Die planende Stelle wird sich lediglich über die Altersgliederung der Bevölkerung, ihre Zusammensetzung nach Geschlecht und Beruf unterrichten und auf Grund dieser Informationen dann die Entscheidung fällen, inwieweit die Produktivkräfte in der Konsum- und Produktionsgüterindustrie einzusetzen sind.

Es ist möglich, daß die planende Stelle bei der Aufteilung der Produktionsfaktoren auf die beiden Wirtschaftsabteilungen Produktionsgüter- und Konsumgüterindustrie in erster Linie die Absicht einer Hebung des Wohlstandes leitet. Wahrscheinlich ist es nicht. Erfahrungsgemäß wird der Einsatz in der Konsumgüterindustrie weitgehendst beschränkt.

Außerdem sind in der Befehlswirtschaft Marktanalyse und Marktbeobachtung nicht notwendig. Man würde ihrer nur bedürfen, wenn

---

196 *Eucken:* Grundsätze der Wirtschaftspolitik, Bern, Tübingen 1952, S. 86/87.

197 Es mögen in manchen Befehlswirtschaften Sozialproduktsberechnungen zur Durchführung gelangen. Sie haben aber nicht die Bedeutung, die ihnen in den Verkehrswirtschaften zukommt.

es auf der einen Seite „Unternehmungen“ gäbe und auf der anderen Seite die Produktion von den Konsumenten dirigiert würde. Beides trifft aber in der Befehlswirtschaft nicht zu.

Schließlich dürfte in der Befehlswirtschaft auch kein Interesse der Wirtschaftsplanung an der Berechnung von Preisindexzahlen bestehen.

In der gemischten Wirtschaftsordnung werden in Zeiten der Unterbeschäftigung neue Produktionsvorhaben meistens durch Geldschöpfung finanziert, woraus sich für den Wirtschaftspolitiker die Notwendigkeit ergibt, die Veränderung in der Kaufkraft des Geldes zu beobachten. Die angestrebten wirtschaftlichen Ziele dürfen durch wirtschaftspolitische Maßnahmen nicht gefährdet werden.

In der Befehlswirtschaft ist eine Gefährdung der Produktionsvorhaben von der Geldseite her nicht möglich. Von der Produktionsseite her kann sie deswegen nicht entstehen, weil im Produktionssektor der Wirtschaft kein Geld zirkuliert. Von der Konsumsphäre aus, in der an sich Geld umläuft, kann der Währung keine Gefahr drohen, weil die Konsumtion die Produktion nicht dirigiert[198].

Wir hatten in Deutschland die Befehlswirtschaft vor und während des letzten Krieges nicht so weit verwirklicht, daß in der Produktion kein Geld mehr umlief. Dieses Geld war aber ohne jeglichen Einfluß auf die Produktion. „War ein Projekt genehmigt, so wurden die benötigten Arbeitskräfte, Zement, Eisen usw. vom Ministerium freigegeben und über die Fachabteilungen zugewiesen. Die Investition war in Gang gesetzt. Dabei waren die Banken in eine Nebenrolle hineingedrängt, denn nicht ihre Kreditgewährung, sondern die Zentralverwaltung entschied über die Investition. Mit Notwendigkeit werden die Banken in Wirtschaftsordnungen des zentralverwaltungswirtschaftlichen Typs ohne besondere Bedeutung sein. ... Nicht die Kreditaufnahme bewirkte die Umlenkung der Arbeitskräfte und Produktionsmittel, sondern die Anweisung der Zentralbehörde. ... Das Investieren war sehr einfach und konnte nicht wegen mangelnder Liquidität der Banken oder wegen der Lage des Wertpapiermarktes oder wegen drohender Verschiebungen von Preisen scheitern“[199].

Wenn aber von der Geldseite her der Wirtschaft keine Gefahr drohen kann, dann sind Preisindexberechnungen, welche als Kontrollmaßnahmen in der gemischten Wirtschaftsordnung dienen, in der Befehlswirtschaft überflüssig.

Mit dieser Feststellung, daß in der gemischten Wirtschaftsordnung unentbehrliche Statistiken in der Befehlswirtschaft entbehrlich sind,

---

[198] Wenn in manchen Befehlswirtschaften doch Preisindexberechnungen durchgeführt werden sollten, so geschieht das jedenfalls nicht aus dem Grunde, der in der gemischten Wirtschaftsordnung hauptsächlich den Wirtschaftspolitiker zu Preisindexberechnungen veranlaßt.

[199] *Eucken:* Grundsätze der Wirtschaftspolitik, Bern, Tübingen 1952, S. 85.

soll nicht gesagt werden, daß in der Befehlswirtschaft für den Statistiker weniger Arbeit anfalle. Immerhin bedarf aber die meist vertretene Ansicht, daß in der Befehlswirtschaft zum mindesten all' das erhoben werden müßte, was auch in der gemischten Wirtschaftsordnung zur Erhebung gelangt, einer Korrektur.

Zwei Gebiete von Statistik sind in der Befehlswirtschaft zu unterscheiden, die Volkswirtschaftsstatistik und die Betriebswirtschaftsstatistik.

Auf Grund der Tatsache, daß der Staat auf sämtlichen Gebieten tätig ist und somit sowohl die Güter kollektiven wie individuellen Bedarfs erstellt, wird die in den Verkehrswirtschaften übliche Unterscheidung nach Finanz- und Volkswirtschaftsstatistik überflüssig. Wie in allen Wirtschaftsordnungen ist in der Befehlswirtschaft auch Betriebswirtschaftsstatistik erforderlich; denn der Betrieb ist eine in allen Wirtschaftsordnungen vorhandene Kategorie. Allerdings bedarf es nicht der nach außen gerichteten Betriebswirtschaftsstatistik, da keine Unternehmungen vorhanden sind, die Marktforschung notwendig hätten.

Bei den in der Befehlswirtschaft zur Durchführung gelangenden Statistiken spielen ebenso wie in der gemischten Wirtschaftsordnung die Ermittlungen der naturalen Güter eine Rolle. Es müssen aber auch Wertgrößen festgestellt werden. So muß z. B. der Einsatz und Ausstoß in Werten ausgedrückt werden, wenn der Wirtschaftspolitiker einen Gesamtüberblick gewinnen soll.

Wir werden daher, um erschöpfend in der Beurteilung der statistischen Erhebungen zu sein, auch noch die Frage zu stellen haben, wie in dieser Ordnung bewertet wird.

Das Bewertungsproblem spielt in jeder Wirtschaftsordnung eine Rolle; denn mit jedem Wirtschaften ist ein Urteil über das Wertverhältnis von Gütern verbunden. Besonders schwierig ist die Bewertung jedoch in der Befehlswirtschaft.

a) Erörterung des Problems der Bewertung zur Kennzeichnung der Statistik in der Befehlswirtschaft

Man könnte erwägen, ob sich in der Befehlswirtschaft die Arbeit als Wertmaßstab in der Produktionssphäre einführen ließe.

Es müßten alle produktiven Kräfte in Arbeit aufgelöst werden und ihren Ausdruck in einer Arbeitseinheit finden können.

Schwierigkeiten in der Wertbemessung der in den einzelnen Betrieben erstellten Güter beständen bereits bei der Arbeit als alleinigem Produktionsfaktor, schon wegen der verschiedenen Qualität der Arbeit. Alle verschiedenen Arbeitsqualitäten müßten sich — das gehört zur Meßbarkeit — in e i n e r Arbeitsqualität ausdrücken lassen.

Damit taucht zunächst die Frage auf, ob eine Kraft-Einheit oder eine Zeit-Einheit bestimmt werden solle, in der die Arbeit dann zu messen wäre. Die Schwierigkeiten einer Messung des Arbeitsaufwandes in Krafteinheiten sind offensichtlich. Wie will man sagen, wieviel an Kraft ein Hilfsarbeiter im Vergleich zu einem Wissenschaftler aufwendet.

Nun soll die Möglichkeit einer Abschätzung der Verschiedenheit in der Mühe der Arbeit nicht ganz und gar in Zweifel gezogen werden. Der Hirte verbraucht weniger an Kraft als der Erntearbeiter. Eins steht jedoch auf jeden Fall fest: Bei der Abschätzung dieses Mehr geht es ohne Willkür nicht ab.

Führt man eine Zeiteinheit als Maßeinheit ein, dann sind die Schwierigkeiten nur für Arbeiten gleicher Qualität beseitigt. Bei Arbeiten verschiedener Qualität ist das Dilemma, das in der Bewertung der verschiedenen Mühe auftritt, nicht zu umgehen.

Marx nimmt zu dieser Frage folgendermaßen Stellung: „Komplizierte Arbeit gilt nur als potenzierte oder multiplizierte einfache Arbeit, so daß ein kleineres Quantum komplizierter Arbeit gleich einem größeren Quantum einfacher Arbeit. Daß diese Reduktion beständig vor sich geht, zeigt die Erfahrung. Eine Ware mag das Produkt der kompliziertesten Arbeit sein, ihr Wert setzt sie dem Produkt einfacher Arbeit gleich und stellt daher selbst nur ein bestimmtes Quantum einfacher Arbeit dar[200]“.

Die nicht ohne Willkür zu lösende Frage ist nur, wieviel die „komplizierte“ Arbeit von der als Maß genommenen „einfachen“ Arbeit ausmacht.

Es gibt aber noch mehr Schwierigkeiten bei der Feststellung des Wertes der Arbeit. Es ist nämlich — worauf wir noch gar nicht Bezug genommen haben — nicht nur die unmittelbar geleistete Arbeit in Betracht zu ziehen; frühere höhere Ausbildungskosten müssen bei der Wertbemessung der Produkte auch in Anschlag gebracht werden, z. B. wenn der eine vor Einschaltung in den Produktionsprozeß ein Jahr Ausbildung, der andere fünf Jahre Ausbildung genossen hat. Die verschiedenen Ausbildungskosten müßten bei der Wertbemessung auf die von den Arbeitern in ihrem Leben überhaupt zu leistenden Stunden anteilig umgelegt werden.

Allerdings dürfte bei dieser Verrechnung — darin liegt nun wieder die Schwierigkeit — nicht einfach die Unterstellung gemacht werden, daß die 5jährige Ausbildung das fünffache der einjährigen Ausbildung koste; die eine Lehre kostet schon wegen der verschiedenen Qualität der Ausbilder mehr bzw. weniger als die andere.

---

200 *Marx:* Das Kapital, 1. Bd., S. 5.

Aber bei der Produktion wird nicht nur Arbeit aufgewendet, sondern es gelangen auch produzierte Produktionsmittel und Naturgaben zur Verwendung.

Soweit die produzierten Produktionsmittel in Frage stehen, scheint es im ersten Moment, wenn man die Schwierigkeiten in der Wertbemessung der bei der Erstellung dieser Hilfsmittel der Produktion geleisteten Arbeit unberücksichtigt läßt, einfach, diese produzierten Produktionsmittel in Anschlag zu bringen; denn sie lösen sich offensichtlich in Arbeit auf. „Hat z. B. ein Werkzeug n Arbeit gekostet, und dient es dazu, ehe es völlig vernutzt ist, o Güter x, jedes in m unmittelbarer Arbeit, herzustellen, so kostet ein $x = m + \frac{n}{o}$ Arbeit, denn die Arbeit, die das Werkzeug herstellt, ist nur als der Anfang der Arbeit anzusehen, welches das Gut, auf das es eigentlich ankommt, kostet ... Die Arbeit, die das Werkzeug gekostet hat, oder dieser so geartete Anfang der Arbeit des Gutes ... wird diesem mit Recht in Rechnung gestellt: Wird das Werkzeug ganz vernutzt, ganz; wird es zum Teil vernutzt, im Verhältnis des Teiles[201]".

Die Frage ist aber nun, inwieweit die früher geleistete Arbeit dem verwendeten Produkt zuzurechnen ist; dies muß deswegen große Schwierigkeiten machen, weil, wie wir gesehen haben, die Produktion nicht gradlinig verläuft. „Jede einzelne Produktionsstufe sehen wir ... in einem ganzen System sich kreuzender Produktionsabläufe stehen. Da stoßen wir z. B. beim Sägewerk auf den Weg vom Eisen her (Maschinen, Sägeblätter), ebenso beim Zimmermann. Dort finden wir außerdem Teeranstriche. Wir haben also außerdem einen Schnittpunkt mit einem der vielen von der Kohle ausgehenden Produktionsabläufe (überhaupt die Farben und Lacke! mit welchen anderen Produktionsabläufen kommen sie nicht zu einer Überschneidung?)[202].

Wie schwierig ist es also z. B. bei einer verwendeten Maschine zu sagen, wieviel Arbeitsanteil an ihr der Kohlenarbeiter, der die Maschine konstruierende Ingenieur, die befördernde Eisenbahn (die ja auch nicht nur die unmittelbare Zeit des Transportes als aufgewendete Arbeitszeit anzurechnen hat), der Handel u. a. haben. So einfach, wie Rodbertus die Bewertung der produzierten Produktionsmittel erscheint, ist es keineswegs. Je mehr sich die Wirtschaft spezialisiert, um so größer sind die Schwierigkeiten einer Verrechnung der vorgeleisteten Arbeitszeit auf die mit ihrer Hilfe erstellten Produkte.

Ebenso wie den produzierten Produktionsmitteln muß auch einem Teil der Naturgaben Wert zugesprochen werden. „Es giebt Kornboden

---

201 *Rodbertus,* entnommen: Heinrich *Dietzel:* Theoretische Sozialökonomik, Leipzig 1895, S. 263.

202 Erich *Schäfer:* Die Aufgabe der Absatzwirtschaft, Köln und Opladen 1950, S. 18.

(k) in Hülle und Fülle. Wäre dieser Kornboden derart beschaffen, daß die Arbeitseinheit, gleichviel, wo sie aufgewendet wird, ein gleiches Kornquantum einbringt; oder, anders ausgedrückt, die Korneinheit, gleichviel, wo sie erzeugt wird, ein gleiches Arbeitsquantum kostet, so hätte der Hektar (k) keinen Werth; denn im Verlustfalle würde das Subjekt keine Nutzeneinbuße erleiden.

In Wirklichkeit aber stellen sich die Arbeitskosten der Korneinheit auf verschiedenen Stücken des Kornbodens verschieden hoch. Auf dem besten Lande (k 1) sei die Korneinheit zu x, dem zweitbesten (k 2) zu x + y, dem drittbesten (k 3) zu x + y + z Stunde Normalarbeit feil ... ist nun soviel k 1 vorhanden, daß schon ein Theil hinreicht, den Kornbedarf voll zu decken — ist k 1 unbegrenzt verfügbar, so hat der Hektar k 1 keinen Werth. Falls dagegen das ganze k 1 nicht hinreicht, sondern auch noch ein Teil von k 2 unter den Pflug genommen werden muß, so erlangt jeder Hektar k 1 Werth... jeder Hektar k 1 hat, bei diesem Stande des Bedarfes, Werth; dagegen, solange noch ein Theil von k 2 brach liegt, kein Hektar k 2[203]."

Unterstellt man, daß der Arbeitswert des Gutes, das mit Hilfe der Naturgaben geringsten Wertes hergestellt ist, festgestellt wäre — wir haben gesehen, wie schwierig es ist, zu einer Bemessung des Wertes zu kommen, wenn nur Arbeit und produzierte Produktionsmittel Verwendung finden — dann dürfte es allerdings ein Leichtes sein, den Wert der besseren Naturgabe zu ermitteln, wenn diese zu der Produktion des gleichen Gutes Verwendung findet. Wenn der bessere Boden ebenso wie der schlechtere zum Anbau von Weizen benutzt wird, führt eine Feststellung der höheren Erträge zur Wertfeststellung des besseren Bodens.

Wie aber, wenn der eine Boden aufgeforstet und auf dem anderen Getreide angebaut wird, also Güter verschiedener Art auf den verschiedenen Böden hergestellt werden. Es bedarf dann einer — ohne Willkür nicht zu lösenden — Abschätzung, um wieviel der eine Boden mehr an Wert besitzt als der andere.

Die bei geltender Befehlswirtschaft in der Produktionssphäre durchzuführende Bewertung nach Arbeitseinheiten ist also sehr problematisch. Mises z. B. stellt fest, daß „die Anteile der einzelnen Produktionsfaktoren am Ertrag der Produktion nicht ermittel werden können[204]".

Wenn aber die Anteile der einzelnen Produktionsfaktoren am Ertrag nicht ermittelt werden können, wenn also damit die Kosten unserer Bedarfsgüter nicht richtig zur Feststellung gelangen, ist es möglich,

---

[203] Heinrich *Dietzel:* Theoretische Sozialökonomik, Leipzig 1896, S. 266/267.
[204] *Mises:* Die Gemeinwirtschaft, S. 129.

daß die Produktionsfaktoren eine volkswirtschaftlich nicht lohnende Verwendung finden.

Durch eine weitergehende Betrachtung der Kosten dürften alle Zweifel beseitigt werden.

Die an der einen Stelle wirksamen Produktionsfaktoren können an einer anderen Stelle nicht mehr eingesetzt werden. Jede Produktion bedeutet demnach einen „entgangenen Nutzen"; insofern nämlich, als diese andere — danach lohnendste — Produktion nicht auch hat durchgeführt werden können. Dieser Nutzensentgang stellt die „Kosten" der zur Durchführung gelangten Produktion dar. Kosten sind also als „entgangener Nutzen" definiert[205].

In der Befehlswirtschaft müssen wir nun möglicherweise mit einem geringeren als dem erlangbaren Nutzen vorlieb nehmen, weil wir die Kosten, d. h. den entgangenen Nutzen nicht richtig bemessen können und demzufolge die knappen Produktionsfaktoren nicht an Stellen höchster Nutzwirkung einsetzen.

Um das Gesagte recht deutlich in Erscheinung treten zu lassen, empfiehlt es sich, von der unübersichtlichen Wirtschaft der heutigen Tage abzusehen und die an sich wirklichkeitsfremde Wirtschaft eines Robinson zu betrachten. „Versetzen wir uns kurz in die kleine Wirtschaft eines Robinson, in der gewisse elementare Zusammenhänge der Wirtschaft klar und deutlich sichtbar werden. Wie steuert Robinson den Wirtschaftsprozeß? Warum geht er heute sechs Stunden in den Wald zu Holzarbeiten, eine Stunde in den Stall usw.? Warum verwendet er zwei Hektar seines Ackerbodens für Gerste, einen Hektar für Mais usw.? Alle seine Handlungen und Entscheidungen resultieren aus seinen Wirtschaftsplänen. Und diese Wirtschaftspläne sind von dem Streben beherrscht, seine Bedürfnisse dadurch optimal zu befriedigen, daß er die Leistungen von Natur und Arbeit mit den produzierten Produktionsmitteln — wie mit Geräten, Vieh usw. — optimal kombiniert. Wie aber gelingt dies? Indem er den Nutzen einer Verwendung vergleicht mit dem Nutzen, den das gleiche Gut in anderer Verwendung

---

[205] „Die Kostenvorstellung erwacht nur da, wo einem Nutzen A solche Mittel geopfert werden müssen, deren Aufwand zur Folge hat, daß das Subjekt, während A ihm gewonnen wird, irgend einem andern Nutzen — B oder C oder D — entsagen muß, irgend einem andern Nutzen, welchen das Subjekt gewinnen könnte, wenn es diese Mittel nicht für A einsetzte, welchem es, wenn es sie für A einsetzt, deshalb entsagen muß, weil die Möglichkeit, diesen andern Nutzen zu gewinnen, bedingt ist durch das Vorhandensein dieser Mittel, mit deren Verlorengehen (Gebundenwerden an A) aufhört. Bloß solche Mittel, deren Aufwand diese für die künftige Bedürfnisbefriedigung des Subjekts unbequeme Folge hat, sind kostende.

Diese Folge knüpft sich an den Aufwand aller der Mittel, welche dem Subjekt in nur begrenzter Quantität zur Verfügung stehen." (Heinrich *Dietzel:* Theoretische Sozialökonomik, Leipzig, 1895, S. 191.)

stiften würde. Böden, Arbeit und produzierte Produktionsmittel sind mannigfach verwendbar, und er benutzt sie so, daß Teilmenge für Teilmenge am besten seine Bedürfnisse befriedigen. Wenn er heute sechs Stunden im Walde arbeitet und nicht fünf Stunden, so deshalb, weil er damit rechnet, daß die sechste Stunde in der Waldarbeit einen höheren Nutzen bringt als in einer anderen Verwendung. Aber die siebte Stunde würde im Walde nicht so viel leisten, sie würde eine weniger intensive Bedürfnisregung befriedigen, der Nutzenentgang oder die ‚Kosten' wären höher als der realisierte Nutzen. Entgangener Nutzen also — das sind seine ‚Kosten'. ... In der großen, industrialisierten arbeitsteiligen Wirtschaft mit der unübersehbaren Zahl ihrer Betriebe und Haushalte ist es ebenso nötig wie beim Robinson, alle Arbeitskräfte, Produktionsmittel und Konsumgüter optimal für die Konsumgutversorgung zu verwenden[206]."

In der Konkurrenzwirtschaft gelingt dies. Der einzelne Unternehmer übersieht meistens nicht, wo und in welchem Endprodukt sein Erzeugnis Nutzen stiftet — wie wenig ist z. B. der Kohlenproduzent darüber unterrichtet, in welchem Maße sein Produkt in den einzelnen Konsumgütern enthalten ist —, aber es ist auch gar nicht notwendig, daß er dies weiß. Er muß nur darauf achten, daß der Verkaufserlös die Kosten deckt. Dann ist dafür gesorgt, daß der entgangene Nutzen den erzielten nicht übertrifft.

In der Befehlswirtschaft kann man wegen der fehlenden Kostenpreise nicht erkennen, welcher Nutzen hätte erzielt werden können, wenn die Produktionsfaktoren anders verwendet worden wären. So ist es möglich, daß der entgangene Nutzen den erzielten übertrifft oder mit anderen Worten die Kosten den Ertrag nicht decken oder noch anders ausgedrückt die Produktionsfaktoren fehlgeleitet werden[207].

Die Bestätigung hierfür lieferte die Zeit vor und während des letzten Weltkrieges in Deutschland immer wieder. Man beschloß z. B. mehr Kohle und weniger Leder zu produzieren. Wo die Kohle überall nützte und ferner, wo das nicht erstellte Leder hätte nützen können, übersah man doch nur ungefähr und keineswegs mit der erforderlichen Genauigkeit. Was in einer in so hohem Maße arbeitsteiligen Wirtschaft, wie wir sie nun einmal haben, immer nur möglich sein wird, ist, um hier einen Ausdruck von Eucken zu gebrauchen, eine im höchsten Grade „globale Bewertung".

„Eine ‚Individualisierung' der Wertrechnung war nicht möglich. Über die einzelne Tonne Eisen oder Kupfer oder die einzelne Arbeitskraft

---

[206] *Eucken:* Grundsätze der Wirtschaftspolitik, Bern, Tübingen 1952, S. 160/161.

[207] Zum Begriff der Kosten im volkswirtschaftlichen Sinne vgl. *Dietzel:* Theoretische Sozialökonomik S. 190 ff., *Eucken:* Grundsätze der Wirtschaftspolitik, Bern, Tübingen 1952, S. 195 ff.

sind tagtäglich Entscheidungen zu fällen. Wo und für welchen Zweck sind sie zu verwenden? Welchen Wert gewinnen sie in jeder der mannigfaltigen möglichen Verwendungen? Wo und wie dienen sie optimal der Bedarfsdeckung? Diese Fragen konnten durch solche globalen Bewertungen nicht gelöst werden. — Wenn etwa über 1000 cbm Holz zu disponieren war, so wurden sie global für Brennzwecke, für Bergwerke, für die Zellstoff-Industrie usw. in gewissen Mengen — ohne daß auch nur eine volle Berücksichtigung der individuellen Qualitäten möglich gewesen wäre — verteilt. ... Man verglich also den Nutzen, der für die Erfüllung des Gesamtplanes in der einen Richtung gestiftet wurde, mit dem Nutzen, der dadurch entging, daß dann die andere Verwendung unmöglich wurde. Diese Kostenerwägung war sehr allgemein und ungenau, aber es w a r eine Kostenerwägung[208]."

Abgesehen davon, daß bei der in hohem Grad arbeitsteiligen und die Produktion von Gütern der verschiedensten Art durchführenden Wirtschaft ein Überblick mit Hilfe der Statistik sowieso schwer zu gewinnen ist, kommt also in der Befehlswirtschaft noch die große Problematik der nicht exakten Bewertbarkeit der Güter hinzu. Es ist keine exakte Kostenrechnung möglich und somit dem Wirtschaftspolitiker und Statistiker die Arbeit erschwert, wenn nicht geradezu unmöglich gemacht.

---

[208] *Eucken:* Grundsätze der Wirtschaftspolitik, Bern, Tübingen 1952, S. 69.

IV. Die Statistik als Mittel zur Erkundung der Verwirklichungsmöglichkeit der Konkurrenzwirtschaft

1: Die Diskussion um die Frage der Verwirklichungsmöglichkeit der Konkurrenzwirtschaft

Die in der gemischten Wirtschaftsordnung und in noch höherem Maße in der Befehlswirtschaft zu Tage tretenden Schwierigkeiten haben dazu geführt, daß in Literatur und Praxis eine lebhafte Diskussion über die Möglichkeit einer Verwirklichung der Konkurrenzwirtschaft entstanden ist.

Wenn auch die Behandlung dieser Problematik nicht zum eigentlichen Thema unserer Arbeit gehört, so möchten wir zum Abschluß doch kurz darauf eingehen, ob und bejahendenfalls inwieweit die Statistik bei der Klärung dieser Frage von Nutzen sein kann. Mit anderen Worten: Kann durch die Statistik festgestellt werden, ob bei den gegebenen wirtschaftlichen Verhältnissen Konkurrenzwirtschaft möglich ist?

Daß die Konkurrenzwirtschaft verwirklicht werden könne, hat man lange als selbstverständlich angenommen.

Man brauche nur, wenn Privateigentum und Vertragsfreiheit gelte, darüber zu wachen, daß sich niemand mehr Recht anmaße, als allen anderen zustände, und die Konkurrenzwirtschaft würde Wirklichkeit.

Mit dem Augenblick, wo der Konkurrenzpreis trotz Privateigentum, Vertragsfreiheit, Gewerbefreiheit und Gleichheit aller vor dem Gesetz teilweise außer Wirksamkeit trat und der Monopolpreis sich an seine Stelle setzte, tauchte jedoch die Frage auf, ob die Konkurrenzwirtschaft sich überhaupt verwirklichen lasse. Vielleicht könne es sie bei der Entwicklung, welche die Technik nehme, und bei den geltenden gesetzlichen Bestimmungen gar nicht geben.

So stand es nach Marx außer Zweifel, „daß die Tendenz der kapitalistischen Produktionsweise dahin geht, die Produktionsmittel, welche das Monopol der Kapitalistenklasse geworden sind, in immer weniger und weniger Händen zu vereinigen. Diese Entwicklung laufe schließlich darauf hinaus, daß die gesamten Produktionsmittel einer Nation, ja, der ganzen Weltwirtschaft, das Privateigentum einer einzelnen Person oder Aktiengesellschaft werde, die darüber nach Willkür verfügt, daß das ganze wirtschaftliche Getriebe zu einem einzigen ungeheuren Betrieb zusammengefaßt wird, in dem alles einem einzigen Herren zu dienen hat, einem einzigen Herren gehört[1]".

Nach Ansicht von Marx ließe sich diese Entwicklung nicht aufhalten und es werde mit der Zeit allein schon dahin kommen, wohin man kommen wolle, nämlich zur Beseitigung des Privateigentums und damit zur Beseitigung der Konkurrenzwirtschaft. „Die Zentralisation der Produktionsmittel und die Vergesellschaftung der Arbeit erreichen einen Punkt, wo sie unerträglich werden mit ihrer kapitalistischen Hülle. Sie wird gesprengt und die Stunde des kapitalistischen Privateigentums schlägt. Die Expropriateurs werden expropriiert[2]."

Aber nicht nur, weil sich der Monopolpreis immer mehr durchsetze, habe die Konkurrenzwirtschaft keine Zukunft. Ihr Ende wird auch unter folgender Begründung prophezeit:

Nach den Spielregeln der Verkehrswirtschaft müsse es zum Abbruch der Produktion kommen, wenn die Preise unter die Kosten sinken. Wenn nun aber, so meint Schmalenbach, das fixe Kapital immer mehr an Bedeutung zunehme, werde die Produktion, die unrentabel sei, doch nicht abgebrochen und somit die Grundvoraussetzung für die Geltung der Verkehrswirtschaft beseitigt. Solange es eben ginge, produzierten die Unternehmer weiter, um wenigstens die fixen Kosten decken zu können. „Diese Tatsache, daß ein immer größerer Anteil der Produktionskosten fix wird, läßt die alte Epoche der freien Wirtschaft ihrem Ende entgegengehen und eine neue Epoche der gebundenen Wirtschaft beginnen. Die Eigentümlichkeit der proportionalen Kosten ist es, daß sie mit jedem erzeugten Stück, jeder geförderten Tonne tatsächlich entstehen ... Gehen die Preise unter die Selbstkosten herunter, dann schränkt man die Produktion ein und spart ein entsprechendes Stück der proportionalen Kosten. Ist aber der wesentlichste Teil der Selbstkosten fix, dann bringt eine Verringerung der Produktion die Kosten nicht entsprechend herunter. Und wenn bei dieser Sachlage die Preise fallen, dann hat es keinen Zweck, diesen Preisfall durch Produktionsverminderung auszugleichen. Es ist billiger, unter den durchschnittlichen Selbstkosten weiter zu produzieren und zwar arbeitet der Betrieb fortan mit Verlust, aber der Verlust ist kleiner, als er sein würde, wenn man die Produktion verringern würde und trotzdem fast die vollen bisherigen Kosten tragen würde. Und so ist die moderne Wirtschaft mit ihren hohen fixen Kosten des Heilmittels beraubt, das selbsttätig Produktion und Konsumtion in Einklang bringt und so das wirtschaftliche Gleichgewicht herstellt. Weil die proportionalen Kosten in so großem Umfange fix geworden sind, fehlt der Wirtschaft die Fähigkeit der Anpassung der Produktion

[1] *Marx:* Das Kapital, 1. Bd., S. 728.
[2] *Marx:* ebenda, S. 726.

an die Konsumtion ... Die alte, die große Epoche des 19. Jahrhunderts, die Epoche der freien Wirtschaft war nur möglich, wenn die Produktionskosten im wesentlichen proportionaler Natur waren. Sie war nicht mehr möglich, als der Anteil der fixen Kosten immer beträchtlicher wurde[3]." Man schreibe daher, so meint Schmalenbach neuerdings, eigentlich nur noch „Der freien Wirtschaft zum Gedächtnis".

Es fehlt auf der anderen Seite aber auch nicht an Stimmen, die eine Verwirklichung der Konkurrenzwirtschaft durchaus für möglich halten. Einmal, so meint Eucken[4], sei die Umstellung der Betriebe auf eine andere Nachfrage — auch für Großbetriebe — gar nicht so schwierig, als man allgemein annähme. Es habe z. B. in jüngster Vergangenheit eine Uhrenfabrik sich ohne große Schwierigkeiten auf Zeitzünder umstellen können und in vielen anderen Fällen wäre eine solche Umstellung auch möglich gewesen. Eine Angleichung der Großbetriebe an die veränderte Nachfrage sei also keineswegs immer ausgeschlossen. Sodann begünstige teilweise die technische Entwicklung — etwa der Elektromotor — sogar den Kleinbetrieb. Es wäre daher keineswegs ausgemacht, daß die Entwicklung aus technischen Gründen zum Großbetrieb tendiere und zwangsnotwendig der Klein- und Mittelbetrieb ausgeschaltet würde. So berechtigt vielleicht seiner Zeit auch die Annahme einer Entwicklung zum Großbetrieb gewesen sei, heute wären die Bedingungen andere, teilweise geradezu entgegengesetzte. Wie wir sehen, hat — entgegen der Ansicht von Marx — die Entwicklung beispielsweise nicht zur Großbäckerei und Großschlächterei geführt. Mit dem kleinen Elektromotor sind der Bäcker und der Schlächter in den Vorteil der verbesserten Technik gelangt, ohne daß die Entwicklung in diesen Wirtschaftszweigen zum Großbetrieb gegangen wäre.

Nach Röpke ist für die Zukunft geradezu eine Entwicklung zum Klein- und Mittelbetrieb zu erwarten; denn der Großbetrieb ist auf Massenproduktion eingestellt, die individuellen Wünsche des Konsumenten, die sich mit steigendem Wohlstand mehrten, könnten aber nur vom Mittel- und Kleinbetrieb befriedigt werden. „Je individueller und je wechselnder die Nachfrage ist, als um so ungeeigneter erweist sich die großbetriebliche Massenproduktion, wofür ja alle den Modeschwankungen unterworfenen Artikel ein besonders auffälliges Beispiel sind[5]."

[3] *Schmalenbach:* Die Betriebswirtschaftslehre an der Schwelle der neuen Wirtschaftsverfassung, in: Zeitschrift für Handelswissenschaftliche Forschung, 22. Jg., 1926, S. 242/243.

[4] *Eucken:* „Das ordnungspolitische Problem" in: Jahrbuch für die Ordnung von Wirtschaft und Gesellschaft, Opladen 1948, 1. Bd., S. 56 ff.

[5] *Röpke:* Artikel: „Klein- und Mittelbetrieb in der Volkswirtschaft", in: Jahrbuch für die Ordnung von Wirtschaft und Gesellschaft, 1. Bd., Opladen 1948, S. 160.

Wir wollen hier auf diese Frage keine endgültige Antwort suchen. Wir können sie auch nicht finden; denn wohin die Entwicklung geht, hängt erstens von der Entwicklung der Technik und zweitens davon ab, ob und in welchem Maße verkehrswirtschaftlich freundliche oder verkehrswirtschaftlich feindliche Rechtsnormen Geltung erlangen, z. B. die Kartelle gefördert werden oder ihre Macht unterbunden wird[6].

Uns interessiert vielmehr die Frage, ob die Statistik über den Stand der Dinge unterrichtet, d. h. ob die Statistik darüber Auskunft geben kann, in welche Richtung die Technik gegangen ist und inwiefern die zu Monopolen tendierende wirtschaftliche Entwicklung durch gesetzliche Bestimmungen und Auslegungen beeinflußt worden ist.

Wenn sich Großbetriebe entwickeln oder Zusammenschlüsse zu Aktionseinheiten am Markt stattfinden, werden die gleichen Wirkungen ausgelöst. In beiden Fällen wird die Zahl der Marktteilnehmer gemindert und eventuell die Möglichkeit der Marktstrategie geboten.

Dennoch bestehen grundlegende Unterschiede in der Bedeutung der Betriebsgrößenveränderungen und der Marktzusammenschlüsse gerade im Hinblick auf das von uns hier behandelte Problem der Möglichkeit einer Verwirklichung der Konkurrenzwirtschaft.

Die Betriebsgrößen werden durch die Gesetze der Technik bestimmt. Durch Erhebungen der Betriebsgröße werden wir also über Verhältnisse unterrichtet, die wir als Unabänderlichkeiten hinnehmen müssen, wenn wir nicht geradezu gewillt sind, die Anwendung produktiver Verfahren gewaltsam zu unterbinden.

Die Marktzusammenschlüsse sind dagegen unter einem anderen Aspekt zu betrachten. Sie lassen sich nämlich, wenn man es ernst mit der Verwirklichung der Konkurrenzwirtschaft meint, durch gesetzliche Bestimmungen oder auch — wie die Erfahrung der Vergangenheit gelehrt hat — durch andere Auslegung bereits bestehender gesetzlicher Bestimmungen[7] beseitigen.

---

[6] „Die technische Entwicklung könne stets eines Tages eine völlig neue Situation schaffen.“ (Leonhard *Miksch* in „Wettbewerb als Aufgabe“, Godesberg 1947, S. 144.)

Ein Beispiel für die Berechtigung solcher Äußerungen liefert uns heute das Verkehrswesen. Nur deshalb kann heute die Eisenbahn ihre frühere im Fernverkehr unangefochtene monopolistische Position einigermaßen halten, weil Fernfahrten für Personenautobusse und Lastwagen genehmigungspflichtig sind. Jedenfalls würden wir hier, wenn man den Dingen ihren Lauf ließe, eine Rückentwicklung zum Konkurrenzpreis erleben.

[7] Hätte z. B. das Reichsgericht die Kartelle als im Widerspruch zur Wettbewerbsordnung stehend angesehen, so hätte die Wirtschaft — eben auf Grund anderer Auslegung von Gesetzen — in der Vergangenheit ein ganz anderes Gesicht erhalten (vgl. hierzu *Böhm:* Das Reichsgericht und die Kartelle in: Jahrbuch für die Ordnung von Wirtschaft und Gesellschaft, Opladen 1948, S. 197 ff.).

Sie sind für uns nicht unabänderlich, sondern hier vermag die Rechts- und Wirtschaftspolitik — wenn sie es will — Wandel zu schaffen.

2. Die Erfassung der Betriebe

Die Statistik der Betriebe ist in vieler Hinsicht problematisch.

Betrachtet man z. B. die Betriebszählungen der jüngsten Vergangenheit, so stellt man fest, daß bald dieser, bald jener Tätigkeitsbereich in die Betriebszählung nicht einbezogen wurde.

Die deutsche Betriebszählung des Jahres 1925 kannte z. B. keine öffentlichen Betriebe, ebensowenig wie sie die Wirtschaftszweige der Dienstleistungen in die Erhebung einbezog, falls nicht sachliche Mittel in bedeutendem Maße Verwendung fanden wie z. B. bei Ärzten, die Kliniken unterhielten. In der Betriebszählung des Jahres 1939 war dann „Betrieb" identisch mit Arbeitsstätte.

Wie wir bei den von uns verfolgten Zwecken in dieser strittigen Frage zu entscheiden haben, dürfte keinen besonderen Schwierigkeiten begegnen.

Zunächst unterliegt es keinem Zweifel, daß hier, wo die Frage einer Verwirklichung der Konkurrenzwirtschaft zur Debatte steht, das Bestehen von Betrieben auf allen Gebieten privatwirtschaftlicher Tätigkeit anzuerkennen ist, also auch im Bereich der Dienstleistungen. Sodann ist kein Grund vorhanden, die nach erwerbswirtschaftlichen Prinzipien geleiteten öffentlichen Tätigkeitszweige auszulassen.

Bedenklich könnte es allerdings erscheinen, ob auf den Gebieten, wo der Staat nicht erwerbswirtschaftlich tätig ist, wo er also wie auf dem Gebiete der Rechtspflege, des Sicherheitswesens ausschließlich als Hoheitsträger auftritt, von Betrieben gesprochen werden kann. Die Konkurrenzwirtschaft ist Marktwirtschaft. Güter dieser Art wie etwa die Erhaltung der Ordnung sind aber nicht Gegenstand des Marktverkehrs.

Dennoch erscheint es nicht abwegig, auch diese Zweige öffentlicher Tätigkeit in die Betriebszählung mit einzubeziehen. Wir erhielten so einen Einblick in die Machtposition des Staates.

Mit dieser Feststellung, welche Zweige der Güterversorgung überhaupt Gegenstand der Betriebsstatistik sein können, sind die Betrachtungen zum Begriff des Betriebes noch nicht erschöpft. Obwohl das Wort Betrieb ein viel verwendeter Ausdruck ist, dürfen wir uns nicht zu der Annahme verleiten lassen, daß der Betriebsbegriff — abgesehen davon, in welchen Zweigen unserer Tätigkeit es überhaupt Betriebe geben kann — sonst eindeutig wäre.

Das gemeinsame Ziel jeder Produktion ist die Herstellung konsumreifer Güter. Alle, die einen Anteil an der Fertigstellung der einzelnen Konsumgüter haben, verbindet die gleiche Aufgabe. Die eine Hand gibt ihr Werk an eine andere, damit sie es weiter fortsetze. Die gesamte Volkswirtschaft ist somit eine einzige Produktionsgemeinschaft. Diese Gemeinschaft wird nun mit Einführung des Betriebsbegriffes in Teile gespalten, und es ist daher nicht verwunderlich, daß die Unterscheidung nach Betrieben einige Schwierigkeiten bereitet. Was begründet die Eigenschaft des Betriebes? Welche Einschnitte müssen in diesen Strom der Güter von der Urproduktion bis zur Konsumreife gemacht werden, das heißt, nach welchen Gesichtspunkten ist die Abgrenzung der Teilproduktionen vorzunehmen?

In den wirtschaftsstatistischen Lehrbüchern[8] geht die Diskussion bei der Klärung des Gegenstandes Betrieb immer in zwei Richtungen. Zunächst wird gefragt, was überhaupt ein Betrieb ist, sodann, ob der betrachtete Produktionsvorgang nicht etwa zwei oder sogar noch mehr Betriebe in sich vereinigt.

Nach Sombarts bekannter Definition ist unter einem Betrieb „eine Veranstaltung zum Zwecke fortgesetzter Werkverrichtung[9]" zu verstehen. Zur näheren Erläuterung führt er dann weiter folgendes aus: „Das Merkmal der Ordnung erweist sich für unsere Zwecke fruchtbar, als es uns in den Stand setzt, mit seiner Hilfe den einzelnen Betrieb als Einheit zu erkennen, ihn zu individualisieren, während das bei einer Begriffsbestimmung ohne unser Kriterium nur schwer möglich ist." Aus der Verwendung des Wortes „Ordnung" und aus den weiteren Ausführungen, die Sombart noch macht, scheint hervorzugehen, daß er es auf die einheitliche Leitung abstellt. „Die Einheit der Betriebsordnung ist ... für Sombart das Individualisierungsmoment[10]". Auf eine Durchführung der Produktion am gleichen Ort kommt es nach Sombart nicht an. „Auch die getrennt liegenden Werke eines Hochofens — und Eisenhüttenwerkes können unter Umständen einen Betrieb formieren".

Nach Schmoller scheint das Zusammenliegen der Produktionsstätten das entscheidende Kriterium zu sein. „Wenn auf demselben Fabrikhof drei unter sich kommunizierende Gebäude die Spinnerei, die Färberei und die Weberei einschließen, wenn der Hochofen sich in unmittelbarer Verbindung an ein Stahl- und Walzwerk angliedert, so bleibt das Ganze nicht nur eine Unternehmung, sondern auch ein, wenn auch mehrgliedriger Betrieb; die örtliche Einheit[11] und ihre kostensparende Wirkung sind der Hauptzweck[12]".

---

[8] Vgl. hierzu unter anderem *Klezl-Norberg:* Wirtschaftsstatistik in Theorie und Praxis, Wien 1947, S. 87.

[9] *Sombart* in: Der moderne Kapitalismus, Leipzig 1902, S. 9 ff.

[10] *Meerwarth:* Einleitung in die Wirtschaftsstatistik, Jena 1920, S. 19.

[11] Hervorhebung von uns.

[12] *Schmoller:* Grundriß der allgemeinen Volkswirtschaftslehre, 1. Teil, Leipzig 1908, S. 500.

Stellt man es, wie wir es hier tun, auf die produktionstechnische Zusammengehörigkeit ab, so erweist sich von vornherein der von Schmoller verwendete Betriebsbegriff als nicht brauchbar. Örtlich auseinanderliegende Produktionsstätten können produktionstechnisch durchaus zusammengehören. Weitaus besser paßt die von Sombart gebrachte Definition, nach der e i n Betrieb immer dann gegeben ist, wenn die Arbeit von einer Stelle eingeleitet und auch fortgeführt wird. Nur sollte mehr die produktionstechnische Zusammengehörigkeit herausgestellt werden, die mit dem Hinweis auf die Einheitlichkeit der Leitung noch nicht genügend charakterisiert ist.

Zur näheren Kennzeichnung dessen, was unter produktionstechnischer Zusammengehörigkeit verstanden werden soll, sei folgendes gesagt: Die Frage nach der Zahl der Betriebe taucht nicht nur bei vor- und nachgelagerter Produktion — also im Falle von Spinnerei und Weberei oder von Eisengießerei und Maschinenfabrik — auf; sie kann auch bei gleichgelagerter Produktion strittig sein, so etwa, wenn ein Landwirt auch noch eine Ziegelei besitzt. Setzt dieser Landwirt zeitweilig — eben in landwirtschaftlich ruhigen Zeiten — seine landwirtschaftlichen Arbeiter, seine Pferde und Wagen, die er gleichfalls in der Landwirtschaft braucht, in der Ziegelei ein, dann ist er wegen der produktionstechnischen Zusammengehörigkeit dieser beiden Produktionen nicht etwa Besitzer zweier, sondern nur eines Betriebes.

Zweifel hinsichtlich der Anzahl der Betriebe können sogar aufkommen, wenn ein einziges Fabrikat hergestellt wird und sich diese Produktion finanziell in einer Hand befindet. Ein Kohlentrust, zu dem viele in selbständiger Verwaltung stehende Zechen gehören, hat ebenso viele Betriebe wie Zechen; würden diese Zechen finanzielle Selbständigkeit erlangen, so würde im technischen Ablauf der Produktion nichts geändert und es sind so viele Betriebe wie Zechen gegeben.

Bei landwirtschaftlichem Besitz von mehr als 250 ha wird meistens nicht nur e i n Betrieb bestehen. Wollte man bei der Größe dieses Besitzes von einer einzigen Hofstelle aus das Land bewirtschaften, dann würde sich bald erweisen, daß dies wegen zu großer Entfernung vom Hof nicht lohnt. Auch reichen erfahrungsgemäß eine Sämaschine, ein Motorpflug usw. nicht mehr aus und so gibt es in der Landwirtschaft bei großem Besitz in aller Regel aus produktionstechnischen Gründen, obwohl die Produktion sich auf gleiche Güter erstreckt, mehrere Betriebe[13].

Wenn über die Anzahl der Betriebe entschieden werden soll, legt man sich zweckmäßigerweise immer die Frage vor, ob der Produk-

[13] Gerade auf die Landwirtschaft kann verwiesen werden, wenn Beispiele für die verhältnismäßig engen Grenzen, welche der Betriebsvergrößerung gezogen sind, angeführt werden sollen.

tionsablauf sich ändern würde, wenn die bestehenden rechtlichen und finanziellen Bindungen wegfielen.

Ändert sich der Produktionsablauf nicht, so handelt es sich nicht um einen Betrieb, sondern um mehrere. Es mag in manchen Einzelfällen die Frage der produktionstechnischen Zusammengehörigkeit nicht leicht zu beantworten sein und es wird bei dem erhebenden Statistiker ein gewisses Maß von Fachkenntnissen immer gegeben sein müssen, wenn keine falschen Entscheidungen getroffen werden sollen[14], unüberwindbar aber sind die Schwierigkeiten nicht.

3. Die Erfassung der Marktzusammenschlüsse

Die Tendenz zur Beseitigung der Konkurrenzwirtschaft kann neben der Entwicklung zum Großbetrieb noch durch Marktzusammenschlüsse verstärkt werden. Je mehr es hierzu kommt, um so geringer wird die Zahl der Marktteilnehmer und um so größer die Möglichkeit einer monopolistischen Marktbeeinflussung.

Während mit der Ermittlung der Betriebe ein Bild von der technischen Entwicklung gewonnen werden soll, wird mit der Feststellung der Marktzusammenschlüsse der Nachweis versucht, inwieweit Gesetzgebung und Rechtsprechung der Wirtschaft ihren Stempel aufdrücken.

Dem Zweck der Erhebung entsprechend wird immer dann von Marktzusammenschluß gesprochen werden müssen, wenn Betriebe oder Arbeitnehmer zu einer Aktionseinheit am Markte werden.

Welchen Umfang der Begriff des Marktzusammenschlusses danach hat und welche Schwierigkeiten sich bei der Erfassung der Marktzusammenschlüsse ergeben, sei an Hand einiger Beispiele erläutert.

Ein Marktzusammenschluß ist z. B. gegeben, wenn sich die Arbeiter organisieren und zu Gewerkschaften zusammenschließen. Ebenso muß ein Marktzusammenschluß im Interesse unserer Erhebung auch immer dann als vorliegend erachtet werden, wenn zu einer Unternehmung mehr als ein Betrieb gehört, ferner, wenn mehrere Unternehmungen sich zur gemeinsamen Wirksamkeit am Markt durch Gründung eines Verkaufssyndikats verbinden.

Man muß allein nach wirtschaftlichen und nicht nach rechtlichen Gesichtspunkten urteilen, wenn die Frage des Marktzusammenschlusses zur Debatte steht. Wie es mit der Entschlußfreiheit bei der Preisbildung bestellt ist, muß den Ausschlag geben. Gehört der Vereinigung die Entscheidungsfreiheit und nicht dem einzelnen Mitglied, dann ist

---

[14] Hier haben wir, was nebenbei vermerkt sei, ein Beispiel, wo „Selbstausfüllung" der Fragebogen untunlich ist. Es müssen schon unterrichtete „Statistische Helfer" eingesetzt werden, wenn die Fehlerhaftigkeit der Ausfüllung auf ein Minimum herabgemindert werden soll.

ein Marktzusammenschluß gegeben, auch wenn das einzelne Mitglied noch rechtliche Selbständigkeit besitzt.

Wenn ein Spediteur allein von einem großen Industrieunternehmen Aufträge erhält und auf dessen Bedingungen eingehen muß, wenn ein Bäcker als einzigen Kunden einen großen Industriebetrieb hat, wenn ein Sägewerk einen Angestellten des Hauptabnehmers in sein Geschäft aufnehmen und dessen Weisungen befolgen muß, hat ein Marktzusammenschluß in dem hier verstandenen Sinne stattgefunden, mögen die abhängigen Unternehmungen auch immer ihre rechtliche Selbständigkeit behalten.

Die Schwierigkeiten der statistischen Erfassung treten, wie diese Fälle zeigen dürften, offen zutage.

Man denke an die sogenannten „Frühstückskartelle", bei denen die Geheimhaltung sehr oft „Ehrensache" ist und die daher nicht bekannt werden. Die Metzger eines Ortes verabreden sich insgeheim, nicht unter bestimmten Preisen zu verkaufen.

An der Vollständigkeit der Erhebung dürfte es schon deswegen mangeln, weil sich aus der rechtlichen Selbständigkeit nichts ersehen läßt. Wie schwer ist es zu erkennen, wann sich die belieferte bzw. die liefernde Firma in Abhängigkeit befindet. Das Vorliegen eines Zusammenschlusses zu einer Aktionseinheit am Markt wird ferner sehr oft bei den Konditionskartellen strittig sein, wenn also z. B. nur Vereinbarungen hinsichtlich der Lieferungs- und Zahlungstermine zwischen den Kartellmitgliedern bestehen. Es kommt darauf an, in welchem Maße noch Variationsmöglichkeiten in der Preisgestaltung für das einzelne Kartellmitglied gegeben sind. Auch dann dürften noch nicht alle Zweifel behoben sein, wenn von Seiten der Kartellvereinigung Vorschriften ergangen sind, welche die Betriebserweiterung regeln und die Verkäufe der Kartellmitglieder mengenmäßig beschränken. Die Erfahrung hat gelehrt, daß diese Kartellvereinbarungen sehr oft umgangen werden. Vielleicht bieten die für den Fall der Übertretung von Kartellvereinbarungen vorgesehenen Kartellstrafen einen Anhaltspunkt für das Vorliegen eines Marktzusammenschlusses.

Wir sehen also, daß es schwierig ist, alle Bindungen, die Marktzusammenschlüsse darstellen, zu erfassen. Jedenfalls muß ihre Ermittlung problematischer erscheinen als die der Betriebe und man muß immer die Frage stellen, ob die Erhebung der Marktzusammenschlüsse bei der nicht vermeidbaren Lückenhaftigkeit des Erhebungsmaterials auch lohnt.

4. Die Ermittlung der Betriebsgröße[15]

Außer einer Ermittlung der Zahl der Betriebe und Marktzusammenschlüsse gehört zur Charakterisierung der Marktsituation auch ihre Größenangabe, da die Machtposition auch von der Größe mitbestimmt wird.

Die Betriebe bieten ein Bild größter Mannigfaltigkeit. Wir sehen dort Arbeitskräfte, Maschinen, Roh- und Hilfsstoffe und schließlich auch den Grund und Boden Verwendung finden, d. h., es wirken in jedem Betrieb — fast ausnahmslos — alle Produktionsfaktoren und zwar jeweils in anderer Kombination. Alle diese Faktoren müssen bei der Feststellung der Betriebsgröße — wenn diese richtig angegeben werden soll — berücksichtigt werden.

Da eine Vorstellung von der Betriebsgröße nicht gewonnen werden kann, wenn die Produktionsfaktoren — die Arbeitskräfte, Maschinen usw. — einfach nur aufgezählt werden, ist es notwendig, sie auf einen Nenner zu bringen und in Geld zu veranschlagen, vorausgesetzt, daß das Geld die Funktion des „Wertmessers" erfüllt und es diese nicht etwa wie seinerzeit in der Inflation verloren hat. Nur durch Angabe des Kapitalwertes der in den Betrieben zu einem bestimmten Zeitpunkt vorhandenen Produktionsfaktoren wird die Betriebsgröße zur Kenntnis gebracht.

Fragen wir nach den Schwierigkeiten, die bei diesen Ermittlungen entstehen können, so läßt sich zunächst feststellen, daß das Problem der Doppelzählung, das bei Volksvermögensfeststellungen eine große Rolle spielt, uns bei dieser Erhebung keine Sorge zu machen braucht. Wenn die Größe der Betriebe und Marktzusammenschlüsse durch die Addition der in diesen Institutionen zusammenwirkenden Produktionsfaktoren kenntlich gemacht werden soll, stört es nicht, daß privates durch öffentliches Vermögen — etwa durch Strassen — eine Werterhöhung erfährt und somit öffentliches Vermögen zum Teil seinen wertmäßigen Ausdruck im Privatvermögen findet.

Von Nachteil ist es hingegen, daß die öffentlichen Güter nur nach dem Kostenwert und nicht nach dem Ertragswert bewertet werden können und damit also — wenn daran die Größenermittlung auch nicht gleich scheitern muß — zwei verschiedene Bewertungen Platz greifen.

Unüberwindliche Schwierigkeiten bietet jedoch der Wertansatz der Arbeitskraft.

---

15 Was hier in bezug auf eine Ermittlung der Größe von Betrieben gesagt wird, gilt in gleicher Weise für eine Ermittlung der Größe von Marktzusammenschlüssen, weswegen auf letztere in diesem Zusammenhang nicht noch besonders einzugehen ist.

Steht der einem Produktionsfaktor zuzurechnende Ertrag in seiner Höhe fest, so ist der Kapitalwert dieses Produktionsfaktors einfach durch Multiplikation dieses Ertrags mit dem Kapitalisierungsfaktor $\frac{100}{p}$ ermittelt, wobei p das Symbol für den landesüblichen Zinsfuß ist. Beträgt also beispielsweise der Ertrag eines Produktionsfaktors 200,— DM, der landesübliche Zinsfuß 5%, so ist der Kapitalwert dieses Produktionsfaktors $200 \cdot \frac{100}{5} = 4000$,— DM.

Die Frage ist nur, welches der dem Produktionsfaktor Arbeitskraft zuzurechnende und damit zu kapitalisierende Reinertrag ist.

Das Problem einer Ermittlung des Reinertrages stand bereits bei der Diskussion um den Sozialproduktsbegriff zur Debatte.

Soweit es sich um Einnahmen handelt, die nicht aus der Ertragsquelle Arbeitskraft kommen, steht die Berechtigung zu Abzügen, wie wir gesehen haben, bei aller Problematik ihrer richtig zu bemessenden Höhe von vornherein fest.

Nicht so im Falle der Arbeitskraft.

In bezug auf diesen Produktionsfaktor hatten wir bei Besprechung des Sozialproduktsbegriffes dahin entschieden, daß irgendwelche Abzüge von den Arbeitseinnahmen nicht gemacht werden sollten, das hieße also, wenn von dieser Ansicht hier nicht abgewichen werden sollte, daß die gesamten Einnahmen aus Arbeit zu kapitalisieren wären, und zwar entschieden wir deswegen so, weil mit der Sozialproduktsfeststellung eine Zusammenfassung der für die Befriedigung der menschlichen Bedürfnisse vorhandenen Mittel bezweckt wird, wobei es völlig gleichgültig ist, aus welchem Grunde diese Bedürfnisse entstanden sind, ob zum Zwecke einer „Reproduktion der Arbeitskraft“ oder aus anderem Anlaß.

Dieses Argument kann in diesem Zusammenhang nicht angeführt werden; denn hier handelt es sich nicht um die Feststellung der einer Person oder Personengruppe für einen bestimmten Zeitabschnitt zur Verfügung stehenden Mittel, sondern es sollen die in einem Betrieb vorhandenen Produktionsfaktoren in ihrer Bedeutung für einen bestimmten Zeitpunkt gekennzeichnet werden.

Wenn dies beabsichtigt wird, liegt nun — weil anders die Homogenität der erhobenen Fälle nicht gewahrt ist — die Forderung nahe, daß die zur „Reproduktion der Arbeitskraft“ erforderlichen Abzüge gemacht werden müßten; denn nur dann stellten alle im Betrieb vereinigten kapitalisierten Produktionsfaktoren Werte von gleicher Dauerhaftigkeit dar.

Es müßte eine „Amortisationsquote“ der Arbeitskraft und ferner auch der „Ersatz der Erhaltungskosten“ bestimmt werden können.

Dies ist aber nicht möglich. Wie sollte man sich z. B. hinsichtlich der Ausgaben für Erholungsreisen verhalten? Sind sie in vollem Umfang abzuziehen oder — wenn nicht — wie ist der etwaige Teil zu bemessen? Offensichtlich eine nicht lösbare Aufgabe. Und wie in diesem Falle dürfte die Feststellung der Abzugsposten auch sonst strittig sein[16].

Im Gegensatz zu unserer Ansicht ist man verschiedentlich der Meinung, daß die Wertveranschlagung der Arbeitskraft an sich möglich sei, ihre Kapitalisierung jedoch aus prinzipiellen Gründen zu unterbleiben habe.

Es sind nur wenige — z. B. Spann[17] —, die das „Inventar der Arbeitskräfte" in den Vermögensbegriff aufgenommen sehen wollen. Die allgemein festzustellende Ablehnung[18] dürfte in erster Linie ihren Grund darin haben, daß man materielle Güter und die Arbeitskraft durch geldmäßige Veranschlagung nicht auf gleiche Stufe stellen möchte. Man mag nicht — wie Marx es tat — von einer „Ware Arbeitskraft" sprechen. Es würde zu sehr an die Zeiten des Sklavenhandels erinnern, wo nicht nur die Arbeitsleistungen, sondern die Arbeitskraft selbst, also die Person einen Preis hatte.

Jostock vertritt in der Frage der Erfordernis einer Bewertung der Arbeitskraft eine vermittelnde Ansicht. Nach ihm hat es „seinen guten Sinn, ... die geldmäßige Bewertung der menschlichen Produktivkräfte zu einem Spezialzwecke (vorzunehmen)[19]".

Wir glauben, daß in unserm Falle ein solcher „Spezialzweck" gegeben ist, der — wenn es möglich wäre — die geldmäßige Veranschlagung der Arbeitskraft angebracht erscheinen ließe. Die Machtposition der Betriebe und Marktzusammenschlüsse wird durch das Zusammenwirken von „totem" und „lebendem" Vermögen begründet. Daß das lebende wie tote Vermögen ein gleicher Wertfaktor für den Unternehmer ist, erkennt man am deutlichsten in Zeiten der Krise, wo die Unternehmer alles daran setzen, um den alten Arbeiterstand zu erhalten, auch wenn es im Augenblick wirtschaftlich wäre, Arbeiter zu entlassen.

Von den „Spezialzwecken" abgesehen, mag es, wie Jostock meint, richtig sein, daß die Kapitalveranschlagung nicht angebracht ist. „Im Rahmen der üblichen Volksvermögensaufstellung oder einer ähnlichen volkswirtschaftlichen Bilanz ist die Bewertung der Menschen in Geld nicht angebracht, weil keine entsprechende Erkenntnisbereicherung, sondern eher

---

16 Vgl. hierzu S. 142 ff.

17 *Spann:* Fundament der Volkswirtschaftslehre, Jena 1921, S. 205.

18 Siehe hierzu Jostock: Das Volksvermögen und seine Erfassung in Geldwert, in Jahrbücher für Nationalökonomie und Statistik, Jena, 1944, Bd. 160, Seite 32.

19 *Jostock:* ebenda, S. 32.

eine Erkenntnisminderung damit erzielt wird. Heißt doch hier Bewertung in Geld gerade mit den Menschen das tun, was man nach übereinstimmender Auffassung bei den Sachgütern gern vermeiden würde, wenn eine andere Erfassungsmethode offenstände. Für die menschlichen Arbeitskräfte steht sie offen: sie sind ohne weiteres als Menschen addierbar und lassen sich dabei doch in vielfacher Weise qualitativ gliedern, nämlich nach Geschlecht, Alter, Schulbildung, Berufsausbildung, Beschäftigungsart, Wirtschaftszweig, sozialem Rang usw. So entsteht ein Gesamtbild der Arbeitskräfte eines Volkes, das ihre wirtschaftliche Bedeutung und damit ihren Wert sowohl für die Betrachtung des einzelnen Landes an sich wie auch für den Vergleich verschiedener Länder ausreichend dartut. Zu glauben, man müsse sie dafür noch in Geldwert umrechnen, ist fast ebenso töricht als wenn man die Wehrkraft eines Landes im Geldwert seiner männlichen Bevölkerung zum Ausdruck bringen wollte, statt daß man feststellt, wieviel Regimenter jeder Waffengattung und wieviel taugliche Ersatzkräfte es besitzt.

Vielleicht könnte hier zwar noch eingewendet werden, daß die Veranschlagung der Menschen in Geldwert doch eine feinere Erfassung der Befähigungsunterschiede und damit eine vollständigere Addition der Werte aller produktiven Kräfte ermögliche. So daß sie doch den besten Maßstab darstelle. Der Einwand träfe zu, wenn es sich wirklich ermöglichen ließe, die Fähigkeiten der Einzelnen genau aufzunehmen, richtig in Geldwert umzurechnen und dann allesamt zu addieren. Aber daran ist praktisch nicht zu denken[20].

Nunmehr nähert sich diese Argumentation schon der Ansicht, die wir glauben vertreten zu müssen, nämlich, daß sich der Kapitalisierungswert der Arbeitskraft, mag seine Ermittlung zu „Spezialzwecken" auch angeraten erscheinen, gar nicht feststellen läßt. „Der durchschnittliche Kostenwert eines Menschen nach Aufzucht, Erziehung und Lebensunterhalt" kann ohne Willkür nicht bestimmt werden, und auch die Ermittlung des „Ertragswertes durch Kapitalisierung des Arbeitslohnes" ist nicht möglich, da vom Arbeitslohn, um zum reinen und damit zum kapitalisierenden Ertrag zu kommen, noch — einfach nicht bestimmbare — Abzüge gemacht werden müßten.

Die praktische Statistik begnügt sich in der Hauptsache damit, die Größe der Betriebe durch Angabe der Beschäftigtenzahl zu kennzeichnen.

Wenn die anderen Produktionsfaktoren in den Betrieben sich proportional der Anzahl der Arbeitskräfte veränderten, wäre gegen eine Kennzeichnung der Betriebsgröße durch Angabe der Beschäftigtenzahl nichts einzuwenden. Wir unterscheiden jedoch zu Recht kapital-

20 *Jostock:* ebenda, S. 33.

und arbeitsintensive Betriebe, womit zum Ausdruck gebracht ist, daß die Betriebsgrößen sich nicht proportional der Beschäftigtenzahl ändern. Die kapitalintensiven Elektrizitätswerke haben im Werk selbst, um hier nur ein Beispiel zu nennen, meistens nicht mehr Beschäftigte als die arbeitsintensiven Handwerksbetriebe.

Wenn die üblichen Betriebszählungen, die lediglich für die einzelnen Betriebe die Beschäftigtenzahlen angeben, etwa für einen Betrieb 10 Beschäftigte, für einen anderen 100 Beschäftigte ausweisen, so kann daraus nicht eindeutig geschlossen werden, daß der zweite Betrieb zehnmal so groß sei wie der erste.

Die Beschäftigtenanzahl kann also — wenn man auch noch die verschiedene Qualifikation der Beschäftigten bedenkt — nur Anhaltspunkte für die Größe der Betriebe geben. Diese Fehlerhaftigkeit ist bei den zur Durchführung gelangenden Betriebszählungen, welche Angaben über die Größe machen, immer in Rechnung zu stellen.

In gewisser Hinsicht erfahren die Mangelhaftigkeiten eine Korrektur, indem ergänzend in der Landwirtschaft noch die Größe in Hektar und überdies — übrigens auch für die anderen Wirtschaftszweige — die verwendeten PS gebracht werden. Mit der Erfassung der PS ist — wenn damit auch nicht alle Güter auf einen Nenner gebracht sind — für einen Teil ein gutes tertium comparationis als Ersatz gewählt.

Die Ermittlung, inwiefern die Technik sowie die Rechtsprechung und Gesetzgebung an der Entwicklung zur Beseitigung des Konkurrenzsystems jeweils teilhaben, ist also einmal wegen der nicht vollständigen Erfaßbarkeit der Marktzusammenschlüsse und sodann auch wegen der nicht möglichen Kapitalisierung aller Produktionsfaktoren nicht in der gewünschten Weise durchführbar. Als Notbehelfe sollen die Ausweisungen der Arbeiterzahl, der Hektar in der Landwirtschaft und der PS zur Kennzeichnung der Betriebsgrößen anerkannt werden.

Immer muß jedoch — was abschließend festgestellt werden soll — noch eine ergänzende Ermittlung durchgeführt werden.

Die Möglichkeit der Marktbeherrschung hängt schließlich nicht allein von der Größe der Betriebe und der Marktzusammenschlüsse ab, sondern auch von dem Anteil, den der Großbetrieb oder der Zusammenschluß der Betriebe an der Gesamtproduktion haben. Bei nur geringem Prozentsatz an der Gesamtproduktion wird selbst bei einer erheblichen Größe des Betriebes das Konkurrenzsystem noch nicht gefährdet, weswegen auch die Umsätze der Wirtschaftszweige zur Vervollständigung der Auskunft über den jeweiligen Stand der Entwicklung erfaßt werden müssen.

Namensregister

Sachregister

MIX
Papier | Fördert gute Waldnutzung
FSC® C083411

Zeitfracht Medien GmbH
Ferdinand-Jühlke-Straße 7
99095 Erfurt, Deutschland
produktsicherheit@kolibri360.de

Druck:
CPI Druckdienstleistungen GmbH
im Auftrag der
Zeitfracht Medien GmbH
Ein Unternehmen der Zeitfracht - Gruppe
Ferdinand-Jühlke-Str. 7
99095 Erfurt